五行大义白话全解

〔隋〕萧吉 著

刘鸿玉 刘炳琳 译解

图书在版编目（CIP）数据

《五行大义》白话全解／（隋）萧吉著；刘鸿玉，
刘炳琳译解. —北京：气象出版社，2014.12（2025.6重印）
 ISBN 978-7-5029-6068-1

Ⅰ. ①五… Ⅱ. ①萧… ②刘… ③刘… Ⅲ. ①阴阳五行说－中国－隋代②《五行大义》－译文 Ⅳ. ①B992.1

中国版本图书馆 CIP 数据核字（2014）第 286951 号

《五行大义》白话全解

出版发行：气象出版社	
地　　址：北京市海淀区中关村南大街46号　邮政编码：100081	
电　　话：010-68407112（总编室）　010-68408042（发行部）	
网　　址：http：//www.qxcbs.com　E-mail：qxcbs@cma.gov.cn	
责任编辑：周　露　杨　辉	终　　审：周诗健
责任校对：王丽梅	责任技编：赵相宁
封面设计：周　吾	
印　　刷：中煤（北京）印务有限公司	
开　　本：710 mm×1000 mm　1/16	印　　张：25.5
字　　数：400 千字	
版　　次：2015 年 1 月第 1 版	印　　次：2025 年 6 月第 17 次印刷
定　　价：68.00 元	

本书如存在文字不清、漏印以及缺页、倒页、脱页等，请与本社发行部联系调换。

五行大义序

上仪同三司城阳郡开国公萧吉撰

夫五行者，盖造化之根源，人伦之资始。万品禀其变易，百灵因其感通。本乎阴阳，散乎精像。周竟天地，布极幽明。子午卯酉为经纬，八风六律为纲纪。故天有五度以垂象，地有五材以资用，人有五常以表德。万有森罗，以五为度，过其五者，数则变焉。实资五气，均和四序，孕育百品，陶铸万物。善则五德顺行，三灵炳曜；恶则九功不革，六沴互兴。原始要终，靡究萌兆，是以圣人体于未肇，故设言以筌象，立象以显事。事既悬有，可以象知；象则有滋，滋故生数。数则可纪，象则可形。可形可纪，故其理可假而知；可假而知，则龟筮是也。龟则为象，故以日为五行之元；筮则为数，故以辰为五行为主。若夫参辰伏见，日月盈亏，雷动虹出，云行雨施，此天之象也。二十八宿，内外诸官，七曜三光，星分岁次，此天之数也。山川水陆，高下平污，岳镇河通，风回露蒸，此地之象也。八极四海，三江五湖，九州百郡，千里万顷，此地之数也。礼以节事，乐以和心，爵表章旗，刑用革善，此人之象也。百官以治，万人以立，四教修文，七德阅武，此人之数也。因夫象数，故识五行之始末；藉斯龟筮，乃辨阴阳之吉凶。是以事假象知，物从数立。吉每寻阅坟索，研究经典，自羲农以来，迄于周汉，莫不以五行为政治之本，以蓍龟为善恶之先。所以《传》云："天生五材，废一不可。"《尚书》曰："商王受命，狎侮五常，殆弃三政。"故知得之者昌，失之者灭。昔中原散乱，晋氏南迁，根本之书不足，枝条之学斯盛。虚谈巧笔，竞功于一时；硕学经邦，弃之于万古。末代踵习，风轨遂成。虽复占候之术尚行，皆从左道之说；卜筮之法恒在，爻象之理莫分。《月令》靡依，时制必爽。失之毫发，千里必差。水旱兴而不辨其由，妖祥作而莫知其趣。非因形象，罕徵究者。观其谬惑，叹其学人，皆信其末而忘本，并举其粗而漏细。古人有云："登山始见天高，临壑方觉地厚。不闻先圣之道，无以知学者之大。"况乃五行幽邃，安可斐然。今故博采经纬，搜穷简牒，略谈大义。凡二十四段，别而分之，合四十段。二十四者，节数之气总；四十者，五行之成数。始自释名，终于虫鸟。凡配五行，皆在兹义。庶几使斯道不坠，知其治焉。若能治心静志，研其微者，岂直怡神养性，保德全身，亦可弼谐庶政，利安万有，斯故至人之所达也。昔人感物制经，吉今因事述义，异时而作，共轨殊途，叹味道之不齐，求利物之一致。倚焉来哲，补其阙焉。

白话解读

五行，是自然造化的根本来源，是人伦关系的起始凭借。万物万类禀受五行而能够变化，百千灵应因为五行而此感彼通。五行本于阴阳，散为各种精妙的形象。它遍及天地之间，散布于有形无形的事物之中。子午卯酉为它的经纬，八风六律为它的纲纪。所以，天有金、木、水、火、土五种星象以垂示征兆，地有金、木、水、火、土五种物质以资利用，人有仁、义、礼、智、信五种规则以表示德行。天地内外纷然罗列的万事万物，都以五作为尺度。超过了五，其数就会发生变化。自然界实际上凭借五行之气，协调四时次序，孕育繁多品种，造就万千事物。善就是金、木、水、火、土五德顺次运行，日、月、星三灵光芒显耀；恶就是六府(即水、火、金、木、土、谷)三事(即正德、利用、厚生)之九功没有变革，气不和而相伤的六沴形成灾害。为了探求事物发展的起源和结果，详细研究事物发生发展的预兆，所以圣人体察事情未发生时的状况，设立语言来说明事物的形象，取法物象以显示事情的过程。事物既然悬挂于天地之间而客观存在，就可以通过外在形象而感知；外在形象因为滋生变化而增益，滋生变化所以就产生数目。有数目就可以记载，有形象就可以模拟。既然可以模拟、可以记载，那么其中所蕴藏的道理就可以凭借形象与数目而认识了；可以凭借形象与数目而认识事物的，就是龟卜与筮占的方法。龟卜就是凭借的形象，所以以太阳为五行的本元；筮占就是凭借的数目，所以以星辰为五行的主宰。至于参星与辰星的伏藏与出现，太阳的圆满与月亮的圆缺，雷声轰鸣和彩虹出现，云之行走，雨之布施，这都是天的现象。将周天分为二十八星宿，紫微宫内外分为诸多天星，日、月、五星称为七曜，日、月、星称为三光，以天上星宿对应地上区域的划分，以木星纪年的岁次，这都是天的数目。山川河流，水上陆地，高处低处，平坦低洼，名山镇守，河流通达，风之回旋，露之蒸腾，这都是地的形象。八极（八方）四海，三江五湖（洞庭湖、鄱阳湖、太湖、巢湖、洪泽湖），九州百郡，千里万顷，这都是地的数目。礼仪用以节制人事，乐曲用以和悦心灵，官爵用以表彰成为旗帜的人，刑罚用来改变罪人使之向善，这都是人的形象。用百官治理，用万人立事，用文、行、忠、信四教以修治文化，用禁暴、戢兵、保大、定功、安民、和众、丰财七德讲习武事，这都是人的数目。依据形象与数目，认识五行的来龙去脉；凭借龟卜与筮占，才能辨别阴阳的吉凶。因此，事情假借形象得以认识，事物依从数目得以确立。我萧吉每每查阅三坟八索，研究经书典籍，发现自伏羲、神农以来，直至周朝、汉代，莫不是以五行作为朝政的根本，以蓍草、龟甲来占卜善恶先兆。所以《左传·襄公二十七年》说："天生五材，偏废哪一种都不可以。"《尚书·秦誓下》说："商王接受天命，轻狎、侮慢五常教化，最终放弃所有政权。"由此可以知道，得到五行者昌盛，失去五行者灭亡。从前中原地区没有统一的治理，西晋时很多人向南迁徙，作为国家根本的书籍明显不足，如同枝条般的边缘学说盛行。空谈虚言、巧笔华词，流行于一时；渊博学问、治国名言，抛弃于万古。后代跟随前代，相沿成习，风俗习惯于是形成。虽然占候的方术依然流行，但都遵从旁门左道之

五行大义序

说；卜筮的方法一直存在，但爻象的道理已经不能分辨。《月令》历法没有被作为依据，时节制度必然出现差失。失之毫发，必定差以千里。水旱灾害兴起却不能分辨其由来，妖异祥瑞出现却没法知道其旨趣。不是因为具体事物千差万别，而是很少有深入追究的人。看到他们的荒谬与迷惑，感叹这些学者，都是信奉枝末之学而忘记根本之道，都是把握住了粗略大概而遗漏了细微精致。古人有句名言："登上高山始发现天之高，面临深谷方感觉地之厚。没有听闻过先圣的道理，就无法知晓学问的广大。"况且五行之学幽奥深邃，怎么能够一下子就显著明了。所以，现在广泛采集各种经书纬书，搜罗穷尽各种简牍书牒，简要叙述五行的要旨。本书共分二十四段，每段分类区分为若干小段，合计四十小段。二十四，是一年节气数所含五行之气的总和；四十，是五行成数的总和。开始于解释名称，终止于虫鸟归类。凡是同五行相配合的事物，都在这些要义中。或许可以使五行之道不致失传，知道研究至此。如果能够专心静意，研究其中精微的义理，哪里只是可以怡悦心神涵养天性，保持品德保全自身，还可以辅佐协调各种治政，有利于安定万物，这是至人所达到的境界。从前古人感于万物制作经典，我萧吉现在依据事物叙述要义，虽是不同时期的创作，同一个目标，不同的途经，感叹对五行之道的体味不同，但寻求有利于万物的目标则是一致的。倚赖未来的贤哲，能够弥补本书的缺漏。

目 录

五行大义序

五行大义 卷第一

第一　释名 ··· 3
　第一　释五行名 ··· 3
　第二　论支干名 ··· 11
第二　辨体性 ··· 23
第三　明数 ·· 31
　第一　起大衍论易动静数 ···························· 31
　第二　论五行及生成数 ······························· 40
　第三　论支干数 ··· 51
　第四　论纳音数 ··· 54
　第五　论九宫数 ··· 68

五行大义 卷第二

第四　论相生 ··· 95
　一者　论相生 ··· 95
　二者　论生死所 ·· 99
　三者　论四时休王 ···································· 104
第五　论配支干 ·· 110
第六　论五行相杂 ··· 121
　一者　论五行体杂 ···································· 121

二者　论支干杂 ·················· 125
　　　三者　论方位杂 ·················· 127
第七　论德 ························· 130
第八　论合 ························· 139
第九　论扶抑 ······················· 146
第十　论相克 ······················· 149
第十一　论刑 ······················· 153
第十二　论害 ······················· 160
第十三　论冲破 ····················· 164

五行大义　卷第三

第十四　论杂配 ····················· 169
　　第一　论配五色 ··················· 169
　　第二　论配声音 ··················· 175
　　第三　论配气味 ··················· 189
　　第四　论配藏府 ··················· 205
　　第五　论五常 ···················· 230
　　第六　论五事 ···················· 233

五行大义　卷第四

第十五　论律吕 ····················· 241
第十六　论七政 ····················· 261
第十七　论八卦八风 ··················· 288
第十八　论情性 ····················· 297
第十九　论治政 ····················· 305

五行大义　卷第五

第二十　论诸神 ····················· 319

第二十一　论五帝 …………………………………………………… 334
第二十二　论诸官 …………………………………………………… 342
第二十三　论诸人 …………………………………………………… 356
　　一者　论人配五行 ……………………………………………… 356
　　二者　论人游年年立 …………………………………………… 373
第二十四　论禽虫 …………………………………………………… 377
　　一者　论五灵 …………………………………………………… 378
　　二者　论卅六禽 ………………………………………………… 386

五行大义 卷第一

WU XING DA YI JUAN DI YI

第一释名，就此分为二段。一者释五行名，二者释支干名。

第二辨体性。

第三论数。就此分为五段。一者起大演论易动静数，二者论五行及生成数；三者论支干数；四者论纳音数；五者论九宫数。

第一　释名

第一　释五行名

夫万物自有体质，圣人象类而制其名，故曰：名以定体。无名乃天地之始，有名则万物之由。以其因功涉用，故立称谓。《礼》云："子生三月，咳而名之。"及其未生，本无名字。五行为万物之先，形用资于造化。岂不先立其名，然后明其体用？

《春秋元命苞》曰："木者，触也，触地而生。"许慎云："木者，冒也，言冒地而出，字从于中，下象其根也。"其时春。《礼记》曰："春之为言者蠢也，产万物者也。"其位在东方。《尸子》云："东者，动也。震气故动。"

《白虎通》云："火之为言化也，阳气用事，万物变化也。"许慎曰："火者，炎上也，其字炎而上，象形者也。"其时夏。《尚书大传》云："何以谓之夏？夏，假也。假者，方呼万物而养之。"《释名》曰："夏假者，宽假万物，使生长也。"其位南方。《尚书大传》曰："南，任也，物之方任也。"

《元命苞》云："土之为言吐也，含吐气精，以生于物。"许慎云："土者，吐生者也。"王肃云："土者，地之别号，以为五行也。"许慎云："其字，二以象地之下与地之中，以一直画象物初出地也。"其时季夏。季，老也，万物于此成就方老，王于四时之季，故曰老也。其位处内，内，通也。《礼斗威仪》云："得皇极之正气，含黄中之德，能苞万物。"

许慎云："金者，禁也，阴气始起，万物禁止也。土生于金，字从土，左右注，象金在土中之形也。"其时秋也。《礼记》云："秋之为言愁也，愁之以时察，守义者也。"《尸子》云："秋，肃也，万物莫不肃敬恭庄，礼之主也。"《说文》曰："天地反物为秋。"其位西方。《尚书大传》云："西，鲜也，鲜，讯也。讯者，始入之貌也。"

《释名》《广雅》《白虎通》皆曰："水，准也，平准万物。"《元命苞》曰："水之为言演也，阴化淖濡，流施潜行也。故立字，两人交，一以中出者为水。一者数之始，两人譬男女，阴阳交以起一也。水者，五行始焉，元气之凑液也。"《管子》云："水者，地之血气，筋脉之通流者，故曰水。"许慎云："其字象泉并流，中有微阳之气。"其时冬。《尸子》曰："冬，终也。万物至此终藏也。"《礼记》云："冬之为言中也，中者，藏也。"其位北方。《尸子》云："北，伏也。万物至冬皆伏，贵贱若一也。"

五行之时及方位，故分而释之。

白话解读

天下万物各有各的形体和本质，圣人把许多相似的事物分成类，并按照每一类事物所具有的相似的形状而制定其名称。所以说，名称用以确定事物的形体。无名是天地的开始，有名是万物的由来。因为名称具有体现不同类事物的形状和本质之功能，具有区分不同类别事物之作用，所以确立各种称谓。《礼记·内则》说，孩子出生三个月，父亲方才给孩子取名。既然是孩子出生三月，才起名字，那么生之前，当然就没有名字。五行形成在万物产生之先，对天地造化有所影响。怎么可以不先确立其名称，然后阐明其本质与功用呢？

（一）木

1. 木的运行形态是由内向外透出、自下向上升起

对于木的运行形态，《五行大义》依据西汉纬书《春秋元命苞》和东汉许慎《说文解字》来进行阐释。《春秋元命苞》认为，"木"的意思是触碰，木触碰地面而生。《说文解字》认为，"木"的意思是冒出，指的是从地面上冒出来。"木"字篆文写作 ᙢ，上半部分从"中"，"中"音 che，意为草木初生的样子，下半部分像草木的根。如果我们把"木"字的一横看作地的标志，"木"字就非常像一颗种子从土地中向上发芽生长的过程。植物的种子发芽之后，生出细小的根系，这就形成了"木"的下半部分。种子生根之后向上生长，必然要触碰到地表，从地表冒出头来，这就在地表之上形成了一个小尖。"木"字中的一竖象征了这一生长变化的过程，《春秋元命苞》"触地而生"和《说文解字》"冒地而生"就生动地描述了这一生长变化过程。所以，五行之"木"的意义就是"触""冒"。

2. 木在四时中主春

《五行大义》以《礼记》之言解释"春"的含义。《礼记》说，"春"的意思是"蠢"，是万物萌生的时节。"蠢"的本义是指虫类从蛰眠中苏醒过来后蠕动的样子。春天来临，成千上万条虫子都从冬眠中苏醒过来，一齐蠕动，急于将自己的头从大地中探出。这种景象与木由内向外透出、自下向上升起的运动形态极其吻合。所以说，木在四时节令中与春季相合。

3. 木的方位在东方

为什么说木所对应的方位是东方？《五行大义》引《尸子》说，因为东方有震气，所以"东"的意义就是"动"。《尸子》中的"震气"应该是指阳气，因为东方阳气始动。古人根据自己站在地球上观看的景象，认为太阳是从地底自东方升起的。阳光为阳，阳气跃动，万物从东方最先接收到第一缕阳光，在阳光的照耀下开始新的一天的生长。

（二）火

1. 火的运行形态是只上行、不下行

对于火的运行形态，《五行大义》依据东汉《白虎通》和《说文解字》来进行阐释。《白虎通》，又称《白虎通义》《白虎通德论》，东汉班固所著，集当时经学研究成果之大成，对后世影响很大。《白虎通》认为，火的意义是"化"，由阴变阳、由阳变阴、自下而上、自上而下、从无到有、从有到无等，都是化。"火"所谓的"化"是指万物由阴变阳，阳气用事，阳性上行，形态随之发生各种变化。《说文解字》说："火，燬也。南方之行，炎

而上，象形。""燬"就是"毁"，毁坏的意思。火能毁坏被燃烧物，使之发生变化。

"火"是一个象形字，小篆字形为 ，非常像燃烧的火焰的形态。火的运行形态是炎而上。"炎"是指火光旺盛，"上"是说火只能上行，不能下行。因此，火的运行形态是只能上行、不能下行。

2. 火在四时中主夏

《五行大义》以《尚书大传》之言解释"夏"的含义。《尚书大传》说，"夏"的本意是"假"。"假"的意思就是不实、虚。"实"指内实、心实，"虚"即内虚、心虚。因此，"夏"的本意为"假"，就是指内虚、心虚。虚则能容物，给万物留下发展的空间。所以，《释名》认为"夏"之所以为"假"，就是宽容万物，使其生长壮大。这种万物在夏天蓬勃发展、生长壮大的图景与火只能上行、不能下行的运行形态极其相合，所以，火在四时主夏。

3. 火的方位在南方

为什么火的方位在南方呢？《五行大义》引《尚书大传》之言加以说明。《尚书大传》认为"南"的意思是"任"。"任"字有两种意思：

其一，任随。《说文解字》解释"南"字："南，草木至南方有枝任也。"《景祐六壬神定经》第七释五行说："南方者阳，在上，万物垂枝。"将这两种解释合起来理解，"南"的本意是草木在南方因为阳光强盛而竞相向上生长，枝条任意伸展。这与火只上行不下行的运行形态以及夏季宽假万物的情景是一致的，都是一种放任万物自由生长、无拘无束的状态。

其二，怀妊。《景祐六壬神定经》第十三释四方说"南，乐产曰：燧星见斗杓，指于前。纯阳用事，其气罩敷，万物怀妊"，怀妊就是怀孕。很显然，《景祐六壬神定经》将"任"解释为"妊"，古代"任"本身就有"妊"的意思，从阴阳消长的方面分析，南方纯阳用事，阳气强盛至极，阳极生阴，阴气已经在南方阳气强盛的外表下潜滋暗长，这不就是怀孕之象吗？

以上两种意思都能说通，但根据《五行大义》此段上下文，将"任"解释为"任随"，于文理更加贴切、相合。

(三)土

1. 土的运行形态是吐生万物、繁衍万物

《春秋元命苞》认为土的意义有三：①由内而外地吐出。②土中含有气之精华，这是吐出气之精华的前提。③土所吐出的是新生之物，因此方能实现万物的生生不息。

王肃(三国时期魏国的儒家学者)认为"土"是"地"的同义字。《说文解字》解释"地"字曰："万物所陈列也。"也就是说，古人视土地为万物之母。既然"地"与"土"同义，土也就同样被认为是可以吐生万物的"母亲"了。《说文解字》认为，"土"字中间有两横，像一个"二"字，上面一横代表地面，下面一横代表地之中，中间一竖象征万物从土地中喷出，如同人从口中将物吐出一样，说明土具有吐生万物、繁衍万物的运行状态。

2. 土在四时中主季夏

季夏是指每一年夏季的最末一个月，即农历六月。这一概念最初是由战国时的邹衍正式提出来的。每年夏至这一天，太阳都会到达北回归线附近，这一天阳光几乎直射北回归线，北半球白昼最长，其后阳光直射位置向南移动，白昼渐短。大约15天后，北半球进入夏天的最末一个月，即农历六月。这一时期由于太阳辐射到地面的热量仍然比地面向空中发散的多，所以，短期内气温会继续升高。万物生长从表面上看虽然仍旧旺盛，但实际上已经出现衰老之象。再过大约30天，北半球就要开始进入秋天，万物生长进入一个肃杀期。所以，《五行大义》说："季，老也。"但与此同时，万物在这一个时期纷纷开始为下一个生命周期做准备。所以，《五行大义》又说："万物于此成就。"这与土吐生万物、繁衍万物的运行形态极其相合，所以，土在四时中主季夏。

一年有四时，四时与五行各有对应，各有自己称王做主的一个季节，木王于春，火王于夏，金王于秋，水王于冬，土包容万物，所以也可以认为包含其他四行，因此土不仅王于夏末，还王于春、秋、冬之末，四时的最后18天，共得72，每一行都王72天，五行共得360天，与一年之天数大致相合。所以，《五行大义》说土"王于四时之季"。

3. 土的方位在内

《五行大义》认为"内"的意思是"通"。内与外相对。《说文解字》对"内"字的解释有二，一是自外面进入，二是所入之处。所以，从字形上看，"内"字是一个象形字。"内"为何有"通"的意义，《五行大义》引《礼斗威仪》之言加以解释，土是大、中、至正之气，无邪无僻，其色为黄，黄色对应的是东、南、西、北、中五方之中央，土居中，生万物，与万物皆通，因此可以说"内，通也"。

（四）金

1. 金的运行形态是禁止万物向上生长、向外发展

《五行大义》所引许慎《说文解字》说，金的意义为禁止，这是因为阴气开始升起运行。阳主进，阴主退，阴气开始起来，万物向上向外的势头就被禁止了。从字形看，《说文解字》说"金"字上半部分为"今"声旁，下半部分为"土"字之中左、右有两个标注的点，描绘的是金属块状物被埋藏、禁锢在土中的样子。所以，从字形看，"金"就是禁止，表示禁止万物向上生长、向外发展的一种运行形态。

2. 金在四时中主秋

《五行大义》引用《礼记》《尸子》《说文》三种文献阐述秋的三种意义。

其一，秋的意义为"愁"，是收敛、约束的意思，收敛之意可以通过观察秋天之时万物肃杀的生存状况体会出来。秋天来临的时候，色调凄凉惨淡，烟霭弥漫，云气密集；天气寒冷萧瑟，悲风凛冽，刺人肌骨；意境寂寞冷落，川流寂静，山林空旷。秋风到处，卓要变色，树要落叶，万物凋零。万物衰老的时候，人亦因万物收敛而悲伤。

其二，秋的意义为"肃"（肃杀、肃敬）。《尸子》认为秋的意义是"肃"，"肃"就是肃敬恭庄，战战兢兢。欧阳修在《秋声赋》中写道，一旦秋风吹起，草要变色，树要落叶，它折断枝叶，使万物凋零，这便是秋的威力。秋天在自然界中是主持刑罚的执法官，常常以肃杀为自己的意志。当此之际，万物无不肃然恭敬，战战兢兢。

其三，秋的意义为天地反物，即收成。《五行大义》所引《说文解字》"天地反物为秋"句，"反"的意思是回还，"天地反物"是天地经过一番运

行之后，重新返回为万物。这种状态就是收成之时。秋天万物成熟，是收获的季节。所以，《说文解字》解释"秋"为百谷成熟。《礼记·月令》说，孟夏之月，"麦秋至"，是说虽然在时令上是孟夏（即初夏），但麦子成熟，所以对麦子来说就是秋了。可见，秋，泛指万物收成之时。

秋所具有的收敛、肃杀、收成的意义与五行金的运行形态一致，所以，金在四时节令中主秋。

3. 金的方位在西方

为什么金的方位在西方呢？我们先看"西"字，篆文写作 ![西篆], 上部像鸟，下部像鸟的巢，本义是鸟儿歇息在巢中。太阳移到西方，鸟儿就开始栖息，古时候没有西方的"西"字，就把栖息的"西"用作表示方位的"西"了。西与秋相合。《五行大义》引《尚书大传》之言加以解释，认为西方是鲜方，"鲜"就是"讯"，"讯"的意义是刚开始收入的样子。"西"的本义是太阳一下山，鸟就进入巢中，可以延伸理解为刚收入的东西（都是最新鲜的）。前文我们讲过秋的意义是"愁"（收敛），而"愁"的意义，《尚书》认为是万物刚刚收敛而进入的样子。这正是秋天百谷成熟之后，人们开始将新鲜的谷物收入仓中之象。所以西方与秋相合。金主秋，故金的方位在西方。

（五）水

1. 水的运行形态是只下行、不上行

《五行大义》引用文献从四个角度来解释水的意义。

其一，水的意义是"准"，"准"的意思是平。这是指静水。《五行大义》所引的《释名》《广雅》《白虎通》，都认为水就是"准"，本义就是"平"。水为什么是平的呢？因为水只能下行、不能上行，没有一滴水会往上走，水面因此成为平的，能平准万物。

其二，水的意义是"演"，是长流。这是指动水。《五行大义》引《春秋元命苞》说，因为水只能下行、不能上行，而向下的空间是无穷尽的，水在向下趋势的推动下，就会不停地运动下去，成为长期流动之气，在暗中冲刷泥淖，改变河道，潜施暗行。所以，古人造的"水"字，像一男一女相交，阴阳相合产生一个新的事物，其数为"一"，这就是水。因为水只能下

行、不能上行，所以水在万物最下面，是万物之初始。水是五行之始，五行是从水开始运行的。

其三，水的意义是大地的血液。这是将自然比喻成人体来讲水的意义。《五行大义》引《管子》说，水在大地上如同血液在人体中一样，水流不断的河道就如同人体中的一条条筋脉。

其四，水的意义是众水并流。这是从"水"的字形来讲水的意义。《五行大义》引许慎之言加以解释说，"水"字就像水在流动过程之中，不断有支流并入其中，所以"象众水并流"（原文中的"泉"字应该是"众"字在传抄过程中以讹传讹所出现的错误），中间的一竖，表示有深隐在内的阳气。一些学者认为许慎此说是附会阴阳五行之说，带有一定的神秘性。其实，这是有科学道理的。冬天之时，水的表面会结成厚厚的一层冰，但冰层下面的水却是有热度的，这就是微阳。

2. 水在四时中主冬

《五行大义》引用《尸子》《礼记》两种文献分别从两个角度说明冬的意义。

其一，冬的意义是"终"。《五行大义》所引《尸子》的说法认为，万物经过春生夏长秋收之后，开始进入冬天的储藏期，这是万物一个运行周期的终结。水的趋势是始终向下直至停止，与冬相合。

其二，冬的意义是"中"。《礼记》认为冬的意义是"中"，"中"的意义是"藏"。《说文解字》解释"中"为"内"，就是进入里面的意思，指一切生物都藏于内部。水中藏有微阳，与冬相合。

3. 水的方位在北方

《五行大义》引《尸子》之言加以解释，已见前引。古人根据对太阳的观察来区分东、南、西、北四个方位，太阳从东方升起，到南方光热最强，在西方落下，在北方伏藏不见，所以北方又称为伏方。北方"阳气在下，万物伏藏"，气温最低，与四时中气温最低的冬季相合。而水总处于最低位，与北方万物伏藏的性格相合，所以，水的方位在北方。

以上是《五行大义》对五行之名称、所配四时、方位所分别进行的阐释。

第二　论支干名

支干者，因五行而立之。昔轩辕之时，大挠之所制也。蔡邕《月令章句》云："大挠采五行之情，占斗机所建也，始作甲乙以名日，谓之干；作子丑以名月，谓之支。"有事于天，则用日。有事于地，则用辰。阴阳之别，故有支干名也。而名有总别，先论总名，次言别号。

总名支干者，干字乃有三种不同，一作幹，二作榦，三作干字。今解榦字者：此支榦既相配成用，如树木之有支条茎榦，共为树体，所以云榦。又作幹者，幹济为义，支者，支任为义，以此日辰，任济万事，故云支幹。又作干字者，亦是榦义，如物之在榦上，能竖立显然，故亦云竿也。世书从易，故多干也。次别号者。

《诗纬推度灾》云："甲者，押也，春则开也，冬则阖也。"郑玄注《礼记·月令》云："甲者，抽也。乙者，轧也。春时万物皆解孚甲，自抽轧而出也。"丙者，柄也。物之生长，各执其柄。郑玄云："丙者，炳也。夏时万物强大，炳然著见也。"丁者，亭也，亭犹止也。物之生长，将应止也。戊者，贸也，生长既极，极则应成，贸易前体也。己者，纪也，物既始成，有条纪也。郑玄云："戊之言茂也，己之言起也，谓万物皆枝叶茂盛，其含秀者抑屈而起也。"庚者，更也。辛者，新也。谓万物成代，改更复新也。郑玄云："谓万物皆肃然改更，秀实新成也。"壬者，任也。癸者，揆也。阴任于阳，揆然萌牙于物也。郑玄云："时维闭藏，万物怀任于下，揆然萌牙也。"

子者，孳也，阳气既动，万物孳萌。《三礼义宗》云："阳气至，孳养生。"丑者，纽也。纽者，系也，续萌而系长也。故曰孳萌于子，纽牙于丑。《三礼义宗》云："言居终始之际，故以纽结为名。"寅者，移也，亦云引也。物牙稍吐，引而申之，移出于地也。《淮南子》云："寅，演，动生也。"《三礼义宗》云："寅者，引也，肆途之义也。"卯者，冒也，物生长大，覆冒于地也。《淮南子》云："卯，茂也，茂然也。"《三礼义宗》云："卯，茂也。阳气至此，物生滋茂。"辰者，震也。震动奋迅，去其故体也。《三礼义宗》云："此月之时，物尽震动而长。"巳者，巳也。故体洗去，于是巳竟也。《三礼义宗》云："巳，起也。物至此时，皆毕尽而起。"午者，仵也，亦云萼也。仲夏之月，万物盛大，枝柯萼布于午。《淮南子》云：

"午者,忤也。"《三礼义宗》云:"忤,长也,大也。明物皆长大也。未者,昧也。阴气已长,万物稍衰,体薆昧也。故曰薆昧于未。"《淮南子》云:"未,味也。"《三礼义宗》云:"时物向成,皆有气味。"申者,伸。伸犹引也,长也。衰老引长。《淮南子》云:"申,呻也。"《三礼义宗》云:"申者,身也,物皆身体成就也。"酉者,老也。亦云熟也,万物老极而成熟也。《淮南子》云:"酉,饱也。"《三礼义宗》云:"酉,犹也。犹,伦之义也。此时物皆缩小而成也。"戌者,灭也,杀也。九月杀极,物皆灭也。《三礼义宗》云:"此时物衰灭也。"亥者,核也,阂也。十月闭藏,万物皆入核阂。《三礼义宗》云:"亥,劾也。言阴气劾杀万物也。"

《尔雅》岁次云:"太岁在寅,名摄提格。"《淮南子》注云:"格,起也。万物承阳而起。"卯名单阏。单,尽;阏,止也。言阳气推万物而起,阴气尽止也。辰名执徐。执,蛰也;徐,舒也。言伏蛰之物,皆散舒而出也。巳名大荒落。荒,大也。言万物炽盛而大,落落而布散也。午名敦牂。《淮南子》云:"敦牂,言万物盛壮也。"未名协洽。《淮南子》云:"协,和也;洽,合也。言阴欲化,万物和合也。"申名涒滩。《淮南子》云:"涒滩,滩,大从也。言万物皆循其精气也。"酉名作鄂。《淮南子》云:"名作鄂,鄂,零落也。言万物皆堕落也。"戌名阉茂。掩,大也,置也。言万物皆大置。亥名大渊献。渊,藏;献,迎也。言万物终亥,大小深藏窟伏,以迎阳也。子名困敦。困,混也;敦,沌也。言阳气混沌,万物垂孳也。丑名赤奋若。奋,起也;若,从也。言阳气奋迅万物而起,无不顺其性;赤,阳色也。《春秋纬》云"太阴所在"之名,与《淮南子》《尔雅》不同。

此并支干别名大意,终从气解,故以具释之。

白话解读

支干指天干地支,一般称干支。天干、地支是根据五行确立的。明确天干地支与五行的关系,也就能清楚天干地支的由来了。根据东汉蔡邕《月令章句》记载,天干地支的创始人,是黄帝的大臣——大挠。斗机本来是北斗七星的第三星,名天玑。玑,亦写作"机",常用它来泛指北斗。建是北斗的斗柄所指的方位。因为北斗斗柄在农历每月所指的方位不同,因此"建"亦转指月份(亦称"月建""月尽"),比如我们说大建,指的是农历有 30 天的月份,亦称"大尽";小建则指农历有 29 天的月份,亦称"小尽"。据说大挠是在搜集五行运行状况的基础上,根据北斗斗柄所指的方位来判断,从而制作了天干地支。这说明天干地支是在中国古代天文学基础上确立的。我们首先从北斗七星讲起。

在北部夜空,有七颗明亮的星星,排列成一个勺状,称为"北斗星"。北斗星属于大熊星座。其中,天枢、天璇、天玑、天权排列成"斗勺",从天璇向天枢连线方向延长 5 倍就可以找到北极星,玉衡、开阳、摇光排列成"斗柄"。在我国北方,这个"大勺"一年四季总是处在地平线以上,围绕北极星转圈。这个转圈是有规律的,它与地球围绕太阳所做的公转运动同步。北斗星围绕北极星转一圈,就是地球围绕太阳公转一圈,其时间长度就是一年。

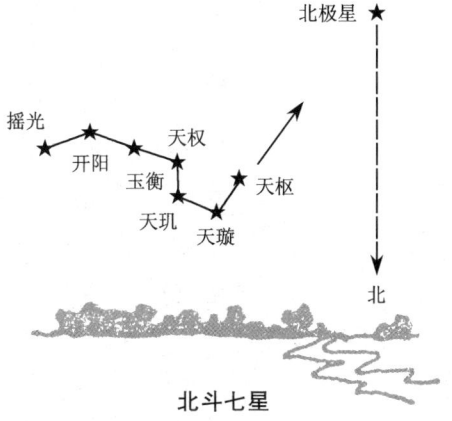

北斗七星

斗柄朝向的变化与太阳从南到北、从北到南的往复回归运动是大体同步的。也就是说,和一年四季的变化是同步的。前面阐释五行名的时候,我们已经讲过,春、夏、季夏、秋、冬分别与木、火、土、金、水相应。五行的每一行又各分为阴、阳,五行乘以 2,计得十数,分别用十干来表示。

支则是根据月亮的月相变化周期而来。我们看到的月亮,有时弯弯像眉毛,有时圆圆像银盘,这种盈亏圆缺的变化就是月亮的"月相"变化。月球本身不发光,是靠反射太阳光发亮的。被太阳光照射的一面是明亮的,背着太阳的一面是黑暗的。月球绕着公转的地球自西向东旋转,日、地、月三者的相对位置不断变化,以致月球的明亮半球有时正对着地球,有时侧对,有时背对。这样,从地球上看去,月亮的形状就会发生盈亏圆缺的周期性变化。北斗星斗柄所指方位围绕北极星一圈与月亮月相变化周期经过十二次循环大体相应。

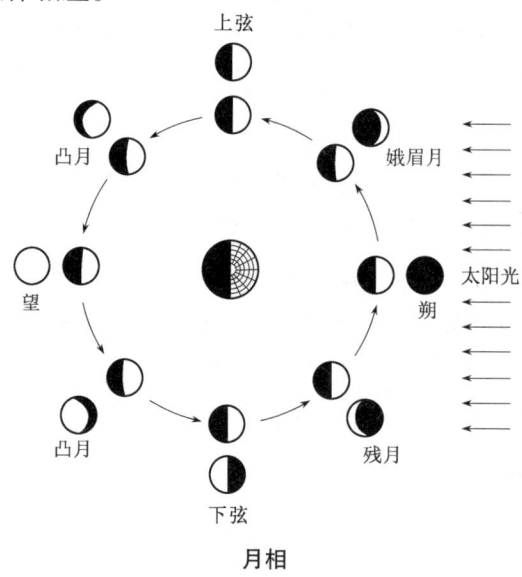

月相

月亮从新月位置到再次回到新月位置所需要的时间平均为 29.5306 天，这也就是月相更替变化的周期，称为一个"朔望月"。从北半球看，太阳从最低到最高，或从南到北回归运动的周期，也就是太阳直射点在地球赤道南北回归运动的周期，其所需要的时间等于 365.2422 天，称为一个"回归年"。回归年等于 12.3683 朔望月，约等于 12 个月。这 12 个月分属春、夏、秋、冬四季，即木、火、金、水四行，每一季的最末 18 天属土，共得五行之情。大挠据此确立了子、丑、寅、卯、辰、巳、午、未、申、酉、戌、亥十二地支，用以称呼月。

因为天干与太阳的活动有关，而地支与星象、月相有关，所以，古人从事天文方面的事务的时候，就要用到天干所命名的"日"，从事土地方面的事务的时候，就要用到地支所命名的"辰"（月）。日自己可以发光，故为阳；月自己不发光，故为阴。天在上为阳，地在下为阴。天干与日、与天有关，地支与月、与地有关，所以二者有阴阳之别。而天干地支之名又有总名与别号的不同，所以先论述总名，次论述别号。

（一）先述总名

"干"字有三种解释：第一种，"干"字解作"幹"。"幹"的意思是事物的主体，如树干、骨干等。事物的主体决定着事物的成败，所以，"干"还有"济"的意思，"济"的意思是成，就是能成就其事，担当其任的意思。与"干"相配合的"支"字，也有担当、承受的意思。用表示日的干与表示辰的支相互配合，就可以任济万物，成就万事。第二种，"干"字解作"簳"。"簳"的本义是"小竹"。《五行大义》将"簳"解释为如同树木的茎干与支条，而不是直接解释为树木的茎干与支条，盖有深义。其实，反而是"幹"字有草木之茎的意思。两相比较，可以加深对其意义的理解。第三种，"干"字解作"竿"。古代"干"通"竿"，竿是竹竿，所以，《五行大义》认为"亦是簳义"，引申出天干之"干"的意思是好像物体高悬在竿上，非常醒目，让人可以一目了然。"干"字的这三种解释，后来在流传过程中都被简化了，各种书籍大多把天干之"干"直接写作"干"。

（二）次论别号

1. 十干

(1) 甲

先从"甲"字字形讲起。甲，小篆字形为 ![甲], 上部像草木种子发芽时上戴甲壳，下部一竖像草木种子发芽之茎，整体像草木生芽后所戴的种皮裂开的形象。所以，"甲"字本义就是种子萌芽后所戴的种壳。对此，《五行大义》引用两种文献做出了两种解释：一是《诗纬推度灾》。《诗纬推度灾》说，甲，意思是押；押，意思是拘押。春天则开启，冬天则关闭。植物果实外面都会形成一层硬壳，这种硬壳对里面的果实而言，起的作用就如同管拘、关押一样。到春天时甲壳开启，冬天时甲壳关闭。以阴阳而论，外壳对果实形成束缚是阴气，阴气强大，阳气在内发生，阴气对阳气的作用如同拘禁、关押，但发生之阳气萌动，终会冲开束缚而抽芽。二是郑玄注《礼记·月令》。郑玄注《礼记·月令》说，甲，意思是抽。"抽"的本义是把夹在中间的东西取出、拔出，这儿指从甲壳中抽出。

(2) 乙

先从"乙"字字形讲起。乙，小篆字形为 ![乙]，《说文解字》说："乙，象春艸木冤曲而出，阴气尚强，其出乙乙也。与丨同意。"意思是说，"乙"字像春天时草木弯弯曲曲生长露出地面的样子，这时阴气还十分强大，草木长出十分困难。用"乙"表示草木的长出，这与牵引向上行的"｜"用意相同，都是自下通上，所不同的是"｜"上行顺畅，"乙"上行艰难。万物初出艰难到何种程度呢？郑玄注《礼记·月令》说，乙的意思是轧，即万物从土中生出，就如同车轮辗地一样滞涩。

甲、乙都是指万物从内向外透、从下往上升的运行形态，都是木，都属于春天，代表了春天万物生长的两种状况：破壳抽芽，屈曲生出。

(3) 丙

先从"丙"字字形讲起。丙，小篆字形为丙，《说文解字》说，"丙"字"从一入冂。一者，阳也。""丙"字字形是一、入、冂组成的会意字，上面的"一"代表阳气。阳气在上，说明事物的阳气已经到了最上面，这时候事物正在随心所欲地生长。《五行大义》解释"丙"有两种意义：一是"柄"。"柄"意思是权柄。万物的生长，各自执掌自己的权柄。实际上就是讲万物有充分的自主权，可以任意生长。二是"炳"。"炳"的意思是光明强大。郑玄注《礼记·月令》说，丙，意思是炳，夏天之时，万物得到强烈的光照，能够旺盛地生长，因而呈现灿烂、鲜明强大的样子。另，于省吾《殷契骈枝》说，丙，现今俗称为物的底座。丙的形状，上像平面可置物，下像左右足。"一"在其上为阳气，正是阳气发越，事物置于台面之上，可以显著表现之象。

(4) 丁

先从"丁"字字形讲起。丁，小篆字形为个，《说文解字》说丁字像夏时万物如草木之上果实下垂的样子。这是万物最强盛的时候，但与此同时，万物的生长也就将要停止了。所以，《五行大义》说，"丁"的意思是"亭"，"亭"与"止"同义，意谓万物的生长将要停止了。

丙、丁都是指万物只能向上行、不能往下走的运行形态，都是火，都属于夏天，代表了夏天万物生长的两种状况：旺盛生长，即将停止。

(5) 戊

先从"戊"字字形讲起。戊，小篆字形为戊，《说文解字》解释说，戊在五行中位于中宫。六甲(甲子、甲戌、甲申、甲午、甲辰、甲寅)的每一甲中都有与辰相配合的一组干支，共有五组，即戊辰、庚辰、壬辰、甲辰、丙辰，因辰为龙，故称五龙。五龙代表五方之龙，皆汇聚于"戊"字之中，象征中央是五行汇聚之所。中央为土，土中包含着五行。《五行大义》对"戊"字有两种解释：第一种是"贸"。"贸"指贸易，也就是交换财物的意思。万物生长达到极盛之后，必然要开花结果。所结的果实与当初的种子相似但不相同，即发生了交换。"戊"还有"勉"之意，即土勉励万物生育新事物，"勉"与"贸"意同。戊的第二种意思是"茂"。"茂"，意为茂盛，就是说此时万物生长如同草木一样繁荣昌盛。

(6) 己

先从"己"字字形讲起。己，小篆字形为ζ，《说文解字》解释说，己在五行中位于中宫，己字像万物因为回避而收藏在土中的弯弯曲曲的形状。这里的"土"不仅指土地，还可以指一切怀胎将要生育的母体。《五行大义》对"己"字有两种解释：一种是"起"，因为孕育在母体的新生命终会出生，新生即是起。新生的东西都是甘美的，人人都喜欢享用它，所以，己还有一个意思是"甘"。"己"的另一种意思是"纪"。"纪"的意思是"散丝的头绪"，也就是开端。这时候，万物刚刚从母体中吐露出头，生成一个新的事物。

戊、己都是指吐生万物、繁衍万物的一种运行形态，都是土，都属于季夏，代表了季夏时万物生长的两种状况：繁荣茂盛，新生欲出。

(7) 庚

先从"庚"字字形讲起。庚，小篆字形为，《说文解字》解释说，庚在五行中位于西方。"庚"字字形中的""像草木上有果实，""""像伸手去取草木上的果实。《五行大义》解释"庚"的意思是"更"，"更"意为变更，即有新生事物代替了旧事物。这正是新生事物不断成长壮大的过程，每天新果实都会有一个新的变化。万物到秋天结实，但初结之实，内部还没长满，比较空虚，需要逐渐成熟变充实，庚就是由空变实的过程。

(8) 辛

先从"辛"字字形讲起。辛，小篆字形为，《说文解字》解释说，辛代表秋天万物成熟，又代表金质刚硬，还代表味道辛辣，辛辣使人感到痛苦，就会流出眼泪。从一，从，两者会意。意为罪恶。万物到秋天成熟，但刚成熟的果实味道辛涩，吃起来让人感到痛苦。尽管如此，毕竟

五行大义卷第一

是新的果实。所以"辛"也有"新"的意思。

庚、辛都是指禁止万物向上生长、向外发展的一种运行形态，都是金，都属于秋天，代表了秋天万物生长的两种状况：初结果实，新生未熟。

(9) 壬

先从"壬"字字形讲起。壬，小篆字形为王，《说文解字》解释说，壬在五行中位于北方。冬天之时，阴气极盛而阳气已生。"壬"字字形中的"工"如同"巫"字之"工"，都是女性的象征。中间"一"表示女性怀孕的样子。女性为阴，中间一画为阳，是阴中怀妊着阳。就是说，"壬"的意思就是"妊"，指阴气中怀妊着阳气，即阴极阳生之意。

(10) 癸

先从"癸"字字形讲起。癸，小篆字形为癸，《说文解字》解释说，冬天之时，水面结冰，土的表面没有地表植物遮挡，因此，水、土都可以一目了然，可以揆度测量。"癸"字字形像水从四方流入地中的样子。水汇聚到中央，形成一片静止的蓄水，水面平静，可以作为平准万物的参照物。所以癸的本义就是"度量"。这时万物都已经成熟，可以量度收藏。同时，万物这时都是阴气中怀妊着阳气，包含着萌芽的契机，已经可以揆度其萌芽的状况。

壬、癸都是指万物只能下行、不能上行的一种运行形态，都是水，都属于冬天，代表了冬天万物生长的两种状况：阴极怀阳，内萌生意。

2. 十二支

(1) 子

先从"子"字字形讲起。子，小篆字形为子，像婴儿在襁褓之中两腿并在一起的样子。其本义是指夏历十一月，这时阳气发动，万物滋生。宋代易学家邵康节有首诗说："冬至子之半，天心无改移。一阳初动处，万物未生时。"描写的就是这种情形。夏历十一月包含了冬至这一天。所谓一阳之气初动，万物孳生之时，实际上是指北半球冬至这一天，太阳到达南回归线正上方，之后将逐渐北移，北半球气温逐渐回升，万物重新开始滋生。《五行大义》说的"孳"，意思就是孳生繁殖。

(2) 丑

先从"丑"字字形讲起。丑，小篆字形为丑，《说文解字》解释说，

"丑"的意思是"纽"。"纽"的意思是可解的结。用丝带打成的结，有的可解，有的不可解，可解的叫"纽"，不可解的叫"缔"。丑为夏历十二月，这时寒冷的阴气正重，万物处于萌发状态的芽被结住了，打不开。同时，夏历十二月，阳气也已经发动，开始用事，所以，这时纽结在一起的萌芽是可解的，可以伸展开继续萌生的。丑是上一个生命季节结束和下一个生命季节开始交接的地方。

总括起来说，万物挚生萌芽于子，萌芽纽结于丑。

(3)寅

先从"寅"字字形讲起。寅，小篆字形为 ![寅], 上部像阴气，中部"臼"取摈拒之意，下部的"人"像阳气。《说文解字》解释说，"寅"的意思是摈弃排斥。寅为夏历正月，阳气发动，万物都想离开地底的黄泉，想要向地上冒出，但这时阴气还很强大，像屋顶一样覆盖着，不让阳气向上通达，把它压抑于地下。尽管如此，正月阳气已经发动，万物生长，终会向上引而伸出地面，将萌芽移出地面之上。所以，《五行大义》说，"寅"的意思是移动，是引出。《三礼义宗》也将"寅"解为"引"。"肆途"就是万物出生之道路。这说明，"寅"就是指万物出生的渡口、道路。

(4)卯

先从"卯"字字形讲起。卯，小篆字形为 ![卯]，像两户相背，开门之形。《说文解字》解释说，卯的意思是冒，指阳气从地中冒出。卯为夏历二月，是万物顶破地皮从地中生长出来的时节。所以，《五行大义》也说"卯"的意思是"冒"。卯还有一个意思是"茂"，万物生长强大，顶破覆盖在其上的地皮，从地中冒出来，正是万物茂盛之时。

(5)辰

先从"辰"字字形讲起。辰，小篆字形为 ![辰]，《说文解字》解释说，"辰"的意思是"震"。辰为夏历三月，阳气发动，雷鸣电闪振动万物，是人们耕种的时令。万物都在此时生长，辰字字形下部由乙、匕会意，表示万物从早春弯弯曲曲艰难生长的样子变化为三月时的震动、奋力、快速，径直通达。

(6)巳

先从"巳"字字形讲起。巳，小篆字形为 ![巳]，像蛇已出洞之形。《说文解字》解释说，"巳"的意思是"已"，表示已经。巳为夏历四月，这时阳气已经全显，阴气已经藏匿，万物都形成了华美的色彩和花纹。因为这时候蛇已经出洞，所以用蛇的形态表现它。"巳"还有一个意思是"起"，就是指四月之时，阴气毕尽，阳气皆起，阳气已经出来。

(7) 午

先从"午"字字形讲起。午，小篆字形为 午，《说文解字》解释说，"午"的意思是"悟"，"悟"即"忤"，其意思是"逆反"。午为夏历五月，这时候阴气逆犯阳气，顶触地面而出。此时阳气占主导，但阴气始生。《五行大义》对"午"字有三种解释：第一种意思是"忤"，即逆反、抵触、不顺从。这就是指夏五月，阳气为主，但阴气始生，与阳气逆反，相抵触。第二种意思是"仵"。"仵"的本义是等同、匹敌，也有违背的意思，在《五行大义》中，被解释为"盛大""长""大"。万物到午之时，受阳气主导，全都生长盛大。第三种意思是"萼"。"萼"指花萼。花萼是花的组成部分之一，由若干片状物组成，花未开时包在花瓣外面，花开时托着花瓣。因万物到午月之时，枝条上都长出花骨朵，继而开出花朵。

(8) 未

先从"未"字字形讲起。未，小篆字形为 未，《说文解字》解释说，"未"的意思是"味"。未为夏历六月，这时万物都生成有滋味的果实了。五行中的木老于未月。"未"字字形中"木"字上曲者像一层枝叶，"木"字加一横，像再加一层枝叶，两层枝叶表现出枝叶重叠的样子，表示木已经老了。《五行大义》对"未"有两种解释，除了滋味之味以外，还有一种意思是"昧"。"昧"的意思是光线不明。阳光代表阳气，阳光冥昧不明，表示阴气已长，阳气渐弱。夏历六月，太阳已经在夏至这一天到达北回归线正上方，之后逐渐南移，北半球阳光开始减弱，正是阴气渐长、阳气渐消之时，万物开始衰弱。《五行大义》所说"体薆昧"之"薆"（ài，音爱）的意思是"隐蔽"，这儿指阳气被阴气隐蔽起来。

(9) 申

先从"申"字字形讲起。申，小篆字形为 申，《说文解字》解释说，"申"的意思是"神"，即"神明"。申为夏历七月，这时阴气形成，它的体态或自伸展，或自卷束。"申"由"丨"与"臼"组成，"丨"像阴气伸展，

"臼"取其自持之意。《五行大义》对"申"字有三种解释：第一种意思是"伸"，意同"引"，是伸展、延长的意思。夏历七月，阴气伸展延长，万物衰老之气引伸延长。第二种意思是"呻"，意为吟诵。官吏在晚饭时申明早晨所布置的政务，就是"呻"。第三种意思是"身"，意思是身体。夏历七月之时，万物所结的果实不断伸展延长，已经长成成熟的身体。

(10) 酉

先从"酉"字字形讲起。酉，小篆字形为 ![酉]，《说文解字》解释说，"酉"的意思是成就、成熟。酉为夏历八月，这时黍成熟，可以酿制醇酒。许慎认为，"酉"从古文"丣"字变化而来，"丣"从卯，联其上画，"一"像秋天的门关闭之象。《五行大义》对"酉"字有四种解释：第一种意思是"老"，即衰老。秋八月，阴气强大，万物衰老至极。第二种意思是"熟"，即成熟。秋八月，万物果实都已成熟。第三种意思是"饱"，即饱满，指万物果实都饱满充实。第四种意思是"犹"。"犹"，意为如同。指万物的果实开始收缩变小，变成同一类的事物(种子)。

(11) 戌

先从"戌"字字形讲起。戌，小篆字形为 ![戌]，《说文解字》解释说，"戌"的意思是"灭"。戌为夏历九月，这时阳气微弱，万物都已经成熟，阳气向下进入地中。五行中的土产生于中央的戊，在戌月即九月气势最旺盛。"戌"字由"戊""一"会意，"戊"是土，代表大地，"一"是阳气，代表阳气入于地下。《五行大义》对"戌"字解释是消灭和杀戮。到夏历九月，阴气所形成的肃杀之气已经发展到极致，万物都随之消灭衰亡。

(12) 亥

先从"亥"字字形讲起。亥，小篆字形为 ![亥]，《说文解字》解释说，"亥"的意思是"荄"，指根。亥为夏历十月，这时微弱的阳气产生，续接着旺盛的阴气。从"二"，"二"是古文"上"字。在"上"字的下面是一男一女两个人，象征微阳与盛阴之气相接，男女阴阳相交则生子，两人左侧的曲画从乙，像女子怀着胎儿腹部蜷曲的样子。《五行大义》对"亥"字有两种解释：第一种意思是"核""阂"。"核"的意思是果核，指万物的果仁被封闭在果核之中，"阂"的意思是从门外把门关闭。夏历十月，时当封藏，万物都进入核中、门内，被关闭收藏起来。这就像阳气被封闭收藏于地下一样。第二种意思是"劾"。"劾"的意思是依照法律把罪名施加给有罪的人，引申为审理、判决。十月之时，万物闭藏，阴气强盛，阴气给万物判决斩杀之刑。亥还有一种意思是"刻"，为"刻薄"之意，指以刻薄态度对待万物。

《尔雅》说"太岁在寅，叫作摄提格"（此句不见于今本）。格，意思是起，指万物承受阳气而兴起。又说，太岁"在卯叫作单阏"，"单"的意思是尽，"阏"的意思是止，是说阳气推动万物兴起，阴气尽止。又说太岁"在辰叫作执徐"，"执"意思是蛰，"徐"意思是舒，是说潜藏蛰伏之物，都散舒而现。又说太岁"在巳叫作大荒落"，"荒"意思是大，是说万物强大，散布开来。又说太岁"在午叫作敦牂"，"敦"意思是盛，"牂"意思是壮，是说万物盛大强壮。又说太岁"在未叫作协洽"，"协"意思是和，"洽"意思是合，是说阴气想要变化，万物和合。又说太岁"在申叫作涒滩"，涒滩，意思是大顺从，是说万物都循顺着它的精气运动。又说太岁"在酉叫作作噩"，作噩，意思是零落，是说万物都如同草木一样枝叶堕落。又说太岁"在戌叫作阉茂"，"阉"意思是大，是置，是说万物都盛大地被放置起来。又说太岁"在亥叫作大渊献"，"渊"意思是藏，"献"意思是迎，是说万物终结于亥，都蛰伏洞窟之中，准备迎接阳气的到来。又说太岁"在子叫作困敦"，"困"意思是混，"敦"意思是沌，是说阳气处于混沌状态，万物流传着余恶。又说太岁"在丑叫作赤奋若"，"奋"意思是起，"若"意思是从，赤表示阳气的色彩，是说阳气奋起迅急，万物应之而起，没有不顺从阳气之性的。

以上是讲岁次。岁次，就是每年木星所在的宫位。"岁星"，亦名"木星"，是古代历法的标志天体。它是夜空中最亮的星之一，易于观察，其运行规律与地球公转有相对稳定的关系，即每岁由西向东前进一个星次。木星在黄道带每年经过一宫，约12年运行一周天，所以中国古代称之为岁星，并用以纪年。中国古代的天文历法有两套观测系统：一套是由北斗七星的斗机所建系统，另一套是由岁星所建的夏历晨建系统。

以上是对支干别名的汇总大意。

第二　辨体性

体者，以形质为名；性者，以功用为义。以五行体性，资益万物，故合而辨之。

木居少阳之位，春气和煦温柔，弱火伏其中，故木以温柔为体，曲直为性。

火居大阳之位，炎炽赫烈，故火以明热为体，炎上为性。

土在四时之中，处季夏之末，阳衰阴长，居位之中，总于四行，积尘成实，积则有间，有间故含容，成实故能持，故土以含散持实为体，稼穑为性。

金居少阴之位，西方成物之所，物成则凝强，少阴则清冷，故金以强冷为体，从革为性。

水以寒虚为体，润下为性。

《洪范》云："木曰曲直，火曰炎上，土曰爰稼穑，金曰从革，水曰润下。"是其性也。

《淮南子》云："天地之袭精为阴阳，阴阳之专精为四时，四时之散精为万物。""积阴之寒气反者为水""积阳之热气反者为火"。水虽阴物，阳在其内，故水体内明；火虽阳物，阴在其内，故火体内暗。木为少阳，其体亦含阴气，故内空虚，外有花叶，敷荣可观。金为少阴，其体刚利，杀性在外，内亦光明可照。土苞四德，故其体能兼虚实。

《洪范传》曰"木曰曲直"者，东方。《易》云"地上之木为观"，言春时出地之木，无不曲直，花叶可观，如人威仪容貌也。许慎云："地上之可观者，莫过于木。"故"相"字，目傍木也。古之王者，登舆有鸾和之节，降车有佩玉之度，田狩有三驱之制，饮饯有献酢之礼，无事不巡幸，无夺民时。以春，农之始也，无贪欲奸谋，所以顺木气。木气顺则如其性，茂盛敷实，以为民用，直者中绳，曲者中钩。若人君失威仪，酗酒淫纵，重徭厚税，田猎无度，则木失其性，春不滋长，不为民用，桥梁不从其绳墨，故曰木不曲直也。

火曰炎上。炎上者，南方，扬光辉，在盛夏，气极上，故曰炎上。王者向明而治，盖取其象。古者明王南面听政，揽海内雄俊，积之于朝，以助明也。退邪佞之人臣，投之于野，以通壅塞。任得其人，则天下大治，垂拱无为。《易》以离为火，为明。重离，重明，则君臣俱明也。明则顺火气，火气顺则如其性，如其性则能成熟。顺人士之用，用之则起，舍之则止。若人君不明，远贤良，进谗佞，弃法律，疏骨肉，杀忠谏，赦罪人，废嫡立庶，以妾为妻，则火失其性，不用则起，随风斜行，焚宗庙宫室，燎于民居，故曰火不炎上。

土爰稼穑。稼穑者，种曰稼，敛曰穑。土为地道，万物贯穿而生，故曰稼穑。土居中央，以主四季，成四时。中央为内事、宫室、夫妇、亲属之象。古者天子至于士人，宫室寝处皆有高卑节度。与其过也，宁俭。禹卑宫室，孔子善之。后、夫人、左右、妾媵有差，九族有序，骨肉有恩，为百姓之所轨则也。如此顺中和之气，则土得人性。得其性，则百谷实而稼穑成。如人君纵意广宫室台榭，雕镂五色，罢尽人力，亲疏无别，妻妾过度，则土失其性。土失其性，则气乱，稼穑不成，故五谷不登，风雾为害，故曰土不稼穑。

金曰从革。从革者，革，更也，从范而更，形革成器也。西方物既成，杀气之盛，故秋气起而鹰隼击，春气动而鹰隼化，此杀生之二端，是以白露为霜，霜者，杀伐之表。王者教兵，集戎事，以诛不义，禁暴乱，以安百姓。古之人君，安不忘危，以戒不虞。故曰："天下虽安，忘战者危；国邑虽强，好战必亡。"杀伐必应义，应义则金气顺，金气顺则如其性。如其性者，工冶铸作，革形成器。如人君乐侵凌，好攻战，贪色赂，轻百姓之命，人民骚动，则金失其性，冶铸不化，凝滞渠坚，不成者众。秋时万物皆熟，百谷已就，若逆金气，则万物不成，故曰"金不从革"。

水曰润下。润下者，水流湿就污下也。北方至阴，宗庙祭祀之象。冬，阳之所始，阴之所终，终始者，纲纪时也。死者魂气上天为神，魄气下降为鬼。精气散在于外而不反，故为之宗庙，以收散也。《易》曰："涣，亨。王假有庙。"此之谓也。夫圣人之德，又何以加于孝乎。故天子亲耕，以供粢盛；王后亲蚕，以供祭服，敬之至也。敬之至，则鬼神报之以介福，此顺水气。水气顺，则如其性。如其性，则源泉通流，以利民用。若人君废祭祀，漫鬼神，逆天时，则水失其性，水暴出，漂溢没溺，坏城邑，为人之害，故曰"水不润下"也。

白话解读

想要研究五行的体性问题,首先需要搞清《五行大义》所讲的体性是什么。体就是形质,也就是事物的形状和本质。性就是功用。"功"指成效,"用"指作用、效果,性也就是事物的功能和作用。

(一)五行之体性

五行作为事物运行的五种状态,不是虚泛的,而是实在的,既各自有一定的形状和本质,又在系统中各自发挥着不同的功能和作用。

1. 五行体性成因

《五行大义》进一步分析了五行体性的成因,大体是从阴阳、四时、四方、自然事物四个方面分析的。

(1) 木

从阴阳看,木居少阳之位,阳气方长;从四时看,木应春,春天天气和暖温柔,正所谓"拂面不寒杨柳风",丝丝暖意隐伏其中;从四方看,木应东,东方是日出之方,一轮红日从东方升起,温暖的阳光洒满大地;从自然事物看,木的特点是向上生长,其中一点微弱的火性向上的特点隐藏其中。所以,木的形质是温柔,功用是曲直。

(2) 火

从阴阳看,火居大阳即太阳之位,阳气已强;从四时看,火应夏,夏天艳阳高照,天气炎热;从四方看,火应南方,南方是太阳升到中天之方,一日之中最热之时;从自然事物看,火的特点是炎炽赫烈,向上升腾。所以,火的形质是明热,功用是炎上。

(3) 土

从阴阳看,土居位中央,阳衰阴长,阴阳趋于平衡,汇总木、火、金、水四行于一体,包含万物;从四时看,土处季夏之末,白天渐短,夜晚渐长,居一年周期之中,正是万物吐穗的关键时期;从四方看,土居中央,可以总领东、西、南、北四方;从自然事物看,土是由颗粒物积聚成的实体,既然是积聚而成就彼此间有一定的空隙,有空隙土就能够含蓄包容五行中的其他几种,如地中有火(如火山喷发)、水(如地下暗河、土壤水分)、金(如地下矿藏)、木(如草木之根)。所以,土的形质是含散、持实,功用是稼穑。

(4) 金

从阴阳看,金居少阴之位,阴气方长,阴主寒凉,少阴则清冷;从四时看,金应秋,秋天天气开始渐渐变冷,正所谓"秋风萧瑟天气凉",万物开始成就,更新成熟,果实坚强;从四方看,金居西方,一日之中,太阳落山之时气温渐降,万物归巢而休息;从自然事物看,金属导热性能良好,触之感觉比较冷,且金属有一定强度。所以,金的形质是强冷,功用是从革。

(5) 水

从阴阳看,水居太阴之位,阴气已强;从四时看,水应冬,冬天天气寒冷,万物进入收藏,既可收藏,其内必虚;从四方看,水居北方,一日之中正当深夜,气温最低,太阳位置最下;从自然事物看,水的特点是水往低处流,可以滋润很多物质。所以,水的形质是寒虚,功用是润下。

上述五行体性,可利用下表查询:

五行体性表

五行	木	火	土	金	水
体(形状、本质)	温柔	明热	含散持实	强冷	寒虚
性(功能、作用)	曲直	炎上	稼穑	从革	润下

通过木、火、土、金、水五行这样的形质和功用,宇宙就可滋养天下万物,所以《五行大义》将五行的体与性合在一起加以辨识。

2. 五行之体

《五行大义》所引《淮南子·天文训》说,天地之合气是阴阳,阴阳之专气是四时,四时之散气是万物。从阴阳之气出发,《五行大义》探讨了五行之体的特征。

水是积阴之寒气。水虽然是阴寒之物,但阳气潜伏其内。我们可以非常清楚地看见水中之物,这说明水体内部是光明的。

火是积阳之热气。火虽然是阳热之物,但阴气潜伏其内,所以火体之内是阴暗的,现实中火焰的内部比外部光线暗。

木是少阳之气,其体内含有阴气,阴则空虚,所以,木的内部是空虚的，阳则繁茂，所以，木的外部有花有叶，排布荣华，可以观看，而内部没有可观之物。

金是少阴之气，其形体刚强锋利，肃杀的作用表露于外，但其内部也是光明的。秋天五行为金，刚强锋利，可以肃杀草木，草木黄落，但天高气爽，能见度较高，可谓内亦光明。

土是中和之气，包含木、火、土、金四种品德，实即土中包含有木、火、土、金四种物质元素，所以，十的形体可以兼有虚实，就是既虚又实。如干旱的土地，土中所包含的水分已经大量蒸发，大地龟裂，缝隙是显露出来的土中的虚，片片土块则是显露出来的实。

3. 五行之性

《五行大义》所引《洪范》与原文不同。《尚书·洪范》说："水曰润下，火曰炎上，木曰曲直，金曰从革，土爰稼穑。"其次序是按五行生数序列排布的，即水一、火二、木三、金四、土五，而《五行大义》所引《洪范》，是按木生火、火生土、土生金、金生水之五行相生序列排布的，各有深意。

（1）木曰曲直

曲直，本义是弯曲和平直。"木曰曲直"就是指木既可以弯曲也可以平直。唐代诗人元稹《赛神》诗说："岁深树成就，曲直可轮辕。"这句诗非常形象地指明了木之可曲可直。木材长成之后，既可以做圆形的车轮，也可以做车辕，也就是车前用来驾牲畜的直木。"木曰曲直"指的是东方。东方为什么是曲直呢？这需要从天文气象讲起。每天太阳都会从东方的地平线徐徐升起，这个日出的过程并不是一下子完成的，而是中间经历了曲折，即发生了曲与直的变化。太阳光由于受地球大气层的影响会产生折射，使得每天太阳还没有升上地平线之前，人们就已经可以看到霞光满天，但很快天色又逐渐暗去，接着才是真正太阳升起的时刻。由此看来，东方确实有曲直之象，与木之性吻合。

正因为木性曲直，曲折为美，具有观赏性，《易经》第20卦叫观卦，卦象是☷，上巽下坤，巽为木，坤为地，所以观卦就是地上之木。

《五行大义》认为，观卦之所以是地上之木，是说春天之时，刚刚钻出地面的草木，没有不曲曲折折的，有曲有直，其花其叶都可以观赏，这就如同人的威仪容貌一样，是显露在外，可以观看的。《五行大义》引述《说文解字》对"相"字的解释，其意是说，大地之上的事物，没有比木更适宜观看欣赏的了，时时处处都有草木之象可观。所以，"相"字的结构是目傍着木。既然木是地上最可观的事物，因而也是人们效仿的对象，可以用木的曲直之性来判断人的行为。古代帝王，上车之时驾驭车马有"鸾"与"和"两种古代车上的铃子作节制，下车之后贵族们还需要"行步有佩玉之度"，要求佩者的步伐与身上佩戴的玉佩组串的摆动相和谐，田狩打猎时有让开一面、三面驱赶以示好生之德的制度，饮食饯行之时有主宾相互敬酒的礼仪，太平无事之时不巡视各地，征用力役之时不侵夺百姓农时，这些都是用来规范统治者的仪态行为的。因为春天正是农业生产的开始之时，统治者如果不贪婪谋算，就是顺应木的运行状态，木得以顺从本性，发挥功能，就会茂盛，后面就可以提供足够的成果，以供给百姓利用，做成直则合乎拉直的墨线、曲则合乎形状弯曲的钩子或是圆规的材料（"钧"是制作陶器所用的圆形转轮）。

如果统治者失去行为礼仪，不顾自己形象，沉溺酒色之中，加重百姓徭役和税赋，田猎没有节制，那就毫无威仪可言，犹如木失去其本性，从而导致春天之时万物不能生长，所生产的果实不能满足百姓的使用，建造的桥梁也无法用墨线来规范，所以就是木不能正常发挥其曲直的功用。

(2) 火曰炎上

火的功用是炎上。所谓炎上，《五行大义》从方位、自然事物、四时、阴阳四个方面加以阐述。从方位看，火应南方，南方是一日太阳最高的方位；从自然事物看，火焰燃烧所产生的光辉向上升腾散布；从四时看，火在盛夏之时，是北半球一年周期中正午太阳离地面最高的位置；从阴阳之气看，火为太阳之气，阳性向上，太阳是阳气极上。综上四点，可以说火的功用是炎上。古代统治者向着光明的方位而治理天下，大概就是取法于火的意象。

古代圣明的统治者都是面向南方听理政事，总揽四海之内雄杰俊才，蓄积朝廷之中，用来增益施政之明。将奸邪谄媚的官员驱出朝廷，放逐到远离政治中心的地方，用来疏通闭塞的政令通道。用人得当，天下便能得到有效治理，统治者垂衣拱手，什么都不用做就能使天下太平。在《易经》中，离卦代表火，代表明。《易经》六十四卦中的离卦是重叠在一起的两个离卦，离的卦象是明，上下相重，重离就是重明，其意就是身居上位的君主、统治者与身居下位的臣子、官员都能睿智英明。各级管理者都睿智英明就顺应了火的运行状态，也就能顺从火的功用，以致万物成熟、政事完善。顺应人才的特点加以利用，人才利用得好，就可乘势而起，人才利用得不好，就会停止不前。

如果作为统治者的人君不圣明，远离有德行、有才能的忠诚聪慧之士，提升谗谄奸佞之徒，废弃法律制度，疏远骨肉至亲，杀害忠诚直谏之臣，赦免罪行昭著之人，废正妻所生嫡子之位，立姬妾所生庶子之权，把姬妾当作妻子看待，则火就失其本性，即使并未点燃，火也会乘风而起，随风四处蔓延，焚烧祭祀祖宗的宗庙和贵族们所居的房屋，甚至延烧到平民住宅，这就叫作火不能炎上，也就是说火不能正常地发挥功用。

（3）土爱稼穑

土的功用是稼穑。爱，意思就是"曰""称为"。稼穑是指农事生产，种植谷物叫稼，收割谷物叫穑。土代表大地的特征和规律，万物都从土中穿出，所以称土为稼穑。土的位置居于中央，在春、夏、秋、冬四季中是主宰，通过土的主宰作用，才成就四时。这是因为在四时、四方概念中都有一个中心，没有中心作参照点，四时、四方概念就无法产生，作为参照点的中心即土，从这个意义上理解，土就是四时、四方的主宰。人类社会系统，分成若干子系统。从人类所从事的事业系统来看，有内外之别，内事就是中央；从人类所居住的场所系统来看，作为统治者的人君所居住的宫殿居室是在内的宫室，比如紫禁城，其外是百姓的民居环绕四方，宫室就是天下房屋建筑的中央；从人类伦理系统来看，以夫妇为中心，周围分布祖辈、父辈、平辈、子辈、孙辈等伦理关系，夫妇是伦理系统的中央；从社会关系系统来看，以直系亲属为中心，周围分布亲属之外的上级、下级、平级、同乡、同学等社会关系，亲属是社会关系系统的中央。既然从人类社会系统的各个方面看都存在中央与周围的区别，那人们就应该效仿土来处理居住布局、人际关系等。

中国古代，上至天子，下至普通读书人，所居住的房屋都要区分尊卑高低。这其中有一个总的原则，就是与其过度奢华，不如宁可俭朴。传说大禹通过禅让制得到帝位，成为夏后氏部落的首领，但禹并没有大兴土木建造高大的宫殿，一直居于陋室，孔子对大禹的这一德行非常赞许。帝王之后、诸侯大臣之夫人、身边侍女、侍妾都有差别，高祖、曾祖、祖父、父亲、己身、子、孙、曾孙、玄孙九族之人都有秩序，至亲骨肉之间都有相互恩爱之情，这些都成为百姓所共同遵守的规则模范。作为统治阶层的人这样做，就可以顺应中和之气，则土就可以得到其功用。土得以发挥其功用，则百谷就会有好的收成而稼穑的意义得以实现。

如果君主大造楼台亭榭，雕梁画栋，耗尽劳力，和不相干的人亲近却疏远骨肉至亲，妻妾人数超出限度，则土就失去其正常的功用。土失去其正常的功用，则土的运行状态就会混乱，无法种植和收获谷物，导致五谷不能丰收，招引狂风大雾为害，这就是土不能稼穑。

(4) 金曰从革

金的功用是从革。"革"就是变更、改变，"范"的意思是模子。用模子来浇铸金属，使之形成各种不同形状的器物，这个过程是金属形状改变的过程，所以说从革。金所对应的方位是西方，西方是万物成熟向死亡发展的转折点，肃杀之气很盛。秋天之气运行的时候，我们会经常看见鹰和隼之类凶猛的鸟从空中突然冲向猎物猎取食物，但春天之气运行的时候，却看不见这种情景。古人认为这是鹰、隼的凶猛之气随季节而变化了。从科学角度上说，候鸟每年春、秋两季都会在繁殖区和越冬区之间迁徙。鹰和隼都是候鸟，每年秋冬季节都会到我国北方地区越冬、捕猎，每年春天都会离去，进行繁殖。繁殖是生，捕猎是杀，鹰、隼的这种生活规律就反映了自然界四季存在的杀与生两个方面。古人更把秋天白色的霜视为自然界杀伐之气的表现。

既然金的功用是从革，人们便效仿金的功用来进行杀伐攻战之类事。君主应该操练士兵，集结军队，用以讨伐不义之徒，禁止暴乱恶行，保护百姓平安。古代统治者，身处安定而不忘危险，这样才能防备突发事件。所以说："天下虽然安定，忘记战争的人必定面临潜在的危险；国家城池虽然坚固，热衷战争的人必然灭亡。"杀伐攻战一定要顺应人间正义，顺应人间正义则金的运行状态就顺遂，就会顺从金的从革之性。依照金的从革之性，治理天下就会如同工匠冶炼铸造器物一样顺利。如果统治者喜欢侵犯欺凌他国，热衷于攻战，贪恋美色财物而轻视百姓的生命，人民就会发动暴乱，金就会失去其从革的功用，这就像金属失其本性，在冶炼时没有熔化，仍然坚固地凝结在一起，不能制成器物。秋天本来是万物都成熟的季节，百谷已经长成，如果违逆金的运行状态，则万物都不能成熟了，这就是所谓的"金不从革"。

（5）水曰润下

水的功用是润下。润下，意思是水向下流动，形成潮湿的积水。水所对应的方位是北方，北方是一日之中太阳隐没之地，是至阴之气；宗庙是人们在阳间为亡灵建立的寄居之所，也是至阴之处，因此水具有宗庙祭祀之象。水对应四时之冬，它是一年中阴阳二气的终始节点，起到整肃四时的作用。古人认为，人类是天地阴阳之气结合的产物，人出生时阴阳二气合聚，反之，死亡时阴阳二气分离。这阴阳二气就是魂和魄。魂，《说文解字》解释为本来寄宿在人的肉身之内的阳气，离开躯体，回旋升空，还原为天之阳气。魄，《说文解字》解释为人死之后的体魄留于地下，腐烂解体还原为地之阴气。所以，《五行大义》说，人死之后，魂气上天成为神，魄气下降成为鬼。这时候，人体内的阴阳二气发散于外，就须为之建立宗庙，收聚分散的魂魄。《易经》说，古代帝王去宗庙祭祀，收聚祖先分散的魂魄，乃是大吉之事。圣人的美德以孝为最高。所以天子要亲自耕种，用来供给在宗庙进行祭祀的谷物；王后要亲自养蚕，用来供给在宗庙祭祀时所用的礼服，这是对先人恭敬的极致。对先人恭敬到极致，则先人魂魄所形成的鬼神就会回报以大福，这就是顺应了水的运行状态。水的运行状态顺应了就能依照顺从其润下的功用，使财货如同水一样泉源通流，源源不断，富民利民。

如果统治者不事祭祀，慢待鬼神，做事违逆天的运行规律，那么水就会失去本性，导致洪水暴发，四处流溢，淹没村庄城郭，成为人类的祸害，这就是所谓的"水不润下"。

第三 明数

就此分为五段：一者起大衍论易动静数；二者论五行及生成数；三者论支干数；四者论纳音数；五者论九宫数。

第一 起大衍论易动静数

凡万物之始，莫不始于无而复有。是故易有太极，是生两仪，两仪生四序，四序生之所生也。有万物滋繁，然后万物生成也。皆由阴阳二气，鼓舞陶铸，互相交感，故孤阳不能独生，单阴不能独成，必须配合以炉冶，尔乃万物化通，是则天有其象，精气下流，地道含化，以资形始，阴阳消长，生杀用成。明其道难明，非数不可究，故因数以辨之。数之显理，犹筌蹄之取鱼兔。阳顺唱始，阴佐其终，穷奇偶之数，备相成之道，极变化之源者，详于蓍策之数也。七八为静，九六为动。阳动而进，变七之九，象气息也。明阳道之舒，以象君德，唱始不休，无所屈后。去极一等，而犹进之，故九动也。阴动而退，变八之六，象气消也。以明臣法，有所屈后，唱和而已。事理近君则靖息以听命，必须退让以明其义，故八静也。《易》曰"分二以象两，挂一以象三，揲之以四以象四时"者，余手有四七，故名七也；有四八，故名八也。有此，则静爻之数。夏殷尚质，以用静爻占之。余有四九，故名九也；有四六，故名六也。此则动爻之数。周备质文，故兼用动爻。

凡大衍极天地之数，五十有五也。京房以十日、十二辰、二十八宿，合应五十，其一不用者，天之生气，将欲以虚求实，故用四十九焉。马融以《易》之大极，谓北辰也，生两仪，两仪生日月，日月生四时，四时生五行，五行生十二月，十二月生二十四气，北辰居位不动，其余四十九，转运而用也。郑玄曰："贞悔六爻，本有五十，定所用者，四十有九。天地之数本五十五，天五与地十通，天一与地六通数之也。通数之者，气则有并，并则宜减焉。大衍减五，故有五十，其用减一，故四十有九。不并者，不可减也。"今总其数五十者，天一至地十，凡五十五也，此合生成之数。若止言生数，唯有十五，从一至五也。《易》之所象，爻尽之，有邈，故自天地以下，日月等数，皆为蓍卦所摄，循环变转，万世无穷。而五十有五，五本并数，并数者，天之与地，共各有一体，体各有一，正应敌对。今盈于五，则是气之并数，并不再用，是其配义。配则为虚，不当于实，不当于实，故事无所主，所以揲蓍不用。又虚其一者，挂一象无，无无可象，故有之用极，则无之功见。故曰：寻太业而得吉凶，寻吉凶而得八卦，寻八卦以得四时，寻四时以至两仪，寻两仪以至太极。太极者，大杀而极，穷无之致也。遣有以极邈，减多以就少，此之谓也。故曰：太极无所复象。明其空寂，非言象所诠也。

白话解读

（一）数的重要性

《五行大义》论述数的重要性，不是就数论数，而是将数放到系统运动变化的背景下，与系统的运动变化结合在一起加以探讨。

1. 系统运行次序需要数

系统运行是周期性的，周而复始，循环不息，那怎么研究系统运行的次序和规律呢？很简单，就是截取系统运行的一个周期来加以剖析。

就宇宙大系统而言，其一个周期的运行规律是太极生两仪，两仪生四象，四象生八卦，八卦生万物。《易经·系辞上·第十一章》说："是故，易有大极，是生两仪，两仪生四象，四象生八卦，八卦定吉凶，吉凶生大业。"大极就是太极。这个生成次序同《五行大义》所讲的"易有太极"之序道理相同，是说系统从无中生出太极，太极分出阴、阳两个相互矛盾的方面，阴、阳再进一步分出少阴、少阳、太阴、太阳四个方面，这在宇宙大系统中表现为四序，即春、夏、秋、冬，四象或四序生出天下万物。万物各自滋生繁衍，不断轮回转化。

这个事物运行从无到有、太极生两仪、两仪生四序、四序生万物的过程，就需要数，如其中的一、两、四、万。

2. 系统运行规律需要数

系统运行从无到有都贯穿着阴阳二气的运动变化，都是由阴阳二气鼓动激发、熔化融合、交互感应所形成的，阳气或阴气都不能独自成就，必须二者配合起来，如冶炼一般熔合，这样万物方能变化通达，然后才有正常的天象运转，精微的物质从上向下流动，大地接受容纳包含天下行之精气并进行改易变化，使得事物形态开始形成，这期间阴阳二气此消彼长，通过生长与灭杀两种作用完成事物形态的塑造。这种阴阳二气相互作用的道理是隐晦难明的，很难用形象的语言表达出来，只有通过数才能探究其中的变化轨迹，所以，阴阳二气的变化之道要依据数来加以辨析明察。

3. 数可以显现系统运行规律

数对事物阴阳变化规律的显现，就如同用筌和蹄来获取鱼和兔一样。

《庄子·外物》说："荃者所以在鱼，得鱼而忘荃；蹄者所以在兔，得兔而忘蹄。""荃"古同"筌"，是捕鱼的竹器；"蹄"，是兔网，是捕兔的工具。这说明数就是掌握事物运动变化的规律的工具。阳气顺应事物发展的规律，首倡其始，阴气辅佐阳气成就事物发展的终结，将奇数与偶数的相关性探究到底，完备阴阳相互成就的规律，彻底推演事物变化本源的方法，这些都详细地显示在蓍草占卜所得到的数中。

（二）易动静数

《五行大义》从两个层面来探讨易动静数。

1. 何谓动数、静数

表示事物数量的自然数从 1 开始，以至无穷，如何探究其中变化的规律呢？同探究系统运行的其他规律一样，取系统运行中的一个周期，分析清了一个周期内的变化规律，其他周期可以以此类推。这一方法可以从《易经·系辞》中得到证实。《易经·系辞上·第九章》说："乾之策，二百一十有六。坤之策，百四十有四。凡三百有六十，当期之日。"乾坤两卦所得策数是 360，大约相当于一个年周期运行的日数，也等于一个空间运行的圆周期的度数即 360 度。这足以证明，《易经》研究事物运行规律的方法是取系统运行的一个周期来加以考察。

自然数也是一个系统，其中具有周期性。自然数是十进制，表现为 1，2，3，4，5，6，7，8，9，10 的周期性循环和往复组合。所以，研究自然数的系统变化规律取 1，2，3，4，5，6，7，8，9，10 一个周期即可。

自然数系统中存在阴阳，奇数为阳，偶数为阴。《易经》研究自然数，取 6，7，8，9 为代表。这是因为，在阳数 1，3，5，7，9 系列中，9 为阳数之极，位置居于最上；在阴数 2，4，6，8，10 系列中，10 是另一个周期的 1，与此一周期的 1 相互重叠，不具有此一周期的代表性，故不取用 10，退而取 8，8 则为阴数之极，位置居于最上。阳数代表阳气，向上行；阴数代表阴气，向下行。阴阳二气相互交合，生成万物。在气象变化中，是冷空气本在上，向下行；热空气本在下，向上行，冷热空气交汇，形成多种天气现象。阴阳数的交合与冷热空气的交汇道理是相同的。

阴阳数的交合运动与阴阳二气的交汇运动都是从静到动的过程。阳数像热空气一样上行，从七开始，向九运行；阴数像冷空气一样下行，从八开始，向六运行。所以，《五行大义》说，七与八是静数，九与六是动数。

弄清了数的动静阴阳，《五行大义》进一步从系统中阴阳二气的运动和政治系统中君臣关系两个方面阐发，解析从静到动的变化。

阳数从七到九。阳数从静到动的变化是"变七之九"，即从七到九，从小变大，象征阳气的滋生发展；阳数从七到九的变化，阐明了阳气运动的规律是舒展，这就像君主的品德一样，一直处在领先的位置上，从来不会屈居于后。七作为阳数，离阳气之极的九数还有一个等级，仍然需要前进，向上运动，所以说，九数代表的意思为"动"。

阴数从八到六。阴数从静到动的变化是"变八之六"，即从八到六，阴数从大变小，象征阴气的减少损耗；阴数从八到六的变化，阐明了阴气运动的规律是退缩，这就像臣属的法则一样，所有事情都有所屈抑退居于后，不当头，只是附和呼应君主而已。需要处理事务时来到君主身边，屏息凝神听从命令，一定要懂得退让以明确自己所承担的道义，所以说，八数代表的意思是"静"。

2. 易经中动静之数的推演

《五行大义》引用《易经》文字来讲述易是如何推演出动静之数的。《易经·系辞上·第九章》说："大衍之数五十，其用四十有九。分而为二以象两，挂一以象三，揲之以四以象四时，归奇于扐以象闰。五岁再闰，故再扐而后挂。"此句分别解读如下：

"大衍之数五十，其用四十有九"。衍，就是演，是推演的意思。为什么大衍之数是五十，其用四十有九？《五行大义》放在下文解释。

"分而为二以象两"。易用于推演的蓍草是49根。用蓍草推演的方法叫筮法，筮法的第一个步骤是"分而为二"。将49根蓍草，随手分为两部分，分置左、右两手之中。这随手一分就是象征或者说模拟系统运动中从太极生出两仪的过程，用现代语言来说，就是从矛盾统一体中区分出相互矛盾的两个方面。在宇宙系统中就是分为天与地两仪。

"挂一以象三"。从分为两部分的代表地的蓍草中拿出1根，放在一边，这就形成了三部分。这是象征或模拟人从天地中产生。这里的"人"指人类社会，"天地"指自然界。

"揲之以四以象四时"。揲，意思是取，"揲之以四"就是四根四根地取。因为在人类产生之后，从人的视角出发，又出现了对一年四季周期性变化的认识。古代筮法中的"揲之以四"就是象征或模拟人的这种认知。

"归奇于扐以象闰，五岁再闰，故再扐而后挂"。"扐"就是余数，"再扐"就是两次余数。用"揲之以四"四个四个地数的方法，分别数左手与右手所拿的蓍草，都会有一个余数，一个手的余数叫"扐"，两只手的余数就叫"再扐"。这个过程就是象征或模拟年周期中的置闰现象，"五岁再闰"即 5 年中需要置两个闰月，所以会"再扐"，得出两个余数。这两个余数合并到一起，就是"而后挂"。至此，这一易就算完成了。

回顾一下这个过程，易，意思就是变，这一易共经过分二、挂一、揲四、归奇四个步骤，叫作四营。《易经·系辞上·第九章》说"是故，四营而成易，十有八变而成卦"，就是说经过四个步骤完成了一易，也就是一变，三变完成一爻；一卦六爻，则需要十八变。

第一变或第一易：所用 49 根蓍草，"分而为二"，分成两部分，左、右手各拿一部分；"挂一"，是从右手中取出 1 根，两部分所余蓍草是 49 − 1，计 48 根；"揲之以四"，即四个四个地数，共会产生三种组合：一只手余一，另一只手必余三；一只手余二，另一只手也必余二；一只手数尽不余，另一只手也必数尽不余，不余计作四。这样，每只手的余数只有 1，2，3，4 这四种情况，而两只手余数之合只有 4 与 8 两种情况。加上"挂一"，左、右手所得余数非 5 即 9。

第二变或第二易：第一变的余数加上"挂一"合称为余数。所用四十九数减去第一变的余数即为过揲之数，也是第二变的本数。这个数有两种情况：一种是 49 − 9 = 40；一种是 49 − 5 = 44。将所得 40 或 44 数，再经过分二、挂一、揲四、再扐四营之后，所得组合如下：一只手余一，另一只手必余二；一只手余三，另一只手数尽不余而计作四。因此，第二变所得"再扐"余数加上"挂一"之合非四即八。

第三变或第三易：第二变本数减去第二变的余数即为过揲之数，也是第三变的本数。这个数有四种情况：一种是 44 − 8 = 36；一种是 44 − 4 = 40；一种是 40 − 8 = 32；一种是 40 − 4 = 36。将所得 36 或 40 或 32，再经过分二、挂一、揲四、再扐四营之后，所得组合如下：一只手余一，另一只手必余二；一只手余三，另一只手数尽不余而计作四。因此，第三变所得"再扐"余数加上"挂一"之合非 4 即 8。

经过以上三变就得到一个卦的初爻，如何确定这个爻是动爻还是静爻呢？这就需要用到动数与静数了。

三变结果会出现四种组合：

第一种组合：这种组合有三种情况，将第一变、第二变、第三变所得余数依次排列如下：9，8，4；9，4，8；5，8，8。三变余数之和是21。将所用49数减去21，得28，即49－21＝28。这便是4个7。7为阳数，为静数，为少阳。

第二种组合：这种组合也有三种情况，将第一变、第二变、第三变所得余数依次排列如下：5，4，8；5，8，4；9，4，4。三变余数之和是17。将所用49数减去17，得32，即49－17＝32。这便是4个8。8为阴数，为静数，为少阴。

第三种组合：这种组合只有一种情况，将第一变、第二变、第三变所得余数依次排列如下：5，4，4。三变余数之和是13。将所用49数减去13，得36，即49－13＝36。这便是四个9。9为阳数，为动数，为太阳。

第四种组合：这种组合也只有一种情况，将第一变、第二变、第三变所得余数依次排列如下：9，8，8。三变余数之和是25。将所用49数减去25，得24，即49－25＝24。这便是四个6。6为阴数，为动数，为太阴。

这样推演的结果得到7，8，就是静爻之数，7为阳爻，8为阴爻。夏朝和殷商的时候崇尚质朴，质朴就是缺乏变化，所以占卜之时用静爻决断；推演的结果得到9，6，就是动爻之数，9为阳爻，6为阴爻。动就有变化，有变化就有文采。周朝的时候对质朴和华美都很推崇，所以，周易兼用动爻，即占卜之时既用静爻，也用动爻来做决断。

（三）大衍之数五十，其用四十有九

1. 天地之数

《五行大义》探讨大衍之数是从天地之数开始讲起的。《五行大义》认为，大衍是穷极天地之数的推演过程，而天地之数是55。《易经·系辞上·第九章》说："天一地二，天三地四，天五地六，天七地八，天九地十。天数五，地数五，五位相得而各有合。天数二十有五，地数三十，凡天地之数，五十有五，此所以成变化而行鬼神也。"这实际上，是将自然数系统截取其中最基本的一个周期，即1，2，3，4，5，6，7，8，9，10，其中，奇数为天数，即1，3，5，7，9，合为25；偶数为地数，即2，4，6，8，

10，合为30。一个自然数系统最小周期内奇数与偶数之和，即天数与地数之和为55。

2. 古代三种经典观点

从天地之数变化成大衍之数，及其用四十有九，古代有三种代表性的经典观点。

（1）京房说

西汉易学大师京房认为，大衍之数之所以为50，是十日、十二辰、二十八宿合起来共得50。这实际是从宇宙系统的空间结构进行的分析。本书开篇我们讲过，十日即十干，是年周期中太阳从南到北、从北到南往复回归运动中的十个相对固定的节点，用十干表示出来；十二支是年周期中北斗七星绕北极星转动一周的十二个相对固定的节点；二十八宿是年周期中地球绕太阳公转一周，其沿黄道或天球赤道（地球赤道延伸到天上）所经历的南中天恒星圈中的二十八个相对固定的节点。十、十二、二十八是年周期中关键点的天文定位数。所以，京房认为大衍之数以此确定。

京房认为，大衍之数之所以其用四十有九，有一数不用，是因为"天之生气，将欲以虚求实"。意思是说，生就是向前运动，年周期是一年又一年循环不息的，其所经历的天文周期循环也是一环扣一环，不断向前运动的，但前一周期与后一周期必有一个重叠的节点，这样才能延续相生下去，这一重叠的节点在推演数的过程中需要减出来，即 50－1＝49。

（2）马融说

东汉经学家马融认为，大衍之数之所以为50，是因为北辰（北极星）为太极是一，两仪是二，日月是二，四时是四，五行是五，十二月是十二，二十四气是二十四，合起来共得50。这实际是从宇宙系统的生成次序进行的分析。在以北斗七星所建立的月建系统中，北辰居中不动，相当于太极，为一；依北极星定位可以分出南北两个方位，即两仪；依南北定位可以进一步观测日月运动；日月推移则一年四季产生；一年四季可以根据其性质的变化分成春、夏、季夏、秋、冬，对应五行；五行各管72日，可以分布在12个月，即十二月；十二月里每一月有节与气，即二十四节气。上述从这一宇宙系统的生成次序看，相加为50，应该成为大衍之数。

马融认为，大衍之数之所以其用四十有九，是因为北辰即北极星居于中央不动，真正运转不息发挥作用的是其余四十九数。

(3)郑玄说

东汉末年经学家郑玄认为,大衍之数之所以为50,是因为"贞悔六爻,本有五十"。中国古代筮法,易卦分上、下两部分,称为上体与下体。下体称为贞,是内卦;上体称为悔,是外卦。易卦共有六爻,这六爻的推演方法就是前面讲到的四营三变,其所用到的数,按照郑玄的说法,本来有五十。为什么这么说呢?其意有三层:

第一层,天地之数是五行生成数之合。天地之数是从1到10,五行生数是1,2,3,4,5,其合(和)是15;五行成数是6,7,8,9,10,其合(和)是40,所以,55是天地之数,也是五行生数与成数之合。自然数系统同其他系统一样,内部也存在五行,数中的五行是通过生数与成数表现出来。五行生数中,水一、火二、木三、金四、土五,五行成数中,水六、火七、木八、金九、土十。

第二层,天地之数减去并数即得50。天地之数既是五行生成数之合,而五行生数与成数是相通的,可以并在一起的,并在一起的数就存在相互重叠,既有相互重叠就应该减去,这样才能用于推演天地万物。《周易郑康成注·系辞》中说:"大衍之数五十,天地之数五十有五,以五行气通,凡五行减五,大衍又减一,故四十九也。衍,演也。揲,取也。天一生水于北,地二生火于南,天三生木于东,地四生金于西,天五生土于中,阳无耦,阴无配,未得相成。地六成水于北,与天一并,天七成火于南,与地二并,地八成木于东,与天三并,天九成金于西,与地四并,地十成土于中,与天五并也。大衍之数,五十有五,五行各气并,气并而减五,惟有五十,以五十之数不可以为七八九六卜筮之占以用之,故更减其一,故四十有九也。"这就是说,在自然数系统中,1,6是水,2,7都是火,3,8都是木,4,9都是金,5,10都是土,天地万物都是符合五行运动规律的,自然数中的五行虽然分而为两数,但发挥作用时是作为一个整体的,这就使自然数中的五行存在一个数的重叠,重叠的五行必须去除其重叠的一数才能应用,五行各去除其重叠的一数,五行共需要去除5个数,这5个数就是并数,其他没有重叠并在一起的数是不需要减去的。所以天地之数55减去并数5,就得到了大衍之数五十。

第三层,易卦六爻都统摄在五十数之中。《易经》所象征的意义,通过爻彻底表现出来,意味深远,所以,从天地以下,包括日、月等所有有象之数都为蓍草推演的卦所统摄，易卦所用以推演的数循环变转，万世万代都可以延续运用，无有穷期。这说明，从一到十是数推演变化的一个周期，这个周期的规律可以循环变转，万世不穷地应用下去。这也说明，易卦六爻都统摄在蓍草五十数的推演变化之中。所以，郑玄才说"贞悔六爻，本有五十"。

郑玄认为，大衍之数其用之所以为49，是因为"定所用者，四十有九"，大衍之数虽然是50，但真正用于推演的只有49数。其中原因，郑玄提出两种说法。一种说法认为，用50之数得不出7，8，9，6来，只有用49数才能得出这4个数来。这种说法见于《周易郑康成注·系辞》。另一种说法认为，50之数中有一数是无，减去不用，只用49数。《五行大义》对此加以阐释道，大衍之数五十中虚一不用的"一"代表"无"，因为"无"没有什么象可以象征或模拟，所以将"有"的作用发挥到极致，则"无"的功用自然也就体现出来了。也就是说，"无"无法表现，可以通过"有"表现出来，这个"有"就是49数。这种从"有"反推"无"的原理就是《易经》所述宇宙生成次序的逆用。《易经·系辞上·第十一章》说："是故，易有大极，是生两仪，两仪生四象，四象生八卦，八卦定吉凶，吉凶生大业。"反过来推，就是《五行大义》所说的，寻找到大业就可以得到吉凶，寻找到吉凶就可以得到八卦，寻找到八卦就可以得到四时，寻找到四时就可以达到两仪，寻找到两仪就可以达到太极。那何谓太极？太极就是"大"弱到了极致，彻底追究"无"达到了极致。消除"有"以达到极其深远之境，减损"多"以趋向"少"之极限，这就是太极的真正意义。所以说，太极就是"无"从"有"返归的象征，用"太极"一词可以明确其空虚、寂寥之意，但这种意境是无法用语言和象征所可解释说明的。

第二　论五行及生成数

行言五者，明万物虽多，数不过五。故在天为五星，其神为五帝。孔子曰："昔丘闻诸老聃云：天有五行，木金水火土，其神谓之五帝。"在地为五方，其镇为五岳。《物理论》云："镇之以五岳。"在人为五藏，其候五官。《黄帝素问》云："五藏候在五官，眼耳口鼻舌也。"五行递相负载，休王相生，生成万物，运用不休，故云行也。《春秋繁露》云："天地之气，列为五行，夫五行者，行也。"《易·上系》曰："天数五（王曰：谓一三五七九也；韩曰：五奇也），地数五（王曰：谓二四六八十也；韩曰：五偶也），五位相得（王曰：五位，金木水火土也），而各有合（王曰：谓水在天为一，在地为六，六一合于北；火在天为七，在地为二，二七合于南；金在天为九，在地为四，四九合于西；木在天为三，在地为八，三八合于东；土在天为五，在地为十，五十合于中。故曰：五位相得，而各有合。谢曰：阴阳相应，奇偶相配，各有合也。韩曰：天地之数各有五，五数相配，以合成金木水火土也）。"

《尚书·洪范》篇曰"五行：一曰水，二曰火，三曰木，四曰金，五曰土"，皆其生数。《礼记·月令》篇云"木数八，火数七，金数九，水数六，土数五"，皆其成数，唯土言生数。天以一生水于北方，君子之位，阳气微动于黄泉之下，始动无二，天数与阳合而为一。水虽阴物，阳在于内，从阳之始，故水数一也。极阳生阴，阴始于午，始亦无二。阴阳二气，各有其始，正应言一，而云二者，以阳尊故。尊既括始，阴卑赞和，配故能生，而阳数偶阴，在火中。火虽阳物，义从阴配，合阴始，故从始立义，故火数二也。其余例尔也。《老子》云："天得一以清，地得一以宁。"是知皆有一义，唱和同始。是以云：木配阳动，而左长于东方。长则滋繁，滋繁则数增，故木数三也。阴佐阳消，阴道右转而居于西，在阳之后，理无等义，故金数四。阴阳之数，始乎一周，然后阳达于中，总括四行，苞则弥多，故土数五也。此并生数，皆云据始，未明成数。数既未成，亦未能为用。颖容《春秋释例》云："五行生数，未能变化各成其事。水凝而未能流行，火有形而未生炎光，木精破而体刚，金强而斫，土卤而斥。于是天以五临民，君化之。"《传》曰："配以五成。"所以用五者，天之中数也。于是水得于五，其数六，用能润下；火得于五，其数七，用能炎上；木得于五，其数八，用能曲直；金得于五，其数九，用能从革；土得于五，其数十，用能稼穑。

郑玄云："数若止五，则阳无匹偶，阴无配义，故合之而成数也。"奇者，阳唱于始，为制为度。偶者，阴之本得阳乃成。故天以一始生水于北方，地以其六而成之，使其流润也；地以二生火于南方，天以七而成之，使其光曜也；天以三生木于东方，地以其八而成之，使其舒长盛大也；地以四生金于西方，天以九而成之，使其刚利有文章也；天以五合气于中央，生土，地以十而成之，以备天地之间所有之物也。"合之，则地之六为天一匹也，天七为地二偶也；地八为天三匹也，天九为地四偶也；地十为天五匹也。阴阳各有合，然后气性相得，施化行也"。故四时之运，成于五行，土总四行，居时之季，以成之也。《五行传》及《白虎通》皆云："木非土不生，根核茂荣；火非土不荣，得土著形；金非土不成，入范成名；水非土不停，堤防禁盈；土扶微助衰，应成其道，故五行更互须土。土王四季，而居中央，不以名成时，故知同时俱起，但托义相生。《传》曰：'五行并起，各以名别。'"

《常从数义》云："北方亥子，水也，生数一；丑，土也，生数五；一与五相得为六，故水成数六也。东方寅卯，木也，生数三；辰，土也，生数五；三与五相得为八，故木成数八也。南方巳午，火也，生数二；未，土也，生数五；二与五相得为七，故火成数七也。西方申酉，金也，生数四；戌，土也，生数五；四与五相得为九，故金成数九也。中央戊己，土也，生数五；又土之位在中，其数本五，两五相得为十，故土成数十也。"此阴阳两气各一周也。

共一周，则为生数；各一周，则为成数。阳以轻清上为天，阴以重浊下为地。而阳至第五而入中者，其体躁疾，故共一周而入中。阴至第十方入中者，其体迟殿，故各一周而始入耳。然五行皆得中气而后成，土居中而王四季，并须土以成之也。《洪范》是上古创制之书，故言生数。《礼记·月令》是时候之书，所贵成就事业，故言成数。唯土言生数者，土以能生为贵，且以成四行，足简之矣，是其能生能成之义也。郑玄曰"以天地相配"，取阴阳之理，常从"以支干数和合"，取日辰为用，两说虽别，大意还同，终会《易经》天一至地十之义。

《孝经援神契》曰："以一立，以二谋，以三出，以四孳，以五合，以六嬉，以七变，以八舒，以九烈，以十钩。"五行以一立水，一为生数，以五配一，水之成数，故言一立而六嬉。嬉是兴义。二是火之生数，七是火之成数，故言二谋；火以变化为能，故言七变。谋者，以其为变之始也。三，木之生数，八，木之成数，五行始于东方，故云三出；八而成长，故曰八舒。四，金之生数，九，金之成数，西方成就，故言四滋；品类不同，故称九烈。五是土之生数，十是土之成数，以天之五合地之十，数义斯毕，所以五言其合，十言其拘。拘是成备之义。《春秋元命苞》云："胎错舞连以拘一，动合于二，故阴阳；受成于三，故日月星；序张于四，故时；起立于五，故行；动布于六，故律；踊分于七，故宿；改萌于八，故风；布极于九，故州；吐毕于十，故功成，数止。"此并经纬共明五行生成数之数不过十也。

白话解读

谈到五行，必然需从"五"与"行"讲起。

（一）五行释义

1. 何谓"五"

"行"之所以称为"五"，是表明天下万物无穷无尽，中国五行哲学将其加以概括归纳，总括为五种形态，而且五种形态已经足以涵盖天下万物，所以，《五行大义》说，万物虽然数量众多，但概括起来其数不会超过五。

为何万物之数不过五呢？《五行大义》从多个方面加以阐述。

从天体系统来看，在日、月、地系统中发挥主要作用的只有五星，即岁星、荧惑、镇星、太白、辰星。

从天神系统来看，主宰人世的只有五帝，即：东方青帝、南方赤帝、中央黄帝、西方白帝、北方黑帝。从天体运行系统来看，主要运行状态只有木、火、土、金、水五种。《五行大义》引《孔子家语·五帝》，孔子称自己从前听老聃说，"天有五行，木金水火土，分不同的季节进行化生和孕育，用来成就万事万物，它们的神就称为五帝"。

从地理方位系统来看，方位不外东、南、中、西、北五方；而五方山峦虽众，最高大、最著名的只有五岳，即东岳泰山（位于山东省泰安市）、南岳衡山（位于湖南省衡阳市）、中岳嵩山（位于河南省登封市）、西岳华山（位于陕西省华阴市）、北岳恒山（位于山西省大同市）。

从人体内部的生理系统来看，人体内有五藏（藏，古同"脏"，古文用"藏"，为保持与原文的一致性而避免混乱，本书译解仍用"藏"字，后文同此），这是隐藏在脉络中的五个人体机能器官。心脏藏神，肺脏藏魄，肝脏藏魂，脾脏藏意，肾脏藏（精）志，五藏分藏于五脏。

从人体内部生理系统在面部的表现来看，五藏变化就体现于五官。中医学理论中，五官特指目、舌、口、鼻、耳。《黄帝内经》说："鼻者肺之官也，目者肝之官也，口唇者脾之官也，舌者心之官也，耳者肾之官也。"

2. 何谓"行"

《说文解字》解释"行"是人走和跑。怎样理解五行之"行"？从"行"字古文字形看，"行"字本身就包含着五行。"行"字甲骨文写作 ，金文写作 ，好像兼具东、南、西、北、中五方的十字路口，所以有"五"。据《韵会》，"五行，运于天地间，未尝停息，故名"。就是说，五行就是天地间运行变化不息的五种状态，所以叫"行"。《五行大义》说，五行木火土金水相互更替，相生相克，此消彼长，由此生成天地万物，在系统中运行不息，所以称为"行"。《五行大义》所引《春秋繁露》其意也是说，五行之"行"有运转不息之意。

（二）五行生成数释义

1. 天地之数与五行

在一个自然数系统的周期中，共有10个数，即1，2，3，4，5，6，7，8，9，10，这就是天地之数，《易经》对自然数系统与五行的关系进行了详细的分析。我们逐句对《五行大义》所引的这段话进行解读。

"天数五"：天数即奇数，共5个，即1，3，5，7，9（查《五行大义》创作年代隋之前的知名易学家，王姓有汉之王肃、王弼二家，韩姓有晋之韩伯一家，《五行大义》中的"王曰""韩曰"可能是他们中的某两个人）。

"地数五"：地数即是偶数，亦共5个，即2，4，6，8，10。

"五位相得"：五位就是五行。自然数系统中也存在五行。"得"字的意思是得到，五行向前运行就会有所得。在自然数系统中，1向前运行得2，2向前运行得3，3向前运行得4……依次到9，9向前运行得10，10向前运行又重新得1，这是自然数数量变化的规律。这10个数具有不同的五行属性，1与6为水，2与7为火，3与8为木，4与9为金，5与10为土。1，2，3，4，5，五行可相得一圈，6，7，8，9，10，五行又可相得一圈，10个数内水、火、木、金、土即得到两次，由此循环往复以至无穷。所以说"五位相得"。

"而各有合"：《五行大义》引"王曰""谢曰""韩曰"，查隋以前易学名家,没有"谢"姓大师,不知是何人。三家所述意思基本一致,归纳如下:一是自然数系统中天数有五,地数有五,这五数可以相互配合,合成金、木、水、火、土五行;二是天地之数之间的配合遵循阴阳相合的规律,天数为奇、为阳,地数为偶、为阴,阴阳相合,奇偶相配才能合成五行;三是其具体相合的情况为:1,6合水于北,2,7合火于南,3,8合木于东,4,9合金于西,5,10合土于中。

2. 何谓五行生数与成数

一个自然数系统周期中的10个数分成两组五行,一组为1,2,3,4,5,一组为6,7,8,9,10,这两组数字就是五行生数与五行成数。这两种数列在中国古代典籍中都有记载。

据《尚书·洪范》,1,2,3,4,5就是五行生数。据《礼记·月令》,除了土数五之外,6,7,8,9,10都是五行成数。

3. 五行生数

五行生数水一、火二、木三、金四、土五,各有其形成原因。

水生数之所以为一,《说文解字》说:"生,进也。""进"就是前进,是向前运动。所以,"生数"就是从起点向前运动的数。水的生数是一,可以从以下几个方面理解。其一,从事物运行周期看,万物都是从无到有,无是静,有是动,万物初动之

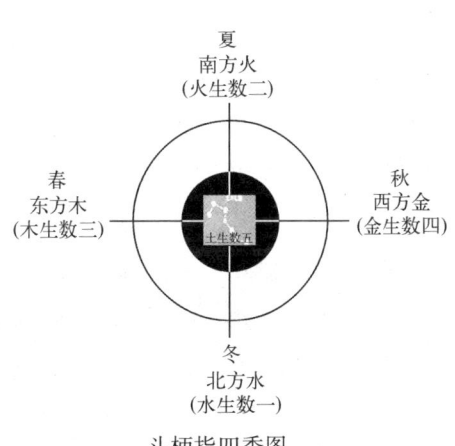

斗柄指四季图

处,就是事物周期性运行的第一步,其数就是一;其二,从北半球太阳运行的年周期看,年周期的始点是太阳从南回归线开始向北的运动,这是一年中太阳辐射增强的始点,是阳气运动的始点,其数是一;其三,从斗柄指四季图看,斗柄从指向最下,开始向上运动的始点是北方,北方五行为水,其数一。君子在中国古代泛指才德出众的人,但君子虽才德高尚,所自我要求的定位却最卑下,所以,北方水位处于斗柄指四季图的最下,是君子之位。黄泉指地下极深处,位置最下,但下之极必反上,上即是阳气,故曰黄泉中有一点微阳之气涌动;斗柄指四季周期性运动中,斗柄从

下向上的运动开始于北方水位，所以说"始动无二"。天数即奇数，即是自然数系统中的阳，与阳是合二为一的；水积蓄于最低的位置，是属阴性的事物，但水中有一点微阳之气，因此水是阳气向上运动的开始。所以水的生数是一。

火生数之所以为二，这可以从以下几个方面理解。其一，从斗柄指四季图看，斗柄从下向上运动，到达南方午位而至极点，极上则反下，因此，午是斗柄向下运动的开始；其二，当斗柄指向午位时，与北半球太阳到达北回归线相应，之后太阳逐渐南移，北半球白昼时间渐短，即阴气渐长，因此，午是年周期中阴气的开始。据此，《五行大义》说："极阳生阴，阴始于午。"阳气和阴气都有各自始点，而阳气的始点称一，阴气的始点称二，这是因为阳代表上，阴代表下，阳气尊于阴气。在斗柄指向午位时，本来是阳气到达极点，其中生出阴气，五行中只有火具有这种属性，所以火的生数是二。

木生数之所以为三，从斗柄指四季图看，木是配合阳气的运动，当人面向南方站立的时候，阳气在左方增长于东方。阳气增长则万物都得以滋生繁衍，万物滋生繁衍就会导致数量增加，由一就会发展到三，三是万物滋生繁衍、数量增加的始点，所以木的生数是三。

金生数之所以为四，从斗柄指四季图看，斗柄从午开始，阴气渐长，用以辅佐阳气渐消。当人面向南方站立之时，阴气在右方旋转而居位于西方。阴气增长辅助阳气削弱，所以阳长在先，阴长在后。阳长之数既是三，阴长之数就只能排在三之后，所以金的生数是四。

土生数之所以为五，从斗柄指四季图看，阴气与阳气围绕中心运动了一周，合聚于中央，这一周总括水、火、木、金四行，其中心的数便应比四多，那就是五。五是阴阳之数运行一周之后出现会聚总和的始点，所以土的生数是五。

4. 五行成数

五行有了生数，为什么还有成数呢？这需要从五行生数的功用讲起。

(1) 五行生数的功用

根据《五行大义》引颖容《春秋释例》所说，五行生数，是事物还未能变化形状有所成就的状态。颖容认为，五行生数在功用方面的不足，具体可以从自然界系统中存在的水、火、木、金、土来看。

水生数之时，只是刚刚由气体凝结为液体，还没有达到可以润下流行的程度；火生数之时，只是刚刚有热度增加显露出来，其热量还没有达到极热发出光芒的炎上程度；木生数之时，其精华还容易破坏折断，其形体还十分刚直，还没有达到曲直的程度；金生数之时，其形体还很强硬，其硬度还可以被砍斫，还没有达到从革变化的程度；土生数之时，土还如同盐碱地一样板结，没有达到可以耕种的程度。

因此，五行生数必须变化为五行成数，只有五行成数才能发挥五行正常的功用。生数变为成数需要配"五"这个数。上天用"五"这个数来治理人民，古代统治者效仿天，也以此教化百姓。

（2）生数如何变为成数？

①为什么生数配五为成数？

五行生数分别是事物之始点，阳之始为一，阴之始为二，阳长之始为三，阴长之始为四，阴阳一周之始为五；阴阳经过一个周期而成就，这一周之数即是五，因此，万物成就之数都需要在其生数的基础上加上五数，五是阴阳一周之数，也是中央之数。

五行生数经过一个周期而成就为成数，其功用得以正常发挥。因此，水生数一，得到五，其成数是六，就能够润下；火生数二，得到五，其成数是七，就能够炎上；木生数三，得到五，其成数是八，就能够曲直；金生数四，得到五，其成数是九，就能够从革；土生数五，得到五，其成数是十，就能够稼穑。

《五行大义》引《五行传》和《白虎通》两种典籍，论述了五行中的木、火、金、水因土而成且土也要与这四者相配合才能成就这一思想。木只有植根土壤之中才能根叶繁茂，开花结果；物体燃烧之后要呈现灰烬才能显露火的形迹；金融化形成的液体只有浇入用土做成的各种模子中才能成就不同名称的金属器物；水只有用土石等材料修筑的堤岸才能被阻挡和不满溢；土具有扶持微小者、助力衰弱者的功用，所以，五行在强弱之间运转更替，必须有土的配合。土在四季都有主宰的时期，而其固定居于中央，不用自己的名称来称呼春、夏、秋、冬四时。由此可知，五行是同时起始的，更互交替，假托其义为相生关系。

②生数如何配五为成数？

《五行大义》引郑玄与常从二人观点阐明生数是如何配五成为成数的。

郑玄说主要由以下几个观点组成：

一是数的配合应遵循阴阳之理。《五行大义》所引郑玄的观点认为，自然数系统以奇数为阳，偶数为阴，如果只有1，2，3，4，5这五个数，则作为阳数的1，3，5没有与之相匹配的阴数，作为阴数的2，4没有与之相匹配的阳数，阴阳不能配合，万物不能生成。阴与阳必须相互配合。

二是天数与地数相互配合作用。奇数是天数，偶数是地数，二者按照阴阳之理相互配合，形成成数，就能发挥其五行属性的正常功用。

生数配五为成数表

生数	成数	五行	方位	功用
天数一	地数六	水	北	流动润泽
地数二	天数七	火	南	光亮明耀
天数三	地数八	木	东	舒展生长，繁茂盛大
地数四	天数九	金	西	刚强锐利，纹彩华美
天数五	地数十	土	中央	成就天地万物

三是天地之数阴阳相合，运行四时。在自然数系统中，天数与地数配合的实质是阴与阳的配合，阴阳相互配合就能气性相得，化成万物。这一规律表现在年周期系统中，就是四时运化：土总领木、火、金、水四行，居于四时之末，其作用就是成就五行之气，实现木、火、金、水、土五种状态的正常运行及发挥功用。

常从撰有《常从数义》，从支干数相合的角度阐明了五行生数如何演变为成数的。

北方亥子位，其五行为水，水的生数是一；亥子之后的丑，五行为土，土的生数是五；一与五相得即合为六，所以，水的成数是六。东方寅卯位，其五行为木，木的生数是三；寅卯之后的辰，五行为土，土的生数是五；三与五相得即合为八，所以，木的成数是八。南方巳午位，其五行为火，火的生数是二；巳午之后的未，五行为土，土的生数是五；二与五相得即合为七，所以，火的成数是七。西方申酉位，其五行为金，金的生数是四；申酉之后的戌，五行为土，土的生数是五；四与五相得即合为九，所以，金的成数是九。中央戊己位，其五行为土，土的生数是五；土的位置本来在中央，其生数本来就是五；五与五相得即合为十，所以，土的成数是十。

五行成数是阴阳二气各自运行一个周期的结果。

《五行大义》对郑玄说与常从说进行了总结，主要观点如下：

其一，五行生数与成数同阴阳二气运行周期相关。当阴阳二气的消长变化用一个周期表现出来时，就是生数，这时阴与阳尚未相互配合，还不能正常发挥作用；当阴阳二气的消长变化分别用阴气消长变化与阳气消长变化两个周期表现出来时，就是成数，这时阴与阳已经相互配合，可以正常发挥作用了。

其二，阴阳二气达到土之生成数的次序不同。阳气轻净清明，向上运行成为天；阴气具有浊重不清，向下运行成为地。这表现在自然数系统中，就是阳数从一至三至五至七，至九达于极致。阳数很躁动，到第五便达到土的生数。阴数由二至四至六至八，至十达于极致，阴数比较迟滞，到第十才达到土之成数。也就是说，阴气达到土的成数要比阳气慢一半。

其三，土是五行生数变为成数的关键。《五行大义》说，土居中，五行都需要得到土之气方能成就。又说土分王四季，表明四时季节的正常运转必须借助土才能完成，

其四，《洪范》与《礼记·月令》各有侧重。《洪范》与《礼记·月令》对五行数表述的观点是不同的，《五行大义》认为二书观点本质上是一致的，只是各有侧重。《洪范》是上古时代创立制度之时的书，创立制度是生数所表征的事情，所以，《洪范》只讲五行生数。《礼记·月令》是描述四时十二月气候特征、物候征象以及人事活动的书，所尊崇的是根据四时变化、气候特征、物候规律安排人事活动，以成就人类的事业，所以，《礼记·月令》主要讲五行成数。《礼记·月令》中只有"土数五"讲的是生数，省去了成数十，这是因为土既能生万物又能成万物，生数也就相当于成数了。

《五行大义》认为，郑玄说取法阴阳相合之理，常从说取法十干、十二支的作用，二者虽有区别，但其大意还是相同的，都可归结到《易经》所讲的天一、地二、天三、地四、天五、地六、天七、地八、天九、地十的意旨上来。

5. 五行生成数不过十

五行生数与成数的总个数不超过十，对此，《五行大义》从经说与纬说两种观点加以阐述。

经说就是经书的观点。《易经》说："天一地二，天三地四，天五地六，

天七地八，天九地十。"其天地之数的总个数只有十数。

纬说就是纬书的观点。《五行大义》引用《孝经援神契》和《春秋元命苞》两种纬书加以说明。

《五行大义》所引《孝经援神契》的意思是，万数都是从"一"开始建立起来的，所以称为"一立"，五行以一立为水，一是生数；用五与一配合得到六，六是水的成数，"嬉"的意思是"兴"，"兴"的意思是流行，水在成数时已经可以发挥润泽流行的功用，所以说"一立而六嬉"。二是火的生数，七是火的成数，而火的功用是通过燃烧引起事物的变化，变化之前需要图谋，所以说"二谋""七变"。三是木的生数，也是阳气增长之数，八是木的成数，阳气增长始现于属木的东方，所以说"三出"；树木长成，枝条舒展，所以说"八舒"。四是金的生数，九是金的成数，金在四时中为秋，此时万物结果，"滋"的意思是增益、加多，果实多于种子，所以说"四滋"；万物成熟之后果实种类众多，"列"的意思是陈列、众多，所以说"九列"。五是土的生数，十是土的成数，用天数五与地数十相互配合，一切就都完备了，所以说"五合""十钧"。

《五行大义》又引《春秋元命苞》说明。"胎"的意思是胚胎，"错"的意思是离起，是说万物最初的运动是从怀胎开始的，这个开始状态就是"一"，"一"是阳气始生、系统运动的开始。"一"是阳气运动的始点，"二"是阴气运动的始点，在这一点上，阴阳二气开始相互配合运动，所以"二"就是阴与阳。阳气施行，阴气承受，阴阳相合，万物变化生成，日、月、星由此产生，"三"即日、月、星。随之形成了春、夏、秋、冬四季的变化，这就是四时。四时中木、火、土、金、水五种运行状态建立了系统运行前进的规律，这就是五行。系统运行遵行着六种规则，这六种规则运动分布于系统之中，表现在音乐上就是六种音律，即六律。"踊"的意思是跳跃，古人认为黄道附近的二十八个星宿位置是固定不变的，按方位、季节、四象可以分为东、南、西、北四宫，每宫七宿，宫与宫之间有间隔，需要跃过，所以说"踊分于七"，这二十八宿环列在日、月、五星的四方，像日、月、五星栖宿的场所，故而得名"宿"。随其萌发之地而改变方向的是风。八风就是来自八方之风。八方加上中央，合数为九，古代中国划分为九个区域，即九州（据《尚书·禹贡》的记载，九州分别是冀州、兖州、青州、徐州、扬州、荆州、豫州、梁州、雍州）。九州分别居于中央、东、东南、南、西南、西、西北、北、东北。事物从一开始由里向外发展，到十的时候系统发展的功绩完全成就。

第三　论支干数

支干数者，凡有二种，一通数，二别数。今先辩通数，后论别数。

通数者，十干、十二支也。干有十者，应天地之大数也。《易·系辞》言："天数五，地数五。"天地之数，不过于十。故以干极于十。十主日，十日为一旬也。支十二者，《礼稽命徵》言："布政十二，尊卑有序。"《援神契》言："三三参行，四四相扶。"天有四时之气，以三月成一时，故言"三三参行，四四相扶。"天地人谓之三才，是为三者物生之常数，因而各生三，本三而末九，所以十二。《元命苞》言："数成于三，故合于三。三月，阳极于九，故一时九十日也。"支象于月，十二月为一岁也。此辩通数。

别数者，支数，则子数九，丑八，寅七，卯六，辰五，巳四，午九，未八，申七，酉六，戌五，亥四。《太玄经》云"子午九"者，阳起于子，迄于午，阴起于午，讫于子，故子午对冲，而阴阳二气之所起也。寅为阳始，申为阴始，从所起而左数，至所始而定数，故自子数至申，数九；自午数自寅，亦九，所以子午九也。丑未为对冲，自丑数至申，数八；自未数至寅，亦八，所以"丑未八"也。寅申为对冲，自寅数至申，数七；自申数至寅，亦七，所以"寅申七"也。卯酉为对冲，自卯数至申，数六；自酉数至寅，亦六，所以"卯酉六"也。辰戌为对冲，自辰数至申，数五；自戌数至寅，亦五，所以"辰戌五"也。巳亥为对冲，自巳数至申，数四；自亥数至寅，亦四，所以"巳亥"四也。又云：阳数极于九，子午为天地之经，故取阳之极数。自丑未已下，数各减一，从八至四，理自可知。干数者，甲九，乙八，丙七，丁六，戊五，己九，庚八，辛七，壬六，癸五。《太玄经》云"甲己九"者，甲起甲子，从子故九。己为甲配，故与甲俱九。乙起乙丑，从丑故八，乙配于庚，与庚俱八。丙起丙寅，从寅故七，辛配于丙，与丙俱七。丁起丁卯，从卯故六，丁配于壬，与壬俱六。戊起戊辰，从辰故五，癸配于戊，与戊俱五。支有十二，以对冲同数，故自九至四；干唯有十，以配合同数，故自九至五。又云：支从地，故数毕于阴，以四偶也；干从天，故数毕于阳，以五奇也。五则止于五气，四则极于四时，上不过九者，阳之极数也。

五行及支干之数，相则倍之，王则十而倍之，休则如本，囚死半之。以此四而孳，数乃无极。此并从气增减，气盛则多，气衰则少也。

白话解读

天干与地支数共有两种，一种是通数，一种是别数。我们先来认识通数，之后再谈论别数。

（一）通数

所谓通数，就是十干、十二支。

天干之所以有十数，是顺应天地之大数。《易经·系辞上·第九章》说："天数五，地数五。"天数与地数之和不超过十，所以，天干之通数最大为十。地支之所以有十二数，原因有三：一是中国古代官制从秦朝开始很长时间都实行三公九卿制，以皇帝为尊，下有三公，即太尉、丞相、御史大夫，丞相之下又有九卿即奉常、郎中令、卫尉、太仆、少府、廷尉、典客、治粟内史、宗正，共12个职务，尊卑有序，掌管全国事务；二是一年有四个不同的季节，每三个月是一季，依次运行，共有十二月；三是宇宙系统分成天、地、人三个层次，即三才，"三"是万物生长的常数，具有普遍性，天、地、人三才又各生三，最终得九数。再加上原有天、地、人这个"三"，所得就是十二。

地支象征月亮圆缺的周期性变化，十二次月相周期为一岁，即一个年周期。

以上，就是辨识天干、地支的通数。

（二）别数

别数可以分成支数与干数来阐释。

1. 支数

支数就是子数九，丑数八，寅数七，卯数六，辰数五，巳数四，午数九，未数八，申数七，酉数六，戌数五，亥数四。对此配置，《五行大义》

阐述了两种说法：

其一，以"子午之数九"为例，《五行大义》认为，阳气萌生之起点在子，增长之势到午结束，阴气萌生之起点在午，增长之势到子结束，所以子与午处在对冲位置，标志阴阳二气的起点方位。阳气到寅开始增长，寅是阳气增长之始，阴气到申开始增长，申是阴气增长之始。从阴阳二气萌生的起点，往左数，即顺时针数，到阴阳二气增长的始点为止，所得到的数，从子数到申，为九；从午数到寅，也是九，所以，子午之数为九。

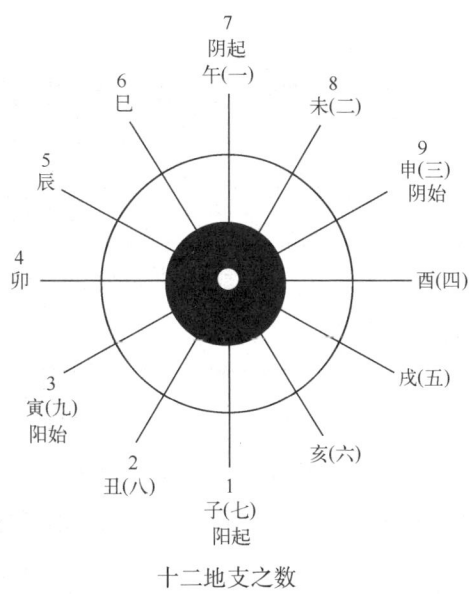

十二地支之数

其他各支均从本支开始顺数，或到阳始寅止，或到阴始申止，即得到各自之数。

其二，因为阳数经1、3、5、7，到9达到极致，而午是上和阳之极，与子对冲，午数九，子是下和阴之极，与午对冲，子数九，子与午连接起来就是纵贯天地的经线，所以取阳的极数九与其配合。

其他地支，从子处极下之后，自丑、寅、卯、辰、巳依次上行，其数从九各自依次减一，即丑八、寅七、卯六、辰五、巳四；从午处极上之后，自未、申、酉、戌、亥依次下行，其数从九各自依次减一，即未八、申七、酉六、戌五、亥四。

2. 干数

干数就是甲数九、乙数八、丙数七、丁数六、戊数五、己数九、庚数八、辛数七、壬数六、癸数五。《五行大义》对干数的配置有一种说法，以"甲己九"为例。甲是十干之首，子是十二支之首，十干与十二支的配合首起甲子，既然子数九，那么甲数也应是九；在天干中，己是甲的"妻子"，夫妻之数应该相等，所以，己与甲其数都是九。以此类推，干支以乙丑配合，乙便随丑数八，乙是庚的"妻子"，所以乙庚为八。其余各数都是如此。

3. 支数与干数配合之理

《五行大义》还对支数与干数配合的理论依据作了进一步的阐发，观点有三：

其一，地支共有12位，依据所处空间方位对冲位置而具有相同的数，所以，其数对应有6个，即自9至4：9，8，7，6，5，4；天干只有10位，依据相互配合而具有相同的数，所以，其数对应有5个，即自9至5：9，8，7，6，5。

其二，地支依据斗柄所指方位，与地上的农事有关，地为阴，所以，地支之数到阴结束，因为4是偶数，偶为阴，所以支数到4为止；天干依据太阳回归运动，与天上的太阳有关，天为阳，所以，天干之数到阳结束，因为5是奇数，奇为阳，所以干数到5为止。到5为止的意思是止于五行之气，到4为止的意思是极于四时变化。

其三，支数与干数最上之数不超过9，是因为9是阳数的极致。阳数从1开始，至9达到顶点。

（三）五行及支干数从气增减

五行及支干之数遵循"从气增减"的原则，气盛则数量多，气衰则数量少。如何确定气的盛衰与数的关系呢？

一是"相则倍之"。当五行及支干处于相的状态时，其数加倍即相之数。

二是"王则十而倍之"。当五行及支干处于王的状态时，其数乘以十倍即王之数。

三是"休则如本"。当五行及支干处于休的状态时，其数就是本来之数。

四是"囚死半之"。当五行及支干处于囚、死两种状态时，其数减半即是囚、死之数。

用这四条规则去进行数的增减，数的变化就没有极限，可以滋生出无穷。

第四 论纳音数

纳音数者，谓人本命所属之音也。音，即宫商角徵羽也。纳者，取此音，以调姓所属也。《乐纬》云："孔子曰：'丘吹律定姓，一言得土曰宫，三言得火曰徵，五言得水曰羽，七言得金曰商，九言得木曰角。'"此并是阳数。凡五行有生数、壮数、老数三种，木，生数三，壮数八，老数九；火，生数二，壮数七，老数三；土，生数五，壮数十，老数一；金，生数四，壮数九，老数七；水，生数一，壮数六，老数五。管辂云："土老数一者，土为万物之主，一切归之，所以一也。三才交而人理具，火之为德，取三才之义，故老数三。水，上应五德，下同五藏，故水老数五。金配七曜，故金老数七。木在天为九星，在地为九州，在人为九窍，故木老数九。先生数，次壮数，后老数。纳音论其本命，故以终数言之。"此释犹为未尽。夫万物皆禀五常之气，化合而生，物生之后，必至成壮，成壮之后，必有衰老，故有三种义。为人之道，自壮及老，莫不本乎礼义而以立身，然存礼义者，靡不有初，鲜克有终。今既论纳音，人之所属，非人莫能行其礼义，故以终老之数，礼义明之。一言得土者，土以含弘德厚，位高为君，君为民主，主则无二，唱始之言，故数一也。三言得火者，火既主礼，孝敬为先，不敢弃所生之德，故其数三，从木数也。水居阴位，人臣之道，土能制水，如君制臣，纵之则行，壅之则止，水不自专，故从土数五也。金既主义，义是夫妻之道，妻无自专，有从夫之义，火为金夫，故用火数七也。木主仁孝，金能克木，宗庙之象，《式经》云："金为骸骨，木为棺椁。"此明金木为鬼神之事，以敬事，故木从金数，故数九也。一示君德，二顺父母，三表臣节，四敬从夫，五事鬼神。此则礼义备而人事毕矣，故纳音用之数。纳音者，子午属庚，震卦所直日辰也；丑未属辛，巽卦所直日辰也；寅申属戊，坎卦所直日辰也；卯酉属己，离卦所直日辰也；辰戌属丙，艮卦所直日辰也；巳亥属丁，兑卦所直日辰也。一言得土者，本命庚子，子属于庚，数之，一言便以得之是也；三言得火者，本命丙寅，寅属于戊，从丙数至戊，凡三是也；五言得水者，本命壬戌，戌属于丙，从壬数至丙，凡五是也；七言得金者，本命壬申，申属于戊，从壬数至戊，凡七是也；九言得木者，本命己巳，巳属于丁，从己数至丁，凡九是也。六十甲子，例皆如是。

支属八卦为纳音者，皆以次而取对冲，如子午属庚，子午相对冲也。余例悉然。夫阳施阴化，故受气定形，皆资于阴阳以养成之。是以人之所属，皆以阳数言也。所以子午属庚之例者，乾为父，坤为母，共有六子，故云，乾将三男震坎艮，坤将三女巽离兑。阴阳相生，故就乾索女，就坤索男。所以乾一索而得巽，曰长女；再索而得离，曰中女；三索而得兑，曰少女。坤一索而得震，曰长男；再索而得坎，曰中男；三索而得艮，曰少男。甲是阳干之始，乾下三爻取之；壬是阳干之末，乾上三爻取之；乙是阴干之始，坤下三爻取之；癸是阴干之末，坤上三爻取之；余有六干，阳付其男，阴付其女，甲乙之后，次于丙丁，故以丙付少男艮，以丁付少女兑；丙丁之后，次于戊己，故以戊付中男坎，以己付中女离；戊己之后，次于庚辛，故以庚付长男震，以辛付长女巽。所以从少而付老，自小及大，从微至著故也。付干既讫，次付其支。震为长子，故其卦，初九得乾之子，九四得乾之午，震干庚，故子午属庚。巽为长女，子后次丑，故其卦，初六得坤之丑，午后次未，六四得坤之未，巽干辛，故丑未属辛。坎为中男，丑后次寅，其卦，初六得乾之寅，未后次申，六四得乾之申，坎干戊，故寅申属戊。离为中女，寅后次卯，故其卦，初九得坤之卯，申后次酉，九四得坤之酉，离干己，故卯酉属己。艮为少男，卯后次辰，故其卦，初六得乾之辰，酉后次戌，六四得乾之戌，艮干丙，故辰戌属丙。兑为少女，辰后次巳，故其卦，初九得坤之巳，戌后次亥，九四得坤之亥，兑干丁，故巳亥属丁。六子取干，则乾坤之余；取支，并从乾坤而得。阳取于乾，阴取于坤，皆受于父母，故六子并主十二辰。人之纳音，皆所继焉。甲乙壬癸不为纳音者，以属乾坤故也。

或问曰："六子用干，则取父母之不用者；用支，则并同于父母者，何？"答曰："干是阳也，阳体奇，故正得一往分用；支是阴也，阴体偶，故以再往用之。"又复：龟则用日，是以正求于干，故发兆分为十分。筮则用辰，正求于支，是以飞伏六爻，并论十二支。虽复体不兼要，须相配以明义。干为尊，故不得不先设，而后求支。筮虽不正用干，亦须干助，以显其趣。犹如龟判十二支，兆体虽无支象，必约而论之。筮虽阙三甲、三壬、三乙、三癸，亦约虚以求实。且设干往，先从父母而为始，后及六子，以甲付乾，以乙付坤，以丙付艮，以丁付兑，以戊付坎，以己付离，以庚付震，以辛付巽，历八卦讫，壬还到乾，次癸还到坤。十干所在六爻，乾坤位尊，取其始末，理然，体各得二干。支既当爻正用，故卦别皆备。阳卦取其阳支，阴卦取其阴支，四卦同阳，四卦同阴，非正同于父母。当伏羲画八卦，为三爻，备天地人，所以分干，卦别取三，乾坤居始,故取甲乙。后神农重之,以为八纯,子有重来之理,所以卦六干并同。父母无二之义,故后卦取乎壬癸。其甲乙壬癸各少三者,皆排在虚用之中。不全无者,阴有从阳之义。

白话解读

(一) 何为纳音数

所谓纳音数,就是人本命所属的音。

人的本命就是人的出生年的干支,即上天赋予人的天之气;所谓音,就是宫、商、角、徵、羽五音,五音分属不同的五行;所谓纳,就是取五音中的一音,来协调人的姓,以确定姓所属的五行。

那姓与人的本命是什么关系呢?据《说文解字·女部》和《白虎通·姓名》解释,姓就是生,人禀受天气所以降生,人一降生就被赐以姓。人所禀的天气就是人的本命,这通过人出生年的干支表现出来。所以,确定姓与音的关系就是确定人本命与音的关系。

如何以音定姓呢?中国古代有一种吹律定姓之法:由圣人吹奏律管,根据众人说话声音的不同音级来确定他们的姓。之后,"姓"就由父亲传递,被确定为世袭,成为表明家族系统的字。姓与音的这种结合就是纳音。

那纳音数是什么呢?中国古代校正乐律的器具叫律吕,这是管径相同、长短不同的十二根竹管,从低音管算起,成奇数的六个管叫"律",成偶数的六个管叫"吕",从低音到高音依次排列十二个音级。根据《乐纬》记载,孔子说,他曾经吹律确定姓,吹第一根管得到土音,叫作"宫";吹第三根管得到火音,叫作"徵";吹第五根管得到水音,叫作"羽";吹第七根管得到金音,叫作"商";吹第九根管得到木音,叫作"角"。一、三、五、七、九都是奇数,亦都是阳数,这"一言得土曰宫,三言得火曰徵,五言得水曰羽,七言得金曰商,九言得木曰角",就是纳音数。

(二)纳音数的由来

1. 纳音用五行老数

大凡五行的发展状态，用数表示出来有三种，即生数、壮数（即成数）、老数。

五行生数、壮数、老数表

五行	生数	壮数	老数
木	三	八	九
火	二	七	三
土	五	十	一
金	四	九	七
水	一	六	五

纳音用的正是五行老数。

2. 纳音数用五行老数的原因

《五行大义》首先引述管辂的观点。

管辂认为，五行老数各有由来。土为万物的主宰和中心，一切终归于土，所以土的老数为一；天一生水，地二生火，之后天地交合而生人，伦理得以产生，火的品德取自天、地、人三才的意思，所以火的老数为三；水是系统运行的始点，其最终发展结果是五行具备，各有其属性即五德（土德、木德、金德、水德、火德），在人体系统中则形成五藏（心藏神、肺藏魄、肝藏魂、脾藏意、肾藏精志），所以水的老数是五；金对应西方，西方可见金星，金星往远最终形成七曜（古以日、月、金、木、水、火、土为七曜），所以金的老数是七；木为阳长之始，阳数至九为极限，在天体系统中表现为九星（天文学指北斗七星、左辅、右弼），在中国地理系统中为九州，在人体系统中为九窍（指人体的两眼、两耳、两鼻孔、口、前阴尿道和后阴肛门），所以木的老数是九。五行数发展以"先生数，次壮数，后老数"为序，表明事物发展由生到壮至老的过程。纳音所论为人的出生本命，其来自人所秉受的天地之气，也是人终老之后所归还的天地之气，所以，纳音数用五行终数来表示。

《五行大义》在管辂的观点基础上又作了进一步的阐释。

万物都禀有五行之气，五行变化相合生出万物，万物既生之后，一定会发展到成熟盛壮，成熟盛壮之后，一定会发展到衰弱终老，所以，万物都有生、壮、老三种意义。做人的道理是终生遵循礼义而立身，但人没有一开始就不讲礼义的，也很少能始终坚持讲礼义。现在既然谈论的纳音，是讲人的五行所属，而只有人才能施行礼义，所以，终老之数，必须用礼义来阐明。"一言得土"是说，土包含万物，品德深厚，居位中央，地位崇高如君主，君是民众的主宰，只能有一个，这是首倡、开始的意思，所以，土纳音数为一；"三言得火"是说，火主礼，孝敬父母排在礼的首位，谁也不能背弃父母的生育之德，木是火的父母，所以，火纳音数为三，依从木的生数；"五言得水"是说，水位置处于最下，为阴位，象征人臣之道，土能制水，就像君管制臣，放纵则水流，堵塞则水止，水从来不独断专行，所以，水纳音数为五，依从土的生数；"七言得金"是说，金主义，义是夫妻相处之道，妻不能自作主张，必须顺从夫，火是金的夫，所以，金纳音数为七，使用火的成数；"九言得木"是说，木主仁爱孝敬，金能克木，金、木组合起来是宗庙鬼神的象征，《式经》说："金是骸骨的象征，木为棺椁的象征。"这说明金、木象征的是鬼神之事，人必须恭敬对待，所以，木的纳音数依从金的成数为九。

以此看来，纳音数中的一表示君主的德行，二表示对父母的孝顺，三表示人臣礼节，四表示妻尊敬顺从丈夫，五表示恭敬事奉鬼神。如此，则礼义规范完备而人事活动全都包括在内了，所以纳音用一、三、五、七、九数。

（三）人本命纳音的规则与方法

人本命是用人出生年的干支来表示的，干支共有六十种组合，即六十花甲子。这六十花甲子遵循什么样的规则纳音呢？

人本命纳音的规则如下表所示：

人本命纳音规则表

八卦	所直日	所直辰	人本命纳音规则
震	庚	子、午	子午属庚
巽	辛	丑、未	丑未属辛
坎	戊	寅、申	寅申属戊
离	己	卯、酉	卯酉属己
艮	丙	辰、戌	辰戌属丙
兑	丁	巳、亥	巳亥属丁

人本命纳音的方法是从其天干数到其地支所属的天干，得数为几，便得该数字所表示的五行属性，一得土，三得火，五得水，七得金，九得木，具体如下列表格所示：

"一言得土"表

本命花甲子	本命干	本命支	本命支所属干	从本命干到本命支所属干的数	本命纳音
庚午	庚	午	午属庚	一	土
辛未	辛	未	未属辛	一	土
戊寅	戊	寅	寅属戊	一	土
己卯	己	卯	卯属己	一	土
丙戌	丙	戌	戌属丙	一	土
丁亥	丁	亥	亥属丁	一	土
庚子	庚	子	子属庚	一	土
辛丑	辛	丑	丑属辛	一	土
戊申	戊	申	申属戊	一	土
己酉	己	酉	酉属己	一	土
丙辰	丙	辰	辰属丙	一	土
丁巳	丁	巳	巳属丁	一	土

"三言得火"表

本命花甲子	本命干	本命支	本命支所属干	从本命干到本命支所属干的数	本命纳音
丙寅	丙	寅	寅属戊	三	火
丁卯	丁	卯	卯属己	三	火
甲戌	甲	戌	戌属丙	三	火
乙亥	乙	亥	亥属丁	三	火
戊子	戊	子	子属庚	三	火
己丑	己	丑	丑属辛	三	火
丙申	丙	申	申属戊	三	火
丁酉	丁	酉	酉属己	三	火
甲辰	甲	辰	辰属丙	三	火
乙巳	乙	巳	巳属丁	三	火
戊午	戊	午	午属庚	三	火
己未	己	未	未属辛	三	火

"五言得水"表

本命花甲子	本命干	本命支	本命支所属干	从本命干到本命支所属干的数	本命纳音
丙子	丙	子	子属庚	五	水
丁丑	丁	丑	丑属辛	五	水
甲申	甲	申	申属戊	五	水

续表

乙酉	乙	酉	酉属己	五	水
壬辰	壬	辰	辰属丙	五	水
癸巳	癸	巳	巳属丁	五	水
丙午	丙	午	午属庚	五	水
丁未	丁	未	未属辛	五	水
甲寅	甲	寅	寅属戊	五	水
乙卯	乙	卯	卯属己	五	水
壬戌	壬	戌	戌属丙	五	水
癸亥	癸	亥	亥属丁	五	水

"七言得金"表

本命花甲子	本命干	本命支	本命支所属干	从本命干到本命支所属干的数	本命纳音
甲子	甲	子	子属庚	七	金
乙丑	乙	丑	丑属辛	七	金
壬申	壬	申	申属戊	七	金
癸酉	癸	酉	酉属己	七	金
庚辰	庚	辰	辰属丙	七	金
辛巳	辛	巳	巳属丁	七	金
甲午	甲	午	午属庚	七	金
乙未	乙	未	未属辛	七	金
壬寅	壬	寅	寅属戊	七	金
癸卯	癸	卯	卯属己	七	金
庚戌	庚	戌	戌属丙	七	金
辛亥	辛	亥	亥属丁	七	金

"九言得木"表

本命花甲子	本命干	本命支	本命支所属干	从本命干到本命支所属干的数	本命纳音
戊辰	戊	辰	辰属丙	九	木
己巳	己	巳	巳属丁	九	木
壬午	壬	午	午属庚	九	木
癸未	癸	未	未属辛	九	木
庚寅	庚	寅	寅属戊	九	木
辛卯	辛	卯	卯属己	九	木
戊戌	戊	戌	戌属丙	九	木
己亥	己	亥	亥属丁	九	木
壬子	壬	子	子属庚	九	木
癸丑	癸	丑	丑属辛	九	木
庚申	庚	申	申属戊	九	木
辛酉	辛	酉	酉属己	九	木

五行大义卷第一

（四）人本命纳音规则的由来

1. 支属八卦为纳音，都是依次取对冲的两支

八卦是按照长、中、少的次序以及先阳后阴的次序，依次取对冲的两支为纳音的。

支属八卦为纳音表

八卦	长中少次序	阳阴次序	纳音对冲两支次序
震	长	阳	子、午对冲
巽	长	阴	丑、未对冲
坎	中	阳	寅、申对冲
离	中	阴	卯、酉对冲
艮	少	阳	辰、戌对冲
兑	少	阴	巳、亥对冲

2. 人本命所属纳音都是取用阳数

在系统运行中，阳的作用是施行，阴的作用是化成，所以事物秉受精气、确定形体，都依赖于阴阳的配合以滋养成就。但阳主施，阴主受，阳主动，阴主静，所以，人本命所属纳音，都是依据阳数确定的，即一、三、五、七、九。

3. 八卦纳干纳支与纳音规则

八卦纳干：

八卦之中乾为父，坤为母，父母交合，共同生育有六个儿女，即震、巽、坎、离、艮、兑六卦。其中，震、坎、艮为三阳卦，为男；巽、离、兑为三阴卦，为女；而父母卦中乾为阳，为男；坤为阴，为女。所以说：乾率领三男卦震、坎、艮，坤率领三女卦巽、离、兑。虽然乾与震、坎、艮皆阳，坤与巽、离、兑皆阴，但孤阴不生，独阳不长，阴阳相合才能相生，所以，阴就到乾中以索取女，阳就到坤中以索取男。这种阴阳相交是有先后次序的，阴到乾中，先与乾三个阳爻中的下爻相交合，即乾一索而得巽，称为长女；次与乾之中爻相交合，即再索而得离，称为中女；三与乾之上爻相交合，即三索而得兑，称为少女。如下图所示：

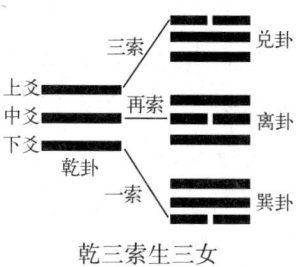

乾三索生三女

阳则到坤中，先与坤三个阴爻中的下爻相交合，即坤一索而得震，称为长男；次与坤之中爻相交合，即再索而得坎，称为中男；三与坤之上爻相交合，即三索而得艮，称为少男。如下图所示：

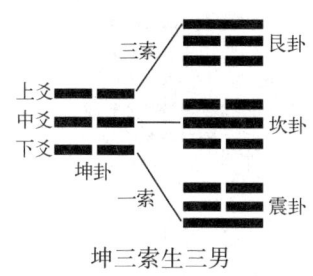

坤三索生三男

那八卦如何纳干呢？这儿的八卦是指八重卦，不是八经卦。重卦有六爻，分下三爻与上三爻。乾下三爻为乾之经卦，坤下三爻为坤之经卦，乾、坤重卦下三爻为乾、坤八卦之始，乾、坤两卦生震、巽、坎、离、艮、兑六子，乾、坤八卦生成之后，经卦相重生成重卦，乾上三爻与下三爻相重，坤上三爻与下三爻相重，阳施阴受，乾阳排在坤阴之前。十干也分阴阳，甲、乙、丙、丁、戊、己、庚、辛、壬、癸依次排列，奇数为阳，偶数为阴，甲、丙、戊、庚、壬为五阳干，乙、丁、己、辛、癸为五阴干。甲是阳干之始，乾下三爻为父卦，为八卦阳卦之始，所以，乾下三爻取甲干为用，与甲干配合；壬是阳干之末，乾上三爻为八卦阳卦之末，所以，乾上三爻取壬干为用，与壬干配合。乙是阴干之始，坤下三爻为母卦，与乾下三爻同为八卦之始，阳先阴后，甲后次乙，所以，坤下三爻取乙干为用，与乙干配合；癸是阴干之末，坤上三爻为八卦阴卦之末，所以，坤上三爻取癸干为用，与癸干配合。十干分配至此，还余有六干，八卦还有六卦，分配原则有二：一是阳干付予其男的阳卦，阴干付予其女的阴卦，二是付予次序遵循从少而老、自小及大、从微至著的规则。所以，甲、乙之后，按次序为丙、丁，艮为少男，兑为少女，所以，以阳干丙付予少男艮，以阴干丁付予少女兑；丙、丁之后，按次序为戊、己，以阳干戊付予中男坎，以阴干己付予中女离；戊、己之后，按次序为庚、辛，所以，以阳干庚付予长男震，以阴干辛付予长女巽。

将十干分付八卦之后，紧接着就是将十二支分付八卦。

乾率领震、坎、艮三男卦，所以，震、坎、艮所纳支都从乾卦得到。乾卦纳支次序，是将十二支以奇数为阳、偶数为阴分成阴、阳两部分，将六阳支子、寅、辰、午、申、戌，自下至上依次分配乾卦六爻。阳卦顺得其支，在六爻中顺行其气，即乾卦六爻之支顺排。可以概括为"阳卦顺得顺排。"图示如下：

乾卦纳支次序

坤率领巽、离、兑三女卦，所以，巽、离、兑所纳支都从坤卦得到。坤卦纳支次序，是将十二支中的六阴支丑、卯、巳、未、酉、亥，自下至上依次分配坤卦六爻，图示如下：

坤卦纳支次序

阴卦顺得其支，但在六爻中逆行其气，即坤卦六爻之支逆排。可以概括为"阴卦顺得逆排"。图示如下：

坤卦纳支

其他六子卦依从长到幼、先阳后阴之序，按两项规则即十二支之序和男从乾卦、女从坤卦，依爻自下向上之序，分别得到初爻与四爻相应的支。

震为长子，从六子次序看，震为长，又为阳，震为六子之首；从十二支次序看，震在六子中的次序与子、午相应；从乾卦六爻次序看，震卦初九得到乾初九的"子"支，九四得到乾九四的"午"支。阳气顺行，震卦六爻之支顺排。图示如下：

震卦纳支

巽为长女，从六子次序看，巽为长，又为阴，阴在阳后，震后次巽；从十二支次序看，子后次丑，午后次未；从坤卦六爻次序看，巽卦初六得到坤初六的"丑"支，六四得到坤六四的"未"支。阴气逆行，巽卦六爻之支逆排。图示如下：

巽卦纳支

坎为中男，从六子次序看，坎为中，为阳，巽后次坎；从十二支次序看，丑后次寅，未后次申；从乾卦六爻次序看，坎卦初六得到乾卦九二的"寅"支，六四得到乾卦九四的"申"支。阳气顺行，坎卦六爻之支顺排。图示如下：

坎卦纳支

离为中女，从六子次序看，离为中，为阴，坎后次离；从十二支次序看，寅后次卯，申后次酉；从坤卦六爻次序看，离卦初九得到坤卦六二的"卯"支，九四得到坤卦六五的"酉"支。阴气逆行，离卦六爻之支逆排。图示如下：

离卦纳支

艮为少男，从六子次序看，艮为少，为阳，离后次艮；从十二支次序看，卯后次辰，酉后次戌；从乾卦六爻次序看，艮卦初六得到乾卦九三的"辰"支，六四得到乾卦上九的"戌"支。阳气顺行，艮卦六爻之支顺排。图示如下：

艮卦纳支

兑为少女，从六子次序看，兑为少，为阴，艮后次兑；从十二支次序看，辰后次巳，戌后次亥；从坤卦六爻次序看，兑卦初九得到坤卦六三的"巳"支，九四得到坤卦上六的"亥"支。阴气逆行，兑卦六爻之支逆排。图示如下：

兑卦纳支

纳音规则：

初爻是下三爻之始，四爻是上三爻之始，所以，纳音取初爻和四爻与八卦所纳干相归属。

　　震卦干为庚，初九得子，九四得午，所以，子午属庚；
　　巽卦干为辛，初六得丑，六四得未，所以，丑未属辛；
　　坎卦干为戊，初六得寅，六四得申，所以，寅申属戊；
　　离卦干为己，初九得卯，九四得酉，所以，卯酉属己；
　　艮卦干为丙，初六得辰，六四得戌，所以，辰戌属丙；
　　兑卦干为丁，初九得巳，九四得亥，所以，巳亥属丁。

　　因此，八卦中六子卦即震、巽、坎、离、艮、兑，其所取天干，是乾、坤二父母卦取走甲、壬、乙、癸之后余下的六干；六子卦取地支，则都是分别从乾、坤二父母卦中得到的。阳卦取地支于乾卦六爻，阴卦取地支于坤卦六爻，都秉受自乾、坤父母二卦。所以，六子卦与乾坤二卦共同主宰十二支。人的本命纳音承袭自卦象系统，因此，属于乾坤二卦的甲、乙、壬、癸四干不为纳音。

4. 八卦纳干与纳支中的问题

　　有人可能会问："六子卦用干，取乾、坤二父母卦所不用的；用支，则与乾、坤二父母卦同时使用，这是为什么？"答案是："天干是阳，阳数是奇数，所以，天干往配八卦只用一次而分布八卦之中；地支是阴，阴数是偶数，所以，地支往配八卦需要用两次，乾坤二卦用一次，六子卦用一次。"

　　再有，龟卜根据的是"日"，即天干。龟卜的方法是从天干求得结果，所以，龟卜产生的预言可以分为十种。筮法则根据"辰"，即地支。筮法的方法是从地支求得结果，因此，筮法中的飞神、伏神六爻，都是论述十二支的五行、六亲等生克关系，并通过这些关系，预测事物的吉凶。

　　虽然龟卜与筮法对天干地支侧重不同，但天干与地支必须相互配合才能彰明其意义。天干与天象有关，地位尊于地支，所以，八卦须先设定各卦所纳的天干，之后再求地支。筮法虽然不主要用天干，也必须天干的辅助，用来显示事物发展的趋向。这就如同龟卜之法也需要判断十二地支所主吉凶一样，龟卜之兆虽然没有地支之象，也必须对其简约地论述一番。筮法纳干中，庚与震卦六爻配合，庚数六；辛与巽卦六爻配合，辛数六；戊与坎卦六爻配合，戊数六；己与离卦六爻配合，己数六；丙与艮卦六爻配合，丙数六；丁与兑卦六爻配合，丁数六；而甲与乾卦下三爻配合，甲数三；壬与乾卦上三爻配合，壬数三；乙与坤卦下三爻配合，乙数三；癸与坤卦上三爻配合，癸数三。因此，甲、壬、乙、癸与庚、辛、戊、己、丙、丁同爻的配合相比较各少三数。筮法重地支，则地支为实，轻天干，则天干为虚，甲、壬、乙、癸四干各阙三，目的也是为了简化虚，寻求实。

另外，筮法在设定天干往配八卦之时，先从乾、坤父母二卦开始，之后再配及六子卦。其具体次序是：以甲付乾，以乙付坤，以丙付艮，以丁付兑，以戊付坎，以己付离，以庚付震，以辛付巽，历经八卦结束，壬还到乾，次癸还到坤。十天干所在六爻的配合中，以乾、坤为父母之卦，地位最为尊崇，取十天干排列中始与末之干与其相配合，这是理之必然，乾坤二卦各得二天干。地支在筮法中当作爻一样主要使用，所以八卦六个爻（即卦别）都分别配备十二地支。阳卦取地支中的阳支，阴卦取地支中的阴支，乾、震、坎、艮四卦同为阳卦，坤、巽、离、兑四卦同为阴卦，这样配合不是为了六子卦正好与乾坤二父母卦相同，而是筮法主要用地支的必然。当初伏羲画八卦之时，是八经卦，只有三爻，具备天、地、人之象，所以，八卦分配十天干时，乾坤二卦卦别（即爻）只取了下三爻，乾坤居八卦之始，所以取十天干中居始的甲乙二干相配合。之后，神农将八经卦重叠，制成了八纯卦，八纯卦有六爻，震、巽、坎、离、艮、兑六子卦道理上可以重复，如同子女可以再育，所以六子卦的下三爻与上三爻共六爻所纳之干都是相同的；而每一组子女只能有唯一的父母，所以后来重叠之卦的上三爻就又取了壬、癸二天干。甲、乙、壬、癸四干配合的爻虽各少三个，但都仍然假设其存在，不当作完全没有，这是为了遵循阴（地支）顺从阳（天干）的原则。

第五　论九宫数

九宫者，上分于天，下别于地，各以九位。天则二十八宿，北斗九星；地则四方四维及中央，分配九有。谓之宫者，皆神所游处，故以名宫也。郑司农云："太一行八卦之宫，每四乃入中央。中央者，地神之所居。故谓之九宫。"《易纬乾凿度》云："易一阴一阳之谓道也，故太一取其数，以行九宫。"《易》曰："天一地二，天三地四，天五地六，天七地八，天九地十。"天地之数，合五十有五。九宫用者，天除一，地除二，人除三，余四十九，以当蓍策之数。又四时除四，余四十五。五者，五行；四十者，五行之成数。合之则一节之数。分置五方，方各九者，一时九十日之数，四方成四时也。三宫相对，止十五者，为一气之数。成二十四气也。

《尚书·洪范》云"初一曰五行"，位在北方，阳气之始，万物将萌。"次二曰敬用五事"，位在西南方，谦虚就德，乾谓嘉庆。"次三曰农用八政"，位在东方，耕种百谷，麻枲蚕桑。"次四曰协用五纪"，位在东南方，日月星辰，云雨并兴。"次五曰建用皇极"，位在中宫。百官立表，政化公卿。"次六曰乂用三德"，位在西北，抑伏强暴，断制狱讼。"次七曰明用稽疑"，位在西方，决定吉凶，分别所疑。"次八曰念用庶徵"，位在东北，肃敬德方，狂僭乱行。"次九曰飨用五福，威用六极"，位在南方，万物盈实，阴气宣布，时成岁德，阴阳和调，五行不忒。故《黄帝九宫经》云："戴九履一，左三右七，二四为肩，六八为足，五居中宫，总御得失。"其数，则坎一、坤二、震三、巽四、中宫五、乾六、兑七、艮八、离九。太一行九宫，从一始，以少之多，顺其数也。配算曰：中央及四仲各分九算。命云木落归本，分六至亥，故取震六算以置于乾。水流向末，分八至丑，故取坎八算以置于艮。金义而坚，分二还未，故取兑二算以置于坤。火本炎盛，自处其乡，故离算不动。土王四季，本生于巳，故分中宫四算以置于巽。故成戴九履一之位也。又初成八卦之法，命方之算，先取北方九算，命曰水生木，纵一算置寅上，一算置卯上，一算置辰上，又横一算置甲上，一算置乙上。次取东方九算，命曰木生火于南方，布五位。又取南方之算，命曰火生土于中央，一算于西北为戊，一算于西南为己。又取中央之算，命曰土生金于西方，布五位。又取西方之算，命曰金生水于北方，布五位。五方布十干、十二支位讫，然后加阴干各一，命曰阴数偶也；次加阳支各一，命曰支体本，加其始。余算十二月之数也，一算置西北，命曰乾之始也；二算置西南，命曰坤之始也；又余算九，置于中央，为易象也。命曰：乾主甲壬，即取甲壬上算，以成乾卦。又命曰：坤主乙癸，次取乙癸上算，以成坤卦。父母之卦，爻象既定，次及六子。先起长男，命曰：震主庚子午，即取庚及子午上算，以成震卦。又次长女，命曰：巽主辛丑未，次取辛及丑未上算，以成巽卦。又次中男，命曰：坎主戊寅申，次取戊及寅申上算，以成坎卦。又次中女，命曰：离主己卯酉，次取己及卯酉上算，以成离卦。又次少男，命曰：艮主丙辰戌，次取丙及辰戌上算，以成艮卦。又次少女，命曰：兑主丁巳亥，次取丁及巳亥上算，以成兑卦。八卦既成，问曰：八卦从何而始？曰：因五行生。又问：五行因何生？曰：因天地生。天地因何生？曰：因太一生。太一因何生？曰：因易生。故云：易有太极，是生两仪。故变易字为太一，变太一字为天。天一生，地二生也。变天字为水，天生水也。变水字为木，水生木也。变木字成火，木生火也。变火字成土，火生土也。变土字成金，土生金也。变金字成八卦字，八卦因五行生也。变八卦字为十二月字，八卦所主月也。变十二月字成地，出万物，以终归乎地也。此九宫八卦创制之法备矣。

九宫数一，起自北方者，坎一正北，应天之始，始无二，故一。北方五行之始，所以五行在北方。故云：阳气之始，万物将萌。

五事数二在西南者，五事：貌、言、视、听、思也。别在后篇解。因五行而有五事，次之，故二。又云：坤二在西南，应地之数。西南林钟之管，气之次，二也。五事，人事之先也。故曰：谦虚就德，朝谒嘉庆，并五事所主也。

八政之数三在东方者，八政：食、货、祀、司空、司徒、司寇、宾、师也。既有五事，次修八政，故三。又云：震三正东，应人之数，三才义毕。东方，春，农之始也。食者，耕种炊烹也。货者，畜积储博，钱布金兵也。祀者，祭祀供神也。司空者，土地亩也。司徒者，民户口大小数也。司寇者，禁备盗贼，纠察非常也。宾者，住籍往来，受容嘉庆也。师者，教训农夫，耒耜设法也。故云：耕种百谷，麻枲蚕桑也。

五纪数四在东南者，五纪：岁、日月、奉化、日辰、历数也。八政既修，非岁时日月无以敷播殖，次之故四。又云：巽四，东南。风行四时，以应四时之数。东南巳，纯乾用事，乾主天，巽主号令，故居东南。岁者，以四时有序，盛衰始终也。日月者，照明万物，气候远近也。奉化者，即仰王化，须建功贡宝也。日辰者，次序阴阳，断制产物也。历数者，记缀度数，农夫候望，赋敛随时也。故曰：王者惟岁，税数握成，以化下也；卿士惟月，奉化行道，以立宝；师允惟日，陈列众职，制作于万品。岁月日时，无易修务，敬时以顺纪也。故云：日月星辰，云雨并兴也。

皇极数五在中央者，皇王建万国，处中，分别四方，百官以治，万事毕理，岁时成就，职贡均等，租税五谷，以供王事，故在其中央。中央之数本五也。又云：土居中央，应五行之数。若王者动不得中，则不能建万事。故曰：皇之不极，是谓不建也。故曰：百官立表，政化公卿也。

三德数六在西北者，三德：正直、刚克、柔克。乾为天位，人君之象。过五故数六。又云：乾在西北，阴阳气分于西北，故应六律之数也。西北，乾之所处，故人君居之。正直者，人德也。君子方正以义，无所曲私，故云：平康正直，不疑其德。刚克者，天德也。法度不失，轻重罪服，故曰：沉潜刚克。柔克者，地德也。有德秩禄，安定众职，赏赐万国，故曰：高明柔克。故云：抑伏强暴，断制狱讼也。

稽疑数七在西方者，稽疑者，建立卜筮，问疑择善，占天地之象，以定吉凶，蓍圆卦方，龟筮共知可否，三人占，从二人之言。昔者圣人慎谋重始，动事作业，树本开基，决嫌定疑，必谋以贤知，咨以蓍艾，参以蓍龟，故举无过事，虑无失计。蛮夷虽无君臣之序，亦有决疑之卜，或以金石，或以木草。故知稽疑之事，圣人所尚。以其次乾之后，故数七也。又云：兑正西。卯酉为天地之门，卯主始，酉主终，故斗指卯，则万物皆出；指酉，则万物皆入。兑应七星之数，兑为金，主悦言，故在西方。故云：决定吉凶，分别所疑也。

庶徵数八在东北者，庶徵者，众徵也。王者以及众庶，莫不内省咎过，外察徵祥，顺徵知机，则无祸患。不审其过，不念庶徵，则祸至不悟，败亡无日矣。有机徵见者，必恭事上帝，用不为过，则降以福应。《诗》云：“昭事上帝，允怀多福。”如不共御善，不畏上帝，群神乃怒，必有谴罚。数八者，次七后也。又云：艮八在东北。艮是止义，艮为径路，万物大出于震，小出于艮，震为众男之长，艮为众男之少，故应八卦之数。艮既为止，令止恶就善也，故在东北。故云：肃敬德方，狂僭乱行。

五福六极数九在南方，五福：寿、富、康宁、攸好德、考终命。寿者，孝悌道德备，然后修神丹，延寿命。富者，德化所及，丰穰无阙。康宁者，国化安宁，长乐无事。攸好德者，论理比类，进善抑恶。考终命者，顺时成务，可以寿命，统著善德。六极者，凶短折、疾、忧、恶、贫、弱。凶短折者，斩枭诛裂，大罪也。疾者，榜笞殴击，疾卧养视也。忧，论作望，兢朝日也。恶，髡钳赭剥，戮辱固弃也。贫，偿赃赋，没财产也。弱，离邑里，徙边地，以戒后也。此罪罚之理居后，故数九。又云：离既在午，以为子冲，极则还反，故离最其末，以为九宫之数。离为明，人君南面以听政，象离之明。刑罚须明，故在南方。故云：万物率盈实也。

宫唯有九不十者，八方与中央，数终于九。上配九天、九星、二十八宿，下配五岳、四渎、九州也。

《九宫经》言："一主恒山，二主三江，三主太山，四主淮，五主嵩高，六主河，七主华山，八主济，九主霍山。"又：一为冀州，二为荆州，三为青州，四为徐州，五为豫州，六为雍州，七为梁州，八为兖州，九为扬州。九州之名，互有改变。《禹贡》九州，即此配。唐时名同者，以尧命禹治洪水，分九州，因而不易改。周虞有十二州，加幽、并、营。舜以青州越海，分齐为营州，冀州南北太远，分卫为并州，燕以北分置幽州。殷时九州有幽、营，无青、梁。《周官》九州，有幽、并，无徐、梁。汉立十二州，增交、益焉。

冀州者，《释名》云："冀州取地为名，有险易，帝王所都。"《太康地记》曰："冀，近，其气相近也。"其地自太行东至碣石、王屋、砥柱。《禹贡》云："冀州既载。"《吕氏春秋》云："两河之间为冀州。"正北方。

荆州者，《释名》云："荆，警也，南蛮数为寇逆，州道先强，当警备之也。"其地北据荆山，南及衡山之阳。《禹贡》云："荆及衡阳惟荆州。"《尔雅》云："汉南曰荆州。"《吕氏》曰："荆，楚也。"

青州者，《释名》云："青，在东生也。"《太康地记》曰："少阳色青，岁始事首，即以为名。"其地东北据海，西距岱。《禹贡》云："海、岱惟青州。"《吕氏》云："东方海隅，青州，齐也。"

徐州者，《释名》曰："徐，舒也，土气舒缓也。"其地东至海，北至岱，南及淮。《禹贡》云："海、岱及淮惟徐州。"《吕氏》云："泗上为徐州，鲁也。"《尔雅》云："济东曰徐州。"

豫州者，《释名》曰："豫在九州之中，安豫也。"《太康地记》云："禀中和之气，性理安舒。"其地南据荆，北距河。《禹贡》云："荆、河惟豫州。"《吕氏》云："河、汉之间为豫州。"《尔雅》云："河南曰豫州。"

雍州者，《太康地记》云："雍据西北之位，阳所不至，阴气壅阏，取以为名。"其地西据黑水，东距西河。《禹贡》云："黑水、西河惟雍州。"《吕氏》云："雍州，秦也。"《尔雅》云："河西曰雍州。"

梁州者，《太康地记》云："梁者，刚也。取西方金刚之气，刚强以为名也。"其地东据华山，西距黑水。《禹贡》曰："华阳、黑水惟梁州。"

兖州者，《释名》云："取兖水为名。"《太康地记》曰："辨其履信，禀贞正之意也。"其地东南据济，西北距河。《禹贡》曰："济、河惟兖州。"

扬州者，《释名》云："扬州多水，水波扬也。"其地北据淮，东距海。《禹贡》云："淮、海惟扬州。"《吕氏》曰："扬州，越也。"《尔雅》曰："江南曰扬州。"

今依九宫之位，冀州正北，在坎宫；荆州西南，在坤宫；青州正东，在震宫；徐州东南，在巽宫；豫州中央，在中宫；雍州西北，在乾宫；梁州正西，在兑宫；兖州东北，在艮宫；扬州正南，在离宫。其位与此解相似。太一以兖州在正北，坎位；青州在东北，艮位；徐州在正东，震位；扬州在东南，巽位；荆州在正南，离位；梁州在西南，坤位；雍州在正西，兑位；冀州在西北，乾位。此并从五行本始之气。西北亥地，故坎水居之；东北寅地，故震木居之；东南巳地，故离火居之；西南申地，故兑金居之。乾为金，故从本金位；巽为木，故从本木位；坤艮俱土，故取地之经，居正南正北。此并依《周礼》职方之始位，虽宫位微移，五行气一。此九州上对九天分，二十八宿属焉。

《淮南子》云："中央钧天，数五，其星角、亢、氐。"韩、郑分。钧，极也，布极四方，亦曰极天，为四行主，对中宫豫州。"东方苍天，数三，其星房、心、尾"。房、心，宋分；尾，燕分，东方色青也，对震宫青州。"东北变天，数八，其星箕、斗、牛"。箕，燕分；斗，吴分；牛，岱分。水之季，阴气尽，阳始作，万物将变，对艮宫兖州。"北方玄天，数一，其星女、虚、危、室"。女，越分；虚、危，齐分；室，卫分。水色黑，故云玄天，对坎宫冀州。"西北幽天，数六，其星壁、奎、娄"。壁，卫分；奎、娄，鲁分。金之季，即太阴幽暗也，对乾宫雍州。"西方昊天，数七，其星胃、昴、毕"。胃，鲁分；毕、昴，赵分。金色白，故曰昊天，对兑宫梁州。"西南朱天，数二，其星觜、参、井"。觜、参，晋分；井，秦分。居火之季，阳色朱也，对坤宫荆州。"南方炎天，数九，其星鬼、柳、星"。鬼，秦分也；柳、星，周分也。火性炎上，故曰炎天也，对离宫扬州。"东南阳天，数四，其星张、翼、轸"。张，周分；翼、轸，楚分。木之季，将即太阳，故曰阳天也，对巽宫徐州。此九天，亦属北斗九星之数，故下对九州。炎天数九，属斗第一枢星，应离宫，对扬州。变天数八，属斗第二璇星，应艮宫，对兖州。昊天数七，属北斗第三玑星，应兑宫，对梁州。幽天数六，属斗第四权星，应乾宫，对雍州。钧天数五，属斗第五衡星，应中宫，对豫州。阳天数四，属斗第六开阳星，应巽宫，对徐州。苍天数三，属斗第七瑶光星，应震宫，对青州。朱天数二，属斗第八星，应坤宫，对荆州。玄天数一，属斗第九星，应坎宫，对冀州。属斗第八、第九二星，阴而不见，以其对阴宫也。又郭璞易占云"乾一、坤二、震三、巽四、坎五、离六、艮七、兑八"，占人及物数皆准此，盖以父母男女为次也。此九宫八卦之数，故以备释。

白话解读

（一）九宫之"九"和"宫"

1. 何谓"九"

九宫的"九"，是说天和地各自都可用九来定位。比如天以二十八宿、北斗九星确定方位；地以四方（正东、正西、正南、正北）、四维（东南、西南、东北、西北）以及中央定分九州。

2. 何谓"宫"

九宫的"宫"，指天神巡游居处之地。郑司农（指汉代经学家郑众，也有人说是郑玄）说："太一游行八卦之宫，每经四卦则进入中央。中央，是大地之神所居处的位置。所以称九宫。"《易纬乾凿度》对此有段说明，郑玄注释了这段话，其大意为：太一就是北辰。北辰就是北极星。由于地球的自转，地球自转轴的轴线北端直指北极星附近，因此从地球上看，北极星似乎始终不动，但满天繁星都围绕着它从东向西旋转，也就是说，其他星星都围绕北极星作圆周运动。这种圆周运动在一个自然数周

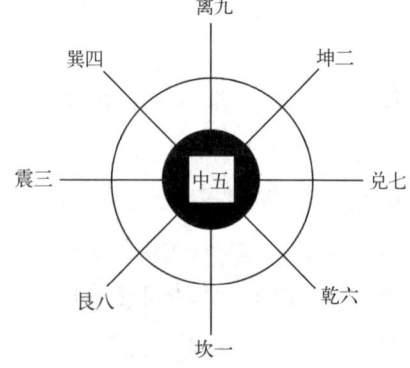

太一行九宫图，纵横各方位之和均为15

期中用数表示出来，就是九宫数。九宫数的分布从一至九有一定的分布次序，其目的是为了实现以太一即北极星为中心的圆周运动，也反映出中心对各个方位的力量分布情况。

太一从坎一、坤二、震三、巽四，经四卦之后，复入中宫，即中五，之后，从乾六、兑七、艮八、离九，经四卦之后，再复入中宫，如此循环往复，周而复始。一个自然数周期中数量如此分布的结果是横、纵、斜各个方位数量之和均为15，即形成一个围绕中心的圆周运动。

（二）九宫数

1. 天地数与九宫数

《易纬乾凿度》还有"易，一阴一阳之谓道，合而为十、五"的说法，其下注曰："五，象天数奇也。十，象地之数偶也。合天地之数，乃谓之道。"意思是，五象征天数，为奇，为阳；十象征地数，为偶，为阴。十与五合起来就象征天地之数。因此，太一是取天地之数游行九宫的。天地之数总和是55，一个自然数系统运行从天一、地二到人三，之后天、地、人三才生成，但这时系统还没有进入周期性运行，所以此六数不在九宫数之中，须除去，剩下49。系统进入周期性运行之后，首先表现为时间上的四时更替，而九宫数是空间圆周运动，所以49－4＝45。45就是实际运用的九宫数之和。

九宫所用45中的5代表五行，40代表五行的成数六、七、八、九、十之和。合起来即一节之数(一节之数是指将八卦与年周期360日相配合，每一卦对应45日)。九宫之数可以分置五个方位，每个方位各有九数，九代表一时(即一个季节)有90日，四方代表四时，四时共为360日之数。九宫之数纵、横、斜三宫之和均为15，这是一气之数。360日除以一气之数15，则可得到24，即一年有二十四气。

2. 九宫数的次序、方位、意义

《五行大义》引《尚书·洪范》阐述九宫数的次序，并对其方位、意义作了简单解析。

"初一曰五行"：第一个数是一，指五行气运开始流行，其方位对应在北方，北方是阳气之始，万物即将萌生。

"次二曰敬用五事"：第二个数是二，指恭敬地使用貌、言、视、听、思这五种本能，做到仪容恭敬、言出必从、视必明白、听必清楚、思必通达。其方位对应在西南方，这要求君主以谦虚的态度修养自身品德，通过朝拜谒见而获得吉祥喜庆。

"次三曰农用八政"：第三个数是三，是说厚用八种政务，即食、货、祀、司空、司徒、司寇、宾、师。其方位对应在东方，君主应该组织人民耕种百谷，种桑养蚕，织布作衣，用现代话说就是发展工农业生产。

"次四曰协用五纪"：第四个数是四，是说协同运用天象五物的纲纪，即岁、月、日、星辰、历数。其方位对应在东南方，社会要按照日月星辰的规律运行，保风调雨顺，国泰民安。

"次五曰建用皇极"：第五个数是五，是说立治用大而中正之道，"皇"是大，"极"是中，即以大而中正的原则来教化人民。其方位对应在中宫。君主应为百官表率，政治教化从公卿开始。

"次六曰乂用三德"：第六个数是六，是说治理人民应用三种品德：一是正直，指能够正人之曲使直；二是刚克，指刚强而能立事；三是柔克，指和柔而能治，张弛有度。其方位对应在西北，君主应该抑制豪强，降伏暴徒，审理和判决刑狱罪案。

"次七曰明用稽疑"：第七个数是七，是说明用卜筮以考疑事。其方位对应在西方，君主可通过占卜来决定事件的吉凶，弄清楚决策中所疑惑之事。

"次八曰念用庶徵"：第八个数是八，是说念用天时众气如雨、旸、燠、寒、风、时，利用气象变化所显露出来的征兆来调整政策。其方位对应在东北，君主应该以恭敬的态度顺应自然气象规律去做事，而不是以狂妄僭越的态度违背自然气象规律胡乱作为。

"次九曰向用五福，威用六极"：第九个数是九，是说向劝人用五福、威沮人用六极，君主用人们普遍向往的五福即寿、富、康宁、攸好德、考终命来劝谕人们向善，用人们普遍畏惧的六极即凶短折、疾、忧、贫、恶、弱来威吓阻止人们从恶。其方位对应在南方，呈现万物发展充盈丰实，阴气泄散，四时正常更替，阴阳调和，五行之运行不出差错的状态。

《黄帝九宫经》说："戴九履一，左三右七，二四为肩，六八为足，五居中宫，总御得失。"这是用人体形象地说明九宫数。九宫数与八卦配合即是九宫八卦之数，即坎一、坤二、震三、巽四、中宫五、乾六、兑七、艮八，离九。太一行九宫的原则是从一开始，从少往多顺序而行。

3. 配算成九宫之法

算是计算所用的筹码，即算筹。配算九宫数的方法为：九宫数共有四十五数，分置五方，即中央及四仲位各分九算。

"木落归本"：木的特性是叶落归根，木生长在亥，又亥为水，水是木的父母，亥位就是木的根本，需要分配六算至亥位，亥位即是乾宫，所以取震宫六算移置于乾宫。则震宫变成三算，乾宫成为六算。

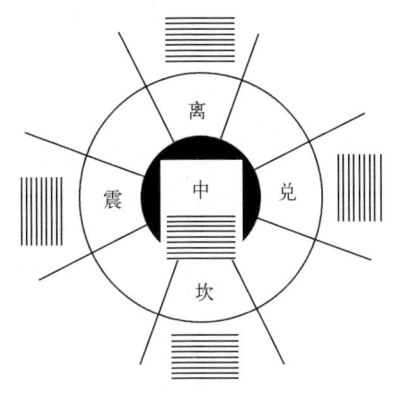

九宫数配算图，45数分置五方

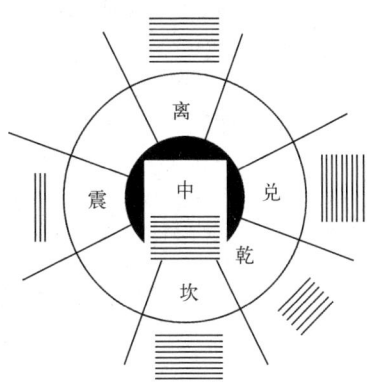

木落归本配算图，多出乾宫

"水流向末"：水的特性是流向末尾，在亥、子、丑三者之中，水从亥、子向丑流动，丑是水之末梢，水大部分汇集在其末梢之处，需要分出八算至丑位，丑位即是艮宫，所以取坎宫八算移置于艮宫。则坎宫变成一算，艮宫成为八算。

"金义而坚"：土生金，金有报答土生之恩的情义，所以分出二算还到未位，未位即是坤宫，所以取兑宫二算移置于坤宫。则兑宫变成七算，坤宫成为二算。

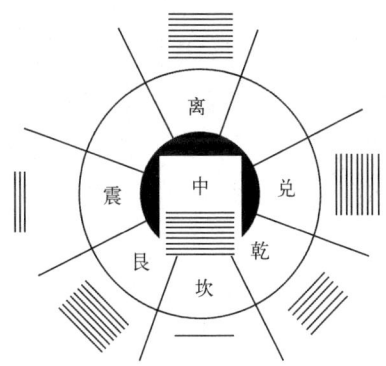

水流向末配算图，再分出艮宫

"火本炎盛，自处其乡"：火应向上发展，但离宫本处极上，火只能自处其乡，所以，离算不动。

"土王四季，本生于巳"：土分王四季之末，但土本来是生于巳，巳是火，火是土的父母，土不忘本，所以分出中宫四算移置于巽宫。则中宫变成五算，巽宫成为四算。

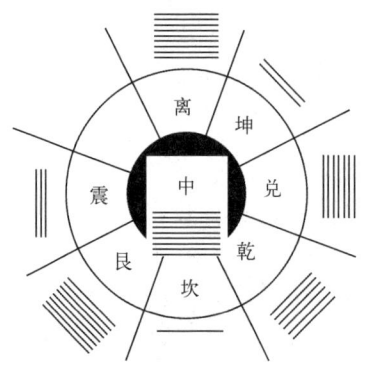

金义而坚配算图，再分出坤宫

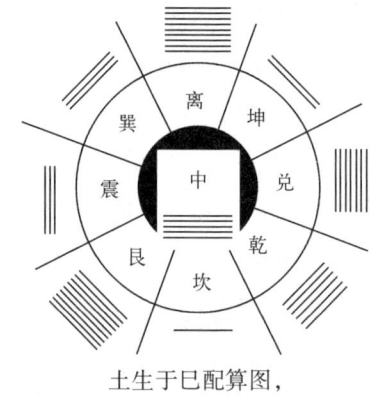

土生于巳配算图，再分出巽宫，则九宫配齐

由此，就形成了戴九履一之位。

4. 配算初成八卦之法

《五行大义》所讲配算初成八卦之法，通过以下四步完成：

第一步，命方之算，即命令五方的算筹。

"先取北方九算，命曰水生木于东方"：水生木，木位东方，所以从北方九算中取算置于东方，取一算纵向分别放置于寅、卯、辰上，再取一算横向分别放置于甲、乙上。

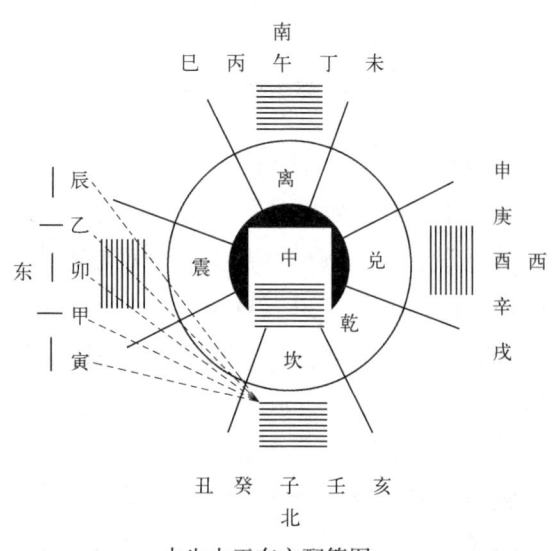

水生木于东方配算图

"次取东方九算，命曰木生火于南方"：木生火，火位南方，所以从东方九算中取算置于南方，取一算纵向分别放置于巳、午、未上，再取一算横向分别放置于丙、丁上。

"又取南方之算，命曰火生土于中央"：火生土，土本位中央，主宰四方，但在人类伦理系统中，父母是一家之主宰，是家庭的中心，所以从南方九算中取一算置于西北为戊，一算置于西南为己。

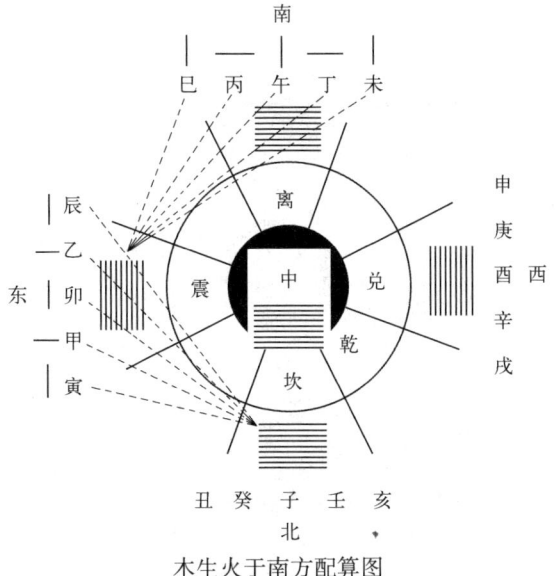

木生火于南方配算图

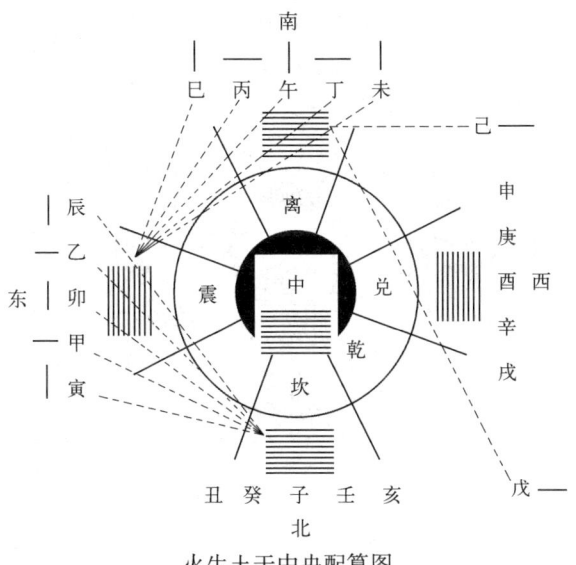

火生土于中央配算图

"又取中央之算,命曰土生金于西方":土生金,金位西方,所以从中央九算中取算置于西方,取一算纵向分别放置于申、酉、戌上,再取一算横向分别放置于庚、辛上。

"又取西方之算,命曰金生水于北方":金生水,水位北方,所以从西方九算中取算置于北方,取一算纵向分别放置于亥、子、丑上,再取一算横向分别放置于壬、癸上。

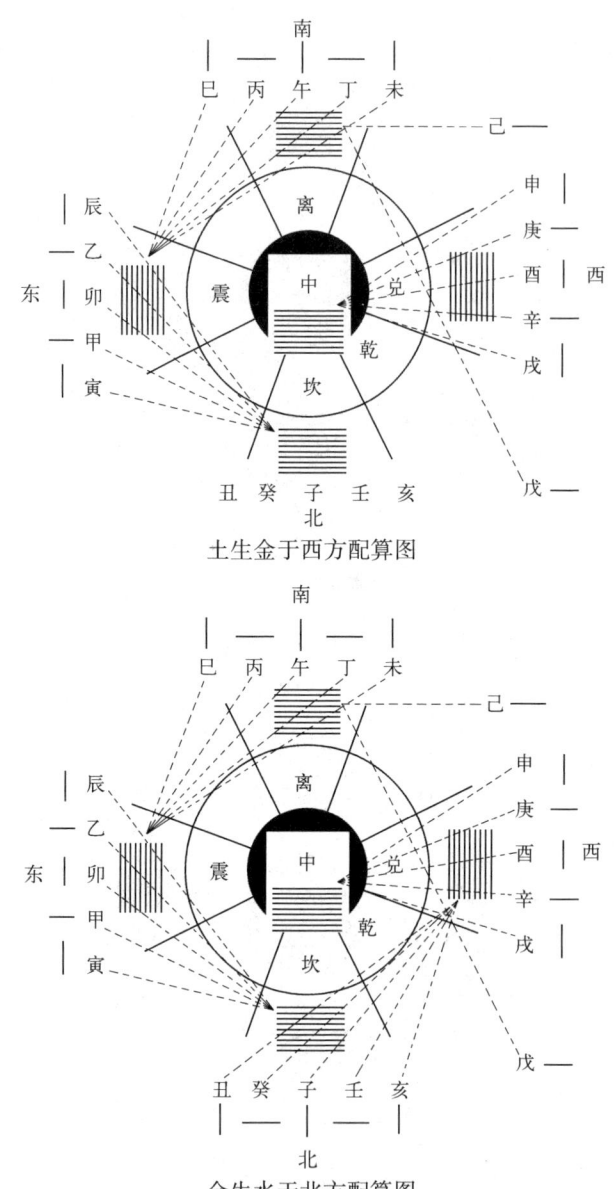

土生金于西方配算图

金生水于北方配算图

第二步，配算阴干与阳支。

取五方之算分布十干、十二支位置结束之后，再于阴干即乙、丁、己、辛、癸上各加一算，命令为阴数偶；其次，再于阳支即子、寅、辰、午、申、戌上各加一算，因为，阳为上，为本，为首，为始，阴为下，为末，为尾，为终，阳支为地支形体的根本和开始，所以命令为地支以阳支为根本，将一算加于地支的开始上。

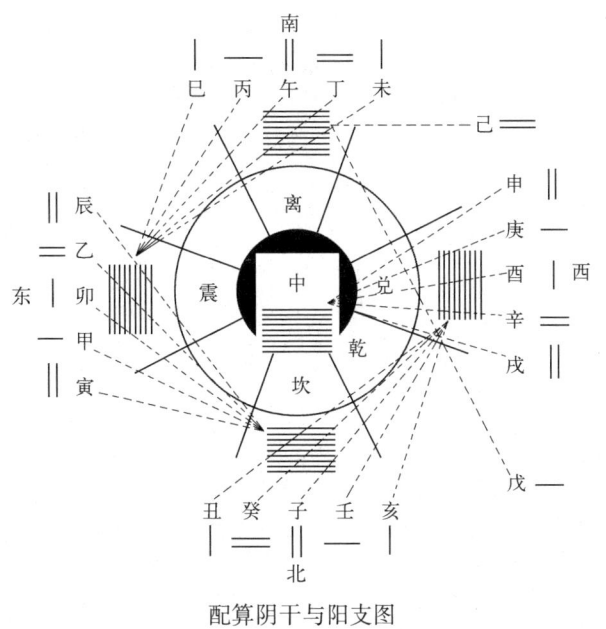

配算阴干与阳支图

第三步，配置余下算筹。

九宫数共有四十五个算筹，其中配十干、十二支用去二十二算，配阴干、阳支用去十一算，尚余十二算，象征十二月之数。从余下的十二算中，乾为阳，阳数为奇数，取一算放置于西北，因为乾是父母卦，是系统运行之始，命令为乾卦之始；坤为阴，阴数是偶数，取二算放置于西南，因为坤也是父母卦，也是系统运行之始，命令为坤卦之始；则还余下九算，放置于中央，称为易象，易有简易、变易、不易三义，中央本有九算，现在经过一轮配置之后，中央重新放置九算，正是变易之后仍为不易之象。

第四步，以纳甲、纳支之算配成八卦。

命令为：乾主甲壬，于是取甲上一算，壬上一算，加上乾之始一算，组成乾卦☰，由三算组成。

又命令为：坤主乙癸，次取乙上二算，癸上二算，加上坤之始二算，组成坤卦☷，由六算组成。

乾、坤二父母卦的三爻之象既然已经确定，按次序就应该配置六子卦了。

先起长男，命令为：震主庚子午，于是取庚上一算，子上二算，午上二算，组成震卦☳，由五算组成。

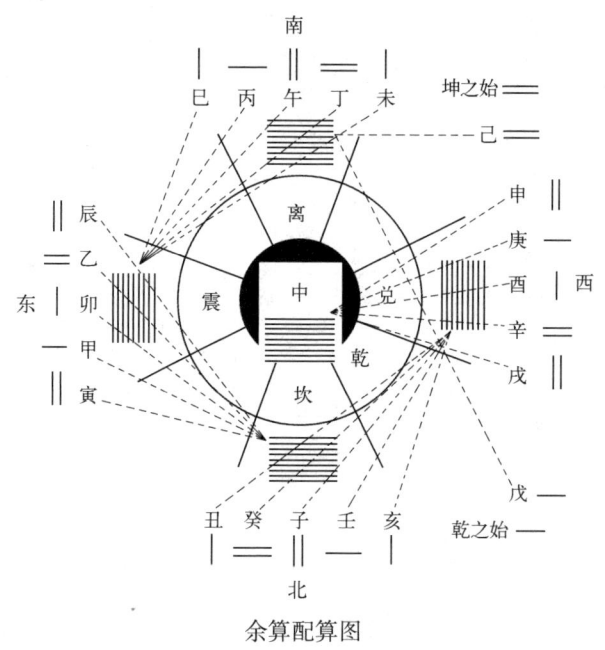

余算配算图

又次长女，命令为：巽主辛丑未，次取辛上二算，丑上一算，未上一算，组成巽卦 ☴，由四算组成。

又次中男，命令为：坎主戊寅申，次取戊上一算，寅上二算，申上二算，组成坎卦 ☵，由五算组成。

又次中女，命令为：离主己卯酉，次取己上二算，卯上一算，酉上一算，组成离卦 ☲，由四算组成。

又次少男，命令为：艮主丙辰戌，次取丙上一算，辰上二算，戌上二算，组成艮卦 ☶，由五算组成。

又次少女，命令为：兑主丁巳亥，次取丁上二算，巳上一算，亥上一算，组成兑卦 ☱，由四算组成。

至此，八卦已经组建完成了，但由此产生了一系列的问题：

一问：八卦从哪里开始？答：八卦根据五行产生。二问：五行根据什么产生？答：五行根据天地产生。三问：天地根据什么产生？答：天地根据太一产生。四问：太一根据什么产生？答：太一根据易产生。太一就是太极。所以说，易从无到有，产生太极。太极又产生了两仪。改变易字为太一。天于一生，地于二生，所以改变太一字为天。改变天字为水，因为天一生水。改变水字为木，因为水生木。改变木字成火，因为木生火。改变火字成土，因为火生土。改变土字成金，因为土生金。改变金字成八卦字，因为八卦是根据水、木、火、土、金五行产生的。改变八卦字为十二月字，因为八卦主宰十二月的运行规律。改变十二月字成地，因为大地生出万物，万物又终归于大地。至此经过以上种种因生而变，八卦便得以创制。

5. 九宫数的由来

"五行数一"：方位北方。坎数一，方位在正北，在系统中对应天，即阳之始，开始无二，所以数为一。北方为水，水为五行之始，所以五行在北方。天一为阳气之始，五行为万物之始，因此说，"阳气之始，万物将萌"。

"五事数二"：方位西南。五事即貌、言、视、听、思，其具体含义在后篇有详细解释。五事是由五行产生的，次序在五行之后，所以数为二。又说：坤数二，方位在西南，五事数与坤地之数相应。在律吕中，西南为林钟之管，从低音向高音排，其次序为二。五事是进行所有人事活动之前必须做的准备工作。人事活动之前主要准备工作有二，一是自身以谦虚的态度修养品德，二是朝谒拜访获得他人支持，这都是五事所主管的内容。

"八政数三"：方位东方。八政即食、货、祀、司空、司徒、司寇、宾、师，这是人类社会管理者需要做的八个方面的政务。前期已经做了五事的准备，就可整治八种政务，所以数为三。又说：震数三，方位正东，对应人，至此天、地、人三才齐备。东方对应春天，这是农业活动开始的季节。八政之食政是主管农耕、炊事的。货政是主管积累储备钱币、布匹、金属、兵器等物的。祀政是主管祭祀祖先、供奉神明的。司空管理土地田亩。司徒管理人民的户籍、年龄。司寇负责禁止和防备盗贼，矫正和明察各种不正常的情况。宾管理住客的登记和去来，容纳和收留他们，并使所有来往的宾客都获得吉祥喜庆的照顾。师负责教育训练从事农业劳动的男子，设法改进农业工具。农民所从事的耕种谷物、产麻织布、种桑养蚕都是八政中重要的内容。

"五纪数四"：方位东南。五纪即岁、日月、奉化、日辰、历数。整治八政后，还需要符合岁、四时、日、月的运行规律，所以五纪排在八政之后，数为四。又说：巽数四，方位为东南，因为在自然界系统中巽为风，风运行于四时之中，所以对应四时之数。东南为十二支中的巳位，巳尚未生阴，所以是纯阳；阳在卦象中以乾为代表，巳为纯阳，所以说纯乾用事；乾代表天，又代表君主，巽代表号令，天子的号令通行天下，如同风行四时，巽风位在东南，所以数四居位在东南。岁的纲纪是四时运行有序，万物有盛有衰、有始有终。日月的纲纪是为万物提供光热，形成远近不同的气候变化。奉化的纲纪是靠近并仰从君主教化，为君主建立功绩、贡献宝物。日辰的纲纪是排列阴阳的次序，判断特定条件下产生的事物。历数的纲纪是根据天象周期推算年时节候，农人占候观察，官府根据时令来征收赋税。所以说，君主只遵守岁的纲纪，掌握赋税，控制收成，以此教化治理人民；卿与士大夫等官吏只遵守月的纲纪，遵奉仰从君主的教化，实践君主的主张，用以树立君主的权威；为师者只遵守日的纲纪，为各种职责排列次序，为万物制定规章制度。岁、月、日、时，都紧紧围绕着自己所修治的事务，人们尊重天时顺应五纪，才能风调雨顺，这就是所谓的"日月星辰，云雨并兴"。

"皇极数五"：方位中央。最高君主建立了众多国家，自己处于王国的中心，划治四方，百官都得到治理，万事都得到处置，一年四时都有收成，藩属或外国对朝廷的贡纳都均等，赋税谷租都用以供给君主的活动，所以其位在中央。中央的数本来就是五，所以数为五。又说：土居位中央，对应五行之数。如果君主的行动不能中正，就什么都建立不了。"皇"的意思是大，"极"的意思是中，大而不中，就意味着不能建立。所以说"君主要为百官树立表率，用正确的施政原则去教化公卿"。

"三德数六"：方位西北。三德即正直、刚克、柔克。乾代表天，亦代表人君，人君之道即"皇极"的次序在五，所以三德数六。又说：乾的方位在西北，亥的方位也在西北，亥月为纯阴之象，紧接其后的子月一阳始生，故亥月是阴阳之气的分界线。十二支分为阳六阴六，与律吕分为六阳六阴相同，所以对应六律之数。西北是乾所处的方位，所以人君位也居西北。正直是人的品德，高尚的人正直不阿，遵守正义的原则，无所偏私，所以说，中正和平，正直无私，不刚不柔，不怀疑他所遵守的准则和规范。刚克是天的品德。天从不违背自己的法则制度，轻重不同的罪过都有法可依。所以说：对沉伏隐藏者，以刚强的方式制服之。柔克是地的品德。给各级官吏以职级和俸禄，稳定各种职业，赏赐治下的藩国，所以说：对高明智慧者，以柔和的方式制服。这三种品德实际上是治理人民的三种方法，所以说："压制住强大残暴的人，审理判决罪案和纠纷"。

"稽疑数七"：方位西方。稽疑即建立卜筮职务，询问疑惑，选择善法，观察天地间各种现象，用以推定吉凶，蓍草的径干是圆形的，象征天，卦象的图画是方形的，象征地，龟卜和占筮并用，一起推测事件的好坏，如果多个人占卜吉凶出现不同，则少数服从多数。从前的圣人都非常重视事业的开端，不管做什么都要先打好基础，解决疑难之事，同贤能智慧的人谋划商议，以蓍草占算，兼听龟卜结果，所以做事不会失误，计谋不会失败。那些未开化的部落虽然不分君臣，也有决断疑惑的占卜方法，有的用金属、石头，有的用木棍、草径。由此可知，稽疑之事是圣人所崇尚的。占卜决疑是君主（乾）所为，排在其后，乾数六，所以其数为七。又说：兑的方位在正西。卯酉方是东西向，是日出日落的方位，为天地之门，卯主开始，酉主终结，北斗星斗柄指向卯时正为春季，万物萌现；斗柄指向酉时正为秋季，万物收藏。兑对应北斗七星之数，五行为金，主喜悦、说话。所以说："用占卜来决定吉凶，弄清楚决策中疑惑的事。"

"庶徵数八"：方位东北。庶徵，意为众多的征兆。君主和百姓都要从内心反省错误，向外面观察征兆吉凶，如果能够做到顺应征象，知晓事物的关键点，就不会有祸患。如果不能了解自己的过错，看不到万物的征兆，那么大难临头也无从知道，很快就会失败灭亡。发现事物的征兆时，一定要敬谢天帝，并善加利用，不做错事，这样天帝便会降下福报，正如《诗经·大雅·大明》所说："以明德敬奉上帝，招来很多的福。"如果君民不尊奉善德，不敬畏上帝，神明们就会发怒，必定给予谴责和处罚。征兆都发生在占卜（数七）之后，所以数为八。又说：艮数八，方位在东北。艮的意思是停止，又代表小径道路，万物大者出于震卦，小者出于艮卦，震为众男之长，居第一，艮为众男之少，居最末，艮表示八卦已经完全生成，所以对应八卦之数。艮既然为止，就有停止恶行而趋向善行的意思，艮为东北，所以庶徵数八方位在东北，所以说："以肃然恭敬的态度趋向善德，停止各种狂妄僭越的乱行。"

"五福六极数九"：方位在南方。五福即寿、富、康宁、攸好德、考终命。寿，意思是孝敬父母，友爱兄弟，兼备种种道德修养，然后就可以炼神丹，延寿命了。富，意思是道德教化之地，庄稼丰收，不缺衣食。康宁，意思是国家治理得平安稳定，人们长享快乐，不发生祸事。攸好德，意思是讨论事理，考量物类，从而奖善惩恶。考终命，意思是顺应时运，成就事业，完成上天赋予的生存年限，以此来总括显扬各种善德。六极即凶短折、疾、忧、恶、贫、弱。凶短折，意思是遭受斩杀、枭首、诛族、车裂等刑罚，这是古代处置犯了大罪之人的酷刑。疾，意思是遭受张榜通报、鞭笞杖责等刑罚，或是被迫抱病卧养。忧，意思是遭人议论、诅咒、怨恨等，每天战战兢兢。恶，意思是遭受剃发、披枷带锁、穿囚服、裸剥等刑罚，被羞辱之后便遭抛弃。贫，意思是遭受退偿赃物和税赋，没收家财等刑罚。弱，意思是遭受强迫离乡，流放边疆等刑罚，为后来人作警示。这是因罪受罚，理应排在最后，所以数为九。又说：离既然方位在午，正为子所对冲，物极必反，所以离居最末，以完成九宫之数。离代表光明，君王面向南方听理政事，就象征离卦光明之象。刑罚必须明察，所以五福六极数九，在南方。五福六极是人类社会九类事中的最后一类，至此诸事已备。所以说："万物大都圆满充实。"

宫只有九而不是十，这是因为东、南、西、北、东南、西南、东北、西北八方与中央加起来是九。

（三）九宫与九天、九星、二十八宿、五岳四渎、九州的配合

九宫因为配合人类社会九类事而形成，但其意义远不止此。

1. 九宫配五岳四渎

岳是在古代由朝廷确认的高大名山，渎是古人对有独立源头并能入海河流的称谓。《五行大义》引《九宫经》说："一主恒山，二主三江，三主太山，四主淮，五主嵩高，六主河，七主华山，八主济，九主霍山。"这里，恒山即北岳恒山，位于山西浑源县；太山即东岳泰山，位于山东省泰安市；嵩高即中岳嵩山，位于河南省西部；华山即西岳华山，位于陕西省西安以东120千米渭南市的华阴市境内；霍山位于安徽省西部、大别山北麓。三江、淮、河、济则为四渎。三江，《九宫经》称其位置在西南，应该是西南三江：岷江、涪江、沱江。淮即淮河，介于长江和黄河两流域之间。河即黄河，流经中国西北和北方。济即济水，发源于河南省济源市王屋山上的太乙池，之后时为地下河，时为地上河，三隐三现，曲折入海。济水故道为现在黄河下游地段。

2. 九宫配九州

九宫与九州的配合是：一为冀州，二为荆州，三为青州，四为徐州，

五为豫州，六为雍州，七为梁州，八为兖州，九为扬州。九州的名称历史上时有改变，但《尚书·禹贡》中的大禹受尧之命治水所置九州和唐朝时的九州名称均如上述。舜时从青州分出营州，从冀州分出并州，并在燕地以北增设幽州。殷商保留了幽州和营州，去掉了青州和梁州。周朝的《周官》记载，九州中有幽州和并州，没有徐州和梁州。汉代有十二州，增加了交州和益州。

冀州：据《释名》说，冀州取地理形势而得名，其地理形势有险峻有平坦，是帝王建都之地。《太康地记》（应是镇洋毕沅所撰《晋太康三年地记》）："冀的意思是近，其气相近。"其地理位置是自太行山以东，至碣石山、王屋山、砥柱山之间。碣石山位于河北昌黎县城北；王屋山位于河南省西北部的济源市；砥柱石位于黄河中游的河南三门峡境内。《尚书·禹贡》说冀州当时已经见于记载。《吕氏春秋》说："两河之间为冀州。"两河，指的是黄河在山东、河北、山西、陕西等地境内的两道相对平行的河道。冀州方位为正北方。

荆州：据《释名》说，荆州得名于荆山，"荆"的意思是警备，因为南方蛮族多次反叛，总是在围城而行的道路上刚猛前行，必须时常予以警备。其地理位置北至荆山，南至衡山之南。所以，《尚书·禹贡》说："荆及衡阳惟荆州。"《尔雅·释地》说："汉南曰荆州。"汉即汉水，汉水之南是荆州。《吕氏春秋》说，荆州是楚国故地。

青州：据《释名》说，青州方位在东方。《太康地记》说，青州方位在东方，为少阳之气，春天色青，为一岁之首，少阳始长，为万事开始，所以取名为青州。其地理位置是东北临东海，西边至泰山。《尚书·禹贡》说，东海和泰山之间的地域是青州。《吕氏春秋》说，东方海边的青州，是齐国故地。

徐州：据《释名》说，徐州的"徐"意思是舒缓，此地土地的性质就是舒缓。其地理位置是东到东海，北到泰山，南到淮河。《尚书·禹贡》说，东海、泰山及淮河之间的地域是徐州。《吕氏春秋》说，泗水之上就是徐州，这是鲁国故地。《尔雅》说，济水之东为徐州。

豫州：据《释名》说，豫州地理位置在九州的中央，是安逸快乐之地。《太康地记》说，豫州这个地方的人生有中和之气，与土的特性相同，性情安详舒适。其地理位置西南到荆山，北到黄河。《尚书》说，荆山、黄河之间的地域是豫州。《吕氏春秋》说，黄河与汉水之间为豫州，这是周的故地。《尔雅》说，黄河以南为豫州。

雍州：据《太康地记》说，雍州地处西北，阳气无法到达，阴气壅塞淤积于此，所以得名。其地理位置西到黑水，东到西河。《尚书》说，黑水和西河之间的地域是雍州。《吕氏春秋》说，雍州是秦国故地。《尔雅》说，西河之西是雍州（西河指黄河流经山西省境西）。

梁州：据《太康地记》说，"梁"的意思是刚强。西方属金，性刚强，故此地以刚强为名。其地理位置是东边为华山，西边为黑水。《尚书·禹贡》说，华山之南到黑水之间的地域是梁州。黑水所指河流，有今天的张掖河、甘肃党河、青海大通河等说法。

兖州：据《释名》说，兖州是因兖水而得名。"兖"古作"沇"，沇水和济水实为一条河流，不同时期称谓有所不同。因为这条河流百折不挠，终入大海，所以，《太康地记》解释其名为"辨别其履行诚信的情况，禀明坚贞正直的意思"。其地理位置东南有济水，西北是黄河。所以，《尚书·禹贡》说，济水和黄河之间的地域是兖州。

扬州：据《释名》说，扬州多河流湖泊，水波激扬，所以得名。其地理位置北依淮河，东临大海。《尚书·禹贡》说，淮河和东海之间的地域是扬州。《吕氏春秋》说，扬州是越国故地。《尔雅》说，长江以南为扬州。

依据九宫之位，配置九州方位如下：冀州正北，在坎宫；荆州西南，在坤宫；青州正东，在震宫；徐州东南，在巽宫；豫州中央，在中宫；雍州西北，在乾宫；梁州正西，在兑宫；兖州东北，在艮宫；扬州正南，在离宫。其方位与实际地理位置相似。

太一下行九宫与九州方位配置如下：兖州在正北，坎位；青州在东北，艮位；徐州在正东，震位；扬州在东南，巽位；荆州在正南，离位；梁州在西南，坤位；雍州在正西，兑位；冀州在西北，乾位。

九宫配九州方位图

此种配置都是遵从五行的本始之气确立的。西北亥地，是坎水本始之气；东北寅地，是震木本始之气；东南巳地，是离火本始之气；西南申地，是兑金本始之气。乾为金，其本始之气在西方，所以乾从本来的金位，居西方；巽为木，其本始之气在东方，所以巽从本来的木位，居东方；坤艮都为土，土居中央，统率四方，所以取大地南北经线，坤居正南，艮居正北。这也是依从《周礼》职方开始的方位，虽然对应的宫位略有偏移，但五行之气同之。

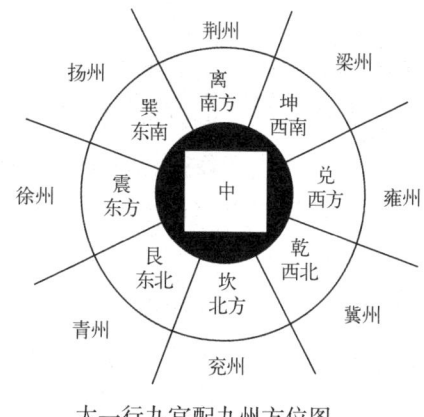

太一行九宫配九州方位图

3. 九宫、九州配九天、二十八宿

九宫、九州上对应九天划分，二十八宿归属其中。

(1) 九天

《淮南子·天文训》说，九天之中央称为钧天，东方称为苍天，东北称为变天，北方称为玄天，西北称为幽天，西方称为皓天，西南称为朱天，南方称为炎天，东南称为阳天。

(2) 二十八宿

中国古人在南中天共发现了二十八个恒星群，这就是二十八宿，又称为二十八舍，或是二十八星。二十八宿分布东、西、南、北四方，每方各七宿。东方青龙七宿为角、亢、氐、房、心、尾、箕；北方玄武七宿为斗、牛、女、虚、危、室、壁；西方白虎七宿为奎、娄、胃、昴、毕、觜、参；南方朱雀七宿为井、鬼、柳、星、张、翼、轸。

(3) 分野

天上天体运行的轨迹与地上中国地理的区划虽然是两个系统，但星次与地域具有对应性。古人把天文上的分星与地面上的分州、分国联系起来，就称为分野。所谓分野，就是地上各州郡邦国与天上一定的区域相对应，在该天区发生的天象可以预兆所对应地方的吉凶。

(4)《五行大义》的阐释

《五行大义》是按照太阳周年视运动的运行轨迹，以年周期中春天之始太阳所居留的星宿为起点，依次配置九天、九数、二十八宿、分野、九宫、九州。

中央钧天：其数五，其星包括角、亢、氐，对应韩、郑分野。角、亢、氐为东方苍龙七宿中第一、二、三宿。其中，角宿是由两颗恒星组成的，黄道正从这两颗星之间穿过，日月和行星都常会在其附近经过，所以，中国古代把角宿二星看作天宫的两扇大门，称为天门或是天关，进入天门，就是天庭。角宿在春末夏初的日落后出现在南方天空，月令对应辰月，辰为土。太阳巡行周天的起点也是角、亢、氐，所以此三宿所在为中央钧天。《五行大义》说"钧"的意思是极，"极"的意思是最终、尽头，因此也称为极天，为四行的主宰，对应中宫豫州。

东方苍天：其数三，其星包括房、心、尾。房、心星对应宋分野；尾星对应燕分野。房、心、尾为东方苍龙七宿中第四、五、六宿，其位置在东方，东方为木，木的颜色为青色，对应震宫青州。

东北变天：其数八，其星包括箕、斗、牛。箕星对应燕分野；斗星对应吴分野；牛星对应岱分野。箕为东方苍龙七宿中最后一宿，斗、牛为北方玄武七宿中的第一、二宿，所以《五行大义》说，东北方位，为水气之末，阴气已尽，阳气开始兴起，万物将要变化，对应艮宫兖州。

北方玄天：其数一，其星包括女、虚、危、室。女星对应越分野；虚、危星对应齐分野；室星对应卫分野。女、虚、危、室为北方玄武七宿中的第三、四、五、六宿，北方为水，水的颜色为黑，玄即黑，所以称为玄天，对应坎宫冀州。

西北幽天：其数六，其星包括壁、奎、娄。壁星对应卫分野；奎、娄星对应鲁分野。壁为北方玄武七宿中的第七宿，奎、娄为西方白虎七宿中的第一宿、第二宿，所以《五行大义》说，西北方位，为金气之末，就是太阴之气，气候寒冷，光线幽暗，对应乾宫雍州。

西方昊天：其数七，其星包括胃、昴、毕。胃星对应鲁分野；毕、昴星对应赵分野。胃、昴、毕为西方白虎七宿中的第三、四、五宿，西方为金，金的颜色为白，"昊"通"皞"，"皞"的意思是洁白明亮，所以称为昊天，对应兑宫梁州。

西南朱天：其数二，其星包括觜、参、井，觜、参星对应晋分野；井星对应秦分野。觜、参为西方白虎七宿中的第六、七宿，井为南方朱雀七宿中的第一宿。西南方位，居火气之末，阳的颜色是朱红，所以称为朱天，对应坤宫荆州。

南方炎天：其数九，其星包括鬼、柳、星。鬼星对应秦分野；柳、星二星对应周分野。鬼、柳、星为南方朱雀七宿中的第二、三、四宿，南方为火，火的特性是炎上，所以称为炎天，对应离宫扬州。

东南阳天：其数四，其星包括张、翼、轸。张星对应周分野；翼、轸星对应楚分野。张、翼、轸为南方七宿中的第五、六、七宿，居于东南方位，为木气之末，即将进入太阳之火，所以称为阳天，对应巽宫徐州。

4. 九宫、九州、九天配北斗九星

九天也属于北斗九星之数，所以下对九州。

炎天数九，属斗第一枢星，应离宫，对扬州。

变天数八，属斗第二璇星，应艮宫，对兖州。

昊天数七，属北斗第三玑星，应兑宫，对梁州。

幽天数六，属斗第四权星，应乾宫，对雍州。

钧天数五，属斗第五衡星，应中宫，对豫州。

阳天数四，属斗第六开阳星，应巽宫，对徐州。

苍天数三，属斗第七瑶光星，应震宫，对青州。

朱天数二，属斗第八星，应坤宫，对荆州。

玄天数一，属斗第九星，应坎宫，对冀州。

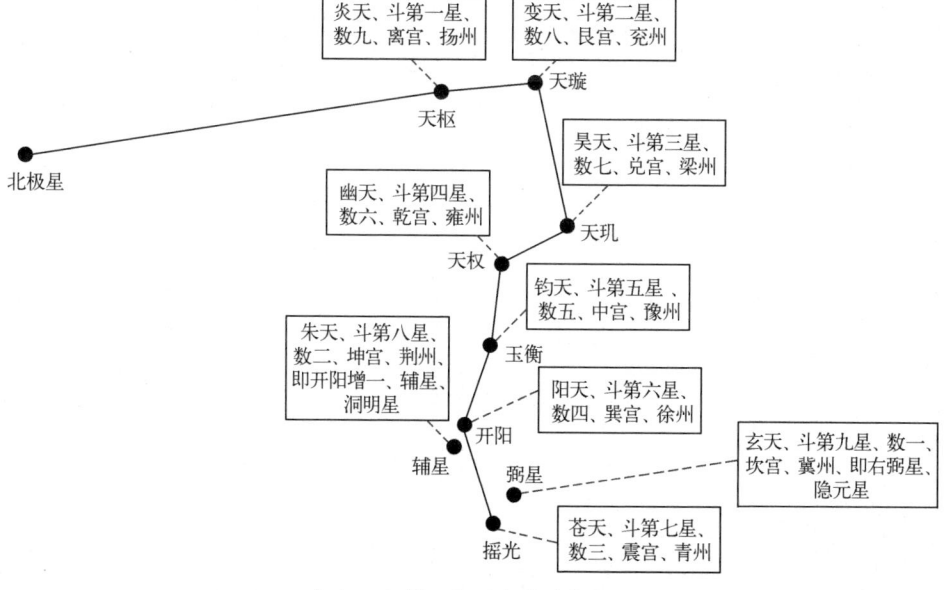

九宫、九州、九天配北斗九星图

北斗九星中属斗的第八、第九两颗星，阴暗而不显现，所以将其与阴宫即坎一宫、坤二宫相配合。古人认为北斗有九星，七现二隐，有七颗可以看得到，有两颗肉眼很难看到，两个隐而不现的星分别叫洞明星和隐元星，又叫辅星和弼星。其中辅星，又称左辅，应该是天文学上开阳的伴星即开阳增一，亮度次于开阳主星，古时候军队测试士兵的视力就曾经用过这颗辅星。所以，中国古代称之为洞明星。弼星，又称右弼，在摇光星附近，能看见这颗星的人视力非常好，主长寿，所以称为隐元星。

（四）另一种八卦数

《五行大义》记载了来自郭璞易占中的另一种八卦数"乾一、坤二、震三、巽四、坎五、离六、艮七、兑八"，指出占算人及事物吉凶时都依据这种八卦数。其来历大概有三条原则：一是遵循从父母到子女的原则，二是遵循男先女后的原则，三是遵循从老到少、从长到幼的原则。至此，九宫八卦之数，都得以完全阐释。

五行大义 卷第二

WU XING DA YI JUAN DI ER

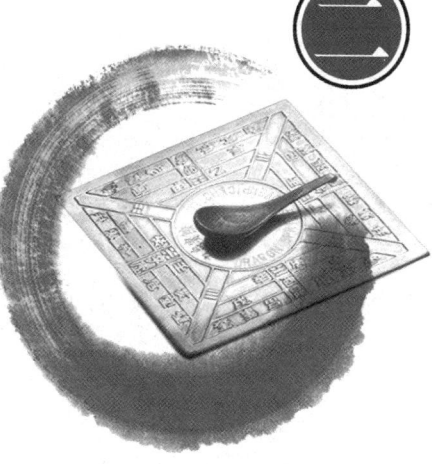

第四论相生。就此分为三段，一者论相生，二者论生死所，三者论四时休王。

第五论配支干。

第六论五行相杂。就此分为三段，一者论五行体杂，二者论支干杂，三者论方位杂。

第七论德。

第八论合。

第九论扶抑。

第十论相克。

第十一论刑。

第十二论害。

第十三论冲破。

第四　论相生

就此分为三段，一者论相生，二者论生死所，三者论四时休王。

一者　论相生

经云：天生一，始于北方水；地生二，始于南方火；人生三，始于东方木；时生四，始于西方金；五行生五，始于中央土。又曰：天始生一者，因一而生天，非天生一也。故云：一生二，二生三，三生万物。地生二者，亦因二而生地。因三生人，因四生时。五行皆由一而生，数至于五，土最在后，得五而生五行也。五行同出而异时者，出离其亲，有所配偶。譬如人生，亦同元气而生，各出一家，配为夫妻，化生子息。故五行皆相须而成也。五行同胎而异居，有先后耳。夫五行皆资阴阳气而生，故云：濡气生水，温气生火，强气生木，刚气生金，和气生土。故知五行同时而起，托义相生。传曰：五行并起，各以名别。然五行既以名别，而更互用事，轮转休王，故相生也。颖容云：凡五行相生，谓异类相化，如男女异姓，能至繁殖。若以水济水，不生嘉味。

河间献王问温城董君曰："'孝者，天之经，地之义也'，何谓也？"对曰："天有五行，木火土金水是也。木生火，火生土，土生金，金生水，水生木。木为春，春主生，夏主长养，秋主收，冬主藏。藏者，冬之所成也。是故父之所生，其子长之。父之所长，其子养之。父之所养，其子成之。不敢不致如父之意，尽为人之道也。故五行者，五常也。"

《白虎通》云："木生火者，木性温暖，火伏其中，钻灼而出，故木生火。火生土者，火热，故能焚木，焚木而成灰，灰即土也，故火生土。土生金者，金居石依山，津润而生，聚土成山，山必生石，故土生金。金生水者，少阴之气润泽流津，销金亦为水，所以山云而从润，故金生水。水生木者，因水润而能生，故水生木也。"《元命苞》云："阳吐阴化，故水生木也。"

《春秋繁露》云：东方木。木，农之本，司农，尚仁。五谷蓄积，司马食之，故木生火。火，本朝，司马，尚知。天时形兆未萌，昭然独见，天下既宁，以安君官，故火生土也。土，君，尚信。因时之威武强御，以成大理司徒，故土生金。金，尚义。边境安宁，寇贼不发，邑无狱讼，则安执法司寇，故金生水。水，执法司寇，尚礼。君臣有位，长幼有序，百工维时，以成岁用。器械即成，以给司农田官，故水生木。

两说事义虽别，而相生是同。五行各定形，唯火钻灼方出者，火是大阳之气，温故乃生。钻木出者，还寄托万物耳。如圣人无名能理万物，还以万物为名。阳气至神，故有隐显。

白话解读

从天生、地生、人生、时生、五行总图看，当斗柄指向正下方时，向上的移动就开始了，所以北方是天生之处，即向上生出之处。因为北方为水，水数一，所以说"天生一"。而当斗柄指向正上方时，向下的移动就开始了，所以是地生之处，即向下生出之处。因为南方为火，火数二，所以说"地生二"。从斗柄指四季看，人类活动遵循春生、夏长、秋收、冬藏的规律，春天是人类开始出来活动的季节，春天对应东方，五行是木，木数三，所以说"人生三"。

"时"为"四时"，就是指春、夏、秋、冬。在斗柄指四季图上，从天生之北方，到地生之南方，再到人生之东方，到西方之时，四季完成一个循环周期，四时齐备，所以说"时生四"。当天生、地生、人生、时生整个过程完成形成一个周期，便显示出这个过程的中心，就是中央土，至此水、火、木、金、土五行齐备，所以说"五行生"。

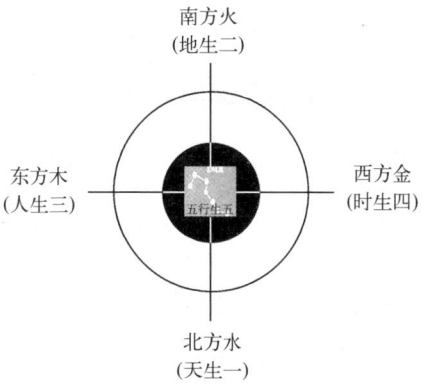

天生、地生、人生、时生、五行总图

（一）何谓五行相生

《五行大义》在解释五行相生时，分别提到了"五行同出""五行同胎""五行同时"。

所谓"五行同出""五行同胎"，是说五行出于同一个本原。水、火、木、金、土五行之根都是天地阴阳之气，是天地阴阳之气运行的状态。阴阳之气进一步分化，便形成五种气，润泽之气产生水，温暖之气产生火，强健之气产生木，坚刚之气产生金，和谐之气产生土。这就如同五胞胎兄弟生于同一个母体一样。五行名虽有别，虽然运行状态不同，但实际出于同一个本原，同一个母体。所谓"五行同时"，是指五行作为五种运行状态，是同时存在的，只是所处地位不同，有休囚与旺相之别。

所谓五行用事，就是五行当令旺相，主管此一时间、此一空间内事物变化的趋势、性质等。五行用事的时间与空间是不同的。但是，事物的运动变化在时间与空间上是连续性与间断性的统一，往往表现为一个过程。因此，在这个过程中就体现五行用事的交互更替。而从此一五行用事转变为彼一五行用事，就是相生。五行依次轮转休王，就是五行依次轮转相生。

五行虽然同属阴阳之气，但并非同类。其依次轮转的过程是从此一五行向另一五行的转换，是不同类之间的更替。颖容说"凡五行相生，谓异类相化"就是此意。这就如同男女性别不同，才能交合产生子息一样。

（二）五行相生之序

《五行大义》引述了董仲舒《春秋繁露》中"河间献王问温城董君"的一段话，综合上下文义，可以认为，这段话是用来讲五行相生之序的。

五行相生，是五种运行状态的相互转化。董仲舒将五行相生用父子之间的关系来进行比拟。实际上，五行之间的相生关系就如同父子关系，或叫父母子息关系。如水生木，水为父母，木为子孙；木生火，木为父母，火为子孙；火生土，火为父母，土为子孙；土生金，土为父母，金为子孙；金生水，金为父母，水为子孙。所以父生子，抚养儿子长大，儿子再回头来赡养父亲，处处迎合父亲的心意，尽为人的本分。五行在这里就好比人的伦常。

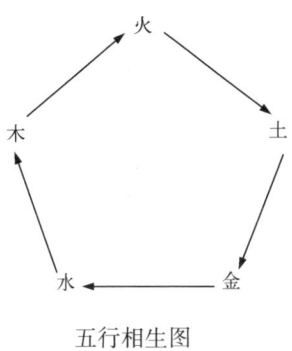

五行相生图

（三）五行相生之因

以《白虎通》为代表的五行相生观，实际上是从自然系统出发探讨五行之间的相生机制。其意是说，木之所以生火，是因为草木的本性就是温暖的，火潜伏在其中，所以钻木可以取火，火灼烧草木也可以生火。火之所以生土，是因为火的本性是热，热就能焚烧草木，草木经过焚烧之后就会化成草木灰，灰就是土。土之所以生金，是因为金属本来就蕴藏在山石之中，如锡矿石、铁矿石、铜矿石之类，山石由土积聚而成，山必然生石，石必然蕴藏着金属。金之所以生水，是因为金属本来就是少阴之气，具有湿润流泽的性质，金属常常居于石头之中，依山峦而生，故而山区常常云雾弥漫，化成雨露，熔化金属也可以得到液体。水之所以生木，是因为凡有水之地皆生草木；《五行大义》又引《春秋元命苞》说，水中有微阳之气，吐露之后便转化成少阳之气，通过草木向上生长表现出来，所以水能生木。

另有《春秋繁露》说，东方为木，木是农业的根本。上古时候，负责教民稼穑的农官叫司农，尊崇仁德。司农教育和领导百姓耕种五谷获得丰收，家家积蓄有余粮，国家仓库充实，司马就可以率领军队。司马是全国军队的最高管理者，到汉武帝时定制。汉为火德，故司马五行为火，可以说是木生火。司马作为掌管国家军队的最高管理者，尊崇智慧，明察天兆，预知危机，使天下安宁，维护君主之官。君主之官就是司营，相当于宰相，作为辅助君主的总官，位于中央，五行属土，所以说火生土。司营尊崇信德，依据天时而发挥权威与武力，成为强而有力的保卫者，以成就大理司徒之功。大理，一般指掌刑法的官，司徒，则是掌管国家土地和人民教化的官。董仲舒将大理与司徒并列，其文意应该主要是指掌管刑法的官员。当总理全国政务的官员发挥应有作用之时，国家机器按照一定法度运转，主管刑法的官员就可以发挥其效力，这就自然而然成就了大理司徒的工作，而大理司徒五行为金，所以说土生金。大理司徒尊崇义德。有义则国家边境安宁，盗贼不生，各地没有诉讼刑狱，就可以让执法司寇安心工作，所以说金生水。执法是执行法令的官吏，司寇是中央政府掌管司法和纠察的长官，五行属水，尊崇礼德。君臣各有定位，长幼依序排列，工匠们根据时令制成一年所用的种种器械，供给司农田官用于发展农业生产，所以说水生木。

　　这两种观点虽然看问题的角度不同，但所讲五行相生的道理相同。五行各有自己确定的形体，如木、土、金、水四形，火也有自己确定的形体，但只有火是通过钻与灼才能产生的，其原因在于火是至大至阳之气，需要通过增温、加热的过程才能发生。火之所以钻木才能出现，说明火需要寄托于其他物体才能存在。这就如同圣人本不必为万物命名，但治理天下时还是为其命名了，这是一种依托和凭借。因为阳气很神妙，所以有时隐藏有时显现。

二者　论生死所

　　五行体别，生死之处不同。遍有十二月、十二辰而出没。

　　木，受气于申，胎于酉，养于戌，生于亥，沐浴于子，冠带于丑，临官于寅，王于卯，衰于辰，病于巳，死于午，葬于未。

　　火，受气于亥，胎于子，养于丑，生于寅，沐浴于卯，冠带于辰，临官于巳，王于午，衰于未，病于申，死于酉，葬于戌。

　　金，受气于寅，胎于卯，养于辰，生于巳，沐浴于午，冠带于未，临官于申，王于酉，衰于戌，病于亥，死于子，葬于丑。

水，受气于巳，胎于午，养于未，生于申，沐浴于酉，冠带于戌，临官于亥，王于子，衰于丑，病于寅，死于卯，葬于辰。

土，受气于亥，胎于子，养于丑，寄行于寅，生于卯，沐浴于辰，冠带于巳，临官于午，王于未，衰病于申，死于酉，葬于戌。戌是火墓，火是其母，母子不同葬，进行于丑，丑是金墓，金是其子，义又不合，欲还于未，未是木墓，木为土鬼，畏不敢入，进休就辰，辰是水墓，水为其妻，于义为合，遂葬于辰。

昔舜葬苍梧，二妃不从，故知合葬非古。然季武子云：自周公已来，未之有改。《诗》云："谷则异室，死则同穴。"盖以敦其义合，骨肉同皈。水土共墓，正取此也。又以四季释所，理皈于斯。高唐隆以土生于未，盛于戌，壮于丑，终于辰，辰为水土墓，故辰日不哭，以辰日重丧故也。祖踊之哀，岂待移日，高唐所说，盖为浮浅，其生王意别，又是一家。

《五行书》云："土虽有寄王于火乡，生于巳，葬于辰，然土分王四季，各有生死之所。辰土，受气于申、酉，胎于戌，养于亥，生于子，沐浴于丑，冠带于寅，临官于卯，王于辰，衰病于巳，死于午，葬于未。未土，受气于亥、子，胎于丑，养于寅，生于卯，沐浴于辰，冠带于巳，临官于午，王于未，衰病于申，死于酉，葬于戌。戌土，受气于寅、卯，胎于辰，养于巳，生于午，沐浴于未，冠带于申，临官于酉，王于戌，衰病于亥，死于子，葬于丑。丑土，受气于巳、午，胎于未，养于申，生于酉，沐浴于戌，冠带于亥，临官于子，王于丑，衰病于寅，死于卯，葬于辰。"

《孝经援神契》云："五行土出利，以给天下。"《龟经》云："土，木动为辰土，火动为未土，金动为戌土，水动为丑土。"又云："甲乙寅卯为辰土，丙丁巳午为未土，庚辛申酉为戌土，壬癸亥子为丑土。凡五行之王，各七十二日。土居四季，季十八日，并七十二日，以明土有四方，生死不同。"此盖卜筮所用。

若论定位王相及生死之处，皆以季夏六月为土王之时。《礼记》云"中央土"在季夏之后。此则岁之半，处四时之中央。天社、地神、人鬼，又并在未，坤亦在未，卦主于土。故云：土德于未，终于丑。《易》曰："西南得朋，东北丧朋。"此则明土王定在于未，墓定在辰也。

五行皆以父母临官中生者，取其盛壮能生养义，唯金在火中生者，巳中有方壮之土，能生金也。金非火不革其形，故金在火位中生。又云：金生鬼中者，金父土戊己，寄治丙丁，父不能独养，要须母也。金在南方值巳火，金得火方化，金化而水生，戊己土有化生之水，则金不畏火，巳含水气，则金之继母也。

五行皆以葬后之月而受气者，以其死还复生，神气不绝故也。

白话解读

木、火、土、金、水五行形体各别，但都有生有死，且生与死的处所不同。五行生与死遍及十二月、十二辰，出没隐显，因而可以分成十二个阶段：受气、胎、养、生、沐浴、冠带、临官、王、衰、病、死、葬，如同人的一生。十二个阶段的意义解释如下：

受气： 禀受自然之气。五行之所以可以接受外来之气，是因为本体已空，所谓虚能容物就是此意。所以，受气又称为"绝"，指前气已尽，新气将生。

胎： 母体内的幼体。

养： 母体内的胎通过母体供给营养，发育成长的过程。

生： 又称长生，新生命从母体中生出。

沐浴： 新生命诞生之后的第一次沐浴。

冠带： 新生命经过一个时期的成长之后已经长成、成熟。

临官： 新生命长成之后，发挥自己的能量，建立功业。

王： 又称帝旺，新生命功成业就，拥有自己的一片天地，是生命的巅峰期。

衰： 生命进入衰弱状态。

病： 生命进入疾病状态。

死： 生命进入死亡状态。

葬： 又称墓，生命死亡之后被封闭收藏。入墓收藏只是一个生命周期的结束，并不是整个生命的结束，生命还会进入下一个周期。

五行木、火、金、水、土生死所的规律如下：

木，从申开始受气，依次顺行十二个阶段，胎于酉，养于戌，生于亥，沐浴于子，冠带于丑，临官于寅，王于卯，衰于辰，病于巳，死于午,葬于未。

火,从亥开始受气,依次顺行十二个阶段,胎于子,养于丑,生于寅,沐浴于卯,冠带于辰,临官于巳,王于午,衰于未,病于申,死于酉,葬于戌。

金,从寅开始受气,依次顺行十二个阶段,胎于卯,养于辰,生于巳,沐浴于午,冠带于未,临官于申,王于酉,衰于戌,病于亥,死于子,葬于丑。

水,从巳开始受气,依次顺行十二个阶段,胎于午,养于未,生于申,沐浴于酉,冠带于戌,临官于亥,王于子,衰于丑,病于寅,死于卯,葬于辰。

土,因为在十二支中位置特殊,它从亥开始受气,顺行则当胎于子,养于丑,寄行于寅,生于卯,沐浴于辰,冠带于巳,临官于午,王于未,衰、病于申,死于酉,葬于戌。但是,因为戌本来是火的墓,火是土的母亲,母子按照礼仪是不能同葬的,这就需要变通。进行于丑,想葬于其中,但丑本来是金的墓,金是土的儿子,按照礼仪也不能合葬;退行于未,想葬于其中,但未本来是木的墓,木是克制土的官鬼,土畏惧不敢葬入;再进行于辰,因为辰本来是水的墓,水是土所制的妻子,按照礼仪,夫妻可以合葬,于是土就葬于辰。

上古舜帝到南方巡狩,死于苍梧之野,葬于江南九疑山。他的两个妃子娥皇和女英听到舜死的噩耗,悲痛万分,投洞庭湖而亡,死后葬在洞庭湖畔的君山。因此可知夫妻合葬之礼并非古已有之。但春秋时鲁国正卿季武子又说,夫妻合葬制度始自周公。《诗经》说:"谷则异室,死则同穴。"意思是说:活着虽然不能住在一个屋子里,死后但愿埋在同一个墓穴里。这大概是为了推崇夫妻之义,让他们骨肉同归一处。水土共墓,正是取这样的意蕴。并且五行都是以四季辰、戌、丑、未为所葬之所,按理,土也应该葬于这四辰之一。《五行大义》所引"高唐隆"(当为三国时魏国天文学家高堂隆)认为,土生未,盛于戌,壮于丑,终于辰,辰是水与土共同的墓,所以辰日这天不可选为举殡下葬之日,因为辰日既是水墓又是土墓,犯重丧,不吉。但是《五行大义》认为,丧葬之期哪里能随便更改呢,高堂隆的观点十分肤浅。但他所讲的土生、王之意同《五行大义》所说不同,又是一家之言。

《五行大义》引《五行书》的观点认为，土有寄王与分王之说。土的寄王说认为，土寄王于火乡，生于巳，葬于辰。此说与《五行大义》前述"土生于卯，王于未，葬于辰"的说法不同。这说明《五行大义》《五行书》加上前面提到的高堂隆，已经至少有三种不同的土生王说。

土的分王说认为，土可以分成辰土、未土、戌土、丑土，其生死之所各有不同的规律。

辰土，从申、酉开始受气，之后顺行，胎于戌，养于亥，生于子，沐浴于丑，冠带于寅，临官于卯，至辰达到王，之后，衰、病于巳，死于午，葬于未。未土，从亥、子开始受气，之后顺行，胎于丑，养于寅，生于卯，沐浴于辰，冠带于巳，临官于午，至未达到王，之后，衰、病于申，死于酉，葬于戌。戌土，从寅、卯开始受气，之后顺行，胎于辰，养于巳，生于午，沐浴于未，冠带于申，临官于酉，至戌达到王，之后，衰、病于亥，死于子，葬于丑。丑土，从巳、午开始受气，之后顺行，胎于未，养于申，生于酉，沐浴于戌，冠带于亥，临官于子，至丑达到王，之后，衰、病于寅，死于卯，葬于辰。

土本来位于中央，但土的功能是吐生万物，土只有从中央固定的位置走出来，才能生成其他四行和四方万物。所以，《五行大义》引《孝经援神契》说："五岳藏神，四渎含灵，五土出利，以给天下。"就是指土从其定位的中央出而散布四方，其吐生万物之利可以供给天下。又据《龟经》，春天木王，王者即是动气，土居春之季，所以木动即是辰土；夏天火王，土居夏之季，火动即是未土；秋天金王，土居秋之季，金动即是戌土；冬天水王，土居冬之季，水动即是丑土。又说甲乙寅卯为辰土，丙丁巳午为未土，庚辛申酉为戌土，壬癸亥子为丑土。一年约合360天，木、火、金、水各王72天。土散布四方，居四季之末，每一季最后18日为土王之日，也为72日。由此可知，土分王四方，其从生到死十二个阶段各有其位，各不相同。

《五行大义》认为，如果探讨土的定位王相及生死之处，都是以季夏六月为土王之时。《礼记·月令》说"中央土"在季夏之后。这个时间在年运行周期上正处于一岁之半，四时之中央。社（土地之神，即后土）、地神（大地之神）、人鬼（人死后为鬼，亦归于土）三者位置都在未。坤是八卦之一，为土，其后天卦象方位也在未。因此说，土体现其德行于未，而终结于丑。《易经》说，土的德体现在未（西南方），而终结在丑（东北方）。事物终结之后就需要归藏入墓，这就顺行到了辰。所以土王在未，而墓在辰。

《五行大义》在阐述五行生死所的规律之后，进一步探讨了形成其生死所的原因。比如生。五行都是以其父母临官状态为自身生的状态，因为只有其父母处于盛壮之时才能交合生养后代。只有金不同，它是火中生出，不是从父母（土）中直接生出的，原因何在呢？原来巳是金之生位，也是土之冠带位。处于这个阶段的土刚入壮年，已有能力生金。而且金的各种各样的形状都是在火的熔化中产生的，这就是金在火位中生的道理之所在。还有一种说法认为，火本来是金之鬼，金之所以生于鬼中，是因为金的父亲是戊己土，戊己土本居于中央不动，寄行于丙丁火。父亲无法独自生育后代，必须有母亲的配合，而金在南方正值巳火，火能化金，金化生水，戊己土得到金变化生成的水，则金不再畏惧火之克，而巳中已经含有金化生成的水气，成为金的继母。这里需要再解释一下，水是金父土的妻子，亦是金之正母；巳中本无水，土在此遇到的是火熔化金而生成水，此水不是土的正妻，故只能是金的继母。这是用人事现象来解释金的生出之位。

再比如受气。五行都是以葬后之月为受气之位，其中的取义就是"死还复生，神气不绝"，用来表示系统的周期性运动是周而复始、循环不息的。

三者　论四时休王

休王之义，凡有三种：第一，辨五行体休王；第二，论支干休王；第三，论八卦休王。

五行体休王者，春则木王，火相，水休，金囚，土死。夏则火王，土相，木休，水囚，金死。六月则土王，金相，火休，木囚，水死。秋则金王，水相，土休，火囚，木死。冬则水王，木相，金休，土囚，火死。

支干休王者，春则甲乙、寅卯王，丙丁、巳午相，壬癸、亥子休，庚辛、申酉囚，戊己、辰戌丑未死。夏则丙丁、巳午王，戊己、辰戌丑未相，甲乙、寅卯休，壬癸、亥子囚，庚辛、申酉死。六月则戊己、辰戌丑未王，庚辛、申酉相，丙丁、巳午休，甲乙、寅卯囚，壬癸、亥子死。秋则庚辛、申酉王，壬癸、亥子相，戊己、辰戌丑未休，丙丁、巳午囚，甲乙、寅卯死。冬则壬癸、亥子王，甲乙、寅卯相，庚辛、申酉休，戊己、辰戌丑未囚，丙丁、巳午死。

八卦休王者，立春艮王，震相，巽胎，离没，坤死，兑囚，乾废，坎休。春分震王，巽相，离胎，坤没，兑死，乾囚，坎废，艮休。立夏巽王，离相，坤胎，兑没，乾死，坎囚，艮废，震休。夏至离王，坤相，兑胎，乾没，坎死，艮囚，震废，巽休。立秋坤王，兑相，乾胎，坎没，艮死，震囚，巽废，离休。秋分兑王，乾相，坎胎，艮没，震死，巽囚，离废，坤休。立冬乾王，坎相，艮胎，震没，巽死，离囚，坤废，兑休。冬至坎王，艮相，震胎，巽没，离死，坤囚，兑废，乾休。其卦从八节之气，各四十五日。

凡当王之时，皆以子为相者，以其子方壮，能助治事也。父母为休者，以其子当王，气正盛，父母衰老，不能治事，如尧老委舜以国政也。所畏为死者，以其身王，能制杀之。所克者为囚者，以其子为相，能囚雠敌也。

柳世隆云：木，王时为林、园、竹、树，相时为苇、荻、草、菜，休时为椽、柱、船、车，囚时为薪、樵、榛、梗，死时为棺、椁、朽、株。火，王时为陶、冶、炎、光，相时为灯、烛，休时为烟、气，囚时为炭、烬，死时为灰。土，王时为国、邑、山、岳，相时为城、社、丘、陵，休时为田、宅，囚时为墙、垣，死时为粪、壤。金，王时为金、玉、宝器，相时为银、铜、利刃，休时为铅、锡、犁、锄，囚时为焦器、釜、镬，死时为沙、砾、碎铁。水，王时为海、渎，相时为湖、泽、陂、泉，休时为沟、渠，囚时为酒、浆，死时为枯池、涸井。此并王时气盛，故为洪大之物；相时气劣，其比渐小；休时气衰，故复转微之；囚时弥恶，所以最下；死时弃不用，故是枯朽之类也。

赵怡云：五行之位，得其方为盛，得其所畏为终。故木畏金，甲以女弟乙妻庚，庚得木气，故木胎于金乡，而生于水中，盛于其方，衰于火乡，火中有生金，故终于未，至西方而木终，以金王也。丙以女弟丁妻壬，壬得火气，故火胎于水乡，生于木中，盛于其方，衰于金位，至北方而终，以水王也。戊以女弟己妻甲，甲得土气，故土胎于木乡，而生于火中，盛于其位，衰于水乡，至东方而终，以木王也。庚以女弟辛妻丙，丙得金气，故金胎木乡，生火位，盛于其方，衰于水乡，至东方而终，有生火也。壬以女弟癸妻戊，戊得水气，故水胎于土乡，生于金中，盛于其方，衰于木乡，至南方而终，有强土也。更互相生相畏，终始不绝之义也。

白话解读

休王的含义一共有三种：第一种，辨别五行体质的休王；第二种，论述地支与天干的休王；第三种，论述八卦的休王。

（一）五行体休王

五行体质的休王，实际上就是五行在四时的休王，如下表所示。

五行四时休王表

四时	王	相	休	囚	死
春	木	火	水	金	土
夏	火	土	木	水	金
六月	土	金	火	木	水
秋	金	水	土	火	木
冬	水	木	金	土	火

（二）支干休王

支干休王，实际上就是天干、地支在四时的休王，是将天干、地支与五行相配合，论其在四时的休王。

天干、五行配合表

天干	甲、乙	丙、丁	戊、己	庚、辛	壬、癸
五行	木	火	土	金	水

地支、五行配合表

地支	亥、子	寅、卯	辰、戌、丑、未	巳、午	申、酉
五行	水	木	土	火	金

支干四时休王表

四时	王	相	休	囚	死
春	甲乙 寅卯	丙丁 巳午	壬癸 亥子	庚辛 申酉	戊己 辰戌丑未
夏	丙丁 巳午	戊己 辰戌丑未	甲乙 寅卯	壬癸 亥子	庚辛 申酉
六月	戊己 辰戌丑未	庚辛 申酉	丙丁 巳午	甲乙 寅卯	壬癸 亥子
秋	庚辛 申酉	壬癸 亥子	戊己 辰戌丑未	丙丁 巳午	甲乙 寅卯
冬	壬癸 亥子	甲乙 寅卯	庚辛 申酉	戊己 辰戌丑未	丙丁 巳午

（三）八卦休王

八卦休王，实际上就是八卦在八个节气的休王，如下表所示。

八卦休王表

八节	王	相	胎	没	死	囚	废	休
立春	艮王	震相	巽胎	离没	坤死	兑囚	乾废	坎休
春分	震王	巽相	离胎	坤没	兑死	乾囚	坎废	艮休
立夏	巽王	离相	坤胎	兑没	乾死	坎囚	艮废	震休
夏至	离王	坤相	兑胎	乾没	坎死	艮囚	震废	巽休
立秋	坤王	兑相	乾胎	坎没	艮死	震囚	巽废	离休
秋分	兑王	乾相	坎胎	艮没	震死	巽囚	离废	坤休
立冬	乾王	坎相	艮胎	震没	巽死	离囚	坤废	兑休
冬至	坎王	艮相	震胎	巽没	离死	坤囚	兑废	乾休

（四）王、相、休、囚、死的原则及意义

王：意思是当令，是指五行、支干、八卦为年周期中某一个时间段内的主宰者，好比人类社会的统治者。

相：意思是辅助，是指五行、支干、八卦在年周期中某一个时间段内

主宰者所生出的子孙，即所生者为相。类比人类社会，君王所生者正当强大，能辅助其父。但所生者有两种意义：一是王生者为相。五行相生，父母生出子孙，子孙为相。二是将来者为相。生，意思为进，所以将来要进而为王的就为生、为相。八卦休王是以将来者为生、为相。

休：意思是退休，是指五行、支干、八卦在年周期内某一个时间段内，刚过当王状态，退居二线，即方退者为休。类比人类社会，就是其子已经当令为王，父母已经衰老，进入休息状态。如同尧年老之后将国家政务委托舜来管理一样。父母为休也有两种意义：一是生王者为休，即生王之父母为休。二是方退者为休。因为生为进，方退者也是刚进者之父母。

死：意思是没有生机，五行、支干、八卦在年周期内某一个时间段内，当王者所畏服的为死，当王者正处于当令状态，能够克制杀死所畏服的人和物，即所畏者为死。所畏者为死，也有两种意义：一是王克者为死。二是王冲者为死。

囚：意思是困囚，五行、支干、八卦在年周期内某一个时间段，克制当王者的为囚，因为当王者所生之子为相，相能克制困囚仇敌，即所克者为囚。所克者为囚，也有两种意义：一是相克者为囚，相为王者所生，克制王者的人和物可以被王者的相制服；二是相冲者为囚，相所冲破者为困囚。

八卦休王除王、相、休、囚、死之外，还有三种状态：胎、没、废。

胎，意思是怀胎，比喻事物的开始、根源。八卦休王中，年周期中将来第二个王在此一时间段内正处于怀胎状态，刚刚有个开始，即王进二位为胎。没，意思是没有，比喻事物从有变为无。事物死亡没有生机之后，分解转化，由有变为无，即"没"，所以八卦休王中，"死"后为"没"，"没"列在"死"之后，与处于休位的卦相对冲。废，意思是废弃，比喻事物没有用处，应当废弃。过久为废，从王位退下来时间长了，理应被当王者废弃，即王退二位为废。八卦休王中，废与胎相对冲。

（五）王、相、休、囚、死的表象

《五行大义》引用南宋学者柳世隆的话论述了五行在王、相、休、囚、死时的各种表现。

木：王时，木表现为树（竹）林、花园、竹子和树木（竹、树都是多年生的植物)。相时,木表现为芦苇、芦荻、草和莱(这些都是一年生草本植物)。休时,木表现为建筑中使用的椽、柱和木制的船、车。囚时,木表现为烧火的木柴、散木和小木条、小树枝。死时,木表现为装殓尸体的棺、椁和枯死的朽木、被砍伐后的树桩。

火:王时,火表现为烧制陶器和冶炼金属的火、向上升腾的明亮火焰。相时,火表现为照明的灯火、烛火。休时,火表现为燃烧时的烟和地面上的云气。囚时,火表现为木材燃尽之后的余炭和灰烬。死时,火表现为完全熄灭不再烫手的灰。

土:王时,土表现为国家、封邑、山陵和峰岳。相时,土表现为城郭、村社、大大小小的土包。休时,土表现为农田和家宅。囚时,土表现为高或矮的围墙。死时,土表现为粪便和包含养分的泥土。

金:王时,金表现为黄金、玉石和一切珠宝器物。相时,金表现为白银、黄铜和锋利的刀剑。休时,金表现为铅、锡和耕地的犁、锄等农具。囚时,金表现为被火焚烧过发黑的器物、煮食用的锅。死时,金表现为细沙、碎石和粉碎的铁。

水:王时,水表现为大海和大河。相时,水表现为湖泊、大沼泽、池塘、泉水。休时,水表现为田间的水沟和人工开凿的水渠。囚时,水表现为酒和酢浆(古人饮用的一种饮料,味似醋)。死时,水表现为干枯的池塘和水井。

五行在王、相、休、囚、死时的各种不同表现,都遵循一个共同的规律:王时,气势强盛,所以匹配的都是大而有力的事物;相时,气势已经弱于强盛之时,所以其所匹配的事物都比王时渐小;休时,气势已经衰落,所以其所匹配的事物就又变得比相时微小;囚时,气势更加不好,所以其所匹配的事物等级最下;死时,废弃不能利用,所以匹配干枯、朽坏一类的事物。

(六)五行方位与盛衰规律

《五行大义》引赵怡之说论述五行方位与盛衰的配合规律:得其本来配合的方位则为盛,得其所畏服的方位则为终。

木畏金,甲木把妹妹乙木嫁给庚金,庚金因此得木之气,所以,木胎于西、生于亥、盛于寅卯、衰于巳午、终于未。火畏水,丙火把妹妹丁火嫁给壬水，壬水因此得火之气，所以，火胎于子、生于寅、盛于巳午、衰于申酉、终于亥。土畏木，戊土把妹妹己土嫁给甲木，甲木因此得土之气，所以，土胎于木乡、生于巳、盛于未、衰于水乡、终于东方，因为木王于东方。这一说法与前文关于土生死所的观点不同。金畏火，庚金把妹妹辛金嫁给丙火，丙火因此得金之气，所以金胎于卯、生于巳、盛于申酉、衰于亥子、终于寅。水畏土，壬水把妹妹癸水嫁给戊土，戊土因此得水之气，所以水胎于午，生于申，盛于亥子，衰于寅卯，终于巳。巳中有戊土，戊土为阳，故称强土。这说的就是五行之间交替轮流相生相克，终而复始，不曾断绝。

第五　论配支干

支干之义，多所配合，今略论方位及配所。干不独立，支不虚设，要须配合，以定岁月日时而用。如君臣夫妇，必配合以相成。总而言之，从甲至癸，为阳，为干，为日。从寅至丑，为阴，为支，为辰。别而言之，干则甲丙戊庚壬为阳，乙丁己辛癸为阴。支则寅辰午申戌子为阳，卯巳未酉亥丑为阴。阳则为刚、为君、为夫、为上、为外、为表、为动、为进、为起、为仰、为前、为左、为德、为施、为开，阴则为柔、为臣、为妻、为妾、为财、为下、为内、为里、为止、为退、为伏、为俯、为后、为右、为刑、为藏、为闭。阴阳所拟，例多且略，大纲如此。

甲乙、寅卯，木也，位在东方；丙丁、巳午，火也，位在南方；戊己、辰戌丑未，土也，位在中央，分王四季，寄治丙丁；庚辛、申酉，金也，位在西方；壬癸、亥子，水也，位在北方。甲为干首，子为支初。相配者，太阳之气，动于黄泉之下，在建子之月；黄钟之律，为气之源，在子，故以子为先。万物凑出，于建寅之月，皆以见形，甲属此月，故以甲为先。而配子，见者为阳，故从干；未见者从阴，故从支，所以用甲子相配，为六旬之始。干既有十，支有十二，轮转相配，终于癸亥。故有六十日，十日一旬，故有六旬。一旬尽一甲癸。便以甲配子，尽干，至癸酉便尽干，余支有戌亥；又起甲配戌，尽干，至癸未，余支有申酉；又起甲配申，尽干，至癸巳，余支有午未；又起甲配午，尽干，至癸卯，余支有辰巳；又起甲配辰，尽干，至癸丑，余支有寅卯；又起甲配寅，尽干，至癸亥。十干有十二支相配周毕，还从甲子起。故六甲轮转，止六十日。十日一旬，一旬之内，二支无配偶者，为之孤；所对冲者，为之虚。卜筮所云空亡，以支孤无干，故名为空亡。亡者，无也，无干故亡。所对者全虚，故云空也。

算法：横下十二支，位于四方，纵下八干，位于四方，下戊己，位于中央。若甲子旬，取甲干以配子支。如此次第相配，至戊辰，位在中央。土为四行主，不可移，故取辰支、巳支入中央，配戊己。余悉以干就支，至戊亥，无干配之，单故为孤。辰巳之位，支干并无，故名为虚。其空亡之辰，从五行言之，如甲子旬，无戊亥，水土半空亡，以戊是土，亥是水也，不全无亥子，故云半也。甲戌旬，无申酉，为金全空亡，以金二支并无也。甲申旬，无午未，为火土半空亡，以巳午不全无也。甲午旬无辰巳亦然。甲辰旬，无寅卯，亦云木全空亡。甲寅旬，无子丑，亦水土半空亡，并以二支不俱无也。兵书云：阳生甲子，不足戊亥，仍为天门；阴生甲午，不足辰巳，仍为地户；阳界甲寅，不足子丑，仍为鬼门；阴界甲申，不足午未，仍为人门；阳盛甲辰，卯为之隔，阴兴甲戌，酉为之隔。此并是六甲之空支也。《春秋元命苞》云："地不足东南，右动终而入虚门。"此明甲子，孤在戊亥，虚在辰巳也。一干一支为一日者，以周天三百六十五度四分度之一，日日行一度，故正用一干一支，以主一日也。三旬为一月者，月日行十三度四分度之一，三旬而周天也。十二月为一岁者，四时时有三月，生杀之功，备遍十二支也。一岁合三百六十日者，六六三十六，六甲之数也。六甲间两月之日者，以阴阳奇偶备也，阳者为奇，阴者为偶，万物庶类，吉凶之理，以此彰矣。其支干相配，岁月日时并然。立岁之元，起于上元甲子；立月之元，起甲己之岁，十一月甲子；立日之元，六旬起自甲子；立时之元，冬夏二至后，得甲己之日，夜半起甲子。四事皆以甲子为首也。

其上配九星，下配九州者，《黄帝兵决》云："甲子从北斗魁第一星起，顺数至庚午，在第七刚星，至辛未，还从第六星逆数，至丙子，又从第一星顺数，尽六甲。"

其下配州国。干者，史书云："甲齐，乙东夷，丙楚，丁南夷，戊魏，己韩，庚秦，辛西夷，壬燕，癸北夷。"《汉书·五行志》云："甲乙，海外，日月不治；丙丁，江淮海岱；戊己，中州河济；庚辛，华山以西；壬癸，常山以北。子，周；丑，翟；寅，楚；卯，郑；辰，邯郸；巳，卫；午，秦；未，中山；申，齐；酉，鲁；戌，越；亥，燕。"《龙首经》曰："子，齐，青州；丑，吴，越，扬州；寅，燕，幽州；卯，宋，豫州；辰，晋，兖州；巳，楚，荆州；午，周，三河；未，秦，雍州；申，蜀，益州；酉，梁州；戌，徐州；亥，卫，并州。"若地辰之位，《史》《汉》近之。星次而论，《龙首》为当。

其配人身，甲乙为头，丙丁为胸肋，戊己为心腹，庚辛为股，壬癸为手足。则子为头，丑亥为胸臂，寅戌为手，卯酉为腰肋，辰申为尻肱，巳未为胫，午为足。此皆初为首，末为足。

配五藏也，干以甲乙为肝，丙丁为心，戊己为脾，庚辛为肺，壬癸为肾也。支以寅卯为肝，巳午为心，辰戌丑未为脾，申酉为肺，亥子为肾。此皆从五行配之。又，干以甲乙为皮毛，丙丁为爪筋，戊己为肉，庚辛为骨，壬癸为血脉也。支以寅卯为皮毛，巳午为爪筋，辰戌丑未为肉，申酉为骨，亥子为血脉也。木生在地上，故为皮毛；火有猛毅，故为筋爪；土有持载，故以为肉；金性坚刚，故为骨；水本流润，故是为血脉。并支干所配，故以备释。

白话解读

地支与天干有很多种配合方式，这里只是略述其方位及与之配合的天、地、人诸事物。

（一）地支与天干配合的理论依据

天干和地支都不能脱离彼此虚设独立，二者必须相互配合，这样才能确定岁、月、日、时，发挥其功能。这就如同人类社会中的君与臣、夫与妇一样，必须相互配合才能有所成就。

如果将天干总体与地支总体分成阴阳，那么天干从甲至癸，为阳，为事之干；地支从寅至丑，为阴，为事之支。如果将天干和地支分别作为子系统来看，天干之中，甲、丙、戊、庚、壬为阳，乙、丁、己、辛、癸为阴；地支之中，寅、辰、午、申、戌、子为阳，卯、巳、未、酉、亥、丑为阴。

阴与阳在不同的系统中可以表现为不同的具体表象：阳为刚、为君、为夫、为上、为外、为表、为动、为进、为起、为仰、为前、为左、为德、为施、为开；阴为柔、为臣、为妻、为妾、为财、为下、为内、为里、为止、为退、为伏、为俯、为后、为右、为刑、为藏、为闭。阴阳普遍存在，这里只是举其大概。

（二）地支与天干配合方位

甲乙、寅卯，为木，其方位在东方；丙丁、巳午，为火，其方位在南方；戊己、辰戌丑未，为土，其方位在中央，分别王于四季之末，寄托治理于丙丁；庚辛、申酉，为金，其方位在西方；壬癸、亥子，为水，其方位在北方。

（三）地支与天干配合次序

甲为天干第一位，子为地支第一位。天干与地支相配合就从甲子开始，太阳之气从最低处的地底发动，这是在建子之月；在十二律吕中，黄钟在音阶顺序中处于由低到高的第一位，是气的源头，地支在子，所以地支以子为先。万物聚集而出，是在一年中月建为寅的月份，这时，万物都以各种表现彰显出自己的生命力，天干中的甲就属于此月，所以天干以甲为先，而且与地支的第一位"子"相配合，这就是甲子。形体显现于外者为阳，所以遵循天干的特性；气机隐藏于内者为阴，所以遵循地支的特性。甲与子相配，被用来作为六旬的第一位。至癸酉，十干排列完毕，地支还余戌、亥。又用甲与戌配合，至癸未，十干排列完毕，地支还余申、酉。又用甲与申配合，至癸巳，十干排列完毕，地支还余午、未。

又用甲与午配合，至癸卯，十干排列完毕，地支还余下辰、巳。又用甲与辰配合，至癸丑，十干排列完毕，地支还余下寅、卯。又用甲与寅配合，至癸亥，十干排列完毕，地支也排列完毕。至此，十干与十二支相互配合完成一周，下一个周期还重新从甲子开始。所以六甲即甲子、甲戌、甲申、甲午、甲辰、甲寅轮转，只有六十日，具体如下：

1. 甲子	2. 乙丑	3. 丙寅	4. 丁卯	5. 戊辰
6. 己巳	7. 庚午	8. 辛未	9. 壬申	10. 癸酉
11. 甲戌	12. 乙亥	13. 丙子	14. 丁丑	15. 戊寅
16. 己卯	17. 庚辰	18. 辛巳	19. 壬午	20. 癸未
21. 甲申	22. 乙酉	23. 丙戌	24. 丁亥	25. 戊子
26. 己丑	27. 庚寅	28. 辛卯	29. 壬辰	30. 癸巳
31. 甲午	32. 乙未	33. 丙申	34. 丁酉	35. 戊戌
36. 己亥	37. 庚子	38. 辛丑	39. 壬寅	40. 癸卯
41. 甲辰	42. 乙巳	43. 丙午	44. 丁未	45. 戊申
46. 己酉	47. 庚戌	48. 辛亥	49. 壬子	50. 癸丑
51. 甲寅	52. 乙卯	53. 丙辰	54. 丁巳	55. 戊午
56. 己未	57. 庚申	58. 辛酉	59. 壬戌	60. 癸亥

（四）孤虚与空亡

1. 何谓孤虚与空亡

六十甲子分配六十日，十日为一旬，则一旬之内，必有两个地支没有天干相配，称为孤；孤所对冲的方位，称为虚。卜筮方法中所称的"空亡"，实际就是指的"孤虚"。亡，意思就是没有天干配合。空，意思就是所对冲方位全部为虚。

2. 孤与虚的来历

用算筹之法，可以推演出孤与虚的来历。

横向排列十二支，分别位置于东、西、南、北四方；纵向排列甲、乙、丙、丁、庚、辛、壬、癸八干，分别位置于东、西、南、北四方；再下戊、己二干，位置于中央。如果是甲子旬，取甲干以配合子支，如此按照十干、十二支的次序相互配合，至戊、辰，其位置在中央。因为，土为水、火、木、金四行之主宰，其位置不可移动，所以就取辰、巳并入中央，以与戊、己相配合。其余的天干与地支依次配合，至戌、亥二支，无天干相配，落单了，所以称为孤。原辰、巳之位，因为辰、巳随戊、己并入中央，地支与天干都没有，所以称为虚。孤、虚正处于对冲方位（如下图所示）。

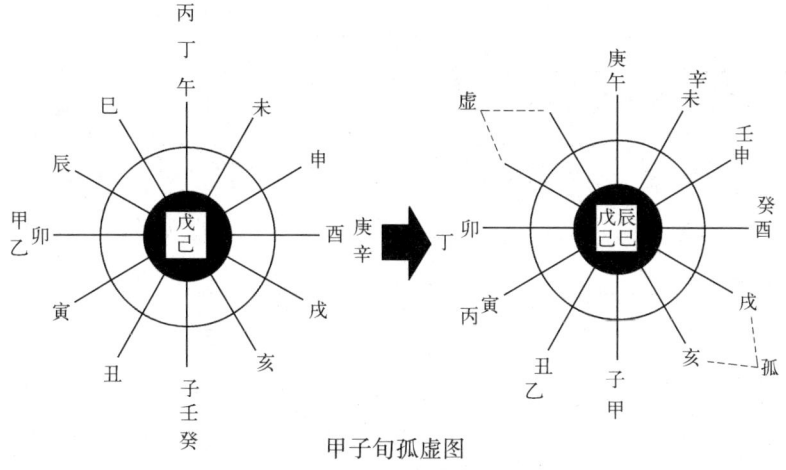

甲子旬孤虚图

六甲旬中，都有孤与虚。凡六甲旬中的空亡地支为孤，凡六甲旬中空亡地支对冲的地支为虚。

六甲旬孤虚表

旬	孤	虚
甲子旬	戌亥	辰巳
甲戌旬	申酉	寅卯
甲申旬	午未	子丑
甲午旬	辰巳	戌亥
甲辰旬	寅卯	申酉
甲寅旬	子丑	午未

3. 六甲空亡

六甲空亡的地支，如果从五行属性的角度讲，甲子旬中，因为没有戌、亥，戌是土，亥为水，亥、子二支为水，有子无亥，不是亥、子二支全无，为一半无，所以是"水土半空亡"；甲戌旬，因为没有申、酉，申、酉二支皆金，申、酉全无，所以是"金全空亡"；甲申旬，因为没有午、未，未是土，巳、午二支为火，有巳无午，不是巳、午二支全无，所以是"火土半空亡"；甲午旬，因为没有辰、巳，辰是土，巳、午二支为火，有午无巳，不是巳、午二支全无，所以也是"火土半空亡"；甲辰旬，因为没有寅、卯，寅、卯二支皆木，寅、卯全无，所以是"木全空亡"；甲寅旬，因为没有子、丑，丑为土，亥、子二支为水，有亥无子，不是亥、子二支全无，所以是"水土半空亡"。

六甲旬空亡总表

旬	空亡	五行空亡状况
甲子旬	戌、亥	水土半空亡
甲戌旬	申、酉	金全空亡
甲申旬	午、未	火土半空亡
甲午旬	辰、巳	火土半空亡
甲辰旬	寅、卯	木全空亡
甲寅旬	子、丑	水土半空亡

《五行大义》引两部典籍来论述六甲空亡。一是某部兵书（具体书名不详）。书中说，阳气生于甲子，甲子旬中空戌亥，但戌亥仍然为天的门户；阴气生于甲午，甲午旬中空辰巳，但辰巳仍然为地的门户；阳气界隔于甲寅，甲寅旬中空子丑，但子丑仍然为鬼界门户；阴气界隔于甲申，甲申旬中空午未，但午未仍然为人界门户；阳气盛于甲辰，甲辰旬中空寅卯，卯仍然为甲与辰之间的阻隔；阴兴于甲戌，甲戌旬中空申酉，酉仍然为甲与戌之间的阻隔。这都是讲的六甲旬中的空亡地支。二是《春秋元命苞》。《春秋元命苞》说，我国地势西北高，东南低，面向北极星站立，可以看到水（代表阴气）从左方西北流向右方东南，进入大海；灵门即虚门，即巳位，这是中国地理中大海的位置，是水（阴气）最终汇入的地方。这是讲明在甲子旬中，孤在戌亥，虚在辰巳。

（五）干支与岁月日时的配合

一干与一支配合之所以为一日，是因为太阳视运动经过一周天（即地球围绕太阳公转一圈），共约为365.25度，太阳东升西落一次为一日，一日太阳运行周天1度，所以正适于用一干与一支配合，用以主持一日。3旬即30天为1个月，因为月亮一日运行周天13.25度，运行一个周期约为27.3天；但与此同时，地球也在一直不停地绕日运转，月亮从新月开始经满月再回到新月，即完成一个相位周期，共计约29.53天，约合3旬即30天，所以说"三旬而周天"。12个月之所以为一岁（即一年），是因为年周期有四时，一时有3个月，从万物的生长到肃杀，其功用完整地分布在十二支之中。一岁合360日，6乘以6得36，甲子、甲戌、甲申、甲午、甲辰、甲寅为一个六甲，六个六甲正是360日，所以说"六甲之数"。六甲重复运行之所以间隔两个月，是因为六甲共有 60 日，而一个月只有 30 日，两个月才重新进入下一个六甲循环，这就具备了阴阳、奇偶。阳为奇，阴为偶，万物之中众多类别，其中所包含的吉凶之理，都可以通过阴阳彰显出来。地支与天干相配，运用于岁、月、日、时。中国古代历法将上元甲子确立为立法开端，也就是历元。所谓上元甲子，指的是 180 年之内第一个甲子年。月的干支则从历元上一年的阴历十一月为甲子月，其后依次排列，其中规律是每逢天干为甲或己的年份，其上一年阴历十一月都是甲子月。日的干支则从历元之日即朔旦（朔望月的初一），为甲子日，其后依次排列，每 60 日一个循环。时的干支则从历元之时即夜半，为甲子时，其后依次排列，其中规律是，每逢冬至或夏至后，凡天干为甲或己日，其夜半子时为甲子时。岁、月、日、时四事都是从甲子开始的。

（六）天干地支与九星、九州的配合

天干与地支可以上配合天上的九星，下配合地上的九州。

1. 天干地支与九星的配合

《五行大义》引《黄帝兵决》说，甲子从北斗七星中的第一星天枢即魁星开始，依次顺数至庚午，在第七星摇光即刚星上，之后，从辛未与第六星开阳星配合开始，逆数，数至丙子，与第一星天枢星配合，并从第一星开始顺数，直到六甲配合完毕。

2.《五行大义》又引史书与《汉书》说明了天干与州国的两种配合方法

一是史书说（具体是什么史书，已无从考证）。配合方法如下：

甲——齐：齐是周朝国名，在今山东北部和河北东南部。

乙——东夷：东夷是中国古代对东方民族的泛称，分布在今安徽、山东、江苏省一带。

丙——楚：楚是周朝国名，在今湖北省和湖南省一带。

丁——南夷：南夷是中国古代对南方民族的泛称。

戊——魏：魏是周朝国名，在今河南省北部、陕西省东部、山西省西南部和河北省南部。

己——韩：韩是周朝国名，在今河南省。

庚——秦：秦是周朝国名，在今陕西省和甘肃省一带。

辛——西夷：西夷是中国古代对西方民族的泛称。

壬——燕：燕是周朝国名，在今河北省北部和辽宁省西端。

癸——北夷：北夷是中国古代对北方民族的泛称。

二是《汉书》说。《五行大义》所引《汉书·五行志》的内容，实际出自《汉书·天文志》和《史记·天官书》。配合方法如下：

甲乙——海外：海外是指四海之外。四海指渤海、黄海、东海、南海。因为海外远，甲乙日时不用以占候（根据天象变化预测自然界的灾异和天气变化）。

丙丁——江淮海岱：江指长江，淮指淮河，海指东海，岱指泰山。

戊己——中州河济：中州又名中土、中原、中国，指黄河中下游地区，为古代豫州之地，今河南省；河指黄河；济指济水。

庚辛——华山以西：华山是五岳中的西岳，位于陕西省华阴市。

壬癸——常山以北：常山，又名恒山，是五岳中的北岳，位于山西省浑源县。

3. 地支与州国的配合

《五行大义》引《汉书》与《龙首经》论述了地支与州国配合的两种方法。

一是《汉书》说。《五行大义》所引《汉书·五行志》地支配州国的内容，实际出自《汉书·天文志》。配合方法如下：

子——周：周是指周朝周公旦的封国，今陕西省宝鸡市周原。

丑——翟：翟是周朝时中原北方的翟国，是狄人部落。

寅——楚：楚是周朝国名，在今湖北省和湖南省一带。

卯——郑：郑是周朝国名，在今河南省新郑市一带。

辰——邯郸：邯郸是战国时赵国都城，在今河北省南部邯郸市。

巳——卫：卫是周朝国名，在今黄河北岸、太行山脉东麓的河南省鹤壁、新乡一带。

午——秦：秦是周朝国名，在今陕西省和甘肃省一带。

未——中山，宋：中山是周朝国名，在今河北省石家庄地区，嵌于燕赵之内；宋是周朝国名，在今河南省商丘一带。

申——齐：齐是周朝国名，在今山东北部和河北东南部。

酉——鲁：鲁是周朝国名，在今山东省泰山以南地区，兼涉河南、江苏、安徽三省的一隅。

戌——越：越是周朝国名，在今浙江省绍兴会稽山一带。

亥——燕：燕是周朝国名，在今河北省北部和辽宁省西端。

二是《龙首经》说。《五行大义》所引《龙首经》内容，不见于今本。

子——齐、青州：齐是周朝国名，在今山东北部和河北东南部；青州，大体指泰山以东至渤海的一片区域。

丑——吴、越、扬州：吴是周朝国名，在今苏皖两省长江以南部分；越是周朝国名，在今浙江省绍兴会稽山一带；扬州，相当于长江以南地区。

寅——燕、幽州：燕是周朝国名，在今河北省北部和辽宁省西端；幽州，大致包括今河北省北部及辽宁省一带。

卯——宋、豫州：宋是周朝国名，在今河南省商丘一带；豫州，大致在今河南省一带。

辰——晋、兖州：晋是周朝国名，在今山西省南部；兖州，大致在今河南东北部、河北南部、山东西部一带。

巳——楚、荆州：楚是周朝国名，在今湖北省和湖南省一带；荆州，在荆山、衡山之间。

午——周、三河：周是指周朝周公旦的封国，今陕西省宝鸡市周原；三河，汉代指河内、河东、河南三郡，在今河南省洛阳市黄河南北一带。

未——秦、雍州：秦是周朝国名，在今陕西省和甘肃省一带；雍州，大致指今陕西省中部北部、甘肃省（除东南部外）、青海省东北部及宁夏回族自治区一带。

申——蜀、益州：蜀是中国先秦时期的蜀国，在今四川省；益州，大致指今四川盆地和汉中盆地一带。

酉——梁州：梁州，在华山以南与黑水之间，三国时在陕西省汉中一带。

戌——徐州：徐州，大致在今山东省东南和江苏省长江以北地区。

亥——卫、并州：卫是周朝国名，在今黄河北岸、太行山脉东麓的河南省鹤壁、新乡一带；并州，大致在今河北省保定和山西省太原、大同一带。

对于以上天干、地支与州国的配合方法，《五行大义》认为，如果就地辰（物候）方位而论，则史书与《汉书》的说法最为接近实际情况；如果就星次（黄道等分为十二个部分称为星次）而论，则以《龙首经》所说最为精当。

(七)天干地支与人体的配合

1. 天干地支与人身的配合

天干配人身表

天干	人身
甲、乙	头
丙、丁	胸、肋
戊、己	心、腹
庚、辛	股
壬、癸	手、足

地支配人身表

地支	人身
子	头
丑、亥	胸、臂
寅、戌	手
卯、酉	腰、肋
辰、申	尻、肱
巳、未	胫
午	足

天干以甲、乙为首，地支以子为首，故与头相配合；天干以壬、癸为末，地支以午为末，故与足相配合。

2. 天干地支与五藏的配合

天干配五藏表

天干	甲、乙	丙、丁	戊、己	庚、辛	壬、癸
五藏	肝	心	脾	肺	肾

地支配五藏表

地支	寅、卯	巳、午	辰、戌、丑、未	申、酉	亥、子
五藏	肝	心	脾	肺	肾

天干、地支配合五藏都是根据五行属性。天干甲、乙为木，地支寅、卯为木，五藏肝为木，所以相配；天干丙、丁为火，地支巳、午为火，五

藏心为火，所以相配；天干戊、己为土，地支辰、戌、丑、未为土，五藏脾为土，所以相配；天干庚、辛为金，地支申、酉为金，五藏肺为金，所以相配；天干壬、癸为水，地支亥、子为水，五藏肾为水，所以相配。

3. 天干地支与人体的配合

人体从表向里看，由不同结构组成。天干与人体配合：甲、乙为皮、毛，丙、丁为爪、筋，戊、己为肉，庚、辛为骨，壬、癸为血、脉。地支与人体配合：寅、卯为皮、毛，巳、午为爪、筋，辰、戌、丑、未为肉，申、酉为骨，亥、子为血、脉。

这也是依据五行属性配合的。从自然界系统中的五行看，木生长在大地之上，与人体表面的皮毛相类，所以，木为皮、毛，其相应的天干甲乙、地支寅卯也为皮毛；火具有勇猛、坚强、果断的特性，与人体的爪甲、筋相类，所以，火为爪、筋，其相应的天干丙丁、地支巳午也为爪、筋；土具有保持、承载的特性，与人体的肉相类，所以，土为肉，其相应的天干戊己、地支辰戌丑未也为肉；金具有坚硬、刚强的特性，与人体的骨相类，所以，金为骨，其相应的天干庚辛、地支申酉也为骨；水具有流动、润泽的特性，与人体的血液在脉管流动相类，所以，水为血、脉，其相应的天干壬癸、地支亥子也为血、脉。

以上都是论述天干、地支的配合，所以详细阐释。

第六　论五行相杂

就此分为三段，一论五行体杂，二论支干杂，三论方位杂。

一者　论五行体杂

凡五行均布，遍在万有，不可定夺一途。今先论五行体杂。但其气周流，随事而用，若言不杂，水只应一，何故谓五而为六？火、金、木、土并尔，当知生数为本，成数为杂，既有杂，故一行当体，即有五义。如木有曲直，此是木也；木中有火，则是火也；木堪为兵仗，有击触之能，即是金也；木中有润，即是水也；木吐华、叶、子、实，即是土也。火，外阳，即是火也；内阴，即是水也；能杀，即是金也；能熟，即是木也；能生，即是土也。土，能生，即是土也；能容，即是水也；能成，即是木也；能防，故是金也；含阳，即是火也。金，能断，即是金也；从革，即是木也；含火，即是火也；有汗，即是水也；能生，即是土也。水，外阴，即是水也；内阳，即是火也；含养，即是木也；润生，即是土也；能杀，即是金也。此皆以义释一行通有五气。就事而论，义则不尔。或有或无，质弱者，则体相容；质坚者，则体不相容。金中无木，木中无金，金木以正相害故。水中无火，火中无水，两法正相害故。水中亦无金，金中有水，木中亦有水，木中亦有火，石中亦有火。而水能生木，则木中有水。水生于金，金中有水。火生于木，木中有火。火复从金生，金中有水，水能生木，木中有水。火克于金，那得石复有火？此是火性弱，故弱能入坚。而火中无金，是坚不能入弱。木生于水，木中含水；金能生水，金中含水。所以水中无金木者，金木在水中，不得言水体有金木。湿润在木石中，木石便得有水义，此亦是弱能入坚，坚不能入弱。炎州有树，生于火中，此非火能生树，是火不能烧树，亦非火在树中，乃是树在火中，而体不相杂，无异金在水中，而不能杂水体。亦如海中阴火潜燃，此水中有火，但非水体杂火。此稍涉灵奇，亦非五行常准。又，木中有火，火还烧木，此是生火方盛，故能烧木。石中有火，火不烧石，是火至金乡，气已衰，故不能烧石。其以火消金者，亦取其盛，故能烁金。是不取衰火，犹如金能克木，铅锡不能断，此是不坚之金也。土性苞含，无所不受。故土中皆备有水金木火。火非直阳气，犹如范阳地燃，是阴也。土火非相害，虽不恒尔，不得言无。等是四行，何故独尔？土既居地，地即是阴，火即是太阳之气，故不得恒有也。

白话解读

五行遍布万事万物之内，不可拘执于一种状态。

（一）生数为本，成数为杂

五行之气循环流动于系统之中，随着事物发展状态的变化而发挥不同的功用，如果说，五行纯一不杂，那水就应该只对应"一"，为什么还要与五配合而成"六"呢？火、木、金、土也都是如此。这就是相杂，因为五行相杂，所以数增加了。因此，我们应该知道五行生数是本，是五行的纯一之体；而五行成数是杂，是五行的相杂之体，现实中的五行都是相杂的。

（二）五行功用兼通五气

既然现实系统中五行都是相杂的，或者说，五行是大系统下的一个个子系统，那其内部必然也包含相应层次的五行，所以说，每一行的形体之内，都包含着五种意义。

木作为一个子系统，具有可曲可直的特性，这是其中的木；木燃烧生火，这是其中的火；木可以制成兵器，有击打碰撞的功能，这是其中的金；木中有汁液，这是其中的水；木可以生出花朵、叶子、籽粒、果实，这是其中的土。

火作为一个子系统，可以分为内外结构，其外层部分温度最高，外为阳，这是其中的火；内层部分温度最低，内为阴，这是其中的水；火可以用于杀戮，这是其中的金；火可以煮熟食物，这是其中的木；火能促进万物生长，如太阳光，这是其中的土。

土作为一个子系统，具有生育万物的特性，这是其中的土；土能容纳万物，这是其中的水；土能成就万物，这是其中的木；土能筑起城防，这是其中的金；土内含强烈的阳气，这是其中的火。

金作为一个子系统，具有截断其他事物的能力，这是其中的金；金可以改变形状，这是其中的木；金内含火，可以燃烧、击出火星，这是其中的火；金属表面遇冷常会凝结露水，这是其中的水；金能帮助万物生长，这是其中的土。

水作为一个子系统，冬天表面温度较低，外为阴，这是其中的水；冬天内里温度较高，内为阳，这是其中的火；水可以容纳滋养万物，这是其中的木；水可以润泽生育万物，这是其中的土；水能杀戮万物，这是其中的金。

这说明五行虽然各为一行，但其内部普遍有五气即五种运行状态。

（三）五行形体相容与不相容

就五行形体的情势而论，应该不是这个样子。五行从形体情势上看，有的遍有五气，有的则不是，其中规律是：五行体质柔弱的，则形体相互包容、渗透；体质坚硬的，则形体不能相互包容、渗透。

1. 体质弱坚相当的，其体都不相容

如金与木，二者形体都是坚硬的，彼此正相克害，所以"金中无木，木中无金"；如水与火，二者形体都是柔弱的，彼此运行的方向不同，一下一上，正相克害，所以"水中无火，火中无水"。虽然海底也有暗火潜燃（这应该是指海底火山），但这是"水中有火"，并不是"水体杂火"。这类事有点灵异奇幻，也不是五行的正常规则。

2. 弱能入坚

金坚水弱，水生于金，所以，金中有水。木坚水弱，水能生木，所以，木中有水。木坚火弱，火生于木，所以，木中有火。金（石）坚火弱，金中有水，水能生木，木能生火，所以，金中有火。火本来克金，但因为金（石）坚，而火性弱，弱者能进入坚者形体之内，所以，金（石）中有火。石头被火烤热，就是火进入石中，石中有火。

《五行大义》进一步分析说，木中有火，而火可以烧木，这是由于火至木方，其焰正盛，所以能烧木。石中有火，但火烧不了石，这是由于火至金方，火气已经衰弱，所以不能烧石。用火来熔化金属，也是取火气正盛之时，所以火能够熔化金属。不取用衰火来熔金，就如同金虽克木，却不能用不坚硬的金属（铅、锡之类）来砍树一样。

3. 坚不能入弱

水弱金坚，金不能进入水体之中，所以，水中无金；水弱木坚，木不能进入水体之中，所以，水中无木。火弱金坚，金不能进入火体之中，所以，火中无金。火弱木坚，木不能进入火体之中，所以，火中无木。

虽木生于水，所以木中含水，金能生水，所以金中含水，但这只能说金、木在水中，而不能说水体有金、木；只能说湿润在木石中，木石得到水气，但不能说水中有金、木。这就是坚者不能进入弱者的缘故。炎州（指南方地区）有一种树，可以生于火中，但这并不是火能生树，而是火不能烧树；也不是火在树中，而是树在火中。火体之中并没有杂入木的成分，这和金在水中，但水体之中并没有杂入金的成分的道理相同。

4. 土性包含万物，无所不受

土的特性是包含万物，土体之中，无所不受，所以土中具备水、金、木、火四行。以土中之火为例。火不只由阳气积累而成，如同范阳地燃（范阳即今河北省涿州，史载曾发生地燃，应该是地下煤炭或是天然气自燃现象）。这被称为"阴火"。土与火之间本来并不是相互克害的关系，却发生了相克，这种现象并不常见，但不能说没有。那么，五行中为什么只有火与土之间才出现过这种情况呢？因为，土既然为地，地就是阴，火就是太阳之气，太阳从阴中直接上冲而出，这种情况只能说是特例。

二者　论支干杂

支干杂者，《五行书》云：甲以女弟乙嫁庚为妻，故乙中有杂金。立春木王，甲召乙还，乙怀金气来，故仲春杀榆荚白也。丙以女弟丁嫁壬为妻，丁中有杂水。立夏火王，丙召丁还，丁怀水气来，故仲夏桑葚熟黑也。戊以女弟己嫁甲为妻，己中有杂木。季夏土王，戊召己还，己怀木气来，故季夏有果实青也。庚以女弟辛嫁丙为妻，辛中有杂火。立秋金王，庚召辛还，辛怀火气来，故仲秋枣熟朱也。壬以女弟癸嫁戊为妻，癸中有杂土。立冬水王，壬召癸还，癸怀土气来，故仲冬草木皆黄也。甲丙戊庚壬，为男，刚强，故自有德不杂。乙丁己辛癸，为女，柔弱，不自专，从夫，故有杂。犹出嫁之女，即称夫氏，觐宁之日，携子而来，氏族便杂。《五行十杂》云："甲为木，乙为材，丙为火，丁为灰，戊为土，己为泥，庚为金，辛为炉锑，壬为水，癸为浊污。"此皆杂义也。寅卯为木，春怀火，故卯为纯木，寅为杂木。巳午为火，夏怀土，故午为纯火，巳为杂火。申酉为金，秋怀水，故酉为纯金，申为杂金。亥子为水，冬怀木，故子为纯水，亥为杂水。土居中央，分主四季，故辰中有余木，未中有余火，戌中有余金，丑中有余水。各十二日。故四孟为怀任，生气之所由；四仲，盛壮之所立；四季，葬送之所在。怀任及葬，皆有杂义。

白话解读

支干杂可以分成天干相杂与地支相杂来研究。

(一)天干相杂

《五行大义》引《五行书》和《五行十杂》的观点来论述天干相杂。

天干甲将自己的妹妹乙嫁与庚为妻，庚为金，乙为木，所以乙中杂有庚金。交立春之后，木当王，甲木将乙召回，乙因为已经与庚结合，怀有金的成分归来，所以，仲春（阴历二月），榆树的种子榆荚因乙所怀金的肃杀之气而变白，金色为白。

天干丙将自己的妹妹丁嫁与壬为妻，壬为水，丁为火，所以丁中杂有壬水。交立夏之后，火当王，丙火将丁召回，丁因为已经与壬结合，怀有水的成分归来，所以，仲夏（阴历五月），桑树的果实桑葚成熟，颜色变黑，因丁所怀的水色为黑。

天干戊将自己的妹妹己嫁与甲为妻，甲为木，己为土，所以己中杂有甲木。交季夏之后，土当王，戊土将己召回，己因为已经与甲结合，怀有木的成分归来，所以，季夏（阴历六月），有的果实为青色，因己所怀的木色为青。

天干庚将自己的妹妹辛嫁与丙为妻，丙为火，辛为金，所以辛中杂有丙火。交立秋之后，金当王，庚金将辛金召回，辛因为已经与丙结合，怀有丙的成分归来，所以，仲秋（阴历八月），枣成熟，色红，因辛所怀的火色为红。

天干壬将自己的妹妹癸嫁与戊为妻，戊为土，癸为水，所以癸中杂有戊土。交立冬之后，水当王，壬水将癸水召回，癸因为已经与戊结合，怀有戊的成分归来，所以，仲冬（阴历十一月），草木色黄，因癸所怀的土色为黄。

从以上分析可以看出，天干是阳干不杂，阴干杂。甲、丙、戊、庚、壬为阳干，类比为男性，性格刚强，所以有独立的品德，不会掺杂其他天干的成分。乙、丁、己、辛、癸为阴干，类比为女性，性格柔弱，不能自主，只能依从丈夫，所以可以掺杂阳干的成分。这就如同出嫁的女儿要改姓丈夫的姓氏，等到回娘家的时候，携带与丈夫所生的儿子同来，娘家的姓氏就混杂不纯了。

《五行十杂》讲的是就是相杂的义理，甲为木、丙为火、戊为土、庚为金、壬为水，阳干纯粹不杂。乙是经过金属加工过的木料，其中杂有金的成分。丁为已经冷却的灰，冷属水，其中杂有水的成分。己为泥，泥是土和水搅拌而成，用于搅拌的工具或为木棍或为动物的足，木棍属木，足为震象，震为木，其中都杂有木的成分。辛为炉、锑，炉一般由金属制成，又用于贮火，其中杂有火的成分；锑，古称火齐、火齐珠，是颜色似金、形状像云母的一种矿物，其中杂有火的成分。癸为浊、污，浊是水浑浊不清，污是因土围阻而停积不流的水，其中都杂有土的成分。

（二）地支相杂

地支相杂也不是全部相杂，而是有所区别。

寅、卯二支为木，为春，春季孕育着夏季，夏为火，所以卯为纯木，寅为杂木。

巳、午二支为火，为夏，夏季孕育着季夏，季夏为土，所以午为纯火，巳为杂火。

申、酉二支为金，为秋，秋季孕育着冬季，冬为水，所以酉为纯金，申为杂金。

亥、子二支为水，为冬，冬季孕育着春季，春为木，所以，子为纯水，亥为杂水。

土位居中央，分主四时之末，故杂有四时之气，所以，辰为春季之末，春为木，则"辰中有余木"；未为夏季之末，夏为火，即"未中有余火"；戌为秋季之末，秋为金，则"戌中有余金"；丑为冬季之末，冬为水，则"丑中有余水"。土共王72日，每季之末各王18日，一月有30日，余12日即土中所杂余气各王之日数。

《五行大义》总结地支相杂的规律为：四孟（寅、巳、申、亥）为五行妊娠阶段，这是五行生气的由来之所；四仲（卯、午、酉、子）为五行盛大强壮阶段，是五行王气的确立之地；四季（辰、未、戌、丑）为五行丧葬并送入下一阶段的时期，是五行墓气的所在之处。王时，五行正强大，不能混杂其他地支之气；怀孕妊娠及墓葬之时，五行不够强大，可以混杂其他地支之气。

三者　论方位杂

五行非直性相杂，当方亦有杂义。东方，甲乙寅卯辰。甲，木也；乙中有杂金；寅中有生火；辰，土也；卯中有死水。南方，丙丁巳午未。

丙，火也；丁中有杂水；巳中有生金；未，土也；午中有死木。西方，庚辛申酉戌。庚，金也；辛中有杂火；申中有生水；戌，土也；又酉中有胎木。北方，壬癸亥子丑。壬，水也；癸中有杂土；亥中有生木；子中有胎火；丑中有死金。此并方别有五行也。寅午戌，火之位也。寅中有生火，在东方；午中有王火，在南方；戌中有死火，在西方。亥卯未，木之位也。亥中有生木，在北方；卯中有王木，在东方；未中有死木，在南方。申子辰，水之位也。申中有生水，在西方；子中有王水，在北方；辰中有死水，在东方。巳酉丑，金之位也。巳中有生金，在南方；酉中有王金，在西方；丑中有死金，在北方。此一行之体，杂在三方也。未辰丑戌，土之位也。未中有王土，辰中有死土，丑中有衰土，戌中有壮土。此土体杂在四方也。赵怡言："五行相杂，如绵绮焉。"斯言当矣。

白话解读

五行不仅性质功用相杂，所对应的方位也可相杂，其具体情况有二：

（一）一方别有五行

东方，甲乙寅卯辰：甲为木；乙与庚合，中有杂金；火生于寅，寅中有长生之火，中有杂火；辰为土；水死于卯，卯中有死之水，中有杂水。这是东方虽为木，实则别有五行。

南方，丙丁巳午未：丙为火；丁与壬合，中有杂水；金生于巳，巳中有长生之金，中有杂金；未为土；木死于午，午中有死之木，中有杂木。这是南方虽为火，实则别有五行。

西方，庚辛申酉戌：庚为金；辛与丙合，中有杂火；水生于申，申中有长生之水，中有杂水；戌为土；木胎于酉，酉中有胎之木，中有杂木。这是西方虽为金，

一方别有五行图

实则别有五行。

北方，壬癸亥子丑：壬为水；癸与戊合，中有杂土；木生于亥，亥中有长生之木，中有杂木；火胎于子，子中有胎之火，中有杂火；金墓于丑，丑中有死之金，中有杂金。这是北方虽为水，实则别有五行。

这些都说明各方分别有五行杂于其中。

(二) 一行杂在三方

寅午戌，为火所处的位置。寅中有生火，火长生于寅，寅在东方；午中有王火，火王于午，午在南方；戌中有死火，火墓于戌，戌在西方。

亥卯未，为木所处的位置。亥中有生木，木长生于亥，亥在北方；卯中有王木，木王于卯，卯在东方；未中有死木，木墓于未，未在南方。

申子辰，为水所处的位置。申中有生水，水长生于申，申在西方；子中有王水，水王于子，子在北方；辰中有死水，水墓于辰，辰在东方。

巳酉丑，为金所处的位置。巳中有生金，金长生于巳，巳在南方；酉中有王金，金王于酉，酉在西方；丑中有死金，金墓于丑，丑在北方。

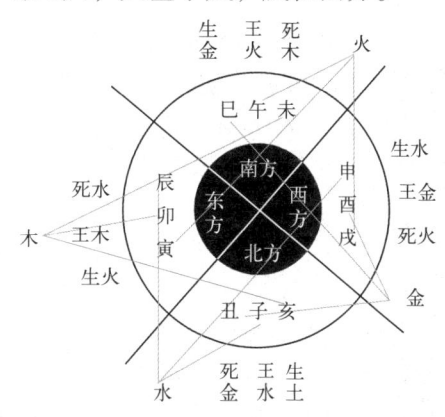

火、木、水、金杂在三方图

以上四者，都是一种五行的形体，杂处在三个不同的方位。

未辰丑戌，为土所处的位置。未中有王土，土王于未，未在南方；辰中有死土，土墓于辰，辰在东方；丑中有衰土，土衰于丑，丑在北方；戌中有壮土，土壮于戌，戌在西方。这是土的形体杂在东、西、南、北四方。

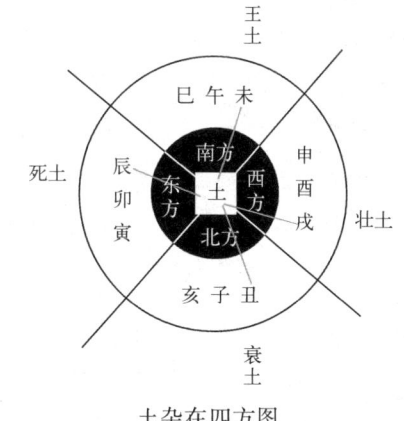

土杂在四方图

所以，赵怡把五行相杂比喻为"如绵绮焉"，绵是蚕丝结成的片或团，绮是有文采的丝织品，这个比喻真是很恰当。

第七　论德

德者，得也。有益于物，各随所欲，无悔吝，故谓之为德也。《五行书》云："若有一德，能攘百灾。"凡阴阳用事，遇德为善，谓之福德，为有救助，万事皆吉，灾咎消亡。德有四德，三者从支干论之，一者从月气论之。

支干三种者，一曰干德，二曰支德，三曰支干合德。

干德者，甲德自在，乙德在庚，丙德自在，丁德在壬，戊德自在，己德在甲，庚德自在，辛德在丙，壬德自在，癸德在戊。此十干者，甲丙戊庚壬为阳，尊，故德自处；乙丁己辛癸为阴，卑，故配德于阳，有从夫之义，所以不自为德。扬子云："配□之道，正有五日，甲己为木，丙辛为火，戊癸为土，乙庚为金，丁壬为水。"阴阳之理，必相配偶，以则君臣夫妇之义。甲为君，为夫；己为臣，为妻。君位自在，臣位由君，故己德在甲，乙德在庚也，余四皆然，阴从阳之道。

支德者，子德在巳，丑德在午，寅德在未，卯德在申，辰德在酉，巳德在戌，午德在亥，未德在子，申德在丑，酉德在寅，戌德在卯，亥德在辰。此皆以其夫生助之所也。子以巳为德者，子，水也，以土为夫，巳中有生土。丑以午为德者，丑，土也，以木为夫，午中有死木。寅以未为德者，寅，木也，以金为夫，未中有冠带金。卯以申为德者，卯，木也，以金为夫，申中有相金。辰以酉为德者，辰，土也，以木为夫，酉中有胎木。巳以戌为德者，巳，火也，以水为夫，戌中有冠带水。午以亥为德者，午，火也，以水为夫，亥中有相水。未以子为德者，未，土也，以木为夫，子中有沐浴木。申以丑为德者，申，金也，以火为夫，丑中有养火。酉以寅为德者，酉，金也，以火为夫，寅中有生火。戌以卯为德者，戌，土也，以木为夫，卯中有王木。亥以辰为德者，亥，水也，以土为夫，辰中有死土。或问云：从夫之义，生者有德，能相和养，故从。死者离背，不能和从，何以死犹为德？答曰：妇无再醮，一降适人，便称夫氏。虽死犹从其族，岂得生而称之，死便舍弃。故阴之从阳，生死常存。

支干合德者，子德在甲，丑德在辛，寅德在丙，卯德在丁，辰德在庚，巳德在己，午德在戊，未德在辛，申德在壬，酉德在癸，戌德在庚，亥德在乙。此皆从子为德也，谓子能扶助其母，有孝养之性，以为德也。凡干为阳，支为阴，阳体刚强自在，阴体柔顺从阳。妇人有三从之礼，每无自专之义，夫死从子，故以子为德。若有支干，各自为德，皆从其夫，今既支干共为德，故离其夫位，故便从子也。子德在甲者，水为木母故也。例皆如之。

一从月气为德者，德不孤立，对之以刑。德为阳以从乾，刑为阴以从坤。亦如人之治政，刑德两施。德有庆、赐、爵、赏，所以配阳；刑有杀、罚、削、夺，所以配阴。故王者日蚀则修德，月蚀则修刑。董仲舒《春秋繁露》云"天道之常，一阳一阴。阳者天之德，阴者天之刑。阴阳以终岁之行，以观天之所亲任"，可以见德刑之用矣。然"天之任阳不任阴，好德不好刑。故阳出而积于夏，任德以成事，阴出而积于冬，错刑以空处也"。《太公》云："人主举事，善，则天应之以德；恶，则天应之以刑。"此并阴阳相对，德不独治，须偶之以刑也。从乾坤二卦之气者，十月坤卦用事，自十一月而阳气动，阴爻变。四月乾卦用事，自五月而阴气动，阳爻变。故黄钟蕤宾，阴阳之气始也，德刑在焉。建子之月，坤初六爻变为阳，复卦用事。阳气动于黄泉之下，阴气布在苍天之上，为德在室，而刑在野。建丑之月，坤六二爻变为阳，临卦用事，阳气稍出，万物萌芽，阴气将降，威怒已衰，为德在堂，而刑在街。建寅之月，坤六三爻变为阳，泰卦用事，阳气已达，阴气降入，阴阳交泰，万物抽其牙叶，为德在庭，而刑在巷。建卯之月，坤六四爻变为阳，大壮卦用事，阳气上腾乎天，阴气下入乎地，阴阳气交，万物成出，德刑俱会于门。建辰之月，坤六五爻变为阳，夬卦用事，阳气上达，阴气衰微，为德在巷，而刑在庭。建巳之月，坤上六爻变为阳，纯阳用事，阳气大盛，阴气消除，万物悦壮，无复刑杀，为德在街，而刑在堂。建午之月，乾初九爻变为阴，遘卦用事，阴气动于黄泉之下，阳气布于苍天之上，为德在野，而刑在室。建未之月，乾九二爻变为阴，遁卦用事，阴气稍升，阳气将损，万物壮极，皆以衰老，为德在街，而刑在堂。建申之月，乾九三爻变为阴，否卦用事，阳气沉退，阴气进升，阴阳否隔，杀威方盛，为德在巷，而刑在庭。建酉之月，乾九四爻变为阴，观卦用事，阳气内入，阴气外施，阴阳合争，万物变衰，为德在门，刑复会于门。建戌之月，乾九五爻变为阴，剥卦用事，阳气将尽，阴气上达，万物枯悴，杀害盛行，为德在庭，而刑在巷。建亥之月，乾上九爻变为阴，纯坤复位，阳气消除，阴气大盛，万物收藏，未见刑犯，为德在堂，而刑在街。此刑德二事，出入向趣，皆以用之，弥忘拙凿，遇德则吉，逢刑则凶。故于此释。

白话解读

(一)何为德

"德"的意思是"得"，指的是本来没有而争取得来成为己有。凡是对某一事物有益，各自顺随各自的欲望，没有造成悔恨灾祸，就称之为德。《五行书》说："哪怕有一点小小的德，都可消除很多灾祸。"无论在哪方面行事，只要好好对待德，做善事，就可以转祸为福，这就是福德。因为人或物可以得到他人或物的救助，得以万事皆吉，灾祸咎殃全部消失。

(二)德有四种

德有四种，其中有三种是从支干论的，一种是从月气论的。

1. 从支干论有三德

从支干论的三种德为：干德、支德、支干合德。

(1)干德

干德是十天干的德。十天干中，甲、丙、戊、庚、壬为阳，地位尊贵，所以其德自在。阳干本身处于领导者地位，主宰一切，其德不假外求；乙、丁、己、辛、癸为阴，地位卑下，所以须从阳处配享德。可类比为女子嫁后必须跟随丈夫生活，其德不能自有。

古代用天干记日，甲、丙、戊、庚、壬为刚日，乙、丁、己、辛、癸为阴日，日和日之间的配合则体现五种干德，所以汉代扬雄说，配日的方法有五日，即甲己配为木，丙辛配为火，戊癸配为土，乙庚配为金，丁壬配为水日。这里面的规则是，阴阳之间必定相互配合为偶，阳自为德，阴以所配阳为德，这可以推广到人类社会，成为规范君臣、夫妇关系的原则。甲己配合，甲为君，为丈夫；己为臣，为妻子。君主的地位是自己确定的，而臣属的地位是由君主确定的，所以己德在甲，甲德亦在甲，甲为木，故甲己为木。其他四种配合同理。

(2)支德

支德是十二地支的德。地支为阴，为女，女子出嫁从夫，所以支德都是以其"丈夫"的生死所来确立的，具体如下表所示：

支德表

地支	子	丑	寅	卯	辰	巳	午	未	申	酉	戌	亥
德	巳	午	未	申	酉	戌	亥	子	丑	寅	卯	辰
夫生死所	生土	死木	冠带金	临官金	胎木	冠带水	临官水	沐浴木	养火	生火	王木	墓土

可以看出，有的地支德于丈夫临生、沐浴、冠带、临官、王、胎、养状态的宫所，有的地支德于丈夫临死、墓状态的宫所，这就产生一个疑问。有人问：女子有出嫁从夫之义，丈夫生时对自己有德，能够相互调和滋养，所以，妻从夫。但当丈夫死后，夫妻离别相背，不再能调和滋养，不能再依从，那为什么丈夫死后仍然为妻之德呢？《五行大义》回答说：女人没有改嫁的道理，一旦嫁人，就称丈夫的姓氏。丈夫死后，妻子仍然依顺其丈夫的氏族，哪里能够丈夫活着的时候称丈夫的姓氏，丈夫死后就舍弃丈夫的姓氏？所以，阴依从阳的道理，无论生死都是存在的。

(3)支干合德

支干合德是地支之德在天干。也就是子为母之德。丈夫死后，儿子成为母亲的依靠，能扶助其母亲，有孝敬奉养的本性，所以女人以此为德。这在系统中，凡是天干都是阳，凡是地支都是阴，阳之体刚强、可以独立存在，阴之体柔顺、需要依靠阳。中国古代礼仪规范中，妇人有三从之德，即未嫁从父、既嫁从夫、夫死从子，不能独自作主，丈夫死后妇人从子，所以以子为德。如果就地支与天干各自论，地支之德、天干之德都遵循同一个规则，即都是阴顺从阳，弱顺从强，妻顺从夫；现在既然论述地支与天干共同为德，则地支和天干已经离开了各自天干和地支的夫位，那就都"从子"了。其中阴阳规律是阳母从阳子，阴母从阴子。

支干合德表

地支	子	丑	寅	卯	辰	巳	午	未	申	酉	戌	亥
支干合德	甲	辛	丙	丁	庚	己	戊	辛	壬	癸	庚	乙
母子	水生木	土生金	木生火	木生火	土生金	火生土	火生土	土生金	金生水	金生水	土生金	水生木
阴阳	阳	阴	阳	阴	阳	阴	阳	阴	阳	阴	阳	阴

2. 从月气论有一德

(1) 德不孤立,对之以刑

从月气而论,德不会孤立存在,一定有刑与之相配合。德为阳,所以遵从乾卦的运行规律,刑为阴,所以遵从坤卦的运行规律。这就如同人类社会中的管理系统,刑与德两种措施必须都施行。德有庆贺、赏赐、爵位、奖赏的内涵,所以同阳相配合;刑有杀戮、处罚、削免、剥夺的内涵,所以同阴相配合。所以,古代帝王看到日食便认为是阳(德)出现了亏缺,于是修治德;看到月食便认为是阴(刑)出现了亏缺,于是修治刑。

《五行大义》所引《春秋繁露》,分别出于两篇:《阴阳义》和《天道无二》。大意是说,宇宙大系统中,天地运行的规律,是一阴一阳,即阴阳两个方面的矛盾运动。阳是天的德,阴是天的刑。推究年周期中阴与阳运行的轨迹,就可以观察、了解天所亲近、信任、任用的是什么,由此可以发现天对德与刑的运用。通过观察,人们发现一个规律,天任用阳而不任用阴,喜好德而不喜好刑。所以,阳气出现并且积蓄于夏季,这是天任凭阳德的施展以成就事物;阴气出现并且积蓄于冬季,这是天将阴刑弃置于空虚无用之处。

所引《太公》出自《太公兵法》。其意为,君主做事,善恶由上天进行监督,若其行善,上天就回报以德,其行恶,上天就回报以刑。这种观点认为,天会通过德与刑来影响君主的行为,使善的行为得以继续,恶的行为得以约束。

这两部典籍都说明阴阳是相对存在的,德不能单独施行,必须配合以刑。

(2) 从月气论德、刑

从乾、坤二卦之气的消长变化来看,阴历十月,为坤卦用事,用事即执政、行事。自十一月开始,阳气发动,阴爻自下而上逐渐变为阳爻。至阴历四月,六爻全阳,变为乾卦,为乾卦用事。自五月开始,阴气发动,阳爻自下而上逐渐变为阴爻。至阴历十月,六爻全阴,重新变为坤卦。这便是十二消息卦。在中国古代律制中,与十二律吕相应,从"一"到"十二"各律名称及所相当的音高依次为:黄钟、大吕、太簇、夹钟、姑洗、仲吕、蕤宾、林钟、夷则、南吕、无射、应钟。这十二律吕分别对应十二月、十二消息卦,如下表所示:

十二律吕、十二月、十二消息卦配合表

十二律吕	黄钟	大吕	太蔟	夹钟	姑洗	仲吕	蕤宾	林钟	夷则	南吕	无射	应钟
十二月	子	丑	寅	卯	辰	巳	午	未	申	酉	戌	亥
十二消息卦	复	临	泰	大壮	夬	乾	姤	遁	否	观	剥	坤

黄钟对应子月，为阳气之始；蕤宾对应午月，为阴气之始。阳为德，阴为刑，德、刑就在这里体现了出来。

建子之月，即月建为子，即子月，坤卦初六爻变为阳爻，则重坤变为地雷复，复卦用事。此时，阳气动于最下一爻，如同黄泉之下，阴气分布于上面五爻（形成第 24 卦：复卦），如同阴气布于苍天之上。阳为德，在内卦初爻，在居住环境系统中，相当于德在居室内；而阴为刑，遍布初爻之外的五爻，在居住环境系统中，相当于刑在野外。

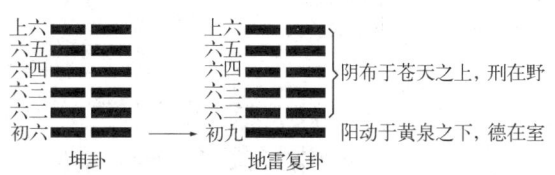

子月德、刑图

建丑之月，即月建为丑，即丑月，坤卦六二爻也变为阳爻，地雷复卦变为地泽临卦（复卦变为第 19 卦：临卦），临卦用事，阳气稍稍露出地面，自然界系统中，万物开始萌芽，阴气的势力转为下降，其威严震怒已经较上一月衰弱。在居住环境系统中，相当于德在堂，堂是房屋的正厅，刑在街，街是两边有房屋的、比较宽阔的四路相通的大道。

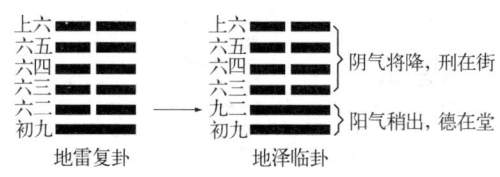

丑月德、刑图

建寅之月，即月建为寅，即寅月，坤卦六三爻也变为阳爻，地泽临卦变为地天泰卦（临卦变为第 11 卦：泰卦），泰卦用事，阳气向上已经达到与上卦的交界点，阴气下降也已经达到与下卦的交界点，阴阳相交通，自然界系统中，万物都抽出嫩芽。在居住环境系统中，相当于德在庭，庭是堂阶前的院子，刑在巷，巷是胡同、里弄。巷与街相比较，都是两边有房屋的道路，但直为街，曲为巷；大者为街，小者为巷。

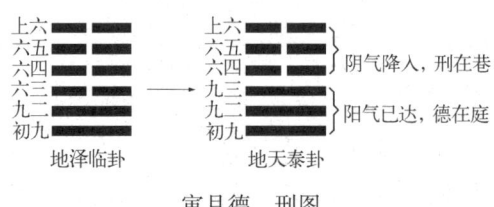

寅月德、刑图

建卯之月，即月建为卯，即卯月，坤卦六四爻也变为阳爻，地天泰卦变为雷天大壮卦（泰卦变为第34卦：大壮卦），大壮卦用事，阳气已经上腾于上卦，即上于天，阴气已经下降进入下卦，即入于地，阴阳之气相互交合，自然界系统中，万物都盛大地冒出来。在居住环境系统中，相当于德在门，刑也在门，德、刑都会聚于门。

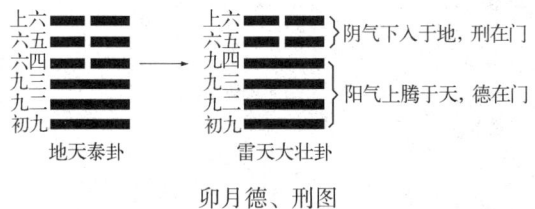

卯月德、刑图

建辰之月，即月建为辰，即辰月，坤卦六五爻也变为阳爻，雷天大壮卦变为泽天夬卦（大壮卦变为第43卦：夬卦），夬卦用事，阳气向上发展已经到达第五爻，阴气已经衰弱微小。在居住环境系统中，相当于德在巷，刑在庭。

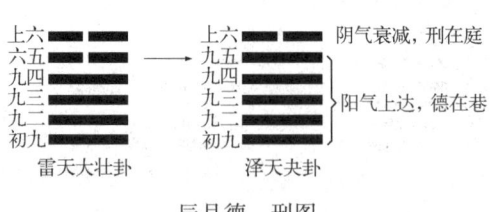

辰月德、刑图

建巳之月，即月建为巳，即巳月，坤卦上六爻也变为阳爻，泽天夬卦变为乾为天卦（夬卦变为第1卦：乾卦），六爻全阳，为纯阳用事，阳气极大极盛，阴气消除已尽，自然界系统中，万物欣欣向荣，强壮盛大，不再存在刑罚肃杀。在居住环境系统中，相当于德在街，而刑在堂。

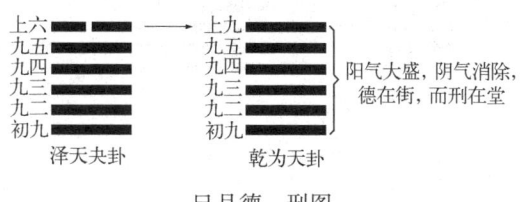

巳月德、刑图

建午之月，即月建为午，即午月，乾卦初九爻变为阴爻，乾卦变为姤卦（第44卦），姤卦即遘卦，姤卦用事，阴气动于最下一爻，如同黄泉之下，阳气分布于上面五爻，如同阳气布于苍天之上。在居住环境系统中，相当于德在野，刑在室。

午月德、刑图

建未之月，即月建为未，即未月，乾卦九二爻也变为阴爻，天风姤卦变为天山遁卦（第33卦），遁卦用事，阴气稍稍上升出于地面，阳气将要损伤，自然界系统中，万物强壮至极，都开始变得衰老。在居住环境系统中，相当于德在街，刑在堂。

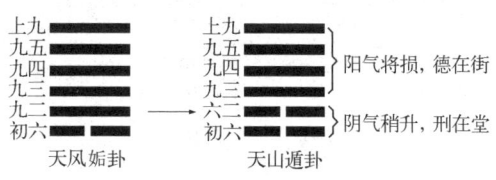

未月德、刑图

建申之月，即月建为申，即申月，乾卦九三爻也变为阴爻，天山遁卦变为天地否卦（第12卦），否卦用事，阳气沉没后退，阴气前进上升，阴阳二气都达到了上下卦的交界点，但阳性上升，阴性下降，现在阳气在上，不能下行，阴气在下，不能上行，阴阳二气阻隔不退，阴气肃杀的威势正盛。在居住环境系统中，相当于德在巷，刑在庭。

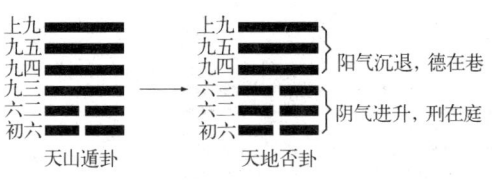

申月德、刑图

建酉之月，即月建为酉，即酉月，乾卦九四爻也变为阴爻，天地否卦变为风地观卦（第20卦），观卦用事，阳气向内收敛，阴气向外施展，阴阳二气会合在一起，进行激烈争夺，自然界系统中，万物开始变得衰弱。在居住环境系统中，相当于德在门，刑又会聚于门。

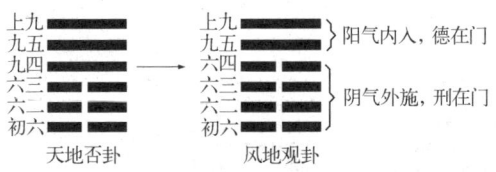

酉月德、刑图

建戌之月，即月建为戌，即戌月，乾卦九五爻也变为阴爻，风地观卦变为山地剥卦（第23卦），剥卦用事，阳气将要竭尽，阴气向上到达第五爻，自然界系统中，万物枯萎衰弱，肃杀刑害盛行。在居住环境系统中，相当于德在庭，刑在巷。

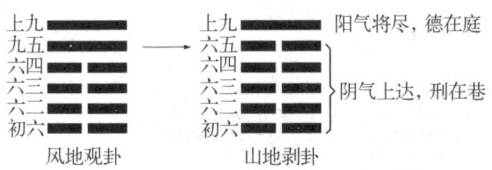

戌月德、刑图

建亥之月，即月建为亥，即亥月，乾卦上九爻也变为阴爻，山地剥卦变为坤为地卦（第2卦坤卦），六爻全阴，纯坤之卦重新复位，阳气消除已尽，阴气极大极盛，自然界系统中，万物进入收藏状态，都不敢出现冒犯刑杀之气。在居住环境系统中，相当于德在堂，刑在街。

刑与德这两件事，无论是阴阳二气的出入、来回，都经常施行，用来弥补遗漏，屈抑穿凿。凡事都是遇德则吉，逢刑则凶，所以在此进行全面阐释。

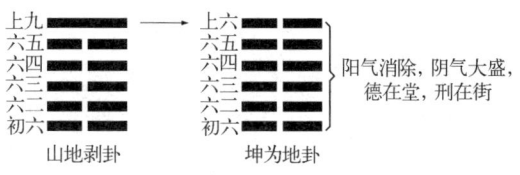

亥月德、刑图

第八　论合

孔子曰：乾，阳也，坤，阴也。阴阳合德，五行之本。受生于天，则受成于地。禀气于阳，定形于阴。体无偏立，故各有合。总而言之，干为阳，属天，支为阴，属地。别而言之，干自有阴阳，甲阳，乙阴，丙阳，丁阴，戊阳，己阴，庚阳，辛阴，壬阳，癸阴。支亦自有阴阳，子阳，丑阴，寅阳，卯阴，辰阳，巳阴，午阳，未阴，申阳，酉阴，戌阳，亥阴。各象天地，而自相配合，有夫妇之道。

干合者，己为甲妻，故甲与己合；辛为丙妻，故丙与辛合；癸为戊妻，故癸与戊合；乙为庚妻，故乙与庚合；丁为壬妻，故壬与丁合。《季氏阴阳说》曰：木八畏庚九，故以妹乙妻庚，庚气在秋，和以木气，是以荞麦当秋而生，所谓妻来之义。火七畏壬六，故以妹丁妻壬，壬得火热气，故欸冬当冬而花。金九畏丙七，故以妹辛妻丙，丙得金气，故首夏靡草荠麦死，故夏至之后，三庚为伏，以畏火也。土五畏甲八，故以妹己妻甲，土带阴阳，合，以雌嫁木，故能生物也。水六畏土五，故以妹癸妻戊，五行相和，是其合也。

支合者，日月行次之所合也。正月，日月会于诹訾之次，诹訾，亥也，一名豕韦，斗建在寅，故寅与亥合。二月，日月会于降娄之次，降娄，戌也，斗建在卯，故卯与戌合。三月，日月会于大梁之次，大梁，酉也，斗建在辰，故辰与酉合。四月，日月会于实沉之次，实沉，申也，斗建在巳，故巳与申合。五月，日月会于鹑首之次，鹑首，未也，斗建在午，故午与未合。六月，日月会与鹑火之次，鹑火，午也，斗建在未，故未与午合。七月，日月会于鹑尾之次，鹑尾，巳也，斗建在申，故申与巳合。八月，日月会于寿星之次，寿星，辰也，斗建在酉，故酉与辰合。九月，日月会于大火之次，大火，卯也，斗建在戌，故戌与卯合。十月，日月会于析木之次，析木，寅也，斗建在亥，故亥与寅合。十一月，日月会于星纪之次，星纪，丑也，斗建在子，故子与丑合。十二月，日月会于玄枵之次，玄枵，子也，一名天鼋，斗建在丑，故丑与子合。玄枵者，玄，黑也，枵，耗也。阴气盛，故万物始动，犹未出生，天下空虚，谓之曰耗。星纪者，纪，统也，领万物所终始也。析木者，万物始萌，分别水木也。大火者，东方木也，心宿在卯，火出木心也。寿星者，万物始达，各任其命也。鹑尾者，南方朱雀之宿，以轸尾也。鹑火者，阳气盛大，火星昏中，在七星朱鸟之处也。鹑首者，南方之宿，其形象鸟，以井为冠，以柳为口也。实沉者，阴气沉重，降实于物也。大梁者，强也，白露巳，降万物，坚强也。降娄者，降，下也，娄，曲也，阴气上侵，万物萎曲也。诹訾者，阴盛阳伏，万物愁哀也。

凡阴阳相配，善恶理均，凶不全凶，吉不独吉，吉终则凶，凶终则吉。故合不专合，复有离义。就支干配日辰，乃有五合、五离。五合者，《河图》云："甲寅乙卯天地合，丙寅丁卯日月合，戊寅己卯人民合，庚寅辛卯金石合，壬寅癸卯江河合。五离者，甲申乙酉天地离，丙申丁酉日月离，戊申己酉人民离，庚申辛酉金石离，壬申癸酉江河离。"寅卯，阳之所升，能生万物。日常出之，月满又出，东方少阳生长之处，物所欣会，故以为合。申酉，阴之所凑，肃杀之方。日月皆没于其所，西方少阴衰老之处，物之所恶，故以为离。甲乙日干之首，卦属乾坤，故比天地。丙丁阳光之盛，故方日月。戊己居中，能成万物，故类人民。庚辛体自金石，壬癸居然江河。凡为万事，吉则从合，凶则从离。遇合则休，值离则否。选日定时，卜筮之用，弥所用也。

白话解读

（一）阴阳合德，五行之本

孔子说"乾为阳，坤为阴"，阴、阳相互配合，为五行之本。万物都禀受生气于天，受气成形于地；禀受生气于阳，确定形体于阴。阴、阳两种形体都不会片面独立存在，所以，阴、阳各自有相应的配合。

在天干和地支所组成的系统中，其阴、阳可以从两个层面加以区分：

"总而言之"，即将天干和地支作为一个整体来思考，则天干为阳，属于天；地支为阴，属于地。

"别而言之"，即将天干、地支分别作为一个子系统来思考，则天干自有阴阳，即甲阳，乙阴，丙阳，丁阴，戊阳，己阴，庚阳，辛阴，壬阳，癸阴；地支也自有阴阳，即子阳，丑阴，寅阳，卯阴，辰阳，巳阴，午阳，未阴，申阳，酉阴，戌阳，亥阴。其中规律是按顺序排列，奇为阳，偶为阴。这两个层面的阴阳都各自象征天和地，同宇宙大系统中的天和地具有相同的功能，因此，自然相互配合，遵循人类社会系统中夫妇关系的规律。后文《五行大义》就是用宇宙大系统中天和地、人类社会系统中夫与妇关系的准则来阐释天干、地支的相合。

（二）天干相合

《五行大义》引《季氏阴阳说》阐释了天干相合方式，如下表所示：

天干相合表

阳、夫	甲	丙	戊	庚	壬
阴、妻	己	辛	癸	乙	丁
相合	合	合	合	合	合

木的成数为八，金的成数为九，金克木，所以木八畏惧庚九。木八有二天干即甲、乙，甲为阳，乙为阴，可类比兄妹，甲为兄，乙为妹，木的属性主要通过甲木体现出来。金九也有二天干即庚、辛，庚为阳，辛为阴，金的特性主要通过庚金体现出来。甲木最怕庚金克制，甲就将乙嫁与庚为妻。庚的金气在秋天最盛，调和了木气之后则有了生意，所以荞麦正当立秋前后播种生长。这就是妻子来与丈夫在一起的意义。

火的成数为七，水的成数为六，水克火，所以火七畏惧壬六。火七有二天干即丙、丁，丙为阳，为兄，丁为阴，为妹；水六也有二天干即壬、癸，壬为阳水，癸为阴水。丙之阳火最怕壬之阳水，丙就将丁嫁与壬为妻。主冬的壬水因此得到火的热气，所以款冬在冬季开花。"欸"同"款"，欸冬即款冬，是菊科植物。

金的成数是九，火的成数是七，火克金，所以金九畏惧丙七。金九有二天干即庚、辛，庚为阳，为兄，辛为阴，为妹；火七也有二天干即丙、丁，丙为阳火，丁为阴火。庚之阳金最怕丙之阳火，于是庚就将辛嫁与丙为妻。主夏的丙火得到主肃杀的金之气，所以孟夏之月靡草和荠麦死亡。夏至之后，第三个庚日为初伏，入伏后，人们都因为怕热而躲在室内。

土的生数为五，木的成数为八，木克土，所以土五畏惧甲八。土五有二天干即戊、己，戊为阳，为兄，己为阴，为妹；木八也有二天干即甲、乙，甲为阳木，乙为阴木。戊之阳土最怕甲之阳木，于是戊将己嫁与甲为妻。甲木得到土之气，土本身是阴与阳的中和状态，现在将雌性的己土嫁与主生的甲木，土就能生育万物了。

水的成数为六，土的生数为五，土克水，所以水六畏惧土五。水六有二天干即壬、癸；土五也有二天干即戊、己。壬为阳水，最怕戊之阳土，于是壬将癸嫁与戊为妻。戊土得到了水之气。五行之气在中央得到调和，使整个系统协调运行，这就是癸与戊相合的结果。

（三）地支相合

地支相合，是日和月运行时暂居处所的相合。日、月随着节气的转换，交会的位置也不断变化，最初是沿着赤道把周天自西向东划分为十二等分，唐朝后才改为黄道带。这就是十二星次，其名称依次为：星纪、玄枵、娵訾、降娄、大梁、实沈、鹑首、鹑火、鹑尾、寿星、大火、析木。《五行大义》所说十二星次之名与此略有出入。分别对应丑至寅十二地支。一年中，斗建系统的斗柄也分别指向不同的十二支，即月建。十二星次与十二月建当标示年周期中的同一节气时，与阳历的某一时间段相对应，二者具有相互配合的关系，这就是地支相合。

地支相合表

阳、夫	子	寅	辰	午	申	戌
阴、妻	丑	亥	酉	未	巳	卯
相合	合	合	合	合	合	合

正月，日、月交会于娵訾星次，娵訾对应十二地支中的亥，一名称豕韦。这时，斗柄所指月建在寅，所以寅与亥合。

二月，日、月交会于降娄星次，降娄对应十二地支中的戌。斗柄所指月建在卯，所以卯与戌合。

三月，日、月交会于大梁星次，大梁对应十二地支中的酉。斗柄所指月建在辰，所以辰与酉合。

四月，日、月交会于实沉星次，实沉对应十二地支中的申。斗柄所指月建在巳，所以巳与申合。

五月，日、月交会于鹑首星次，鹑首对应十二地支中的未。斗柄所指月建在午，所以午与未合。

六月，日、月交会于鹑火星次，鹑火对应十二地支中的午。斗柄所指月建在未，所以未与午合。

七月，日、月交会于鹑尾星次，鹑尾对应十二地支中的巳。斗柄所指月建在申，所以申与巳合。

八月，日、月交会于寿星星次，寿星对应十二地支中的辰。斗柄所指月建在酉，所以酉与辰合。

九月，日、月交会于大火星次，大火对应十二地支中的卯。斗柄所指月建在戌，所以戌与卯合。

十月，日、月交会于析木星次，析木对应十二地支中的寅。斗柄所指月建在亥，所以亥与寅合。

十一月，日、月交会于星纪星次，星纪对应十二地支中的丑。至其中为冬至。斗柄所指月建在子，所以子与丑合。

十二月，日、月交会于玄枵星次，玄枵对应十二地支中的子，一名称为天鼋。斗柄所指月建在丑，所以丑与子合。

十二星次分别代表不同的意思。从地球上看，太阳视运动每天东升西落运行一周天，遍经十二星次，所以十二星次对应十二时辰，并因此而得名。

玄枵 "玄"的意思是"黑"，"枵"的意思是"耗"。"耗"同"耗"，意为空虚、消耗。其对应的子时（23—1时）正是夜半时分，夜色正黑，阴气最盛；这时，太阳已经从最下方开始向上运动，阳气潜生，万物开始萌动，但还没有出生，所以天下空虚无物。

星纪 "纪"意思是"领"，即统领，星纪是统领万物的终与始的意思。其对应的丑时（1—3时）正是夜半方过，为鸡鸣之时，又名荒鸡，是太阳从最下方变为向上运动的第一个阶段，是阴气终结的时期，也是太阳向上运动的开始。

析木 "析"的意思是分析、辨认。其对应的寅时(3—5时)正是夜与日的交替之际，太阳即将升出地平面，万物从沉睡中醒来，自然界中的草木山水都可以辨识出来了，所以称之为析木。

大火 大火位在东方，为东方木，二十八宿中的心宿在卯，组合起来就是"火出木心"的意象。其对应的卯时(5—7时)，太阳刚刚露出地平线，像一团大火球，所以称之为大火。

寿星 意思是万物发展道路开始通达，各自承担禀受天地所赋予的使命。其对应的辰时(7—9时)正是古人吃早饭的时间，正常饮食是人生命的源泉，所以称之为寿星。

鹑尾 位在南方，为南方朱雀之宿。南方朱雀为井、鬼、柳、星、张、翼、轸七宿，形如鹑鹑，可以分为鹑首、鹑火、鹑尾三部分，轸宿正在鹑鹑的尾部，所以称之为鹑尾。其对应的巳时(9—11时)正是临近中午的时候。

鹑火 位在正南方，阳气盛壮强大。农历五月，火星黄昏时分正处于南方朱雀七宿之中柳、星、张三宿的位置，而这三宿又位于形如鹑鹑的朱雀七宿的心脏位置，所以称之为鹑火。其对应的午时(11—13时)正是中午，太阳运行到正南方。

鹑首 位在南方，是南方朱雀七宿的一部分。井宿、柳宿在头部，所以称之为鹑首。其对应的未时(13—15时)正是太阳过午偏西之时。

实沉 即实沈，意思是阴气沉重、下降，人们应该吃下食物来充实自己，所以称之为实沈。其对应的申时(15—17时)正是晡时。中国古代人一日只有两餐，晡时是吃第二顿饭的时间。

大梁 大梁，意思是强。在农作物生长的季节里，每当夜幕降临，常有白色的露水出现，滋润万物，使万物欢悦，这里"降"的意思是欢悦、快乐。万物得到露水的滋养，得以成长，变得坚固强大，因此称之为大梁。其对应的酉时(17—19时)正是太阳落山的时候。

降娄 "降"的意思是"下"，"娄"的意思是"曲"，是说阴气向上渐进，万物干枯衰落、弯曲不直。所以称之为降娄，亦名"奎娄"。其对应的戌时(19—21时)正是黄昏。

诹訾 即娵訾。意思是阴气盛大，阳气伏藏，万物忧愁哀痛，齐声嗟叹，所以称之为诹訾。其对应的亥时(21—23时)正是人定，又名定昏，这时夜色已经很深，人们停止活动，安歇入眠。

（四）阴阳相合的吉凶

凡达到了阴阳配合、善恶均等的情势，就可能发生四种情况：凶不全凶(凶中有吉)，吉不独吉(吉中有凶)，吉终则凶(吉最终会演变成凶)，凶终则吉(凶最终会演变成吉)。这说明，阴与阳虽然合在一起，但并不是单纯的专一相合，其中还有离的意思。因为合中有离，所以，才会出现局部不同于整体即"凶不全凶，吉不独吉"，才会出现发展转化即"吉终则凶，凶终则吉"。

（五）五合五离及其吉凶

就地支天干与日辰的配合而论，则有五合、五离，各主不同的吉凶。《五行大义》引《河图》所说的"五合五离"如下表所示：

五合五离表

五合	甲寅乙卯天地合	丙寅丁卯日月合	戊寅己卯人民合	庚寅辛卯金石合	壬寅癸卯江河合
五离	甲申乙酉天地离	丙申丁酉日月离	戊申己酉人民离	庚申辛酉金石离	壬申癸酉江河离

寅卯为合：寅、卯为东方，是太阳和月亮从地平线上所升起的地方，能生长万物。东方是少阳之气，是万物生长之处，万物都欣然聚合于此，所以把寅卯作为合。

申酉为离：申、酉为西方，是太阳和月亮下降隐没的地方，阴气凑合能肃杀万物。西方是少阴之气，是万物衰老之处，万物都厌恶于此，想离开此地，所以把申酉作为离。

至于天干的配合，甲、乙为十天干之首，卦属于乾、坤，即甲属乾，乙属坤，乾坤在宇宙大系统中为天地，即乾为天，坤为地，所以甲乙匹配天地。丙、丁五行为火，像太阳光芒一样炽烈，所以丙丁相当于日月。戊、己居位中央，能成就万物，如同人民可以创造万物，所以戊己类似人民。庚、辛五行为金，其形体本来就是金属、石，所以庚辛自为金石。壬、癸五行为水，江、河是水的家，所以壬癸就像是江河。

人们所做的一切事情，遵从合则吉，遵从离则凶。遇到合则吉庆，碰到离则困厄。所以，人们选日定时，求神占卜，到处都要用到这些。

第九　论扶抑

扶者，以辅助为义；抑者，以止退立名。五行既成，盛衰有时，尊卑代易，故有相扶抑者，义其相遇也。母得子为扶，子遇母为抑。子有孝养顺助之理，所以为扶；母有尊严训制之道，所以为抑。

相扶者，木扶水，水扶金，金扶土，土扶火，火扶木，此皆母得子。相抑者，木抑火，火抑土，土抑金，金抑水，水抑木，此皆子遇母也。

《柳世隆龟经》云："扶者寿，抑者否；扶者起，抑者止；扶者仰，抑者俯；扶者进，抑者退；扶者行，抑者停；扶者吉，抑者凶。"就此又须消息，凡父母有气为真父母，无气为宗庙鬼神；有气为儿子福助，无气为财帛功德。所以扶者必善，抑者为恶。生王之时，则为有气；死没之时，则是无气。有气无气，复有二种。若遇合德，虽抑非害；若逢刑克，为凶更重之。

问曰：母之于子，训制之道，谓之为凶，此未可解。尊严训制，教以义方，欲其成人，何为反恶？答曰：前解已有二种，若遇一德合，虽抑非害，有气为真父母，此是欲其成人，虽然当训之时，于子交不遂心，亦是留碍，况逢刑克，舜之至孝，尚大杖则逃，王祥扣冰，孟仁泣笋，此岂是义方之教。无气为鬼神者，鬼神之来，多欲为祟，祷请祈求，乃可致福。此否抑者何。问曰：解云，有气为父母，无气为鬼神者，此亦有疑。夫鬼神虽居幽微，犹是有物，精灵感通，祸福斯应。若云无者，宗庙享祀，何所依凭？答曰：所言有无者，正论生死，生则形存为有，死则气散为无。不语幽微，何足疑也。问曰：若如此解，死则为无，无何所虑，而能为抑？答曰：鬼神虽无形质可见，而有善恶可求，故能为抑。问曰：若能为抑，便是有义。答曰：就抑则有，语形则无。今解无也，就气而论，非是全无，但无王相之气，而有死没之气。王相气来则吉，死没气来则凶。所言无气者，无王相气耳。

白话解读

(一)何为扶抑

"扶"的意思是辅助,"抑"的意思是制止、退让。

五行形成之后,其盛衰尊卑都会在不同的时间段内更替轮转,所以就有相扶或是相抑的关系,适宜于相互遇到一起的两种五行之间。五行之间相互扶抑有两种,一是"子对母",二是"母对子"。这说明扶抑关系发生在具有相生关系的五行之间。子女对于其母亲有孝敬、奉养、顺从、辅助的义务,故曰"扶"。而母亲对于子女有尊长、严厉、训导、制服的权力,故曰"抑"。

(二)五行扶抑

五行相扶为木扶水,水扶金,金扶土,土扶火,火扶木。这都是母亲得到子女的辅助。

五行相抑为木抑火,火抑土,土抑金,金抑水,水抑木。这都是子女受到母亲的抑制。

(三)五行扶抑的吉凶

《五行大义》所引《柳世隆龟经》的观点总结起来,就是凡是相扶的都是善事,如寿、起、仰、进、行、吉等;凡是相抑的都是恶事,如否、止、俯、退、停、凶等。

五行之间扶抑的吉凶在上述总原则的基础上,又需要根据五行具体状况的不同而消息变化,这就是消息原则,即"凡是父母有气为真正的父母,父母无气则为祖先宗庙里的鬼神;凡是子女有气为得到儿子给予幸福、辅助,子女无气则为财宝、布帛、功劳、恩德"。

那如何区别有气与无气?全凭衰王论断。当五行临生、王之时,则为有气;当五行临死、没之时,则是无气。有气表现为活着的人,如真正的父母、子女;无气表现为死去的人、非人的财物等。

有气与无气又有两种变化。如果遇到合、德,如天干合、地支合、干德、支德、支干德等，则虽然受到相抑也没有损害；如果遭逢刑、克，如三刑、相克等，相抑的凶就更加严重。这说明合、德可以化解抑的负面影响，刑、克则会加重抑的负面作用。

（四）五行扶抑中的几个问题

五行扶抑中有几个问题，《五行大义》一一作了解答。

一问：母亲对于子女而言，其训导、制服的行为，称之为凶，这非常不可理解。尊长严厉地训导制服，用适宜的行为准则教育子女，这是想让其成长为人，为什么反而是恶呢？

回答说：母亲对子女的抑有两种情况。一种是父母有气。父母有气之时为真正的父母，这时父母对子女的训导制服是为了让其成长为人，如果这时遇到一德、一合，则德、合可以化解抑的危害，虽然母亲对子女有所抑制，但子女没有受到什么伤害，尽管如此，当母亲训导子女之时，同子女的这种交流方式并不符合子女的心愿，难以避免地会在子女心中留下障碍。子女遇到德、合尚且如此，何况再遭逢刑、克之时。比如舜帝对父母至为孝顺，遇到父母用大棍子打他，尚且逃走躲避；晋代王祥为母卧冰求鲤、三国孟仁冬天为母哭求竹笋，这哪里是用规矩法度来教育子女？一种是父母无气。父母无气之时则为鬼神，凡鬼神降临，都是想制造灾祸，只有祷告祈求之，鬼神才会带来福佑。这两种情况不是相抑又是什么呢？

二问：刚才解释说，有气为父母，无气为鬼神，这也有可疑之处。试想一下，鬼神虽然存于幽深隐微之地，但还是有物，人的精神灵魂可以与鬼神感应相通，为祸作福都如响斯应。如果说鬼神为无气，那祖先宗庙享受祭祀，还有什么依凭？

回答说：这里所说的有与无，正确的论断标准是生与死，生则形体存在，为有，死则精气散失，为无。不谈论幽深隐微之事，不值得疑惑。

三问：如果这样解释，死就是无，"无"有什么可以顾虑的，而能成为抑制人的力量呢？

回答说：鬼神虽然没有形体物质可以被看见，但却可以为善作恶让人们祈求，所以能成为抑制人的力量。

四问：如果鬼神能为抑，即能起到抑制的作用，那就是"有"的意思。为什么称之为"无"呢？

回答说：就鬼神能发挥抑制作用而言，则为有；就其形体而言，则为无。现在解释的"无"，是就气的衰王而论，不是全部的"无"，只是无王、相之气，而有死、没之气。王、相气来则吉，死、没气来则凶。所说的"无气"，就是指无王、相之气而已。

第十　论相克

五行虽为君臣父子，生王不同，逐忌相克。克者，制罚为义，以其力强能制弱，故木克土，土克水，水克火，火克金，金克木。

《白虎通》云："木克土者，专胜散；土克水者，实胜虚；水克火者，众胜寡；火克金者，精胜坚；金克木者，刚胜柔。"《春秋繁露》云："木者，农也，农人不顺如叛，司徒诛其率正矣，故金胜木。""火者，本朝有谗邪，荧惑其君，法则诛之，故水胜火。""土者，君大奢侈，过度失礼，民叛之穷，故木胜土。""金者，司徒弱不能使众，则司马诛之，故火胜金。""水者，执法阿党不平，则司寇诛之，故土胜水。"胜者为君，为夫，为官，为吏，为鬼。负者为臣，为妻，为财。君以威严尊高，夫以德义隆重，官以能有赏伐，吏以刑法裁断，鬼以克杀病丧，并为胜者也。臣以畏伏其上，妻以敬从其夫，财以休彼制用，并为负者。凡上克下为顺，下克上为剥。喻如君有刑臣之法，臣无犯君之义；父有训子之道，子之无教父之方。所以上之克下，顺理而行，下之克上，乖理而克。故《白虎通》云：阳为君，阴为臣。水以大阴之气，制太阳之火，金以少阴之气，制少阳之木。喻如失道之君。若殷汤放桀，周武伐纣，此皆诛有罪也。凡卜筮，得其所克者凶，得所受制者吉。五行之道，子能拯父之难，故金往克木，火复其雠；火既消金，水雪其耻。然当衰气者，反为王者所制，如鼎镬中水，为火所煎。

《白虎通》云：火热水冷，有温水，无寒火何？明臣可为君，君不可为臣。火煎水为汤者，不改其形，但变其名也。水灭火为炭者，形名俱尽也。亦如君被废而不存，臣有罪而退职也。五行相克，木穿土不毁，火烧金不毁者，皆阳气仁，好生故也。金伐木犯，水灭火犯者，阴气贪，好杀故也。至如山崩川竭，木石为灾，天火下流，人火上燎，水旱扇并，风霜为害，此并失政于人，天地作谴，为五行相沴者。乖沴不和之义，以其气冲相沴，不名克也。沴，亦废也，于木则南宫极震，于水则三川竭，于火则宫室灾，于金则九鼎震，于土则齐、楚山崩。木、金、水、火俱沴土者，地动分拆是也。故五行气冲，而有六沴，大概如斯。

白话解读

（一）五行相克之义

五行虽然相互为君臣、父子关系，但因为生、王不同，按照先后次序逐一畏忌，形成相克关系。克，意思是管制、处罚，五行中力量强壮的能制服弱小的，所以木克土，土克水，水克火，火克金，金克木。

（二）五行相克之因

《五行大义》引《白虎通》和《春秋繁露》两种典籍分别对五行相克进行了阐释。

《白虎通》的引文意思是说，木结构专一，土结构松散，专能胜散，所以木胜土；土内容充实，水内容空虚，实能胜虚，所以土胜水；水数量众多，火数量寡少，众能胜寡，所以水胜火；火质地精细，金质地坚固，精能胜坚，所以火胜金；金形体刚强，木形体柔弱，刚能胜柔，所以金胜木。

《春秋繁露》的引文意思是说，木主农业，从事农业的人就是农民，农民如果不听从命令进行叛乱，朝廷就会命令负责土地事务和人民教化的"司徒"进行镇压，诛杀领头闹事的人，使胁从者归于正途，所以说金胜木。火代表妖异怪诞、好进谗言的人，如果他们迷惑君主，执法官员就会诛杀他们。水主法律，所以说水胜火。土代表君主，如果君主过分地奢侈浪费，过度地失礼失节，人民就会起来反叛。人民叛乱了，君主就会陷入穷途末路，所以说木胜土。金代表"司徒"，司徒如果太过软弱不能有效管理人民，负责军队的"司马"就会诛杀他，所以说火胜金。水代表执法司寇，执法者如果媚上结党，处事不公，管理刑狱纠察的司寇（或为司营之误）就会诛杀他，所以说土胜水。

(三)五行相克之象

五行相克就是相胜,一方胜,必有一方负。胜者在人类社会系统不同层次中表现为君、为夫、为官、为吏、为鬼。君与臣相比,则具有威武、严厉、尊崇、高贵的特征;夫与妻相比,则具有道德、信义、被推崇、受尊重的特征;官与低等的吏相比,则具有才能以及占有、赏赐、讨伐的权力;吏与庶民相比,则具有依法施刑罚、裁决、判断的权力;鬼与人相比,则具有克制、杀害、患疾病、丧亡的特征。

负者在人类社会系统不同层次中表现为臣、为妻、为财。臣以畏惧的态度俯伏于君前;妻以尊敬的态度顺从其丈夫;财因有好处而被人控制利用。

(四)五行相克吉凶的规则和规律

1. 凡上克下为顺,下克上为剥

这是五行相克的一条重要规则。"顺"的意思是顺从道理;"剥"的意思是剥夺伤害。这就如同君臣父子关系,君主可以加刑于臣下,而臣下不可冒犯君主;父亲可以教训儿子,儿子不能教育父亲。所以上克下是顺理而行的;下克上,则是背理而行。所以《白虎通》说,阳为君主,阴为臣下。水是太阴,火是太阳,水是臣,火是君,水克制火;金为少阴,木为少阳,金是臣,木是君,金克制木。这就如同失道的君主为臣下所克害,殷朝的开国者商汤放逐夏桀,周朝的开国者周武王讨伐商纣,这都是臣诛杀有罪之君。

2. 得其所克者凶,得所受制者吉

这是五行相克的一般规律。凡龟卜、占筮,以我为中心,得到克制我的力量就是凶,得到我所克制的力量就是吉。比如,我为金,得火则凶,得木则吉;我为水,得土则凶,得火则吉;我为木,得金则凶,得土则吉;我为火,得水则凶,得金则吉;我为土,得木则凶,得水则吉。

3. 子能拯救父之难

这是五行相克的救应规律,即我所生之子可以制伏克制我的力量。如金克木,木生火,火是木子,火能克金,救木父出危难;火既克金,金生

水，水是金子，水能克火，救金父出危难。

4. 衰气反为王者所制

这是五行相克的衰王规律。五行相克还需要考虑相克双方力量的强弱。如果施克一方当衰气之时，力量衰弱，而受克一方当王气之时，力量强大，施克者反为受克者所制，这就是反制。比如，水本克火，而水处于鼎镬之中，下为火所烧，大锅中的水就会被火煎煮，蒸发消散。

5. 阳克阴不毁，阴克阳不存

这是五行相克的结果规律。《白虎通》说，五行的特性是火性热，水性寒，但自然界里面却有温水，没有寒火，这是为什么呢？这是告诉人们一个五行相克的规律，即臣可为君，君不可为臣。火煎煮水，使水沸腾，称为"汤"。水的形态仍然是液体，但其名字发生了变化。水熄灭火，使火变冷成为炭，火的形态不存在了，火的名字也发生了变化。这就类比于君主被废黜则不再存在，但臣下如果有罪被罚，只是失去官职而已，仍是臣下。

五行相克，木穿过土，但土并未毁坏，火燃烧金，但金并未毁坏，这是因为木、火为阳，阳虽然克阴，但阳气仁爱，爱惜生灵。金砍伐木，木则受到损害，水熄灭火，火则受到损害，这是因为金、水为阴，而阴气贪婪，嗜好杀戮。所以阳克阴有所保留，阴克阳则毁灭全部。

（五）五行相沴

五行之间相互克制还会导致山岳崩塌、河流枯竭，树木和山石成为灾祸，天上的火往下流动，人间的火向上延烧，水灾、旱灾频至，风和霜形成祸害，这都是君主施政错乱，从而招致天地的谴责，这就是五行相沴。"沴"的意思是伤害，就是由于五行不和之气所造成的伤害。乖沴不和就是相互对向猛烈冲击的两种气，因为相互对冲形成伤害。"沴"也是一种"克"，只是比"克"的危害更重，重到"废"的程度。所以，"沴"也有"废"即废弃无用的意思。五行之气相对冲，被冲击的一方受到严重伤害，成为废物。

五行相沴，古人称为六沴，是六气不和，因为历代学者将五行配上了六极，即上、下和四方，四方配木、火、金、水四行，中央之下配土，中央之上配皇极。皇极就是五行全得的状态，也就是五行的统一体。所以，五行相沴就变成了六气不和，即六沴。六沴为金沴木，木沴金，水沴火，火沴水，木、金、水、火各沴土，木、金、水、火俱沴皇极。

金沴木是木受到金冲击而成灾。在五行配五方中，金位西方，木位东方，金与木对冲。据《左传·昭公二十三年》记载，周景王时，八月丁酉日，周地发生地震，西王王子朝的大臣南宫极为屋所压而不幸死亡。这就是南宫极震。

火沴水是水受到火冲击而成灾。在五行配五方中，火位南方，水位北方，火与水对冲。比如历史上黄河、洛水、伊河三川枯竭，据周朝大夫伯阳父说，伊河、洛河枯竭而夏亡，黄河枯竭而商亡。

水沴火是火受到水冲击而成灾。在五行配五方中，水位北方，火位南方，水与火对冲。比如宫廷大量房屋发生的大规模火灾。

木沴金是金受到木冲击而成灾。在五行配五方中，木位东方，金位西方，木与金对冲。据《史记·卷四·周本纪第四》记载，周威烈王二十三年（公元前403年），九鼎震动，韩、魏、赵被封为诸侯国。九鼎为金，其受震之因是木的冲击。此为九鼎震。

木、金、水、火各沴土是土受到木、金、水、火各自冲击而成灾。在五行配五方中，木、金、水、火位四方，土位中央，四方与中央对冲，即金沴土、木沴土、水沴土、火沴土。比如，汉文帝元年（公元前179年）四月，齐、楚两地的山发生崩塌、泥石流灾害。

木、金、水、火俱沴土是土受到木、金、水、火四行一起冲击而成灾。这时之土为皇极，四行俱冲之。在自然灾害中是地震、地裂。

五行之气相对冲产生六沴，其大概情况就是如此。

第十一　论刑

夫刑者，杀罚为名。自是刑于不义，非故相刑也。五行各在一方，寒暑推移，应时而动，不失其节，各不犯，各无应独受刑者。但须用之，不严而治，不可弃而不用，故皆还相刑，如以金治金，则成其器，以人治人，则成国政。《吕氏春秋》云："刑罚不可偃于国，笞怒不可废于家。"故五刑之属三千，莫不本乎五行。

《周书》曰："因五行相克而作五刑，墨、劓、剕、宫、大辟是也。火能变金色，故墨以变其肉；金能克木，故剕以去其骨节；木能克土，故劓以去其鼻；土能塞水，故宫以断其淫；水能灭火，故大辟以绝其生命。"至于汉文，去其肉刑，代之以鞭笞，其后枭斩流绞之徒，并不越其五数。《尚书》云："流宥五刑。"又，五流相去各五百里，鞭笞之数，起自于十，积而至百，亦依十干之数。《尚书刑德放》云：大辟象天刑，罚赎之数三千，应天地人。日辰支干之刑，亦有三种。故天地人之刑，其揆一也。三种者，一，支自相刑；二，支刑在干；三，干刑在支。

支自相刑者，子刑在卯，卯刑在子；丑刑在戌，戌刑在未，未刑在丑；寅刑在巳，巳刑在申，申刑在寅；辰午酉亥各自刑。《汉书》《翼奉奏事》云："木落飯本，故亥卯未木之位，刑在北方，亥自刑，卯刑在子，未刑在丑。水流向末，故申子辰水之位，刑在东方，申刑在寅，子刑在卯，辰自刑。金刚火强，各还其乡，故巳酉丑金之位，刑在西方，巳刑在申，酉自刑，丑刑在戌；寅午戌火之位，刑在南方，寅刑在巳，午自刑，戌刑在未。"

干刑支者，寅刑在庚，卯刑在辛，辰刑在甲，巳刑在癸，午刑在壬，未刑在乙，申刑在丙，酉刑在丁，戌刑在甲，亥刑在己，子刑在戊，丑刑在乙。

支刑干者，甲刑在申，乙刑在酉，丙刑在子，丁刑在亥，戊刑在寅，己刑在卯，庚刑在午，辛刑在巳，壬刑在辰戌，癸刑在丑未。此并以所胜为刑也。

凡卜筮所用，遇刑非善。然所求之事，非刑不获。《史苏龟经》云："当成不成，视兆相刑。"又问云："六合是吉，而巳申相克者何？"答曰："金带水生火中，火为金鬼，水为火鬼。金共水生火中，则是鬼母子身。申是金位，兼复怀水，巳是火位，复有生金。还相雠，故以为刑也。"然刑有上下，寅刑在巳者，巳为刑上，寅为刑下，余例悉尔。故《兵书》云：刑上风来，坐者急起，行者急住，即此谓也。云三刑者，如寅刑在巳，巳刑在申，寅日申时，巳上起风，或巳上见妖，谓之三刑也。他亦效此。别有从气为刑，与德相对者。已从前解，故不重释。

白话解读

（一）五刑本于五行相克

刑，意思是杀戮、处罚，本义自然是对不合乎道义之人的刑罚，并非故意相加的刑罚。

五行各在一方，分配于东、西、南、北、中，随着寒暑的推移变化，顺应四时节气而运动，不丧失其节制，各不相犯，没有不义之事，所以也就都没有独自受刑罚的理由。但刑罚还必须用之，虽不严厉但可以收到治理效果，不可弃置而不加运用，所以五行之间循环相互刑罚。如同用金属来整治金属，则可以使金属成为器具，用人来治理人，则可以成就国家政事。《吕氏春秋》说，愤怒的鞭打不可在家庭中废除，刑事与罚赎不可在国家里止息。所以五刑（墨、劓、剕、宫、大辟，即古代五种肉刑）适用范围多达3000种罪状，没有不本于五行相克之道的。

《五行大义》所引《周书》实为《逸周书》中的《佚文》，意思是说，古人根据五行相克制定了五种刑罚，即墨、劓、剕、宫、大辟。墨刑是刺刻犯人面额，染以黑色，火能改变金的颜色，所以用墨刑来改变犯人的皮肉。剕也称刖刑，是用锯斩削人的脚即断足的刑法。金能克制木，所以用剕刑去除人身体上的骨节。劓用刀割掉鼻子的一种刑罚。木能克制土，所以用劓刑割去人的鼻子。宫又称蚕室、腐刑、阴刑和椓刑，是阉割男子生殖器、破坏女子生殖机能的一种肉刑。土能堵塞水，所以用宫刑断绝其生殖能力。大辟又称杀罪，是死刑的总称，其执行方法主要是斩首。水能熄灭火，所以用大辟以结束犯人的生命。到汉初的汉文帝时期，废除肉刑，取代以比较人性化的鞭笞，其后，枭斩即枭首斩首、流刑、绞刑之类，其总类都不超过五数。《尚书·舜典》说，以流放之法宽宥五刑。流刑有五等，其相隔的距离皆为500里（250千米）。鞭笞之数，也从十开始，按不同程度增加至百，这也是依据十天干之数。《尚书刑德放》说，大辟如同天降的刑罚（那么严重），用罚金赎罪的数量为3000，这是应天、地、人三才之数。

（二）日辰支干之刑

日辰地支天干之间的刑也有三种。可见天、地、人之刑是确定刑的唯一准则。这三种刑是：地支自相刑、地支刑在天干、天干刑在地支。

1. 支自相刑

地支之间自相刑为：子刑在卯，卯刑在子；丑刑在戌，戌刑在未，未刑在丑；寅刑在巳，巳刑在申，申刑在寅；辰、午、酉、亥各自刑。《五行大义》引《汉书》《翼奉奏事》来进行阐释。翼奉是西汉经学家，喜好律历阴阳之占。《翼奉奏事》说法如下：

木落皈本，就是木落归根，木由水生，所以亥、卯、未为木的位置，其刑在北方。北方有三个地支亥、子、丑，按照生、王、墓各相一致的原则，亥、亥为生，所以亥自刑；卯为王，子为王，所以卯刑在子；未为墓，丑为墓，所以未刑在丑。

水流向末，就是水流归末，水往低处流，水生木，所以申、子、辰为水的位置，其刑在东方。东方有三个地支寅、卯、辰，按照生、王、墓各相一致的原则，申为生，寅为生，所以申刑在寅；子为王，卯为王，所以子刑在卯；辰、辰为墓，所以辰自刑。

金刚火强，各还其乡，就是金性坚刚，火性高强，各自回还到本位，所以巳、酉、丑为金的位置，刑在西方。西方有三个地支申、酉、戌，按照生、王、墓各相一致的原则，巳为生，申为生，所以巳刑在申；酉、酉为王，所以酉自刑；丑为墓，戌为墓，所以丑刑在戌。寅、午、戌为火的位置，刑在南方。南方有三个地支巳、午、未，按照生、王、墓各相一致的原则，寅为生，巳为生，所以寅刑在巳；午、午为王，所以午自刑；戌为墓，未为墓，所以戌刑在未。

2. 干刑支

天干刑地支为：寅刑在庚，卯刑在辛，辰刑在甲，巳刑在癸，午刑在壬，未刑在乙，申刑在丙，酉刑在丁，戌刑在甲，亥刑在己，子刑在戊，丑刑在乙。

其原则有二：一是地支以所胜克自己的天干为刑；二是阳刑在阳，阴刑在阴。如木为金克，但木有二地支即寅、卯，金有二天干即庚、辛，寅为阳，庚为阳，所以寅刑在庚；卯为阴，辛为阴，所以卯刑在辛。如火为水克，但火有二地支即巳、午，水有二天干即壬、癸，巳为阴，癸为阴，所以巳刑在癸；午为阳，壬为阳，所以午刑在壬。如金为火克，但金有二地支即申、酉，火有二天干即丙、丁，申为阳，丙为阳，所以申刑在丙；酉为阴，丁为阴，所以酉刑在丁。如水为土克，但水有二地支即亥、子，土有二天干即戊、己，亥为阴，己为阴，所以亥刑在己；子为阳，戊为阳，所以子刑在戊。如土为木克，土有四地支即辰、未、戌、丑，木有二天干即甲、乙，辰、戌为阳，甲为阳，所以辰刑在甲，戌刑在甲；未、丑为阴，乙为阴，所以未刑在乙，丑刑在乙。

3. 支刑干

地支刑天干为：甲刑在申，乙刑在酉，丙刑在子，丁刑在亥，戊刑在寅，己刑在卯，庚刑在午，辛刑在巳，壬刑在辰戌，癸刑在丑未。

其原则有二：一是天干以所胜克自己的地支为刑；二是阳刑在阳，阴刑在阴。如木为金克，但木有二天干即甲、乙，金有二地支即申、酉，甲为阳，申为阳，所以甲刑在申；乙为阴，酉为阴，所以乙刑在酉。如火为水克，但火有二天干即丙、丁，水有二地支即亥、子，丙为阳，子为阳，所以丙刑在子；丁为阴，亥为阴，所以丁刑在亥。如土为木克，但土有二天干即戊、己，木有二地支即寅、卯，戊为阳，寅为阳，所以戊刑在寅；己为阴，卯为阴，所以己刑在卯。如金为火克，但金有二天干即庚、辛，火有二地支即巳、午，庚为阳，午为阳，所以庚刑在午；辛为阴，巳为阴，所以辛刑在巳。如水为土克，但水有二天干即壬、癸，土有四地支即辰、未、戌、丑，壬为阳，辰、戌为阳，所以壬刑在辰、戌；癸为阴，丑、未为阴，所以癸刑在丑、未。

（三）卜筮中刑的吉凶

1. 卜筮中刑的一般原则

一般情况下，卜筮中三种刑运用的总原则有二：一是"遇刑非善"，因为刑本义是刑罚，受到刑罚，当然不是好事。二是"所求之事，非刑不获"，就是所谋求的事情，没有刑又不会获得。这是因为系统运行的法则是宽严皆备，德、刑并用。只有德没有刑，人类社会也不能治理得好。所以《史苏龟经》说："应当成还是不成，都需要看所形成的兆是否相刑。"史苏是春秋时期晋国晋献公时的大夫，在朝中主管占卜。

2. 巳申合中兼克刑

巳、申具有三重关系：一是巳为火，申为金，巳火克申金；二是巳与申相合，是六合之一；三是巳刑在申。这就很自然地产生一个问题即："巳申为六合之一，六合是吉，而克、刑是凶，那巳、申为什么又具有相克、相刑关系，即为什么巳刑在申呢？"对此，《五行大义》回答："水生于申，申中有生水，申为金，'带'的意思就是含有，'共'的意思是一起，所以说'金带水''金共水'；金生于巳，巳为火，所以说'金带水生火中'

'金共水生火中'；火克金，所以'火为金鬼'；水克火，所以'水为火鬼'。这都是从申金角度来探讨的。申金生于巳火之中，巳火克申金，但申金所带之水、所共之水又反克巳火，使申金具有非常复杂的多重身份。一是申金之中有生水，水是火鬼，所以'申'是'鬼身'；二是申金之中有生水，金能生水，所以'申'是'母身'；三是金生于巳，巳中有生金，所以'申'又是'子身'。由此可以说，巳、申是金共水生火中，'申'则是鬼、母、子身一体的。申的本位属金，所以说'申是金位'；申中有生水，所以说申'兼复怀水'；巳的本位属火，所以说'巳是火位'；巳中有生金，所以说巳'复有生金'。巳中火克申金，申中生水克巳中火，所以说'还相雠'，'雠'同'仇'。由此可以说，巳刑在申。"

3. 刑有上下

刑有上下，即刑上、刑下。刑上为施刑者，刑下为受刑者。因此，上可刑下，下不可刑上。如地支自相刑中，寅刑在巳，巳为刑上，寅为刑下，巳可以刑寅，寅不可以刑巳。其余照此例推，具体如下表所示：

支自刑刑上刑下表

支自相刑	刑上	刑下
子刑在卯	卯	子
卯刑在子	子	卯
丑刑在戌	戌	丑
戌刑在未	未	戌
未刑在丑	丑	未
寅刑在巳	巳	寅
巳刑在申	申	巳
申刑在寅	寅	申
辰自刑	辰	辰
午自刑	午	午
酉自刑	酉	酉
亥自刑	亥	亥

干刑支刑上刑下表

干刑支	刑上	刑下
寅刑在庚	庚	寅
卯刑在辛	辛	卯
辰刑在甲	甲	辰

续表

巳刑在癸	癸	巳
午刑在壬	壬	午
未刑在乙	乙	未
申刑在丙	丙	申
酉刑在丁	丁	酉
戌刑在甲	甲	戌
亥刑在己	己	亥
子刑在戊	戊	子
丑刑在乙	乙	丑

支刑干刑上刑下表

支刑干	刑上	刑下
甲刑在申	申	甲
乙刑在酉	酉	乙
丙刑在子	子	丙
丁刑在亥	亥	丁
戊刑在寅	寅	戊
己刑在卯	卯	己
庚刑在午	午	庚
辛刑在巳	巳	辛
壬刑在辰、戌	辰、戌	壬
癸刑在丑、未	丑、未	癸

刑上主凶，躲避为上策。《五行大义》引《兵书》说：刑上方位如果有风袭来，坐着的人应该迅速站起，行走的人应该迅速停住，就是讲的这个道理。这种情况应该是刑下为日支，刑上为人所活动的方位，所谓"坐者""行者"就是指人的活动，刑上方位对作为刑下的日支形成刑，人活动在刑上方位是带日支之气而来，会受刑伤，如果刑上有风起来，人可能受到风的伤害，所以要采取行动避灾。

4. 三刑

所说三刑，如地支自相刑中，寅刑在巳，巳刑在申，如果在寅日、申时，人活动于巳方位，遇到起风，或发生不正常的现象和行为，这就称为三刑。其他三刑都仿效此例。

5. 从气为刑

前面在谈到德的时候，已经论述过与德相对应的刑。从前面的论述中可以得到从气为刑的解释,所以不再重复阐述。

第十二　论害

相害者,逆行相逢于十二辰,两两相害,名为六害。戌与酉,亥与申,子与未,丑与午,寅与巳,卯与辰,是六害也,是杀伤之义。今此六害,或是君臣父子,或是夫妻,理不应害。《孝经》云:"不爱其亲,而爱他人者,谓之悖德。"既违其慈爱之性,故有怒戮之理。五行所恶,其在破冲。今之相害,以与破冲合,故父失其慈,子违其孝,妻不敬顺,夫弃和同,并合雠怨,理成相害。至如命待熊蹯,饥探雀鷇,重耳外奔,申生赐尽,河内则夫妇相残,塞外则君臣杀夺,此岂非害乎。辰卯为害者,卯与戌合,戌破于辰,辰土为卯木妻,戌辰同雠,卯与戌合便是弃;辰与酉合,酉冲破卯,辰为卯妻,酉为卯雠,辰与酉合酉能克卯,妇奸外夫,杀本夫之象也。巳与申合,申冲于寅,巳为寅子,申能克寅,巳与申合子有逆行。丑午相害者,丑与子合,子冲破午;午与未合,未破于丑,亦是父子相害义也。未子相害者,未与午合,午冲破子,未土为君,子水为臣,午火为子水之财,君以财害臣之象也。子与丑合,丑破于未,未又是土,子与丑合欲引外君,共害其主,此则臣有逃亡之象也。申亥相害者,亥与寅合,寅冲于申;申与巳合,巳冲于亥,亦是父子相害义也。

夫相生不必相生,相害不必相害,犹如火能烧物,遂有炎洲之火,而不能烧物。水能润长,洪潦暴至,亦使草树芸黄,此是相生反相害、相害反相生者。钻木得火,而云雨掣电,相因而有,此是相害反相生也。水本害火,膏油渍炷,灯火益明,亦是相害反相生也。阴阳五行,万物所存。吉凶之应,各以其类言之,或吉中有凶,凶中有吉,凶则视其所救,吉则观其所害。凶而有救,不至于祸;吉而有害,不及于庆。纯凶则祸大,纯吉则福深。如丑午相害,以子冲破午,子有王水,此为纯凶。未破于丑,丑有欲相之木,能制未土,为有救也。未子相害,午冲破于子,子是王水,水制午火,为凶中有吉。子与丑合,丑土反制子水,即是吉中有凶。生害之义,例皆如斯。

白话解读

(一) 何为相害

所谓相害，是指顺行十二支与逆行十二支两两相逢，两两相害，共有六组，称为六害。

十二辰是中国古代对周天的一种划分法，是沿天赤道从东向西将周天等分为十二个部分，分别以地支子、丑、寅、卯、辰、巳、午、未、申、酉、戌、亥来命名，其顺序与十二次正相反。因此，"逆行相逢于十二辰"就是逆行相逢于十二支，即自戌至卯顺排十二地支于下，自酉至辰逆排十二地支于上，上下两两相逢并相害，即为六害。

地支相害表

自酉至辰逆排	酉	申	未	午	巳	辰
自戌至卯顺排	戌	亥	子	丑	寅	卯

"害"的意思是杀伤，"杀"的意思是杀戮，"伤"的意思是伤害。

(二) 十二支相害的依据

六害的关系，或者是君臣、父子，或者是夫妻，按照情理，不应该相害。《孝经·圣治章第九》说，不敬爱自己的亲人而敬爱他人的行为，称之为违背道德。这种人既然违背了做人应有的慈祥爱护的本性，因为愤怒而杀戮自己的亲人就在情理之中。五行之间所憎恶的是破、冲。现在十二支相害，正是因为与同本支相破、相冲的支相合，所以造成父亲失去了其应有的慈祥，儿子违背了其应有的孝敬，妻子不具备对丈夫应有的尊敬和顺从，丈夫放弃了同妻子应有的和谐同一，这些人一并同自己所仇恨的人结合起来，按照其情理必然形成相害。春秋时期，楚太子商臣命令武士围困住他的父亲楚成王，楚成王请求临死前吃一只熊掌，他的儿子商臣不允许，因为他担心煮熟一只熊掌的时间可能会使楚成王得到救援，楚成王无奈只得自缢而死。战国时期，赵武灵王的儿子公子章作乱失败，逃到赵武灵王所住的地方沙丘宫，赵武灵王的另一个儿子公子成和李兑因此围困赵武灵王的住所。公子章死后，二人怕赵武灵王处罚，就继续围困赵武灵王，并将宫中所有人驱出，赵武灵王出不来，在内又得不到食物，只能靠探取雀鷇即雏鸟来充饥，三个多月后饿死。晋献公时，骊姬设计陷害太子申生，对太子说，献公梦见太子母亲齐姜了，让他赶紧祭祀。太子祭祀完后，把祭祀时供的肉送给了父亲献公，不巧献公不在，就把肉放在了宫中。骊姬派人往肉里下了毒，等献公回来就诬陷是太子申生所为，献公大怒想杀他，太子申生不得已自杀于新城。献公的另两个儿子重耳、夷吾来朝见献公，骊姬怕二人追究此事，就诬陷二人与太子申生同谋，逼得重耳、夷吾出逃，重耳在外流亡19年。这些都是历史上亲人相残的著名例子。再如历史上常见的，在黄河以北地区，和平安宁，家里就夫妇之间相互残害；在北部边塞地区，战争不断，君臣之间就相互攻杀掠夺。

和以上这些例子同样道理，十二地支之间也存在相害，这就是六害。

卯辰相害：辰为土，卯为木，木克土，因此辰土为卯木之妻，二者是夫妻关系。但是，十二支相合中卯与戌合，戌与辰相对冲，戌能破辰，戌与辰如同仇人，卯与戌合是丈夫另结淫妇，对辰土来说便是背弃；十二支相合中辰与酉合，酉与卯相对冲，酉冲破卯，酉与卯如同仇人，辰与酉合是妻子另结奸夫，杀害本夫卯木的象征。

寅巳相害：寅为木，巳为火，木生火，因此巳火为寅木之子，二者是父子关系。但是，十二支相合中巳与申合，而申与寅相对冲，申能克寅，巳与申合是儿子勾结外人同父亲相冲突的叛逆行为；十二支相合中寅与亥合，而亥与巳相对冲，亥能克巳，寅与亥合是父亲勾结外人残害儿子的象征。

丑午相害：午为火，丑为土，火生土，因此丑土为午火之子，二者也是父子关系。但是，十二支相合中丑与子合，而子与午相对冲，子冲破午，丑与子合是儿子勾结外人残害父亲的象征；十二支相合中午与未合，而未与丑相对冲，未能破丑，午与未合是父亲勾结外人残害儿子的象征。

子未相害：未为土，子为水，土克水，土居中央为君，水被管制为臣，因此未土为君，子水为臣，二者是君臣关系。但是，十二支相合中未与午合，而午与子相对冲，午冲破子，这是君害臣之象，再进一步看君用什么害臣，午火为子水所克，是子水之财，未与午合是君主用财物残害臣子的象征；十二支相合中子与丑合，而丑与未相对冲，丑能破未，这是臣害君之象，再进一步看臣如何害君，丑又是土，也居中央，也是君，当然是外面的君主，子与丑合是臣子勾结外面的君主来共同谋害自己的君主，这是臣子叛国逃亡的象征。

亥申相害：申为金，亥为水，金生水，因此亥水为申金之子，二者是父子关系。但是，十二支相合中亥与寅合，而寅与申相对冲，寅能冲申，这是儿子勾结外人残害父亲的象征；十二支相合中申与巳合，而巳与亥相对冲，巳能冲亥，这是父亲勾结外人残害儿子的象征。

戌酉相害：戌为土，酉为金，土生金，因此酉金为戌土之子，二者是父子关系。但是，十二支相合中酉与辰合，而辰与戌相对冲，辰能破戌，这是儿子勾结外人残害父亲的象征；十二支相合中戌与卯合，而卯与酉相对冲，卯冲破酉，这是父亲勾结外人残害儿子的象征。

（三）十二支相害的吉凶

五行之间的相生不一定单纯是相生，相害不一定单纯是相害。比如火能烧毁万物，但是南方地区的炎热不仅不能烧毁万物，反而使万物茂生，这是本来相害反而相生的例子；水能润泽生长万物，但是洪水灾害暴至，也会使花草树木枯黄，这是本来相生反而相害的例子。再比如钻木得火，以及云雨中的闪电击燃草木，钻木、闪电击木都会破坏草木，但却因此而得到木中的火，这是本来相害反而相生的例子；水本来害火，但膏油是同水一样的液体，用它浸泡灯芯，灯火更加明亮，这也是本来相害反而相生的例子。

这说明阴阳五行是万物之中普遍存在的，相生是吉，相害是凶，但这种吉与凶的划分，只是各自就其所对应的类别而言。现实生活中，五行之间的吉凶关系要复杂得多，必须辩证地看。大体可以分成四类：凶中有吉、吉中有凶、纯凶和纯吉。凶中有吉，要看吉能补救多少，吉中有凶，要看凶会造成多大的危害。纯凶表示灾祸极大，纯吉表示福佑极大。

如丑午相害，其相害的原因之一是丑与子合，子冲破午，子中有壬水，水克火，其中没有救应，这是纯凶；其相害的另一原因是午与未合，未能破丑，但丑中有处于冠带状态即将要达到相状态的木，木能克制未土，但不能破丑，这是凶中有救。

如未子相害，其相害的原因之一是未与午合，午冲破子，但子中有壬水，水能反制午火，这是凶中有吉；其相害的另一原因是子与丑合，丑能破未，但丑中有土，土能反制子水，这是子与丑相合为吉之中有凶。

总之，五行相生、相害的吉凶意义都要像上面这些例子一样仔细分析。

第十三　论冲破

冲破者，以其气相格对也。冲气为轻，破气为重。支干各自相对，故各有冲破也。

干冲破也。干冲破者，甲庚冲破，乙辛冲破，丙壬冲破，丁癸冲破。戊壬、甲戊、乙己，亦冲破。此皆对冲破，亦本体相克，弥为重也。

支冲破者，子午冲破，丑未冲破，寅申冲破，卯酉冲破，辰戌冲破，巳亥冲破。此亦取相对，其轻重皆以死生言之。四孟有生而无死，直冲而不破。四季有死而无生，直破而无冲。四仲死生俱兴，故并有冲破。四孟有生无死，直有冲无破者，寅有生火，巳有生金，申有生水，亥有生木也。四仲死生俱有者，卯有王木死水，午有王火死木，酉有王金死火，子有王水死金。四季有死而无生者，辰有死水，未有死木，戌有死火，丑有死金。死气则重，故能破；生气则轻，故相冲。又复甲往向庚为冲，庚往向甲为破，以强者制弱也。其冲破皆以对位抗冲最为不善。又，互向对冲之地，我当在庚，令敌居甲，以强制弱故也。

问曰：沴气是相冲而为，今解冲破，而不唤为沴，此未可解。答曰：五行相沴，因事变重，非是常然。有伐则见，无灾则止。今之所解，直是支干之位，常自格对，刚柔相冲，非问变异，宁得称尔矣。

白话解读

（一）何为冲破

所谓冲破，就是其气相互格击对抗。
冲破又可以细分为冲与破。冲气危害程度为轻，破气危害程度为重。

（二）地支天干冲破

地支与天干各自环形排布，在空间上相对，所以，地支与天干各自都有冲破。

1. 天干冲破

天干冲破是：甲庚冲破，乙辛冲破，丙壬冲破，丁癸冲破。戊壬、甲戊、乙己，亦冲破。

天干环布四周，则甲庚相对，乙辛相对，丙壬相对，丁癸相对。所以说"皆对冲破"。同时，庚金克甲木、辛金克乙木、壬水克丙火、癸水克丁火，所以说"本体相克"；按照本体相克的原则，而戊土克壬水、甲木克戊土、乙木克己土，所以戊壬、甲戊、乙己也是天干冲破。

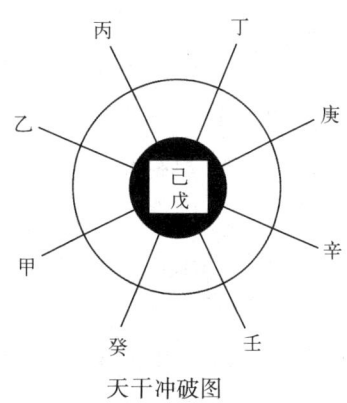
天干冲破图

天干冲破所主吉凶：因为天干冲破既是对位冲破，又都是本体五行相克，所以其所主吉凶更为严重。

天干冲破可以根据强弱分为冲与破。五行胜者为强，所胜者为弱，弱往向强为冲，强往向弱为破，因为强者可以战胜并制服弱者。如甲往向庚为冲，庚往向甲为破。

天干之冲：甲往向庚，乙往向辛，丙往向壬，丁往向癸，壬往向戊，戊往向甲，己往向乙。

天干之破：庚往向甲，辛往向乙，壬往向丙，癸往向丁，戊往向壬，甲往向戊，乙往向己。

2. 地支冲破

地支冲破是：子午冲破，丑未冲破，寅申冲破，卯酉冲破，辰戌冲破，巳亥冲破。

地支环布四周，则子午相对，丑未相对，寅申相对，卯酉相对，辰戌相对，巳亥相对，所以说"此亦取相对"。

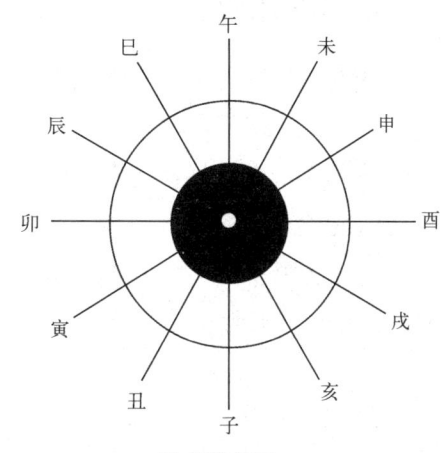
地支冲破图

地支冲破可以根据死、生区分程

度的轻与重，并根据轻、重分为冲与破。死气相对冲则危害程度重，重则能破，所以"死气则重，故能破"；生气相对冲则危害程度轻，轻则只能冲，不能破，所以"生气则轻，故相冲"。据此，地支冲破可以分为三种情况：

"四孟有生而无死，直冲而不破"：四孟即寅、申、巳、亥，因为寅中有生火，巳中有生金，申中有生水，亥中有生木，其中有生气而无死气，生气相冲则轻，所以"直冲而不破"。

"四季有死而无生，直破而无冲"：四季即辰、戌、丑、未，因为辰中有死水，未中有死木，戌中有死火，丑中有死金，其中有死气而无生气，死气相冲则重，所以"直破而无冲"。

"四仲死生俱兴，故并有冲破"：四仲即子、午、卯、酉，因为卯中有王木、死水，午中有王火、死木，酉中有王金、死火，子中有王水、死金，其中既有死气也有生王气，死气相冲则重，生气相冲则轻，所以"并有冲破"。

冲破无论是哪一种形式，都以处于相对位置而抗拒冲击最为不利。所以最好的方法是避开对冲。如果无法避开对位抗冲，就要找到能够制敌的方位。以甲庚冲破为例，甲往向庚为冲，程度较轻，庚往向甲为破，程度较重，所以是庚强，甲弱，庚克制甲。应设法让我方处在庚的方位，让敌方处在甲的方位，以利用空间方位上"以强制弱"的优势。同理可以推知其他天干冲破、地支冲破中我方与敌方的最佳位置。

（三）沴的问题

有人问：沴气是五行之气相冲而形成的，现在解释冲破，为什么不称之为沴呢，这让人不可理解。

回答说：五行相沴是根据事态演变而危害加重，不是五行之气运行的正常情况。五行之气相互猛烈攻伐，沴就可能出现，没有这种情况就不会。现在所解释的内容，只是地支、天干所处的方位正常地自相格拒相对，刚柔之气相互冲击，无关变化异常，岂能称为"沴"呢。

五行大义 卷第三

WU XING DA YI JUAN DI SAN

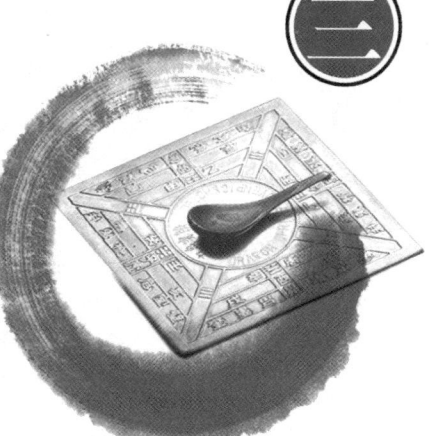

第十四　论杂配

就此分为六段：第一论配五色；第二论配声音；第三论配气味；第四论配藏府；第五论配五常；第六论配五事。

第一　论配五色

《左氏传》子产曰："发为五色。"蔡伯喈云："通眼者为五色。"《黄帝素问》曰："草性有五。"章为五色者，东方木为苍色，万物发生，夷柔之色也；南方火为赤色，以象盛阳炎焰之状也；中央土黄色，黄者，地之色也，故曰"天玄而地黄"；西方金色白，秋为杀气，白露为霜，白者，丧之象也；北方水色黑，远望黯然，阴暗之象也，溟海森邈，玄暗无穷，水为太阴之物，故阴暗也。《孝经援神契》言："土之精黄，木之精青，火之精赤，金之精白，水之精黑。"《春秋考异邮》云："北狄之气生幽都，色黑，如群畜穹闾；南夷之气生交趾，色赤，聚隅如幡旗鸟头；东夷之气生莱柱，色苍，搔橄布散，如林木；西夷之气生沙丘，色白，锋积如刀刃之浮；中央土会，色黄，如城郭之形，黄气四塞，土精舒。"此五者为正色，其变色亦五。颖子严《春秋释例》曰：经有赤狄、白狄，然则东青，北黑，中黄，皆正色也。土戊畏于木，故以妹己妻甲，以黄入于青，故东方间色绿也。《诗》云"绿兮衣兮"，刺间色乱正色也。金庚畏于火，故以妹辛妻于丙，以白入于赤，故南方间色红。《论语·乡党》曰："红紫不以为亵服。"木甲畏于金，故以妹乙妻庚，以青入于白，故西方间色缥也。火丙畏于水，故以妹丁妻壬，以赤入于黑，故北方间色紫也。孔子曰："恶紫之夺朱也。"水壬畏于土，故以妹癸妻戊，以黑入于黄，故中央间色骊黄。《五行书》云"甲为青，己为绿，丙为赤，辛为红，庚为白，乙为缥，壬为黑，丁为紫，戊为黄，癸为骊黄"，此皆夫为本色，妻为杂色也。

柳世隆云："八卦各有其色，震为青，离为赤，兑为白，坎为黑，此皆当方正色。乾为紫，艮为红，巽为绿，坤为黄，此并间色也。坤取未土之正色。"《甲乙经》云："青如翠羽，黑如乌羽，赤如鸡冠，黄如蟹腹，白如豕膏，此五色为生气见。青如草滋，黑如水苔，黄如枳实，赤如衃血，白如枯骨，此五色为死气见。"《相经》曰："青气初来，如麦生；盛王之时，如树叶青；欲去之时，如水上苔。赤气初来，如赭柱；盛王之时，如朱丹；欲去之时，如干血。黄气初来，如蚕吐丝；盛王之时，如博基；欲去之时，如枯叶。白气初来之时，如玺璧；盛王之时，如粉上光；欲去之时，如鲜钱。黑气初来之时，如死马肝；盛王之时，如漆光；欲去之时，如苔垢。"《礼记》曰："君子缞绖，则有哀色；端冕，则有敬色；甲胄，则有不可犯之色。"《大戴礼》云："孔子曰：君子有三色焉：显然怡乐，钟鼓之色；意气沉静，忧丧之色；忿然竞动，兵革之色。"《大戴礼·观人篇》云："人有五性：喜、怒、欲、惧、忧。喜气内畜，虽欲隐，阳喜必见。四气皆然。五气在诚乎中，发形于外，人情不可隐也。喜色犹然以出，怒色怫然以侮，欲色愠然以愉，惧色薄然以下，忧悲之色，瞿然以静，诚智必有难尽之色，诚仁必有可尊之色，诚勇必有难摄之色，诚忠必有可亲之色，诚洁必有难污之色，诚真必有可信之色，其质色皓然，固以安。伪色蔓然，乱以烦。"夫喜色则黄，怒色则赤，忧色则青，丧色则白，哀色则黑，此皆五常之色，动于五藏，而见于外，随其善恶盛衰之应也。君子所观，故于此释。

白话解读

（一）五正色

《五行大义》所引《左氏传》称，子产说过天有六种气，降生到地上就产生五种味，表现出来就是五色。又引东汉文学家蔡邕的话说，进入人的眼睛的是五色。这说明五色是六气的表现，并通过眼睛反映出来。

人们眼睛所看到的颜色的变化，最丰富的莫过于草木，所以《五行大义》举草木有五色为例。《五行大义》所引《黄帝素问》的话意思是草生下来便有五色。

1. 五方正色

古代典籍中所明确提到的五色，就是五方正色。

东方木的颜色为苍色，这是万物初生之时，茅草嫩芽的颜色。南方火的颜色为赤色，这象征阳气旺盛、火焰向上燃烧的形状。中央土的颜色为黄色，是土地的颜色，所以《易经》说天是玄色的，地是黄色的。西方金的颜色为白色，秋天为肃杀之气，使白露凝结为白霜，白是跟丧事有关的象征。北方水的颜色为黑色，水从远处看是深黑色，这是缺乏光亮、光线不足的象征。幽溟大海，水面辽阔，距离遥远，黑暗不明，没有尽头，水为太阴之物，所以是阴晦黑暗的象征。

2. 五行正色

《孝经援神契》说，土的纯正之色为黄色，木的纯正之色为青色，火的纯正之色为赤色，金的纯正之色为白色，水的纯正之色为黑色。

3. 五方云气正色

《春秋考异邮》说，中国古代五方分别有各自云气正色。北狄是中国古代北方少数民族，其上面的云气生于北方幽都，颜色为黑，如同"群畜穹间"。"群畜穹间"可能是成群成片居住的穹形圆顶隆起的毡子帐篷。南夷是中国古代南方少数民族，其上面的云气生于交趾（今越南境内），即颜色为赤，聚集在一起如同舟船、长条形的幡、长方形或方形的旗、鸟的头。东夷是中国古代东方少数民族，其上面的云气生于莱柱，或为蓬莱，颜色为苍，像抓乱了的长条形橄木分散布置，如同森林树木。西夷是中国古代西方少数民族，其上面的云气生于沙丘，颜色为白，像自然界由风堆积而成的小沙丘，像蜂一样众多，像悬浮在空中的刀刃一般。中央为土会聚的地方，其上面的云气，颜色为黄，如同内外城墙的形状，黄色的气充满四方，土的精气舒展。

以上讲到的这五种颜色都是正色。所以，颖子严《春秋释例》说：《春秋》经中有赤狄、白狄，即南方赤色，西方白色，那么，加上东方青色、北方黑色、中央黄色，这都是正色。

（二）五间色

五种正色相互掺杂所产生的变化之色，也有五种。这就是五间色。

东方间色为绿：土戊畏惧木，就将妹妹己嫁与甲木为妻，甲木为青色，己土为黄色，用黄色掺入青色之中，就变成绿色，所以东方的间色为绿色。《诗经·邶风·绿衣》说："绿兮衣兮，绿衣黄里。"就是讥刺间色混乱正色，不正的取代了正的。

南方间色为红：金庚畏惧火，就将妹妹辛嫁与丙火为妻，丙火为赤色，辛金为白色，用白色掺入赤色之中，就变成红色，所以南方的间色为红色。《论语·乡党》说："红紫不能用来作为家居常服的颜色。"

西方间色为缥：木甲畏惧金，就将妹妹乙嫁与庚金为妻，庚金为白色，乙木为青色，用青色掺入白色之中，就变成青白色，缥就是青白色，所以西方的间色为缥色。

北方间色为紫：火丙畏惧水，就将妹妹丁嫁与壬水为妻，壬水为黑色，丁火为赤色，用赤色掺入黑色之中，就变成紫色，所以北方的间色为紫色。孔子说："厌恶紫色取代了朱色的地位。"因为紫是间色，朱是正色。孔子看到当时贵族喜欢穿紫色衣服，故有此感。

中央间色为骊黄：水壬畏惧土，就将妹妹癸嫁与戊土为妻，戊土为黄色，癸水为黑色，用黑色掺入黄色之中，就变成黑黄色，骊是深黑色，所以中央的间色为骊黄色。

（三）天干配五色

《五行大义》引《五行书》之说，将十天干配上不同颜色。这其中规律是"夫为本色，妻为杂色"。因为丈夫可以自己做主，妻子只能顺从丈夫，十天干阴阳相合，甲为夫，己为妻，所以甲为木之本色，其色青，己为东方间色，其色绿；丙为夫，辛为妻，所以丙为火之本色，其色赤，辛为南方间色，其色红；庚为夫，乙为妻，所以庚为金之本色，其色白，乙为西方间色，其色缥；壬为夫，丁为妻，所以壬为水之本色，其色黑，丁为北方间色，其色紫；戊为夫，癸为妻，所以戊为土之本色，其色黄，癸为中央间色，其色骊黄。

（四）八卦配五色

《五行大义》引柳世隆说，"八卦各有自己的颜色，震为青，离为赤，兑为白，坎为黑，这都是与四正方位相应的正色。乾为紫，艮为红，巽为绿，坤为黄，这都是间色。唯有坤卦取未土的正色，为黄色"。其中规律是四正卦配四方正色，四隅卦所配复杂。四正卦是震、离、兑、坎，配四正方位东、南、西、北，四方正色是东方青、南方赤、西方白、北方黑。

四隅卦是乾、艮、巽、坤，配四隅方位西北、东北、东南、西南，但其与颜色的配合比较复杂。乾位西北，配北方间色紫；巽位东南，配东方间色绿；坤位西南，似应配南方间色红，但因为坤为地，地之本色是黄色，坤地静而不动，所以仍配正色黄色；艮位东北，但配的是南方间色红，其中原因应该与二八易位有关。在自然数周期系统中，一、二、三、四、五、六、七、八、九与九宫的配合本应排布如下：即一、二、三、四顺时针排布于北、东北、东、东南，至五入中，以象征阳气的增长；之后，自九、八、七、六顺时针排布于南、西南、西、西北，至五入中，以象征阴气的增长。但阴阳二气又不是截然分立的，而是阳中有阴，阴中有阳，同时还处于周期性运行中，是一个圆圈，这就需要二与八互换位置，"八"从西南换到东北，"二"从东北换到西南。因为艮八本来在西南方，所以配南方间色红。

（五）五色发于五藏

1. 五色是生死气的表现

《五行大义》所引《甲乙经》的内容，见于《针灸甲乙经·五色第十五》和《黄帝内经》，认为生气和死气都表现为五色。详解如下：

青如翠羽：翠羽是翠鸟的羽毛，翠是鲜艳的绿色。

黑如乌羽：乌羽是乌鸦的羽毛，也就是乌亮的黑色。

赤如鸡冠：鸡冠是鸡等一部分鸟类的头部背侧的肉质隆起，其颜色是鲜亮的红色。

黄如蟹腹：蟹腹是螃蟹的腹部，其颜色是鲜亮的黄色。

白如豕膏：豕膏是猪油，是鲜亮的白色。

这五种颜色都是生气的表现，其共同的特点是鲜亮，有光泽。

青如草兹：草兹是草席，是用草茎编织的席子，其颜色是枯暗的绿色。

黑如炲：炲当为"炲"之误，"炲"古同"炱"，是烟气凝聚积累而成的黑灰，俗称"烟子"或"煤子"，其颜色是枯暗的黑色。

黄如枳实：枳实是一种中药名，为芸香科植物酸橙及其栽培变种或甜橙的干燥幼果，其颜色是没有光泽的枯暗的黄色。

赤如衃血：衃血是凝结的血，其颜色是赤黑，是一种枯暗的红色。

白如枯骨：枯骨是死者的朽骨，其颜色是枯暗的白色。

这五种颜色都是死气的表现，其共同的特点是枯暗，无光泽。

2. 五色是衰王气的表现

《五行大义》引《相经》说明五色随气之衰王而发生的变化。

青气：初来之时，如小麦初生时的颜色；麦生是小麦出苗之时，颜色黄绿；盛王之时，如绿树叶的颜色；欲去之时，如水上苔藓的颜色，是暗绿的。

赤气：初来之时，如同涂着赤红漆的柱子的颜色；盛王之时，如同朱砂的颜色；欲去之时，如同干结的血的颜色。

黄气：初来之时，如同蚕丝的颜色，是淡黄色；盛王之时，如同博基（博基，不知何解，但根据《相理衡真》的说法，黄色盛王之时，如同蚕茧的颜色）；欲去之时，如同枯黄的树叶的颜色。

白气：初来之时，如同玉玺、玉璧的颜色，是洁白的；盛王之时，如同脂粉的光泽；欲去之时，如同鲜钱（鲜钱，不知何解，但根据《相理衡真》的说法，白色欲去之时，如同白灰泥墙的颜色）。

黑气：初来之时，如同死马肝的颜色；盛王之时，如同生漆光亮的颜色；欲去之时，如同苔垢的颜色（苔垢是舌苔，意思不通。根据《相理衡真》的说法，黑色欲去之时，如同尘埃污垢的颜色）。

此段关于五色与气之盛衰的关系，其中规律是，初来之时，颜色新鲜；盛王之时，颜色光亮；欲去之时，颜色枯暗。这符合五行之气生、王、死的规律。

3. 五色是服饰的表现

《五行大义》引《礼记》的话说明服饰与气、色的关系。衰绖是丧服，君子穿上孝服，就有哀痛的气色。端冕是玄衣和大冠，是古代帝王、贵族的礼服。君子穿上礼服，就有尊重的气色。甲胄是铠甲和头盔，君子穿上盔甲，就有不可侵犯的气色。

4. 五色是情感的表现

《五行大义》所引《大戴礼》的这段内容，不见于《大戴礼》，而见于《吕氏春秋》，是齐桓公与管仲同东郭牙的对话中的一段。所谓的"君子有三色"，就是说，从容貌气色上观察，君子欢然喜乐的样子，这是欣赏音乐的表现；君子清冷清静的样子，这是忧伤哀痛的表现；君子充满恼怒、手足奋力挥动的样子，这是使用武器的表现。

《五行大义》所引《大戴礼·观人篇》，实出自《大戴礼记·文王官人第七十二》，意思是说，人有五种情感：喜、怒、欲、惧、忧。人们虽然极力想掩饰这五种感情，但必然通过外在的行为气色表现出来。五种情感存在于人的心中，就必然发泄表露于外在的行为气色，人的内心情感是不能被完全隐藏的。喜的气色通过舒心和悦的样子表现；怒的气色通过遭受欺负轻慢而愤怒不悦的样子表现；欲的气色通过苟且瞒人而窃喜的样子表现；惧的气色通过屈身下降去接近的样子表现；忧悲的气色通过震惊之后安静沉默的样子表现。真正的智慧，就必然有含蓄不完全表露的气色；真正的仁爱，就必然有令人尊敬的气色；真正的勇敢，就必然有无法被慑服的气色；真正的忠诚，就必然有让人觉得亲睦的气色；真正的贞洁，就必然有难以被污染的气色；真正的真诚，就必然有值得信任的气色。质朴的颜色是洁净的，坚固而稳定；虚伪的颜色是混杂的，杂乱而繁多。

这些都说明一个道理，五色是五种情感的外在表现。所以，喜色则黄，怒色则赤，忧色则青，丧色则白，哀色则黑，这是五常之色。五常指五行（"五葳"当为"五藏"之误）。五种情感运动于人体内部五藏之中，表现发露于人体外部，并且随着五藏之气的善恶、盛衰而发生相应的变化。高明智慧的君子就由此进行观察，所以在此进行阐释。

五性、五色、五行相配表

五性	喜	怒	忧	丧	哀
五色	黄	赤	青	白	黑
五行	土	火	木	金	水

第二　论配声音

子产曰："章为五声。"蔡伯喈云："通于耳者为声。"青作角声，白作商声，黑作羽声，赤作徵声，黄作宫声。

《律历志》云："角者，触也，阳气蠢动，万物触地而生也；徵者，祉也，万物大盛蕃祉也；宫者，中也，居中央，畅四方，唱始施生，为四声之经；商者，章也，物成章明也；羽者，宇也，物藏聚萃，宇覆之也。"

《乐纬》云："春气和，则角声调；夏气和，则徵声调；季夏气和，则宫声调；秋气和，则商声调；冬气和，则羽声调。"《乐记》云："宫为君，故宫乱则荒，其君骄；商为臣，商乱则陂，其臣坏；徵为事，徵乱则哀，其事勤；羽为物，羽乱则危，其财匮；角为民，角乱则忧，其民怨。五者不乱，则天下和平，无弊败之音。"

《素问》云："木音角，在声为呼；火音徵，在声为笑；土音宫，在声为歌；金音商，在声为哭；水音羽，在声为呻。"

《乐记》曰："乐者，音之所由生，其本在人心之感于物。是故哀心感者，其声噍以杀；乐心感者，其声啴以缓；喜心感者，其声发以散；怒心感者，其声粗以厉；贞心感者，其声直以廉；爱心感者，其声和以婉。六者非性也，感于物而后动。"审声以知音，审音以知乐，审乐以知政，而治道备矣。故《诗序》曰："声成文谓之音。治世之音安以乐，其政和；乱世之音怨以怒，其政乖；亡国之音哀以思，其民困。"《大戴礼记·观人篇》云："诚在其中，必见诸外。以其见，占其隐。以其细，占其大。声象其实，气初生物，物生有声，声有刚柔，好恶，咸发于声。故心气哗诞者，其声流散；心气顺信者，其声顺节；心气鄙戾者，其声腥丑；心气宽柔者，其声温和。"故圣人听其声，观其色，知其善恶。夫独发者谓之声，合和者谓之音。《毛诗序》云"声成文谓之音"，故因五声而有八音。《乐纬》云："物以三成，以五立，三与五如八，故音以八。八音：金、石、丝、竹、土、木、匏、革。以发宫、商、角、徵、羽也。金为钟，石为磬，丝为弦，竹为管，土为埙，木为柷圉，匏为笙，革为鼓。鼓主震，笙主巽，柷圉主乾，埙主艮，管主坎，弦主离，磬主坤，钟主兑。"

《乐纬汁图徵》篇云："坎主冬至。宫者，君之象。人有君，然后万物成；气有黄钟之宫，然后万物调，所以始正天下。能与天地同仪，神明合德者，则《七始》《八终》，各得其宜。而天子穆穆，四方取始，故乐用管；艮主立春，阳气始出，言雷动百里，圣人授民田，亦不过百亩，此天地之分。黄钟之度九，而调八音，故圣人以九顷成八家。上农夫食九口，中者七口，下者五口，是为富者不足以奢，贫者无饥馁之忧，三年余一年之蓄，九年余三年之蓄，此黄钟之所成以消息之和，故乐用埙；震主春分，天地阴阳分均，故圣王法承天，以立五均。五均者，六律调五声之均也。音至众也，声不过五，物至蕃也，均不过五。为富者虑贫，强者不侵弱，智者不诈愚，市无二价，万物同均，四时常得，公家有余，恩及天下，与天地同德，故乐用鼓；巽主立夏，言万物长短各有差，故圣王法承天，以法授事焉，尊卑各有等。于土则义让有礼，君臣有差，上下皆次，治道行，故乐用笙；离主夏至，阳始下，阴又成物，故圣王法承天，以法授衣服制度，所以明礼义，显贵贱，明烛其德，率之以度，则女功有差，男行有礼，故乐用弦；坤主立秋，阳气方入，阴气用事，昆虫首穴欲蛰，故圣王法之，授宫室度量。又章制有宜，大小有法，贵贱有差，上下有顺，故乐用磬；兑主秋分，天地、万物、人功皆以定，故圣王法承天，以定爵禄，爵禄者不过其能。宫为君，商为臣，商，章也，言臣章明君之功德，尊卑有位，位有物，物有宜，功成者爵赏，功败者刑罚，故乐用钟；乾主立冬，阴阳终而复始，万物死而复苏，故圣王法承天，以制刑法。诛一动千，杀一感万，使死者不恨，生者不怨，故乐用枳梧。"

《国语》曰："瓦、丝、琴、瑟尚宫，钟、金尚羽，石尚角，匏、竹尚徵，革、木尚商。吕以和乐，律以平声。金、石以动之，丝、竹以行之，歌以咏之，匏以宣之，瓦以赞之，革、木以节之。物得其常曰乐，所夺曰击，相保曰和，细大不逾曰平。"瓦、丝皆大也，故尚宫，子母相应之道。钟、金尚羽，亦然。石尚角者，石，金也，与角为牝牡相和之义。匏，土也，竹，木也，尚徵，亦子母相应也。革、木俱角，尚商，亦以牝牡相和也。宫声和以舒，其和博以柔，动脾；商声散以明，其和温以虚，动肺；角声防以约，其和静以清，动肝；徵声，败以疾，其平以均，动心；羽声疾以虚，其和短以散，动肾。

《黄帝兵诀》云："两敌相当，使人去敌营一百二十步，以管注耳听之，闻隆隆如车、如雷、如鼓声者，宫也，其将宽和有信；闻金石相和，轰轰击攻，如钟、磬、霹雳声者，商也，其将威怒好杀，宜数忿之；闻如奔马、炎炮、击裂声者，徵也，其将猛烈勇敢，难与争锋；闻肃肃习习，如动树木，如人呼、愁愁声者，角也，其将仁庶不可欺；闻滔滔如流水、扬波、激气相笑声者，羽也，其将贪冒多谋。审此五音，以知敌性。候风之声，亦皆如之。"此并论音声之状，故以备说。

白话解读

（一）何谓五声

《五行大义》所引《左氏传》"子产曰"，意思是说天有六种气，表现出来就是五种声音。《五行大义》又引蔡邕的观点，说："反映到耳朵中，能听见的，就是声音。"这说明五声有两个特点：一是五声为六气的表现，二是五声通过耳朵反映出来。

既然五声、五色都是六气的表现，那五声就与五色相对应。《五行大义》说，青色发出角声，白色发出商声，黑色发出羽声，赤色发出徵声，黄色发出宫声。

（二）五声所代表的意义

《五行大义》引《汉书·律历志》进行论述，但所引只是大意，这里依《五行大义》引文次序说明如下：

角，意思是触，即触及，是阳气慢慢萌动，万物在地下生根发芽，向上触及地面即将破土而生。

徵，意思是祉，即福祉，是万物发展壮大强盛，繁衍开来，积累福祉。

宫，意思是中，即中央。宫居位在中央，畅通四方，表示首唱开始，施惠生命。在五声中，宫声为校准其他四声的标准。

商，意思是章，即彰明的意思，是说万物成就之后，条理彰明。

羽，意思是宇，即房屋，是说万物收藏之后，聚集荟萃在屋宇之内，有房屋覆盖其上。

（三）五声与四时的关系

《五行大义》引《乐纬》来论述五声与四时五季的关系。《纬书集成·乐纬》说，四时之气和谐，则相应的声协调，五声各自对应不同的五季。春季气和谐则角声协调，夏季气和谐则徵声协调，季夏气和谐则宫声协调，秋季气和谐则商声协调，冬季气和谐则羽声协调。

（四）五声与人类社会的关系

《五行大义》引《乐记》论述五声与人类社会的关系，所引也是大意，是说五声分别与人类社会的要素相应，并同其善恶有关。依《五行大义》次序分述如下：

宫为君：宫在五声中为主宰，与人类社会系统中君主相对应。所以，宫声混乱就成为散漫的声音，因为宫声失去作为主宰的正常功用，变得五声没有统领；对应人类社会，就是君主骄横。

商为臣：商在五声中的地位与人类社会系统中臣属即各级官吏相对应。所以，商声混乱就成为偏激不正的声音，因为商声失去作为臣属即各级官吏的正常功用，变得臣属不尽职守；对应人类社会，就是臣属堕落。

徵为事：徵在五声中的地位与人类社会系统中的事务相对应。所以，徵声混乱就成为悲哀的声音，因为徵声失去作为事务的正常功用，变得事务纷繁杂多；对应人类社会，就是事役繁重。

羽为物：羽在五声中的地位与人类社会系统中的财物相对应。所以，羽声混乱就成为危急的声音，因为羽声失去作为财物的正常功用，变得财务紧张，物资短缺；对应人类社会，就是财物匮乏。

角为民：角在五声中的地位与人类社会系统中的人民相对应。所以，角声混乱就成为忧愁的声音，因为角声失去作为人民的正常功用，变得人怨民怒；对应人类社会，就是人民怨恨。

可见，宫、商、徵、羽、角这五声如果不混乱，则天下和平，没有弊败不和之音。

（五）五声与人常发出的五种声音的关系

中医将人常发出的声音概括为"呼、笑、歌、哭、呻"五声，呼指呼喊声和呼气声，笑指笑声，歌指唱歌声，哭指哭声，呻指呻吟声。《五行大义》引《黄帝内经·素问》论述了五行与五音、五声的对应关系，如下表所示：

五行、五音、五声相配表

五行	木	火	土	金	水
五音	角	徵	宫	商	羽
五声	呼	笑	歌	哭	呻

（六）五声与人类内心情感的关系

《五行大义》引《乐记》阐明了五声与人类内心情感的关系，认为五声是人类内心情感受到外部刺激而有所感动的表现，原文意思是说，乐是音的组合，其产生的根源在于人类内心世界受到外界事物的感动。所以，当外部世界激起人悲哀情感时，人就会发出焦急而短促的声音；当外部世界激起人快乐情感时，人就会发出宽畅而和缓的声音；当外部世界激起人高兴情感时，人就会发出开朗而轻快的声音；当外部世界激起人愤怒情感时，人就会发出粗犷而严厉的声音；当外部世界激起人崇敬情感时，人就会发出正直而端庄的声音；当外部世界激起人爱悦情感时，人就会发出柔和而缠绵的声音。这六种声音并不是人们内心世界本来存在的，而人们内心世界受到外部世界的刺激而有所感动的结果。

既然五声是人类内心情感受到外部世界刺激的反映，那听其声就可以窥知人们的周围环境，并进而体察人们的内心世界。因此，听其声可以判断政治环境的好坏和人心的善恶。

《五行大义》认为听其声可以观察政治的得失。声指宫、商、角、徵、羽；音指出宫、商、角、徵、羽五声合成的曲调，曲调也称旋律，由高低起伏的乐音按一定的节奏有秩序地横向组织而成；乐，是指用有组织的乐音来表达人们思想情感、反映现实生活的一种艺术，由节奏和旋律组成。人们通过仔细推究声就可以知晓音，通过仔细推究音就可以知晓乐，通过仔细推究乐就可知道政治的好坏，这样治理国家的方法和原则就完备了。所以《五行大义》引《毛诗序》加以阐发说，人的内心情感发泄出来就形成五声，五声组合成曲调就称为"音"。太平时代的"音"安详而欢乐，说明政治和谐；动乱时代的"音"怨恨而愤怒，说明政治失常；亡国时代的"音"悲哀而思虑，说明人民困苦。

《五行大义》认为听其声可以观察人心的善恶。《五行大义》引《大戴礼记·观人篇》的内容，实出于《大戴礼记·文王官人》，意思是说，真实存在于人的内心之中，就必定表现于外。通过其所表现出来的情况就可以推度其隐藏的事情，通过其所表现出来的细节就可以推度其大体，通过其所表现出来的"声"就可以推度其心"气"。太初之气产生事物，事物生长就有声音，声音发出来就有刚有柔、有浊有清、有好有坏，这些情况都可以通过声音表现出来。在人体中，心是气的主宰，所发出的声音是心气的表现。人的心气浮华诞妄，所发出的声音就漂移散乱；人的心气谨密信实，所发出的声音就顺理中节；人的心气鄙诈乖戾，所发出的声音就破裂丑恶；人的心气宽厚温柔，所发出的声音就温和美好。因此，《五行大义》总结说，圣人通过听声观色，就可以知道人内心的善恶。

（七）五声与八音的关系

前面我们讲过，不同的声按照一定的关系组织起来，形成曲调即旋律，就称之为音。因此，声和音的区别就是，单独发出的声音称之为"声"，按照一定的关系合在一起的声音称之为"音"。因此以五声为基础，就产生了八音。

1. 八音

《五行大义》引《乐纬》阐述了"八音"。

万物都到"三"即天、地、人三才而成，到"五"而立，即一个系统运行周期确立，3与5相加之和为8，所以音的数量就是八。

我国古人把制造乐器的材料，分为八种，即金属、石头、丝线、竹子、黏土、木块、匏瓜、皮革，称为"八音"。

八音发出宫、商、角、徵、羽五声。

八音的乐器有以下八种：

金为钟：钟是中国古代用金属制成的撞击乐器，中空，敲击时发声，如编钟。

石为磬：磬是中国古代用石制的一种打击乐器，形状像曲尺，可悬挂。

丝为弦：弦是中国古代用丝弦制成的一种弹奏乐器，如琴。

竹为管：管是中国古代用竹制成的一种管乐器，有六孔，长1尺[①]，吹奏发声。

土为埙：埙是中国古代用陶土烧制的一种吹奏乐器，圆形或椭圆形，有六孔。

木为柷敔：柷敔即柷敔，这是两种木制乐器。柷是一种打击乐器，形状像方匣子，奏乐开始时敲打；敔也是一种打击乐器，形状像伏虎，奏乐将终时击之。

匏为笙：笙是用竹制的一种管乐器，一般用13根长短不同的竹管制成，吹奏发声。

革为鼓：鼓是用皮革制成的一种打击乐器，圆柱形，中空，两头

[①] 1尺≈0.33米。余同。

蒙皮。

八种乐器与八卦的关系：鼓主震，笙主巽，柷敔主乾，埙主艮，管主坎，弦主离，磬主坤，钟主兑。

2. 八种乐器与八卦配合的依据

《五行大义》所引《乐纬汁图徵》内容，出自纬书《乐叶图徵》，分析如下：

（1）管主坎

坎卦在年周期系统中与二十四节气中的冬至相对应，主冬至。冬至在北半球是全年中白天最短、黑夜最长的一天，过了冬至，白天会一天天变长，黑夜会一天天变短。在五声系统中，宫声为主宰，象征君主。人类社会出现君主后，才能得到治理，万物才得以成就；同样道理，黄钟之宫为十二律之首，这是乐律的基本，以此标准，所有律吕得以调节，万物也得以调节。所以，黄钟也与冬至相对应，为天下之始，整治天下。

在古代流传下来的乐曲中，能够与天地具有相同准则的，符合一切神明道德的，能够感动人们精神世界的，就是《七始》和《八终》。根据颜师古注引孟康所说，《七始》是指天、地、四时、人之始，是乐曲的名称。《八终》也是中国古代乐曲名。《吕氏春秋·仲夏纪第五·古乐》说："昔葛天氏之乐，三人操牛尾，投足以歌八阕。"文中提到的"八阕"就是"八终"。八终分别是"载民""玄鸟""遂物""奋毂""敬天常""达帝功""依地德""临万物之极"。从《七始》《八终》的内容看，二者对人或各种事物都做了适当的安置。天子作为最高管理者必须端庄恭敬，四方诸侯都选取天子为万事万物的开始。

在八种乐器中，管为乐器之始。箫也是一种管。《白虎通·礼乐·五声八音》说："箫者，中吕之气也。万物生于无声，见于无形，勠也，肃也。故谓之箫。箫者，以禄为本，言承天继物为民本，人力加，地道化，然后万物勠也。故谓之箫也。"意思是说，箫生于无声，见于无形，这与阳气始生的状态相同，所以当为乐器之始。

总之，坎主冬至，为年周期之始；黄钟为十二律吕之始；管为乐器之始，所以，冬至节气，乐用管。因此，管主坎。

（2）埙主艮

艮卦在年周期系统中与二十四节气中的立春相对应，主立春。这时候太阳从南回归线上方向北运动，阳气开始出现，人们明显地感觉到白昼长了，太阳暖了，春天来到。这时候，明显增强的暖湿空气与上空残留的冷空气发生激烈对峙，形成高大的积雨云，云中正负电荷发生猛烈碰撞而放电，引发万钧雷霆。春雷一声震天响，其响声可以传播一百里（即50千米），所以《易·震卦》说："震惊百里。""百"是天地所作出的分配数量。因此，上古时代圣明的管理者，授予人民耕种的田地，也不超过一百亩（这里说的是周朝的百亩，相当于现在的31.2亩）。

黄钟，在中国古代度量衡发展史上具有重要作用。古代曾用黄钟管的长度、内径、重量为度量衡标准。

度：黄钟之管长9寸①，分作90段，每段为1分，10分为寸，10寸为尺，10尺为丈，10丈为引。

量：黄钟之管长9寸，径3分，内空可容黍1200粒，名曰一龠，10龠为合，10合为升，10升为斗，10斗为斛。

衡：一黄钟管所容黍（1200粒）之重为12铢（100粒黍之重为1铢），二黄钟管所容黍之重（24铢）为1两，16两为斤，30斤为钧，四钧为石。

在五声八音十二律系统中，黄钟为本，以黄钟为标准确定八音，而黄钟管的长度为9寸，所以说："黄钟之度九而调八音。"夏、商、周时期实行的井田制就是效法黄钟为之。井田是把九块方田摆在一起，形如"井"字，中央一块田为公田，其余八块分为八家，每家各一百亩。但是田地有肥沃与贫瘠的区别，怎样调和处理呢？按一个劳动力耕种一百亩算，上等田地可以养活9个人，中等田地可以养活7个人，下等田地可以养活5个人。这就可以使富有的人不足以奢侈浪费，贫穷的人不至于饥饿忧愁。从而实现3年收成有1年的积蓄，9年收成有3年的积蓄，这就是三分损益法。乐律正是在黄钟的基础上，利用三分损益法，通过增益与减损生成其他十一律吕，实现音律之间的和谐的。

在八种乐器中，埍代表阳气向上熏蒸。埍即壎，意思是阳气从下向上熏蒸萌动。

总之，艮主立春，在年周期中表示阳气向上熏蒸；埍为壎，在八种乐器中表示阳气向上熏蒸，所以，立春节气，乐用埍。因此，埍主艮。

---

① 1寸≈0.033米。余同。

(3)鼓主震

震卦在年周期系统中与二十四节气中的春分相对应，震主春分。春分日是太阳光直射赤道之时，这一天昼夜几乎相等，长短平均，昼夜平分。所以圣明的古代君王就效法顺应这个天文气象运行的规律确立了五均。所谓五均，就是把相互区别的六律调节为五声，使千差万别的声音曲调都平均为五声。音乐曲调不可胜数，但平均下来，其声音不超过五种，天下万物非常繁多，不可胜计，但平均下来，其种类不超过五种。因此，古代圣王要使社会均衡公平地发展，让富有者考虑贫穷者的利益，强大者不侵凌弱小者，智慧者不欺诈愚笨者，市场上的商品价格均一，万物都均等公平，四时都有收入，公家有所节余就把恩惠推及天下所有的人，这样就与天地具有了共同的品德。

春分之时正处于仲春时节，虽然阴阳平均，但阳气尚未显著，仍伏于阴气之下，所以愤懑震动，这种景象就称之为鼓。压在阳气上面的阴气就像皮甲一样，这一特征与八种乐器中的鼓相同。

总之，震主春分，表示阴阳平均，但阳气仍为阴气所覆盖；八种乐器中，鼓是用皮甲蒙住的，所以，春分节气，乐用鼓，鼓主震。

(4)笙主巽

巽卦在年周期中与二十四节气中的立夏相对应，巽主立夏。立夏，在天文学上，表示即将告别春天，夏天开始。这一时期，温度明显升高，炎暑将临，雷雨增多，万物都进入旺盛生长的季节，表现出来就是万物形体长短不等，各有差别。所以，在人类社会系统中，圣明的君主就效法万物长短有差的自然法则来授予人们不同的事务，地位尊卑各有不同的等级。在五行系统中，土是主宰，而土的形体是含散持实，含散则能包容，所以适宜于"让"；持实则能载物，万物高低不同，所以具有"礼"的秩序。在人类社会系统中，则表现为君主与臣属具有等级差别，国家内部、团体内部其上级与下属之间都有等级次第，如此则国家治理、团队管理的规范才得以正常推行。

在八种乐器中，笙的各根管是长短有别的。笙有十三簧组成，其中"七"象征七政，"六"象征六合。七政，根据《礼斗威仪》所说，乃是宫主君，商主臣，角主父，徵主子，羽主夫，少宫主妇，少商主政；六合就是指天、地、四方。这说明笙与秩序、规范在道理上是相通的。

总之，巽主立夏，表示阳气增加，万物生长长短各有差别；八种乐器中，笙是由长短不齐的管组成的，所以，立夏节气，乐用笙，笙主巽。

（5）弦主离

离卦在年周期中与二十四节气中的夏至相对应，离主夏至。夏至日，太阳光几乎直射北回归线，其直射地面的位置到达一年的最北端，是北半球一年中白昼最长的一天，此后，白昼一天天变短，夜晚一天天变长，阴气又开始逐渐增长。在人类社会系统中，圣明的君主效法顺应天文气象规律，授予人民衣裳服饰的各种制度规范，通过衣服来表明社会的礼义秩序，彰显贵贱等级，使好的品德发扬光大，用规则法度率领人民，女子制作的衣裳服饰有不同的等级差别，男子的行为必须符合礼义规范、社会准则。

在八种乐器中，弦具体有瑟、琴等，这都是被用来禁止淫邪、端正人心的乐器。夏至日阳气开始下降，阴气得以成物，"阴"意思是收敛、禁止，与琴、瑟内涵相通。

总之，离主夏至，表示阳气开始下降，阴气得以成物；八种乐器中，弦是有惩忿禁欲、正人心德作用的，所以，夏至节气，乐用弦，弦主离。

（6）磬主坤

坤卦在年周期中与二十四节气中的立秋相对应，坤主立秋。"秋"就是暑去凉来，秋天开始，意味着天气由热转凉、再由凉转寒。这时候，各种昆虫都开始结穴，准备蛰伏。在人类社会系统中，圣明的君主效法顺应天文气象规律，授予人民建筑房屋的标准和方法，同时还规定房屋的装饰和式样要适宜各自主人的身份地位，建筑规模的大小也都有一定的法律制度，以此表明人与人贵贱的差别、上下的顺序。

在八种乐器中，磬具有洞穴、宫室的形象。磬悬挂起来，中间高而两旁低，其中间空洞无物，如同房舍，又象征万物成就并进入洞穴、宫室的样子。

总之，坤主立秋，表示阳气刚刚进入，阴气开始用事；八种乐器中，磬是有洞穴宫室的形状与功用的，所以，立秋节气，乐用磬，磬主坤。

（7）钟主兑

兑卦在年周期中与二十四节气中的秋分相对应，兑主秋分。春分和秋分的"分"都表示昼夜平分的意思，秋分日阳光直射地球赤道，昼夜几乎相等，此后，阳光直射位置逐渐南移，北半球的白昼一天一天缩短，夜晚一天一天延长，气温普遍降低。这一时期正是农作物收获、天地万物进入成熟之时。在人类社会系统中，圣明的君主就效法顺应天文气象规律，确定官员们的官爵与俸禄，使各人所得不超过所能。在五声系统中，宫声为君主，商声为臣属，"商""通""章"，"章"有显扬之意，是说臣属有显扬君主功德的职责，尊卑各有其位，不同的地位拥有不同的财物，不同的财物是由各自的功绩所得来，有功之人得到官爵的赏赐，失败无功的人就受到刑罚和惩处。

在八种乐器中，"钟"的意思是万物成熟。钟是秋分时的音乐，其意思为动，表明阴气用事，万物发展成熟。

总之，兑主秋分，表示天地、万物、人功都得以确定；八种乐器中，钟是表示万物成熟的，所以，秋分节气，乐用钟，钟主兑。

(8) 柷圉主乾

乾卦在年周期中与二十四节气中的立冬相对应，乾主立冬。到这个时期，水已经结成冰，阳气降至最低点，土地已经冻结，动物们也都藏入洞穴准备冬眠；但终结不是结束，冬眠不是死亡，等到第二年春天来临，万物将重新开始生长。在人类社会系统中，圣明的君主效法天道制定刑法，诛杀一人，使千万人受到震动和警示，从而使受刑的人甘愿受死，受警示的人心中没有怨言。

在八种乐器中，柷圉，也就是柷敔，代表乐曲的终与始。"柷"的意思是"始"，所以用以开始音乐；"敔"的意思是"衙"，"衙"的意思是"止"，所以用以终止音乐。

总之，乾主立冬，表示阴阳终结复始，万物死亡重生；八种乐器中，柷敔是表示音乐的始与终，所以，立冬节气，乐用柷敔，柷敔主乾。

3. 八音各尚五声

(1) 八音所尚五声

"尚"的意思是尊崇、崇尚，瓦、丝、琴、瑟崇尚宫声，钟、金崇尚羽声，石崇尚角声，匏、竹崇尚徵声，革、木崇尚商声。

(2) 八音尚五声的依据

八音之所以能尚五声，是因为八音组成了一个和谐的音乐系统，具有五行，因此，才可以和五声相对应。如果八音不在一个音乐系统内，那与五行、五声就不会建立相应的对应关系。

古人认为，政治就像音乐，音乐遵从"和谐"的法则，声音的大小轻重都不踰越各自限度。五声用于和谐音乐，律吕用于平衡五声。金、石之音所对应的钟、磬两种乐器用于发动五声，丝、竹之音所对应的弦、管两种乐器用于运行五声，歌唱用于咏叹五声，匏音所对应的笙乐器用于发扬五声，瓦音所对应的埙乐器用于赞助五声，革、木之音所对应的鼓、柷、敔三种乐器用于节制五声。让各种乐器显示出正常状态，就称为中和的乐曲，中和的声音会集在一起就称为正声，五声相应相安就称为和谐，轻声与大声不相踰越就称为平衡。总之，八音组成为一个和谐的音乐系统，具有系统的共同特征。

（3）八音尚五声的方法

八音崇尚五声的法则是，凡乐器重量重的崇尚轻声，重量轻的崇尚大声。

在五声中，声音最宏大的是宫声，所以是五声之主；之后按宫、商、角、徵、羽的次第，从大到细排列至羽声。古代所指宫、商、角、徵、羽五个音，相当于现代音乐简谱中的1，2，3，5，6。

在乐器中，瓦是古八音中"土"的别称，所对应乐器为埙，丝是古八音中的丝音，所对应乐器为琴、瑟，其乐器的重量都比较轻，所以崇尚宏大的宫声。丝音对应八卦为离，离为火，弦的制作材料为丝线，轻清而上，其五行也为火，宫声则为土，火生土，所体现的道理如同人类社会中的子与母相应一样。瓦音为乐器埙，是用陶土烧制而成，其五行也为火，也与宫声土相生，道理相同。

在乐器中，金是古八音中的金音，所对应乐器为钟，其乐器的重量比较重，所以崇尚清而细的羽声。金音对应乐器为钟，对应八卦为兑，兑为金，钟的制作材料为金属，其五行也为金，羽声为水，金生水，所体现的道理也如同人类社会中的子与母相应一样。

在乐器中，石是古八音中的石音，所对应乐器为磬，其乐器的重量轻于钟，所以崇尚清浊适中的角声。磬为石制，石头的五行为金，在五声中角声为木，金克木，所体现的道理如同人类社会中的夫妻相和一样。

在乐器中，匏是古八音中的匏音，所对应乐器为笙，竹是古八音中的竹音，所对应乐器为箫、管，所崇尚的是徵声。匏即葫芦，外实内空，其五行为土，竹的五行为木。徵声为火，火生土，木生火，所体现的道理也如同人类社会中的子与母相应一样。

在乐器中，革是古八音中的革音，所对应乐器为鼓，木是古八音中的木音，所对应乐器为柷敔，所崇尚的是商声。革音对应乐器为鼓，对应八卦为震，震为木，八音中木音，对应乐器柷敔的制作材料为木，在五声中角声也为木；商声为金，金克木，所体现的道理也如同人类社会中的夫与妻相和一样。

（八）五声与人体五藏的关系

宫声动脾：宫在五声中相当于君主，君主应当宽宏大量容纳众人，所以其声音和顺而舒展，其响应的声音丰富而柔和，感动的是人的脾脏。

商声动肺：商在五声中相当于臣属，臣属应当宣明君主的号令，所以其声音发散而明晰，其响应的声音温和而空虚，感动的是人的肺脏。

角声动肝：角在五声中相当于人民，人民应当节约而俭朴，不奢侈，不僭越等级次第，所以其声音防备而约束，其响应的声音清净而安详，感动的是人的肝脏。

徵声动心：徵在五声中相当于事务，事务是君子之责，担当的时间久了，就会流于灭亡，所以其声音败坏而疾速，其响应的声音平静而均衡，感动的是人的心脏。

羽声动肾：羽在五声中相当于财物，财物不会一齐积聚起来，所以其声音疾速而虚弱，其响应的声音断裂而散乱，感动的是人的肾脏。

（九）五声在战争中的运用

《五行大义》引《黄帝兵决》来论述了五声在战争中的具体运用。

1. 听声之法

敌我对阵之时，派人去到距离敌营120步远的地方，用竹管贴住耳朵，俯地听敌营所传过来的声音。

2. 占声之法

根据所听到的声音属于五声中的哪一种来判断敌方将领的情况，属于一种侦察技术。

宫声：如果听到的声音隆隆如车行之声，如雷声，如鼓声，这就是宫声。宫为土，所以其将领具有土的特征，性格宽厚、温和、讲信用。

商声：如果听到的声音如同金属、石头相互撞击，轰轰作响，如钟声，如磬声，如霹雳声，这就是商声。商为金，其将领具有金的特征，性格威严、易怒、喜好杀戮。可以故意多次激怒他，让他方寸大乱。

徵声：如果听到的声音如同奔马声，如同火炮声，如同击打破裂声，这就是徵声。徵为火，其将领具有火的特征，性格猛烈、勇敢，很难针锋相对而取胜。

角声：如果听到的声音恭恭敬敬、清雅和谐，如树木摇动声，如人呼喊声，如人忧虑声，这就是角声。角为木，其将领具有木的特征，性格仁恕爱众，不可欺骗侮辱。

羽声：如果听到的声音滔滔不绝，如同流水声，如同扬波声，如同人感情激动发出的笑声，这就是羽声。羽为水，其将领具有水的特征，性格贪婪莽撞，计策很多。

通过仔细审察这五种声音，就可以知道敌军将领的性情，由此拿出相应的对策。听风声来推测敌方将领的方法，也与上面的方法相同。这些都是论述声音的各种情况，所以详细解说。

第三　论配气味

子产云："气为五味。"郑玄云："通口者为五味，通鼻者为五臭。"

《礼记·月令》云"春之日，其味酸，其臭膻"，木之臭味也。《说文》云："膻者，羊臭。"春物气与羊相类。木所以酸者，象东方万物之生。酸者，钻也，言万物钻地而出生，五味得酸乃达也。《元命苞》云："酸之言端也，气始生，专心自端也。"

《礼记》云："夏之日，其味苦，其臭焦。"火所以苦者，南方主长养也。苦者，所以长养之。五味须苦，乃以养之。《元命苞》云："苦者勤，苦乃能养也。"《方言》："苦，快也。"臭焦者，阳气蒸动，燎火之气也。许慎云："焦者，火烧物，有焦燃之气。"夏气同也。

《礼记》云："季夏之日，其味甘，其臭香。"土味所以甘者也，中央，中和也，甘，美也。《元命苞》云："甘者食常，言安其味也。甘味为五味之主，犹土之和成于四行也。"臭香者，土之气，香为主也。许慎云："土得其中和之气，故香。"

《礼记》云："秋之日，其臭腥，其味辛。"西方杀气腥也。许慎云：

"未熟之气，腥也。"西方金之气象此。味辛者，物得辛乃萎杀也。亦云：故新之辛也。故物皆尽，新物已成，故云新。《元命苞》云："阴害故辛，杀义故辛，刺，阴气使其然也。"

《礼记》云："冬之日，其味咸，其臭朽。"朽者，水之气也。若有若无，言气微也。亦云：水者，受垢浊，故其臭腐朽也。许慎云："朽，烂之气。"北方气同此。其味咸者，北方物咸，所以坚之也。犹五味得咸乃坚也。许慎云："咸者，衔也。"《元命苞》云："咸者，镰。镰，清也。至寒之气，故使其清而咸。"

郑玄云："五味，醯酸，酒苦，蜜甘，姜辛，盐咸。"《黄帝甲乙经》言："谷则米甘，麻酸，大豆咸，麦苦，黍辛。"一云：稻米辛。"果则枣甘，李酸，栗咸，杏苦，桃辛；菜则葵甘，韭酸，藿咸，薤苦，葱辛；畜则牛甘，犬酸，彘咸，羊苦，鸡辛"。《本草》云：石则玉甘，金辛，雄黄苦，曾青酸，赤石脂咸。草则茯苓甘，桂心辛，天门冬苦，五味子酸，玄参咸。虫则蜜零甘，蚯蚓辛，蚺蛇苦，伊威酸，晰蜴咸。药食之物例多，且举大略配五味如此，皆是五行气所生，气有偏，故其味则别。

总而言之，五谷则芒以配木，散以配火，房以配金，荚以配水，萃以配土。芒，大小麦之属；散，糜黍之属；房，胡麻之属；荚，大小豆之属；萃，稷粟之属。芒者，取其锋芒纤长，象木生出地，如锋芒也；散，舒也，象火气温暖，物舒散也；房，方也，象金裁割，体方正也；荚，狭也，象水流长而狭也；萃，聚也，象万物皆聚于土，乃为用也。五果则子以配木，核以配火，皮以配金，壳以配水，房以配土。子，梨之属；核，桃、李之属；皮，柑、橘之属；壳，胡桃、栗之属；房，蒲陶之属。子取其含润，如木生润，子实茂盛；核取其在肉内不堪食，如火阴在内，无所堪容；皮取其厚急，如金气衰老，物至西方而急缩也；壳取其肉在内堪食，如水阳在内，堪能容纳也；房取其结聚，如土，物皆聚此。此则总论。谷果以配五味，则略如前释。

《月令》云："春食麦与羊。"麦有孚甲，故属木，羊火畜，春气犹寒，以此安性；"夏食菽与鸡"。菽有孚甲而坚，合于水，鸡属木畜，故为热时所食；"中央食稷与牛"。稷是谷之长，牛是土畜，以其甘和，故象于时；"秋食麻与犬"。麻属金，犬亦金畜，故从秋也；"冬食黍与彘"。黍舒散属火，彘水畜，兼其水火，以为冬食。此之五食，义有不同。春犹寒，食温,夏方热,食寒,此意可解者;吉甘味和,故随时适用,此亦可解;秋冬两食,此应宜热,所以不热,其故何也?若依蔡邕解,直云"食味相宜",则无复疑。若依郑解,则诚未尽。今广郑言,少阳、太阳其气舒散,少阴、太阴其气敛闭。故河上公解老子言:"躁气在上,阳气伏于下,所以故寒。静气在上,阴气伏于下,所以故热。"人体阴阳,义亦如是。春夏舒散,阳气开发,宜以温食,用和阴气。秋冬闭敛,阳气在内,宜用寒食,以调阳气。冬兼水火,又异于秋,正以藏闭之时,事甚于秋,故均以水火也。今又取《甲乙》,以并郑义,微有乖张。《甲乙》以羊麦俱苦,皆是火味,郑玄云"羊火畜"同,以麦属木,此是取其孚甲之形,用温还同。《甲乙》以菽咸鸡辛,郑玄云"菽合水"同,"鸡属木"异,此取其将旦而鸣,近寅木故。又,振羽翼,有阳性也,则是酉鸟,属金为实。《甲乙》以麻犬俱酸,郑以麻犬俱金,酸是木味,用调金气,以少阳之气味,调少阴之气,理则可通。金还调金,恐乖和适。《甲乙》以黍辛彘咸,郑玄云"彘合水"同,"黍属火"异,此言黍色赤性热,故以为火。若依郑意,以如前解。若以《甲乙》《明堂》《月令》之意,夏食合冷者,欲令调炎暑郁毒之气;冬食亦寒者,去藏中伏热。春寒用温,二意不殊。秋以少阳和于少阴,为有杀气,故以生味相补,郑全乖越。

《周礼·天官》云:"凡和,春多酸,夏多苦,秋多辛,冬多咸,调以滑甘。"解有两家,一云:宜从时气,春食须多酸,夏食须多苦;一云:多者,过也,春食过酸,宜减其酸味;夏食过苦,宜减其(苦味;秋时过辛,宜减其辛味;冬时过咸,宜减其)咸味;是以后句云:"调以滑甘。"今依前解,四时之味,各随时所当,故逐时酸苦,养体之宜。土既居中,总戴四财,是以四时味兼,须甘味以调之。又云:"会膳食之所宜,牛宜稌(稌,稻也);羊宜黍;豕宜稷;犬宜粱;鸟宜麦;鱼宜菰(菰,凋胡也)。凡君子之食,恒放焉。""凡药:酸养骨,苦养气,甘养肉,辛养筋,咸养脉。"此并相扶之义。

《河图》云:"人食无极咸,使肾气盛,心气衰,令人发狂,喜衄,吐血,心神不定;无极辛,使人肺气盛,肝气衰,令人懦怯悲愁,目盲,发白;无极甘,使脾气盛,肾气衰,令人痴淫泄精,腰背痛,利脓血;无极苦,使心气盛,肺气衰,令人果敢轻死,欬逆胸满;无极酸,使肝气盛,脾气衰,令人谷不消化,喑聋癖固。"此五藏相制克之义。

《黄帝养生经》云："酸入肝，辛入肺，苦入心，甘入脾，咸入肾。病在筋，无食酸；病在气，无食辛；病在骨，无食咸；病在血，无食苦；病在肉，无食甘。口嗜而饮食之，不可多也，必自贼也，故名五贼。"又云："肝病禁辛，心病禁咸，脾病禁酸，肺病禁苦，肾病禁甘。"此皆所恶之味，故禁。又云："肺病宜食糯米饭、牛肉、枣、葵，心病宜食麦、羊肉、杏、薤，肾病宜食大豆、黄黍、彘肉、藿，肝病宜食麻、犬肉、李、韭，脾病宜食鸡肉、桃、黍、葱。"此五宜食者，肝心肾三藏实，故各以其本味补之。脾肺虚，故以其子母相养者也。

《春秋潜潭巴》云："五味生五藏者，咸生肝，酸生心，苦生脾，甘生肺，辛生肾。"《养生经》云："肝色青，宜食咸，稻米、牛肉、枣；心色赤，宜食酢，犬肉、李；肺色白，宜食甘，麦、羊肉、杏；脾色黄，宜食苦，大豆、豕肉、栗；肾色黑，宜食辛，黍、鸡肉。"此五食，皆以所生能养其子也。又云："五味之入口也，各有所走，各有所病。酸走筋，多食之令人癃；咸走血，多食之令人渴；辛走气，多食之令人洞心；苦走骨，多食之令人变；甘走皮，多食之令人恶心。辛散，酸收，甘缓，苦坚，咸濡，五谷为养，五果为助，五畜为益。气、味合而服之，随四时五藏所宜也。"又云："人黄色宜甘，青色宜酸，黑色宜咸，赤色宜苦，白色宜辛。"此皆依本体所宜。

《家语》曰："食水者善游能寒；食土者无心不息；食木者多力不治；食草者善走而愚；食桑者有绪为蛾；食肉者勇敢；食气者神明而寿；食谷者惠巧；不食者不死而神。"此皆气味之类，故附而述之。五味所解，例多不举。语《经》所明，可解者如此。

白话解读

（一）何谓五味、五臭

《五行大义》所引"子产云"出自《左传》，意思是说气有五种味。所引"郑玄云"，实出《礼记·月令》注，意思是说，通过口内的舌头品尝到的为五味，通过鼻子闻到的为五臭。

(二)四时与五味、五臭及其含意

《五行大义》引《礼记·月令》的话来解释四时的味道和气味。

春天的味道是酸,气味是膻(羶),这是木的味与气。"羶"字,《说文解字》解释为羊身上发出的一种气味。春天的五行为木,木之所以为酸,是因为"酸"有两种意思:一是"钻",是说万物从地下向上钻破地面而出生,所以五味中得到酸味就可以通达;二是"端",也就是说,"酸"是春天之时,阳气开始生长到阳气从阴气中明显分别出来的状态,这时的阳气专心致力于自身的端正。"酸"还有一个意思是"酢",酢是一种调味用的酸味液体,当树木果实腐败的时候其味道就变酸,这就是"酢"。

夏天的味道是苦,气味是焦,这是火的味与气。因为火为南方,南方是万物长大养成之地,而五味中必须有苦味,才能得以培养成就。按照《春秋元命苞》和《方言》的说法,"苦"有两种意思:一是勤苦,勤苦才能养大万物;二是"快",也就是愉快、喜悦之意。《方言》为西汉时扬雄所著,是我国第一部比较方言词汇的重要著作,全称为《輶轩使者绝代语释别国方言》。夏天的气味之所以为焦,是因为夏天阳气向上蒸腾运动,发出火烧的气味。许慎说:"焦,是火燃烧物体所产生的烧焦的气味。"夏就是这个气味。

季夏的味道是甘,气味是香,这是土的味与气。土的味道之所以为甘,是因为土为中央,其味道是中和了各种味道的结果。"甘"的意思是"美",各种味道完美地中和在一起,不就是美味吗?《五行大义》引《春秋元命苞》作进一步解释,"甘"的意思就是可以经常食用,是说人能安于其味。甘味为五味中的主宰,如同土中和成就其他四行一样。季夏的气味之所以为香,是因为土的气味以香为主体。许慎说:"土因为得到了四行的中和之气,所以其气味为香。"

秋天的味道是辛,气味是腥,这是金的味与气。金为西方,西方为肃杀之气,肃杀就带有一股生肉味,这就是腥的味道。许慎说:"未熟的气味就是腥。"西方金的气味就是这种味道。秋天的气味之所以为辛,有两种意思:一是万物得辛就枯萎肃杀了;二是辛就是新,过去的事物已经发展到尽头,新鲜的事物已经成就,此为新。那秋天的气味为什么为辛呢?辛是辛辣气味,带有刺激性。《五行大义》引《春秋元命苞》进一步解释说,阴气贼害阳气为辛,有肃杀的意义为辛,刺就是杀,是刺激,这是阴气所导致的。

冬天的味道是咸，气味是朽，这是水的味与气。《五行大义》认为，"朽"有两种意思：一是"若有若无"，就是说气很微小；二是"腐朽"。水受到脏东西的污染，所以会发出腐朽的气味。许慎说，朽，是腐烂的气味。北方的气味与朽的气味相同。冬天的气味之所以为咸，是因为北方万物含盐量高，故质地坚硬。这如同五味中得到咸味就可以坚固一样。《五行大义》对此作了两种解释：一种是许慎说："咸的意思是衔。""衔"的意思是包含、蕴含。这其实是说事物之中包含有盐的成分。一种是《春秋元命苞》说，"咸"的意思是"镰"。"镰"同"鎌"，意思是"清"。北方之气至为寒冷，所以北方清纯而有咸味。

（三）五味与食物、药物的配合

1. 五味与食物的配合

五味与调味品的配合：《五行大义》引郑玄说："五味，醯即醋的味道为酸，酒的味道为苦，蜜的味道为甘，姜的味道为辛，盐的味道为咸。"

五味与五谷、五果、五菜、五畜的配合：《五行大义》引《黄帝甲乙经》即《针灸甲乙经》来论述五味与五谷、五果、五菜、五畜的关系，分述如下：

五谷：粳米的味道为甘，芝麻的味道为酸，黄、黑、青、白等豆类的味道为咸，小麦的味道为苦，黄黍（即糯小米）的味道为辛。一说：稻米的味道为辛。

五果：大枣的味道为甘，李的味道为酸，栗的味道为咸，杏的味道为苦，桃的味道为辛。

五菜：葵的味道为甘，韭的味道为酸，藿（即大豆叶）的味道为咸，薤（即野蒜）的味道为苦，葱的味道为辛。

五畜：牛肉的味道为甘，牝犬肉的味道为酸，猪肉的味道为咸，羊肉的味道为苦，鸡肉的味道为辛。

2. 五味与药物的配合

《五行大义》引《神农本草经》论述了五味与药物的配合。《本草》是《神农本草经》的省称。分述如下：

金石类：玉的味道为甘，金为辛，雄黄味苦，曾青（蓝铜矿石）味酸，赤石脂（多水高岭石矿物）咸（也有说味甘）。

草类：茯苓味甘，桂心（肉桂去皮之后的枝条）辛，天门冬味苦，五味子味酸，玄参咸(也有说味苦)。

虫类：蛮零即蜂子、土蜂味甘，蚿蜵味辛，蚺蛇亦称水蚺甘苦，伊威(一名鼠妇)味酸，晰蜴(即蜥蜴)味咸。

以上关于五味与药物、食物的配合只是举其大略，这样的例子还有很多，都是五行之气所生成，事物所禀受的五行之气各有偏重，所以其味有所不同。

(四)五行与五谷、五果的配合

从上面的例子来看，五行与五谷、五果的配合，看似无序，实则有一定的原则。总而言之，可以分五谷配五行、五果配五行两类分析。

1. 五谷配五行及其原则

五谷与五行配合的原则是"芒以配木，散以配火，房以配金，荚以配水，萃以配土"。

芒是谷物种子壳上的细刺；散是谷物种子分散排布；房是谷物种子所在的类似房子的东西；荚是豆科植物的长形果实，有狭长的果皮包裹着，成熟时果皮自己破裂而籽出；萃是谷物种子的聚集排布。芒以大麦、小麦为代表；散以黍子为代表；房以芝麻为代表；荚以大豆、小豆为代表；萃以高粱、谷子为代表。

"芒"，取其锋芒纤长，形似木初生出地面，形状如同锋芒一样，所以"芒以配木"；"散"的意思是舒散，形似火气散布的温暖使万物舒展散开一样，所以"散以配火"；"房"的意思是方正，形似受到金属利器的裁割的形体方方正正，所以"房以配金"；"荚"的意思是狭长，形似水流长远而窄狭的样子，所以"荚以配水"；"萃"的意思是聚集，形似万物都聚集于土中，而后才能发挥其功用一样，所以"萃以配土"。

2. 五果配五行及其原则

果实有子、核、皮、壳、房五个部分。子是某些种子，核是果实中坚硬并包含果仁的部分，皮是包裹在外面的比较柔软的皮，壳是包裹在外面的坚硬的皮；房是果实的成串排布。这些特征各有不同的代表性果实。子以梨子为代表；核以桃、李为代表；皮以柑、橘为代表；壳以胡桃(核桃)、栗子为代表；房以蒲陶(葡萄)为代表。

子包含润泽，如同木可以生出润泽之液，结出的果实、种子繁茂昌盛一样，所以"子以配木"；核在果实内，但不能食用，如同火内藏阴气，不能容纳任何东西一样，所以"核以配火"；皮厚而紧缩，如同金气已经衰老，万物运行到西方而紧急收缩一样，所以"皮以配金"；壳内有果肉可以食用，如同水内藏阳气，可以容纳万物一样，所以"壳以配水"；房结合聚集在一起，如同土中聚集万物一样，所以"房以配土"。

这是总论。至于五谷、五果与五味的具体配合，其大略情形已经如同前面的阐释。

（五）四时与五食的配合及其分析

《五行大义》引《礼记·月令》的话阐述四时所配五食。

春天适宜食用大小麦与羊肉。因为麦的种子有外壳，有麦芒，五行属木；羊肉味苦，属火。春天之时仍有寒气，适宜食用属木、属火的食物来安定春天的木性。

夏天适宜食用菽（即豆子）和鸡肉。因为菽的种子有外壳而且坚硬，五行属水；鸡肉属木（鸡肉味辛，实应属金）。夏天之时，气候正热，适宜食用属水、属木的食物来安定夏天的火性。

季夏适宜食用稷（高粱）和牛肉。因为稷是种子聚集在一起的谷物，五行属土；牛肉味甘，属土。稷与牛肉的味道都甘美中和，所以象征季夏之时土的特性。

秋天适宜食用麻（芝麻）和狗肉。因为麻的果实生长在像房子的结构里，五行属金；狗肉五行属金（狗肉味酸，实应属木）。因为芝麻与狗肉都具有金的特性，所以遵从秋天金的规律。

冬天适宜食用黍和彘（猪）肉。因为黍的种子舒展分散，五行属火。冬天气候寒冷，食用火性的食物，可以起到中和的作用，能安定冬天水的特性。彘（猪）肉味咸，属水。黍属火，彘属水，这两种食物同食兼具水、火，可以作为冬天的食物。

四时与五食的这种配合，所取依据各有不同。春天气候仍寒冷，食用温性的食物；夏天气候正炎热，食用寒性的食物，这都可以理解。美好的甘味性平和，随时适宜食用，这也可以理解。但秋冬之时，天气寒凉，这两个季节的食物本该热性，取用非热性的食物，其中的道理是什么呢？如果按照蔡邕的解释说"食物的味道与四时气候变化正相适宜",那就没有什么疑义了。但如果按照郑玄对《礼记·月令》的注解,那就确实还有未尽之意。

现在我们推广郑玄的观点,深入剖析:

一是从阴阳理论看,少阳、太阳的特性是舒展发散;少阴、太阴的特性是收敛闭藏。《五行大义》所引"河上公解老子言"意思是说,从十二消息卦来看,春天的寅月泰卦、卯月大壮卦、辰月夬卦都是阳气伏于下,所以,外有余寒,夏天的巳月乾卦、午月姤卦、未月遁卦则是阳气躁疾于上,热极生寒,所以,其内有寒。秋天的申月否卦、酉月观卦、戌月剥卦都是阴气伏于下,所以外有余热,冬天的亥月坤卦、子月复卦、丑月临卦则是阴气静止于上,寒极生热,所以其内有热。

人体的阴阳,道理也应该如此。春夏之时,人体舒展发散,阳气开发,适宜吃温性食物,以中和阴气。秋冬之时,人体闭藏收敛,阳气在内,适宜吃寒性食物,以调和阳气。冬天外阴为水,内阳为火,人体也兼有水、火两重属性,比秋天更需要收藏闭敛,所以在饮食上适宜均衡水火。

二是《五行大义》引用《针灸甲乙经》与郑玄注相互比较,结果如下:

《针灸甲乙经》认为羊肉与麦其味皆苦,都是火的味道,郑玄的羊属火与此相同。郑玄认为麦属木,这是取麦有芒,为木。木性也是温暖的,所以两者在春天食温性食物方面相同。

《针灸甲乙经》认为菽(豆子)其味为咸,鸡肉味为辛。郑玄说"菽为水性",与此相同;郑玄认为"鸡属木",这是因为鸡鸣于天明寅时,寅为木。另外,鸡会振动羽翼,具有阳的特征,从十二生肖看,鸡为酉,酉为金,所以《针灸甲乙经》认为鸡属金,这是正确的。

《针灸甲乙经》认为麻(芝麻)、犬肉其味皆酸。郑玄认为,麻、犬肉都属于金性。《针灸甲乙经》说,酸是木的味道,可调节秋天的金气,木为少阳,金为少阴,这是以少阳属性的气味来调节少阴属性的气味,理论上可以讲得通。如果依郑玄所说,麻与犬都是金性食物,是用金性的食物来调节金旺的气候,即以金调金,恐怕背离了中和适宜的原则。

《针灸甲乙经》认为黍味为辛、彘(猪)肉味为咸。郑玄认为"彘属水",这与《针灸甲乙经》相同;郑玄认为,"黍属火",这与《针灸甲乙经》不同,这是说黍的颜色为赤红,其性为热,所以把黍作为火性食物。

总之,如果依据郑玄的观点,则已经如同前面的解释。如果依据《针灸甲乙经》《明堂》《礼记·月令》的观点，夏天适合食用冷性的食物，是想通过食物来调节夏天炎暑郁毒的气候；冬天也适合食用寒性的食物，是想通过食物去除五藏中隐伏的热气。春天气候尚且寒冷，适宜用温性的食物进行调节，郑玄与《针灸甲乙经》等的观点是没有区别的。秋天之时，用少阳性质的食物来调和少阴性质的气候，这是因为秋天为金，金为肃杀之气，所以需要用生发的气味来相互补充，而少阳木气主生发，如此看来，郑玄关于秋令适宜金性食物的观点是完全错误的。

（六）四时与五味的配合及膳食搭配

1. 四时与五味的配合

对《五行大义》所引《周礼·天官》论述四时与五味的配合观点的理解，有两种截然不同的观点：

第一种观点认为：饮食应当顺从四时之气。凡是调和食物，春天木旺，木味酸，春天的食物需要多一些酸味；夏天火旺，火味苦，夏天的食物需要多一些苦味；秋天金旺，金味辛，秋天的食物需要多一些辛味；冬天水旺，水味咸，冬天的食物需要多一些咸味；季夏土旺，土味甘，金木水火，非土不载，酸苦辛咸，以甘为上，甘味可以通利往来，调和四味。

第二种观点认为：饮食应当调和四时之气。将"多"解释为"过"。意思是说，凡是用食物调和四时气候，春天木旺，木味酸，则春天所食过于酸，应当减少饮食中的酸味；夏天火旺，火味苦，则夏天所食过于苦，应当减少饮食中的苦味；秋天金旺，金味辛，则秋天所食过于辛，应当减少饮食中的辛味；冬天水旺，水味咸，则冬天所食过于咸，应当减少饮食中的咸味；因此，后一句说"调以滑甘"，即通过调和使其味道甘美，可以通利往来。

《五行大义》认为第一种观点是正确的。按照此解，四时食物的味道，应该各自顺随各自时令之气所适合的味道，所以，按照先后次序逐个时令地增加食物中酸、苦、辛、咸的味道，这是保养身体所适宜的准则。在五行系统中，土居位中央，总领木、火、金、水四行，而四行对应春、夏、秋、冬四时，所以四时饮食的味道就应该兼有土味，土味甘，必须用甘味来调和其他四味。

2. 膳食搭配

《五行大义》所引"又云"出自《周礼·天官冢宰下·食医》，也见于《礼记·内则》。意思是说，凡是各种食物之间最适宜的搭配，即最优搭配，如牛肉宜配稌（粳米）；羊肉宜配黍米（黄米）；猪肉宜配稷米（高粱）；犬肉宜配粱米（小米）；雁肉宜配麦；鱼肉宜配苽米（凋胡，是一种水生草本植物，嫩茎可做蔬菜，称"茭白"，果实可煮食，称"菰米"）。

依据《本草纲目》，这些搭配的原理可解释如下：

牛宜稌：牛肉味甘温，粳米味甘、苦、平，甘苦可以相成。

羊宜黍：羊肉味苦甘、大热，黍米味甘、温，甘苦相成。

豕宜稷：猪肉味苦、微寒，高粱味甘、寒，甘苦相成。

犬宜粱：犬肉味咸、酸、温，粱米味甘，气味相成。

雁宜麦：雁肉味甘平，大麦味咸、温、微寒，小麦味甘、微寒，气味相成。

鱼宜苽：鱼族甚多，寒热酸苦兼有，苽米味甘、冷，同是水生之物，所以相宜，气味相成。

总之，上述四时五味配合和膳食搭配的原则，是古代上层社会的人所经常遵守的养生法则。

（七）五味与人体健康的关系

1. 五味对人体的滋养作用

《五行大义》论述"凡药"五味对人体滋养作用，除此之外还有一些典籍对这方面有记载，综合起来可以概括为：酸养筋骨，苦养气血，甘养肉，辛养筋、皮毛，咸养脉、骨髓。五味对人体滋养的原则是，所有药物，其五味都按照五行属性滋养所对应的人体。依此原则分析如下：

酸养筋骨：酸为木味，木根立于地中，似人体骨骼立于肉中。筋为肝所主，肝为木，与酸味五行同类。

苦养气血：苦为火味，火出入没有形状，似人体呼吸的气没有形状。血脉为心所主，心为火，与苦味五行同类。

甘养肉：甘为土味，土含载其他四行，似人体的肉含载筋骨气脉。肌肉为脾所主，脾为土，与甘味五行同类。

辛养筋、皮毛：辛为金味，金可以缠合不同的物体，似人体的筋缠合诸骨。皮毛为肺所主，肺为金，与辛味五行同类。

咸养脉、骨髓：咸为水味，水流行于地中，似人体血脉流行不定。骨髓为肾所主，肾为水，与咸味五行同类。

2. 五味对人体的伤害作用

五味如果过量食用，则会对人体有害。《五行大义》引纬书《河图》说明，五味对人体的伤害作用是通过五藏相互制克实现的，即"此五藏相制克"原则。

人食无极咸：人不能食用极咸的食物，即不能过量摄入盐分。咸为水，食用极咸的食物就会导致肾气大盛，肾为水，水克火，火为心，心气就会受克制而衰弱。心气衰弱，就会令人发狂，好出血、吐血，心神不能安定。

人食无极辛：人不能食用极辛的食物。辛为金，食用极辛的食物就会导致肺气大盛，肺为金，金克木，木为肝，肝气就会受克制而衰弱。肝气衰弱，就会令人胆怯懦弱、悲伤愁闷，眼睛失明，头发变白。

人食无极甘：人不能食用极甘的食物。甘为土，食用极甘的食物就会导致脾气大盛，脾为土，土克水，水为肾，肾气就会受克制而衰弱。肾气衰弱，就会使人痴呆、纵欲、泄精，腰背疼痛，便痢脓血。

人食无极苦：人不能食用极苦的食物。苦为火，食用极苦的食物就会导致心气大盛，心为火，火克金，金为肺，肺气就会受克制而衰弱。肺气衰弱，就会令人果决勇敢，轻视死亡，咳喘气逆，胸部胀满不适。

人食无极酸：人不能食用极酸的食物。酸为木，食用极酸的食物就会导致肝气大盛，肝为木，木克土，土为脾，脾气就会受到克制而衰弱。脾气衰弱，就会使人吃入的五谷不能消化，口不能说话，耳朵变聋，肚子里形成结块，久病难愈。

3. 五味与人体五藏病的宜忌

《五行大义》引《黄帝养生经》进行了论述，分析如下：

（1）五入

据《黄帝养生经》，肝合木而味酸，肺合金而味辛，心合火而味苦，脾合土而味甘，肾合水而味咸。因此，五味各入于五藏。

（2）五贼

《五行大义》所引《黄帝养生经》的五贼，在《黄帝内经·灵枢·卷二十三·九针论第七十八》中作"五裁"，即五种误服食药造成的伤害。酸走筋，筋病不能多食用酸味食物，多食则筋病加重；辛走气，气病不能多食用辛味食物，多食则气病加重；咸走骨，骨病不能多食用咸味食物，多食则骨病加重；苦走血，血病不能多食用苦味食物，多食则血病加重；甘走肉，肉病不能多食用甘味食物，多食则肉病加重。人体筋气骨肉血等，这是需要五味滋养的，按照规律食用，有益于身体健康；随心所欲，过多食用，就会招致各种疾病，所以必须裁禁之。不加以裁禁，就会贼害自己的身体。所以称为五贼、五裁。

（3）五禁

《五行大义》所引《黄帝养生经》的五禁是说，肝为木，木畏金克，辛为金味，所以"肝病禁辛"；心为火，火畏水克，咸为水味，所以"心病禁咸"；脾为土，土畏木克，酸为木味，所以"脾病禁酸"；肺为金，金畏火克，苦为火味，所以"肺病禁苦"；肾为水，水畏土克，甘为土味，所以"肾病禁甘"。这都是五藏所畏恶的气味，所以称为"五禁"。

（4）五宜

《五行大义》所引《黄帝养生经》的五宜，也见于《针灸甲乙经》，但二者内容有所不同，比较如下：

①肺病宜食

糯米、牛肉、枣、葵其味皆甘，为土味，肺为金，土能生金，所以肺病宜食；黍、鸡肉、桃、葱其味皆辛，为金味，与肺金同类，所以肺病也宜食。

肺病宜食表

黄帝养生经	糯米饭	牛肉	枣	葵
针灸甲乙经	黍	鸡肉	桃	葱

②心病宜食

麦、羊肉、杏、薤其味皆苦，为火味，心为火，二者同类，所以心病宜食。

心病宜食表

黄帝养生经	麦	羊肉	杏	薤
针灸甲乙经	麦	羊肉	杏	薤

③肾病宜食

大豆、栗、藿、彘（即豕）其味皆咸，为水味，肾为水，二者同类，所以肾病宜食；黄黍味辛，为金味，金能生肾水，所以肾病也宜食。

肾病宜食表

黄帝养生经	黄黍、大豆	彘肉		藿
针灸甲乙经	大豆	豕肉	栗	藿

④肝病宜食

麻、犬肉、李、韭其味皆酸，为木味，肝为木，二者同类，所以肝病宜食。

肝病宜食表

黄帝养生经	麻	犬肉	李	韭
针灸甲乙经	麻	犬肉	李	韭

⑤脾病宜食

黍、鸡肉、桃、葱其味皆辛，为金味，脾为土，金与土为相生的母子关系，所以脾病宜食；粳米、牛肉、枣、葵其味皆甘，为土味，与脾土同类，所以脾病宜食。

脾病宜食表

黄帝养生经	黍	鸡肉	桃	葱
针灸甲乙经	粳米	牛肉	枣	葵

《五行大义》总结说，这五种藏病宜食的原因为，肝、心、肾三藏实，实则可以受补，所以各自用其本藏五行之味来补之；脾、肺二藏虚，虚则不能受补，所以用其本藏五行子母之味以相滋养。依此解，则《针灸甲乙经》全用本藏五行之味来补，似有不足。

4. 五味与人体养生的关系

（1）五生

《五行大义》所引纬书《春秋潜潭巴》的这段话意思是说，人吃的五种气味的食物可以生人体五脏，依据是五行相生。咸为水味，肝为木，水能生木，所以"咸生肝"；酸为木味，心为火，木能生火，所以"酸生心"；苦为火味，脾为土，火能生土，所以"苦生脾"；甘为土味，肺为金，所以"甘生肺"；辛为金味，肾为水，金能生水，所以"辛生肾"。

（2）五食

《五行大义》所引《养生经》五藏有宜食之味，见于《黄帝内经·灵枢》。

但二者有出入，比较如下：

①肝色青

《养生经》以肝为木，色青，宜食咸，咸为水味，水能生木，所以肝"宜食咸"；但稻米味辛，粳米味甘，牛肉、枣其味皆甘，似自相矛盾。《黄帝内经·灵枢》以肝为木，色青，宜食甘，甘为土味，木能克土，所以肝"宜食甘"；秔米饭（即粳米饭）、牛肉、枣、葵其味皆甘。

肝宜食味表

养生经	肝色青	宜食咸	稻米	牛肉	枣	
黄帝内经·灵枢	肝色青	宜食甘	秔米饭	牛肉	枣	葵

②心色赤

《养生经》和《黄帝内经·灵枢》都以心为火，色赤，宜食酸，酢味酸，酸为木味，木能生火，所以心"宜食酸"；麻、犬肉、李、韭其味皆酸。

心宜食味表

养生经	心色赤	宜食酢		犬肉	李	
黄帝内经·灵枢	心色赤	宜食酸	麻	犬肉	李	韭

③肺色白

《养生经》以肺为金，色白，宜食甘，甘为土味，土能生金，所以肺"宜食甘"；但麦、羊肉、杏其味皆苦，似自相矛盾。《黄帝内经·灵枢》以肺为金，色白，宜食苦，苦为火味，火克金，肺苦于气上逆，需要食苦以泄之，所以肺"宜食苦"；麦、羊肉、杏、薤其味皆苦。

肺宜食味表

养生经	肺色白	宜食甘	麦	羊肉	杏	
黄帝内经·灵枢	肺色白	宜食苦	麦	羊肉	杏	薤

④脾色黄

《养生经》以脾为土，色黄，宜食苦，苦为火味，火能生土，所以脾"宜食苦"；但大豆、豕（即猪）肉其味为咸，粟味为甘，似自相矛盾。《黄帝内经·灵枢》以脾为土，色黄，宜食咸，咸为水味，土克水，食咸以资养脾；大豆、豕（即猪）肉、栗、藿其味皆咸。

脾宜食味表

养生经	脾色黄	宜食苦	大豆	豕肉	粟	
黄帝内经·灵枢	脾色黄	宜食咸	大豆	豕肉	粟	霍

⑤肾色黑

《养生经》和《黄帝内经·灵枢》都以肾为水,色黑,宜食辛,辛为金味,金能生水,所以肾"宜食辛";黄黍、鸡肉、桃、葱,其味皆辛。

肾宜食味表

养生经	肾色黑	宜食辛	黍	鸡肉		
黄帝内经·灵枢	肾色黑	宜食辛	黄黍	鸡肉	桃	葱

《五行大义》依据《养生经》总结为,这五食,都是以能生本藏的气味来滋养五藏,是以母味生养子藏,即"皆以所生能养其子"。

(3)五走、五病

《五行大义》所引《养生经》"五走",也见于《黄帝内经·灵枢》,意思是说,五味入口,各有所走,各有所病。具体所走,《养生经》与《黄帝内经·灵枢》有所出入,如下表所示:

五走表

《养生经》五走	酸走筋	咸走血	辛走气	苦走骨	甘走皮
《黄帝内经·灵枢》五走	酸走筋	咸走骨	辛走气	苦走血	甘走肉

五味入口,各有所走,多食则各有所病。多食酸,就会令人小便不通;多食咸,就会令人口渴;多食辛,就会令人心内空;多食苦,就会令人手脚蜷曲不能伸开、呕吐;多食甘,就会令人恶心、心内闷。

(4)五味功用及食疗

《五行大义》所引《养生经》的五味功用,其意有四:

一是五味本身的功用。即辛味的功用是发散,酸味的功用是收敛,甘味的功用是缓慢,苦味的功用是坚实,咸味的功用是柔软。

二是五味营养配合。是药三分毒,先用药攻治人身体中的邪气,再通过食疗加以调养,药食相济,这是治病养生的大法则。食疗即以五种谷物即粳米、小豆、麦、大豆、黄黍养其正气,以五种水果即桃、李、杏、栗、枣助其营养，以五种畜肉即牛、羊、猪、犬、鸡有所补益，以五种蔬菜即葵、藿、薤、葱、韭充实脏腑。

三是气味相合，补精益气。阳为气，阴为味，气养精，味养形，五谷、五果、五畜、五菜的气味服用入人的身体，可以养人精气。

四是五味调五藏。辛、酸、甘、苦、咸五味各有所利的五藏，五味功用或散，或收，或缓，或坚，或软，可用来调和五藏。

(5) 五味与人体五色

《五行大义》所引《养生经》的人体五色所宜意思是说，用五味调理人的身体还需要考虑人的面色。人面色黄，黄为土色，土味甘，所以，适宜食用甘味食物；人面色青，青为木色，木味酸，所以，适宜食用酸味食物；人面色黑，黑为水色，水味咸，所以，适宜食用咸味食物；人面色赤，赤为火色，火味苦，所以，适宜食用苦味食物；人面色白，白为金色，金味辛，所以，适宜食用辛味食物。

《五行大义》总结为，人所适宜食用的五味，各自依据本身身体肤色的五行属性而定。

(八) 五味与生物的关系

《五行大义》所引《家语》，即《孔子家语》，意思是说，食水的动物善于游水而且能耐寒冷，食土的动物没有心脏而且不需呼吸，食木的动物多有力量而且难以被制服，食草的动物善于奔跑而且愚蠢，食桑的动物能够吐丝而且变化为蛾，食肉的动物勇毅大胆，食气的动物明智如神而且长寿，食谷类的动物智慧而且灵巧，不吃食物的动物不死而且是神灵。

以上都是阐述气味的内容，所以附带进行了讲述。五味所可以解释的内容，事例众多，不能一一列举。探讨经书所彰明的内容，其可以理解的大略如此。

第四 论配藏府

藏府者，由五行六气而成也。藏则有五，禀自五行，为五性。府则有六，因乎六气，是曰六情。情性及气，别于后解。今论藏府所配合义。

五藏者：肝、心、脾、肺、肾也，六府者：大肠、小肠、胆、胃、三焦、膀胱也。肝以配木，心以配火，脾以配土，肺以配金，肾以配水。膀胱为阳，小肠为阴。胆为风，大肠为雨。三焦为晦，胃为明。故《杜子春秋》"医和云：'阴淫寒疾，阳淫热疾，风淫末疾（末，四支也），雨淫腹疾，晦淫惑疾，明淫心疾'"。藏者，以其藏于形体之内，故称为藏。亦能藏受五气，故名为藏。府者，以其传流受纳，谓之曰府。

《白虎通》云："肝之为言扞也；肺之为言费也，情动得序也；心之为言任也，任于思也；肾之为言宾也，以窍写；脾之为言辨也，所以精禀气也。"《元命苞》云："脾者，弁也。心得之而贵，肝得之而兴，肺得之而大，肾得之以化。肝仁、肺义、心礼、肾智、脾信。肝所以仁者何？肝，木之精，仁者好生，东方者阳也，万物始生，故肝象木，色青而有柔。肺所以义者何？肺，金之精，义者能断，西方杀成万物，故肺象金，色白而有刚。心所以礼者何？心者，火之精，南方，尊阳在上，卑阴在下，礼有尊卑，故心象火，色赤而光。肾所以智者何？肾，水之精，智者进而不止，无所疑惑，水亦进而不惑，故肾象水，色黑，水阴，故肾双。脾所以信者何？脾，土之精，土主信，任养万物，为之象生物无所私，信之至也，故脾象土，色黄。"

翼奉云："肝性静，甲己主之；心性躁，丙辛主之；脾性力，戊癸主之；肺性坚，乙庚主之；肾性敬，丁壬主之。"

许慎《五经异义》："《尚书》夏侯欧阳说云：'肝木，心火，脾土，肺金，肾水。'此与前同。《古文尚书》说云'脾木，肺火，心土，肝金'，此四藏不同。案《礼记·月令》云：'春祭以脾，夏祭以肺，季夏祭以心，秋祭以肝，冬祭以肾。'皆五时自相得，则古《尚书》是也。"郑玄驳曰："此文异事乖，未察其本意。《月令》五祭，皆言先，无言后者。凡言先，有后之辞，春祀户，其祭也，先脾后肾；夏祀灶，其祭也，先肺后心肝；季夏祀中，其祭也，先心后肺；秋祀门，其祭也，先肝后心肺；冬祀行，其祭也，先肾后脾。凡此之义，以四时之位，五藏之上下次之耳。冬位在后，而肾在下；夏位在前，而肺在上；春位小前，故祭先脾；秋位小却，故祭先肝。肝肾脾俱在鬲下，肺心俱在鬲上，祭者必三，故有先后焉。此义不与行气同也。"《八十一问》云："五藏俱等，心肺独在膈上何？对曰：心主气，肺主血。血行脉中，气行脉外，相随上下，故曰荣卫，故令心肺在鬲上也。"

《甲乙经》云："黄帝问岐伯曰：'人有五藏，藏有五变，肝为牡藏，其色青，其时春，其日甲乙。心为牡藏，其色赤，其时夏，其日丙丁。脾为牝藏，其色黄，其时季夏，其日戊己。肺为牝藏，其色白，其时秋，其日庚辛。肾为牝藏，其色黑，其时冬，其日壬癸。"《素问》曰："肝者，魂之所居，阴中之小阳，故通春气；心者，生之本，神之所处，为阳中之大阳，故通夏气；脾者，仓廪之本，名曰兴化，能化精粕，转味出入，至阴之类，故通土气；肺者，气之本，魄之所处，阳中之少阴，故通秋气；肾者，主蛰，封藏之本，精之所处，阴中之太阴，故通冬气。"又云："春无食肝，夏无食心，季夏无食脾，秋无食肺，冬无食肾。"《周礼》疾医掌养万人之疾病者，以肝为木，心为火，脾为土，肺为金，肾为水，则疾多瘳。反其术，则死。《月令》中雷之礼，以阴阳进退为次。《白虎通》及《素问》医治之书，用行实为验，故其所配是也。

《白虎通》又云："木所以浮，金所以沉者何？子生于母义。肝以沉，肺以浮何，有知者尊其母也。一说云：甲木畏金，以乙妻庚，受庚之化，木法其本，直甲故浮，肝法其化，直乙故沉。庚金畏火，以辛妻丙，受丙之化，金法其本，直庚故沉，肺法其化，直辛故浮。"

河上公注《老子》云："肝藏魂，肺藏魄，心藏神，肾藏精，脾藏志。五藏尽伤，则五神去矣。"《道经义》云：魂居肝，魄在肺，神处心，精藏肾，志托脾。此与《素问》同。魂为木气，神为火气，志为土，魄为金气，精为水气，魂通于目，神通于舌，志通于口，魄通于鼻，精通于耳。

《甲乙经》云："鼻为肺之官，目为肝之官，口唇为脾之官，舌为心之官，耳为肾之官。故肺病，喘息，鼻张；肝病，目闭，眦青；脾病，口唇黄干；心病，舌卷短，颜赤；肾病，权与颜黑黄，耳聋。"此名五官。《相书》亦名五候。以鼻、人中为一官，主心，余并同。候者以五藏善恶色出五官，可占候吉凶也。鼻、人中犹是口之分也。《孝经援神契》云："肝仁，故目视；肺义，故鼻候；心礼，故耳司；肾信，故窍写；脾智，故口诲。"《元命苞》曰："目，肝使，肝气仁而外照。"《管子》曰："脾发为鼻，肝发为目，肾发为耳，肺发为口，心发为下窍。"道家《太平经》云："肝神不在，目无光明；心神不在，唇青白；肺神不在，鼻不通；肾神不在，耳聋；脾神不在，舌不知甘味。"又一说云："目主肝，耳主肾，鼻主心，舌主脾，口主肺。"

肝、肾二藏，诸经并同。肝主目者，肝，木藏也，木是阳，东方显明之地，眼目亦光显照了，故通乎目。道家《太式经》云："天曰洞视，主目，目主肝。天，阳也，肝亦阳，目精明，亦阳，目光显见，兼有常法，如日阳精无缺而明也。"肾主耳者，肾，水藏，水，阴也，北方阴暗之地，耳能听声，声是阴微之象，故通乎耳。《太式经》曰："地曰洞听，主耳，耳主肾。地，阴也，耳法虚，则纳声，水主虚，阴主虚，阴主幽隐，声又非恒，如月盈虚也。"

脾、心、肺三藏及候，各有异说。《甲乙》以鼻应肺，道家以鼻应心，《管子》以鼻应脾。《甲乙》应肺者，鼻以空虚纳气，肺亦虚而受气故也。道家鼻主心者，阳也。《老子经》云："天以五行气从鼻入，藏于心。"鼻以空通出入息，高象天，故与天通，而气藏于心也。《管子》以脾是土，鼻在面之中，故为其候。《甲乙》以脾应口，道家以肺应口，与《管子》同。《甲乙》以脾应口者，口是出纳之门，脾为受盛之所，口能论说，脾能消化，故以相通。道家以肺应口者，肺，金也，金能断割，口有牙齿，亦能决断，是金象也。《管子》之意，恐亦然也。《甲乙》以舌应心，道家以舌应脾，《管子》以心应下窍。《甲乙》以舌应心者，凡资身养命，莫过五味；辨了识知，莫过乎心。五味之入，犹舌知之；万事是非，犹心鉴之；心欲有陈，舌必言之。故心应舌。道家以舌应脾者，脾者，阴也。《老子经》云："地饴人以五味，从口入，藏于胃。"舌之所纳，则有津实。地体既是质实，品味皆地所产，故舌与地通也。《管子》心应下窍者，以心能分别善恶，故通下窍，除滓秽也。五藏候在五官，口舌二官，共在一处，余不共者，口是脾候，脾，土也，舌是心候，心，火也。共处者，土寄治于火乡也。舌在口内者，火于五行不常见也，须之则有，不用则隐，如舌在口内，开口即见，闭口则藏。又，心为身之主，贵故在内也。土王四季，故曰四合也。《甲乙》《素问》是诊候之书，故从行实而辨。道经、《管子》各以一家之趣。

六府者，《河图》云："肺合大肠，大肠为传道之府；心合小肠，小肠为受盛之府；肝合胆，胆为中精之府；脾合胃，胃为五谷之府；肾合膀胱，膀胱为津液之府；三焦孤立，为内渎之府。"《甲乙》《素问》说同。大肠为传道之府者，肺通于鼻，鼻出入气，大肠传通五谷气之道，故为其府。小肠为受盛之府者，心通于舌，舌进五味，小肠纳之，故为受盛之府也。胆为中精府者，肝通于目，目是精明之物，又精神之主，故曰为中精府也。胃为五谷府者，脾通于口，口入五谷，而胃受之，故为其府。膀胱为津液之府者，肾是水藏，膀胱空虚受水，水清气则为津液，浊气则为涕唾，故以为其府。三焦为中渎府者，五藏各合一府，三焦独无所合，故曰孤立，处五藏之中，通上下行气，故为中渎府也。五藏而有六府，亦如六气因五行生也，又如五性生六情也。

《素问》云："皮应大肠，其荣毛，主心；脉应小肠，其荣色，主肾；筋应胆，其荣爪，主肺；肉应胃，其荣唇，主肝；腠理豪毛应三焦膀胱，其荣发，主脾。"皮应大肠，其荣毛，主心者，心是身之君，皮是身之城郭，毛是身之羽卫，大肠是气之道路也，故并相通。心是火藏，大肠是金府，故以配焉，丙辛之所主也。脉应小肠，其荣色，主肾者，肾，水也，脉是血之沟渠，通流水，气色是人之光彩，血气若盛，则容色壮悦，血气若衰，则容颜枯悴，肾为水藏，小肠既能受盛，容著水气，又是火府，故以配之，丁壬所主也。筋应胆，其荣爪，主肺者，筋是皮内之刚强也，爪是皮外之刚利，肺是金藏，胆有刚精之性，又是木府，故以相配，乙庚所主也。肉应胃，其荣唇，主肝者，胃能消化五谷精气为肉，五谷从口而入，故荣润在唇，肝是木之藏，仁而能生，胃是土府，故以相配，甲己所主也。腠理毫毛应三焦膀胱，其荣发，主脾者，毫毛因藉津润，腠理本自开通，脾，受资味之所，因资味而得津润开通，因津润开通而生毛发，书云，发是血之余，脾是土之藏，三焦、膀胱并为水之府，故以相配，戊癸所主也。脾配二府，余四藏各配一府者，脾是土藏，土为君道，君即阳也，阳数一，故藏不二也，三焦、膀胱并是水府，水为臣道，臣即阴也，阴数偶，故府有二也。

《管子》曰："脾生骨，肾生筋，肺生革，心生肉，肝生爪发。"《元命苞》云："肝生筋。脾生骨者，脾，土也，土能生木，骨是身之本，如木立于地上，能成屋室，故脾生之。肾生筋者，筋是骨之经络，脉以流注，筋以相连节，并通血气，肾水故生之。肺生革者，肺，金也，金能裁断，革亦限断，故肺生之。心生肉者，心，火也，肉是身之土地，故心生之。肝生爪发者，肝，木也，爪是骨之余，发是血之余，皆水木之气，故肝生之。"《元命苞》云"以肝生筋"，亦木气之义。筋有枝条，象于木也。《河图》云："仁慈惠施者，肝之精，悲哀过度伤肝，肝伤则令目视芒芒。礼操列真，心之精，喜怒激切伤心，心伤则疾衄吐逆。和厚笃信者，脾之精，纵逸贪嗜则伤脾，脾伤则蓄积不化，致否结之疾。义惠刚断，肺之精，患忧愤勃则伤肺，肺伤则致逆失音。智辨谋略，肾之精，劳欲愤满则伤肾，肾伤则丧精损命。"此岂直违五常而损年命，亦破六情以亡家国也。至如桀、纣两帝，并贪纵而丧厥邦，梁、窦二臣，亦皆奢逸而倾其家。虽彭子以色延命，齐王因怒祛病，如此异辙，皆有调节之宜，节之则四大获安，纵之则五藏成患。

《素问》云："肝者，为将军之官，谋虑出焉。心者，为主守之官，神明出焉。脾者，仓廪之官，五味出焉。肺者，相傅之官，治节出焉。肾者，作强之官，伎巧出焉。"肝者为将军之官，谋虑出者，木性仁，仁者必能深思远虑，恒欲利安万物，将军为行兵之主，必以谋虑为先。故兵书曰："兵以仁举，则无不从得之；以仁分，则无不从悦。"又曰："将无谋则士卒忧，将无虑则士卒去。"故肝为将军，出谋虑也。心为主守之官，神明出者，火，南方，阳光辉，人君之象；神为身之君，如君南向以治；《易》以离为火，居太阳之位，人君之象；人之运动，情性之作，莫不由心，故为主守之官，神明所出也。脾为仓廪之官，五味出者，万物生则出土，死亦归之，五谷之入，脾以受之，故五味之出，亦由于此也。肺为相傅之官，治节出者，金能裁断，相傅之任，明于治道，上下顺教，皆有礼节，肺于五藏，亦治节所生。《乐纬》云："商者，章也。臣章明君德，以齐上下相傅，肾所由也。"肾为作强之官，伎巧出者，水性是智，智必多能，故有伎巧，巧则自强不息也。

《八十一问》曰："藏各有一，肾独两者，何也？左者肾，右者命门，命门者，精神之所会也。"《河图》云："肝心出左，脾肺出右，肾与命门，并出尺部。"此脉候也。问曰：前解云，肾阴故双，今言左肾右命门，此岂不自乖张乎？答曰：命门与肾，名异形同，水藏，则体质不殊，故双，主阴数；为名，则左右两别，故各有所主。犹如三焦、膀胱，俱是水府，不妨两号。《老子经》及《素问》云"心藏神"者，神以神明照了为义，言心能明了万事，神是身之君，象火，已如前解。肾藏精者，精以精灵睿智为称，亦是精智气，肾水智巧，故精藏焉。脾藏志者，志，土，土总四行，多所趣向，志以心愿趣向为目，故藏于脾。肝藏魂者，魂以运动为名，肝是少阳，阳性运动，木性仁，故魂亦主善，故藏于肝焉。肺藏魄者，魄以相著为名，肺为少阴，阴性恬静，金主杀，魄又主恶，故以藏之。

五藏所主，乃以神、精、志、魂、魄五种。就阴阳论，唯有二别，阳曰魂，阴曰魄。河上公《章句》云："五气清微，为精神、聪明、音声、五性。其鬼曰魂，魂者，雄也。主出入于鼻，与天通。五味浊溽，为形骸、骨肉、血脉、六情。其鬼曰魄，魄者，雌也。出入于口，与地通。"

　　《家语》曰："宰我问孔子曰：闻鬼神之名，而不知其所谓。孔子曰：人生有气，魂气者，神之盛也；魄气者，鬼之盛也。人生有死，死必归土，此谓之鬼。魂气归乎天，此谓之神。合鬼与神而享之，教之至也。骨肉毙乎下，化为野土，其气发扬乎上，此神之著也。圣人因人物之情，而明命鬼神，以为民则，燔燎膻芗，所以报气也。荐黍稷，修肺肝，加以郁鬯，所以报魄也。"《汉书·五行志》云："人命终而形藏，精神散越，圣人为之宗庙，以收魂气，春秋祭祀，以修孝道。"《尸子》曰："鬼，归也，古者谓死人为归人。"《淮南子》曰："人精神者，天之有也；骸骨者，地之有也。精气入其门，而骸骨反其根。"又云："'天气为魂，地气为魄。'"《礼记·郊特牲》云："凡祭，慎诸此。魂气归乎天，形魄归乎地，故祭求诸阴阳之义。"故气之清者曰神，即阳魂也，气之浊者曰鬼，即阴魄也。延陵季子葬其子于嬴、博之间，云："骨肉归乎土，命也，魂气无不之。"

　　《越记》云："王问范子曰：寡人闻失其魂魄者死，得其魂魄者生也。物皆有之，将入乎？范蠡对曰：魄者，囊也，魂者，生气之源。又云：魂者，生气之精，魄者，死气之舍。"《韩诗》云："溱洧有二水，三月上巳，郑国常于此水上招魂续魄。"《左传·昭二十五年》："宋公燕饮，使叔孙昭子右坐，语相泣，乐祁子曰：'今君与叔孙其皆死乎？心之精爽，是谓魂魄，魂魄去之，何以能久？'"此并明人身有魂魄二别。《老子经》云"魂藏肝，魄藏肺"者，魂既属天，天气为阳，阳主善，尚左，故居肝，在东方，木位；魄既属地，地气为阴，阴主恶，尚右，故居肺，在西方，金位。老子云："吉事尚左，凶事尚右。"亦云"五气藏于心，五味藏于胃"者，此论气则是阳，以藏受之，心为火藏，阳气所处；味则是阴，以府受之，胃为五谷之府，味之所处。心主精神，胃主受纳，不乖魂魄阴阳之理。又云"魂有三、魄有七"者，阳数奇，阴数偶，奇数始于一，一则元气，魂虽是阳，非曰元始，一后次三，故魂数三。又云"因天地二气合而生人"，人又一气，三材各一气，故魂有三。阴数二，二亦阴之始，魄虽是阴，又非元始，次二后四，阴不孤立，必资于阳，就魂之三，合而成七。又一解云：

"魂在东方，取震数三，魄居西方，取兑数七。"三魂七魄，合而为十。是应天五行，地五行，两五合为十，共成人也。五是天五气，地五味也。《春秋纬》云："人感十而生，故十月方生也。"又云有六魄者，此乃道家《三皇经》，以五藏神为五魂，六府神为六魄。此亦五行六气之义也。魂魄，人之本，既配府藏，故释之。《甲乙》云：魂属精，魄属神。

白话解读

（一）藏府形成

"藏府"同"脏腑"，指人体的内部器官。藏府是由五行、六气生成的。人体内的藏有五种，禀受自五行，其表现出来就是五性。人体内的府有六种，依赖于六气，其表现出来就是六情。情、性以及气的意义，另外在后文解释。现在论述藏府所配合的各种意义。

（二）五藏六府与五行六气配合

人体五藏为肝、心、脾、肺、肾，六府为大肠、小肠、胆、胃、三焦、膀胱。五藏、六府可以与五行六气相配合。

五藏配五行表

五藏	肝	心	脾	肺	肾
五行	木	火	土	金	水

六府配六气表

六府	膀胱	小肠	胆	大肠	三焦	胃
六气	阳	阴	风	雨	晦	明

正因为六府与六气有这种对应关系，所以，《五行大义》引《杜子春秋》中春秋时期秦国名医医和的观点加以论证。医和认为，阴过多导致感受寒邪引起的疾病，阳过多导致热性过盛引起的疾病，风过多导致四肢疾病，雨过多导致腹泻等肠胃病，晦过多导致迷惑之疾、精神失常，明过多导致劳思、忧愤等引起的疾病。

(三)藏府得名

"藏"的得名有两个原因,一是因为它隐藏于人的形体内部,二是因为它能隐藏禀受的五行之气。所以称之为"藏"。

"府"的得名,是因为它可以传流、受纳,"受纳"是接受容纳、消化之意,"传流"是传化精华,排出糟粕于体外,不使之存留。这种生理功能如同府库一样,所以称之为"府"。

(四)五藏配合

1. 五藏含义

《五行大义》所引《白虎通》的内容有六大含义:

其一,什么是五藏?五藏就是指肝、心、肺、肾、脾这五个人体内部器官。

其二,"肝"的意义是什么?《五行大义》所引《白虎通》解释"肝"的意义是"扞"。"干"的意思是"盾牌","手"旁加"干"表示"手持盾牌","肉"旁加"干"表示"人体中的盾牌",这就有自卫、保护的意思。所以,肝是人体中具有防护自卫功能的脏器。

其三,"肺"的意思是什么?

"肺"的意思是"费",是说肺腑为五藏系统中的耗费部分。肺是人体内进行气体交换的器官,其主要生理功能是主司呼吸和一身之气,所以它耗费的是气。肺还有一个生理功能是主治节,即治理调节呼吸以及全身之气、血、水的作用,所以说"情动得序"。

其四,"心"的意思是什么?"心"的意思是"任","任"的意思是担任、接受,就是说,心具有接受外来事物而产生思维活动的功能,主司人的精神意识和思维活动。

其五,"肾"的意思是什么?《五行大义》所引《白虎通》说"肾"的意思是"宾","宾"同"摈",是摈弃、排除的意思。肾是人体津液系统的总阀门,是主要排泄器官,其所产生的尿液通过前阴之窍排出体外。

其六,"脾"的意思是什么?"脾"的意思是"辨","辨"的意思是区分、辨别。按照中医理论,脾的主要生理功能是运化水谷精微和运化水液。运化水谷精微,是指饮食物经脾、胃消化吸收,通过脾的运化功能转化为精微物质，并布散全身；运化水液，是指水液通过脾的运化功能，得到吸收、转输和布散。这种过程就是辨别、区分。如果脾运化水谷精微功能旺盛，那么饮食水谷就可以源源不断地转化为精微，生成精、气、血、津液，以充养人体。

2. 五藏与仁、义、礼、智、信的配合

《五行大义》引《春秋元命苞》这段话不易解，故参之以《白虎通》，解释如下：

其一，脾对五藏的作用。

脾为辨（弁通辨），即饮食物通过脾的运化，转化为精微物质布散于全身，使身体各个组织、器官都得到充足的营养。因此，脾对五藏系统每一藏都有重要作用。

心之所以是五藏之主，是依赖于脾将水谷精微物质上输于心，再通过心的作用，化生气血，营养全身的功能。

肝要正常发挥生理功能，依赖于脾统摄、控制血液，使血液在脉内正常循行的功能。

肺之所以可以统率百脉，依赖于脾将水谷精微物质上输于肺，通过肺的作用，化生气血，营养全身的功能。

肾之所以掌控津液的排泄，依赖脾运化水液，帮助肾发挥好人体津液系统总阀门作用的功能。

其二，五藏与仁、义、礼、智、信的配合。

仁、义、礼、智、信是儒家所说的"五常"，其与五藏的配合关系如下表所示：

五藏、五常、五行配合表

五藏	肝	肺	心	肾	脾
五常	仁	义	礼	智	信
五行	木	金	火	水	土

其三，肝为什么为仁？

肝是五行木气的精华。肝像木，其色青而有枝叶。木主仁，"仁"的特征是爱惜生灵，为东方少阳，万物开始生长，所以肝为仁。

其四，肺为什么为义？

肺是五行金气的精华。肺像金，其色白而具有刚强的特性。金主义，"义"的特征是能够决断，西方可以肃杀成就万物。从功能看，肺主治节，"节"就是义。

其五，心为什么为礼？

心是五行火气的精华。心像火，其色赤而锐下。火主礼，"礼"的特征是尊卑有序，南方为火，太阳为阳，高悬于上，万物为阴，卑居于下，人类社会的礼就效仿这一自然规律而制定。

其六，肾为什么为智？

肾是五行水气的精华。肾像水，其色黑，水为阴，阴数偶，所以肾为双。水主智，"智"的特征是始终前进而不停止，没有什么疑惑，水的特征也是能进则进，自身没有什么困惑。

其七，脾为什么为信？

脾是五行土气的精华。脾像土，其色黄。土主信，土可以担任滋养万物的功能，其行为特征就像是养育万物没有任何私心，这是信的极致。

3. 五藏与五性、天干的配合

《五行大义》所引翼奉的话，见于《汉书·翼奉传》注。意思如下：五性是从心、肝、脾、肺、肾产生出来的五种性情，是指人的思想感情。肝产生出的性情是安静，性情安静可以实行仁，天干中甲为阳木，木主仁，己为甲木之妻，顺从甲；心产生出的性情是急躁，性情急躁可以实行礼，天干中丙为阳火，火主礼，辛为丙火之妻，顺从丙；脾产生出的性情是力量，力量强健可以实行信，天干中戊为阳土，土主信，癸为戊土之妻，顺从戊；肺产生出的性情是坚刚，性情坚刚可以实行义，天干中庚为阳金，金主义，乙为庚之妻，顺从庚；肾产生出的性情是恭敬，性情恭敬可以实行智，天干中壬为阳水，水主智，丁为壬水之妻，顺从壬。

4. 五藏与五行配合辨析

《五行大义》引述多种典籍对五藏与五行的配合进行了辨析。

（1）《今文尚书》与《古文尚书》两种不同的五藏与五行配合说

《五行大义》引许慎《五经异义》提到了《今文尚书》与《古文尚书》两种不同的五藏与五行配合说，这说明关于五藏与五行配合，两书是不同的。《今文尚书》认为：肝木、心火、脾土、肺金、肾水。《古文尚书》认为：脾木、肺火、心土、肝金、肾水。

（2）古代典籍对五藏与五行配合辨析

一是许慎《五经异义》对五藏与五行配合辨析：

《五经异义·四时之祭》认为，按照《礼记·月令》的记载，应是春为木，其祭脾；夏为火，其祭肺；季夏为土，其祭心；秋为金，其祭为肝；冬为水，其祭肾，所以是脾为木，肺为火，心为土，肝为金，肾为水。《古文尚书》的说法与之相同。

二是郑玄对五藏与五行配合辨析：

《五行大义》引述了郑玄对上述说法的批驳，其意如下：

首先，《今文尚书》与《古文尚书》所记载的文字不同，所记载的事情也有异，后人理解错误，没有审查清其本来的意思。

其次，《礼记·月令》所说五时祭祀用脏，凡是讲先祭用脏的时候，都包含着后祭用脏的意思，有先必有后，这是辩证思维的结果。五时祭祀一岁轮转一遍，这是顺应五行运动的规律。其后从三个层面进行阐释：

第一个层面：五时祭祀什么部位？

春天祭户。"户"本义是单扇门，作为住宅的一个重要部分，同"门"经常连起来用，但有两种说法：其一，一扇门叫户，两扇门合起来叫门；其二，堂屋东边内室的门叫户，整个住宅的大门叫门。"春祀户"中的"户"当指堂屋东边内室的门。

夏天祭灶。"灶"是用砖石砌成的生火做饭的设备，是火的主宰。夏天也是火王的季节。

秋天祭门。"门"是住宅大门，开时，可以通行出入，闭时，可以隐藏自我、坚固自我之所。秋天是收敛入内，闭门自守的时期。

冬天祭井。"井"是水井，"井"里的水隐藏于地下。冬天也是水王的季节，万物都伏藏不出。

六月祭中霤。"中霤"就是土神。"中霤"在住宅之中，象征土在五行中央。六月为季夏，为土王季节。

第二个层面：五时祭祀用脏的先后。

《礼记·月令》根据五时所祭祀的部位来确定祭祀用脏的先后。所以，《礼记·月令》说，春天祭祀户时先用脾脏；夏天祭祀灶时先用肺脏；秋天祭祀门时先用肝脏；冬天祭祀井时先用肾脏；季夏祭祀中霤时先用心脏。

第三个层面：五时祭祀先用祭脏的原因。

脾的五行为土，春天木王克煞土，所以用季节当王五行所胜脏器来祭祀它。按照这一规律，肺的五行为金，夏天火王克煞金，肺脏是夏天当王五行火所胜脏器；肝的五行为木，秋天金王克煞木，肝脏是秋天当王五行金所胜脏器。但是，冬天祭祀先用肾脏，六月祭祀先用心脏，又不是季节当王五行所胜的脏器了，这是为什么呢？因为，土位于五行中央，这是至高无上的尊贵位置，在人体脏器中只有心脏的地位可以与之匹配，所以，六月季夏之时，祭祀用脏先用心脏。水性润下，在五行中地位最为卑下，不能食用它所胜的脏器，只能食用本身的脏器，所以，冬天之时，祭祀用脏先用肾脏。

最后，凡是以上祭祀用脏的规定，都是依据四时正午太阳高度位置的前后以及五藏在人体内部上下位置的次序确定的。《五行大义》所引郑玄驳的这部分内容，也见于许慎《五经异义》，二者相互参照分析如下：

从四时正午太阳高度位置的前后看：冬天正午太阳的位置在四时中最低，肾的位置在五藏中最下；夏天正午太阳的位置在四时中最高，肺的位置在五藏中最上；春天正午太阳的位置在四时中同冬天相比稍稍高一些，所以春天祭礼先用脾；秋天正午太阳的位置在四时中同夏天相比稍稍低一些，所以秋天先祭肝。

从五藏在人体内部上下位置的次序看："鬲"通"膈"，是指人体体腔内部的横隔膜。"膈"介于人体胸腔和腹腔之间，肝脏、肾脏、脾脏都在膈下，肺脏、心脏都在膈上。五时祭祀用脏一定要三种脏器，所以，祭祀之时就必然有先后次序。这种祭祀用脏先后的配合，与五藏运行的五行之气是不同的，不能混为一谈。

四时之位与五藏上下配合表

四时之位	夏位在前	季夏亦前	秋位小却	春位小前	冬位在后
五藏上下	肺在膈上	心有膈上	肝在膈下	脾在膈下	肾在膈下
次序	一	二	三	四	五

三是医药典籍对五藏与五行配合论述。

《五行大义》所引《甲乙经》论述说，人体内部在五藏，五藏各有五种变化，每种变化各有相对应腧穴，五脏五变则共有二十五个腧穴，以对应年周期中的五时。牡为雄性，为阳；牝为雌性，为阴。关于人体五藏的牡与牝，《五行大义》所引《甲乙经》与通行本《针灸甲乙经》肝、心、肺、肾四藏相同，脾藏不同。

五藏牡牝、五色、五时、日干配合表

五藏	肝	心	脾	肺	肾
牡牝	牡	牡	牝	牝	牝
五色	青	赤	黄	白	黑
五时	春	夏	长夏	秋	冬
日干	甲乙	丙丁	戊己	庚辛	壬癸

《五行大义》引《黄帝内经素问》两段内容与通行本《黄帝内经素问》有出入，依《五行大义》之序解释如下：

肝是人体耐受疲劳的根本，是魂居住的场所，是阴中的少阳，所以与春天的木气相通；心是人体生命的根本，是神居住的场所，是阳中的太阳，所以与夏天的火气相通；脾是人体盛水谷的仓廪之本，胃受纳五谷为入，脾转化成水谷精微为出，这属于至阴，所以与土气相通；肺是人体诸气的根本，是魄居住的场所，是阳中的少阴，所以与秋天的金气相通；肾，主蛰藏，是人体封固收藏的根本，是精居住的场所，是阴中的太阴，所以与冬天的水气相通。春天不能食用肝脏，夏天不能食用心脏，季夏不能食用脾脏，秋天不能食用肺脏，冬天不能食用肾脏。否则会招致五脏神发怒，令人不明不寿。这些都说明：肝木，心火，脾土，肺金，肾水。

(3) 结论

《五行大义》经过以上分析得出了五藏与五行配合的结论。

《周礼》说，医生掌握调养成千上万人的疾病，经历大量的医疗实践，凡是按"以肝为木，心为火，脾为土，肺为金，肾为水"这种五藏与五行的配合进行治疗，则疾病大多全面治愈、康复。违反这一配合规律进行治疗，病人就会死亡。

一些人提出了自己的疑惑：在现实生活中，木可以漂浮在水面上，金则沉没水中；而肝为木却沉没于膈下，肺为金却漂浮于膈上，这是怎么一回事呢？

《五行大义》引《白虎通》作了回答，依《五行大义》所引，解读其原因有二：

其一，从母子先天与后天关系立论。从先天关系看，子生于母。木浮金沉是因为"子生于母"。木生于水，木为子，水为母；金生水，金为母，水为子。子在上，母在下，体现"子生于母的本义"，所以木浮于水上，金沉于水下。从后天关系看，子尊崇母。肝沉肺浮是因为"知者尊其母"。肝在膈下，如沉水下，肝为木，木生于水，肝为子，水为其母；肺在膈上，如浮水上，肺为金，金生水，肺为母，水为其子。子在下，母在上，体现"智慧之人尊崇自己的母亲"，所以肝沉于膈下，肺浮于膈上。

其二，从天干五行立论。甲乙五行皆木而有所区别。甲木畏惧金的克制，将乙嫁与庚金为妻，乙木受庚金的变化。木是五行本气，取法其本性，相当于甲，所以浮于水上；肝是五行木气的精华，取法其变化之性，相当于乙，所以沉于膈下。庚金畏惧火的克制，将辛嫁与丙火为妻，辛金受丙火的变化。金是五行本气，取法其本性，相当于庚，所以沉于水下；肺是五行金气的精华，取法其变化之性，相当于辛，所以浮于膈上。

5. 五藏与五神、五官配合

（1）五藏与五神配合

《五行大义》引述《河上公注老子》《道经义》《黄帝内经素问》论证五藏与五神的配合，内容基本相同，意思是说，肝中隐藏魂，肺中隐藏魄，心中隐藏神，肾中隐藏精，脾中隐藏志。只是《黄帝内经素问》认为"脾是营之居"。据此，《五行大义》总结五神与五行配合为"魂为木气，神为火气，志为土气，魄为金气，精为水气"；五神与五官配合为："魂通于目，神通于舌，志通于口，魄通于鼻，精通于耳。"

（2）五藏与五官配合

首先，《五行大义》引述典籍对五藏与五官配合进行了论述。

《五行大义》所引《甲乙经》的内容意思是说，鼻是肺的司管器官，目是肝的司管器官，口、唇是脾的司管器官，舌是心的司管器官，耳是肾的司管器官。凡是人面部的五个器官都可以用来观测人体内部五藏状况。肺病的人，气息急促，鼻翼张动；肝病的人，眼睛闭合，眼角发青；脾病的人，口、唇发黄发干；心病的人，舌头变卷、变短，两颧出现界限分明的赤色；肾病的人，两颧与整个面色发黑发黄，耳朵变聋。因此，目、舌、口唇、鼻、耳就称为五官。

《五行大义》又引《相书》说，目、舌、口唇、鼻、耳五官也叫五候。

鼻与人中作为一官，主司心脏，其余四藏与四官的配合与《针灸甲乙经》都相同。"称之为候"，是因为人体内五藏的善恶状态都会通过五官气色的变化显现出来，可以从中占测人体内部五藏的吉凶。鼻与人中还是属于口的分区。这里说"鼻与人中主心"与前所引《针灸甲乙经》又有不同。

《五行大义》引《孝经援神契》说，肝主仁，所以目能视物；肺主义，所以鼻能嗅气；心主礼，所以耳能听声；肾主信，所以窍能排泄；脾主智，所以口能说话。《五行大义》引《春秋元命苞》说，目是肝的使节，肝气仁爱而可以向外照见事物，所以目能视。

《五行大义》又引《管子》说，脾显现为鼻，肝显现为目，肾显现为耳，肺显现为口，心显现为下窍。

《五行大义》引道家《太平经》只是述其大意，即人体内如果没有肝神，目就会没有光明；如果没有心神，唇就会发青发白；如果没有肺神，鼻就会不通气；如果没有肾神，耳就会变聋；如果没有脾神，舌就不能辨别甘美的味道。《太平经》中又有一说认为，五藏与五官配合为目主肝，耳主肾，鼻主心，舌主脾，口主肺。

其次，《五行大义》对五藏与五官配合进行了辨析。

《五行大义》对古代典籍中五藏与五官配合的异同进行比较归纳，得出两点看法：

其一，五藏与五官配合中，肝、肾两藏，各种经书是相同的。

肝之所以主目，因为肝是五行属木的藏，木为阳性，木所对应方位是东方光明高尚的地方，而在人的面部，眼目也是光明显亮、彻见洞晓，所以肝与目相通。《五行大义》引道家《太式经》说："天称为洞视，主目，目主肝。自然界系统的天是阳，人体内脏系统的肝也为阳，人面部器官中的眼目精光明亮，也是阳，人的目光显然可见，而且具有长久的特性，如同自然界系统中的太阳，是阳气的精华，没有圆缺变化，而恒久光明。"

肾之所以主耳，因为肾是五行属水的藏，水为阴性，水所对应方位是北方阴晦黑暗的地方，而在人的面部，耳朵能听辨声音，声音看不见摸不着，具有阴晦微妙的形象，所以肾与耳相通。《太式经》说："地称为洞听，主耳，耳主肾。自然界系统的地是阴，人体面部器官中的耳取法虚，则可以接纳声音，五行系统中的水主虚，阴阳系统中的阴主虚，阴主幽微隐秘的形象，声音又不是恒久长存的，如同自然界系统中月亮具有盈虚圆缺的变化。"

其二，五藏与五官配合中，脾、心、肺三藏及其候，各种经书说法不同，分析如下：

五官中鼻所对应的内脏，经书有三种不同说法。《针灸甲乙经》以鼻对应肺，道家经书以鼻对应心，《管子》以鼻对应脾。《针灸甲乙经》之所以以鼻对应肺，因为鼻中鼻孔、鼻腔、鼻窦等内部是空虚的，可以受纳空气，肺中肺泡、气管等内部也是空虚的，可以受纳空气，二者具有共性。道家经书之所以以鼻对应心，因为二者皆阳。《五行大义》所引《老子经》说，天用五气营养人类，五气从鼻吸入，收藏于心。因此鼻对应心。鼻通过内部空虚通达吸入呼出气体，在人面部高高隆起，像自然界的天一样，所以鼻与天相通，而吸入的气则收藏于心，通过血液循环布散全身。《管子》之所以以鼻对应脾，因为脾五行属土，鼻在人面部正中，五行也为土，所以鼻为脾显现的候。

五官中口所对应的内脏，经书有两种不同说法。《针灸甲乙经》以脾对应口，道家经书以肺对应口，与《管子》相同。《针灸甲乙经》之所以以脾对应口，因为口是吐出受纳饮食物的门户，脾为饮食物受纳容盛的处所，口能谈论讲说，脾能消化食物，所以二者相通。道家经书之所以以肺对应口，因为肺五行属金，金能切断割裂物品，口内有牙齿，也能破裂折断食物，是五行金的象征。《管子》以肺对应口的取意，恐怕也是如此。

五官中舌所对应的内脏，经书有三种不同说法。《针灸甲乙经》以舌对应心，道家经书以舌对应脾，《管子》以心对应下窍。《针灸甲乙经》之所以以舌对应心，是因为资助身体营养性命的事物，都在五味之内；用来辨别了解认知的事物，没有比心更重要的。五味的摄入，需要舌的味觉辨识出来；万事的是非，需要心的智慧鉴察清楚；心中所想欲要有所陈述，必须用舌说出来。所以心对应舌。道家经书之所以以舌对应脾，是因为脾属性为阴。《五行大义》所引《老子经》内容，见于今本《老子道德经河上公章句》，意思是，地赠送给人类的是五味，五味从口纳入，收藏于胃，通过胃的受纳与消化来营养人体。舌所受纳的饮食物，则有津液与果实两种。地的形体既然是质地坚实的，各种品类的五味都是大地所产生，所以舌与地相通。《管子》之所以以心对应下窍，是因为心能够分别善恶，所以与下窍相通，下窍可以排除液体里下沉的杂质和无用的秽物。

最后是《五行大义》对五藏与五官配合的结论。

人体内部五藏显现于外的候在人面部五官,其中口、舌二官共处于一处,其余四官不共处,这是因为口是脾外部显现的候,脾五行属土,舌是心外部显现的候,心五行属火,舌与口之所以共处,是因为土可以寄治于火乡。舌之所以在口内,有两个原因:一是火在五行中是不经常显现的,需要用到的时候才有所显现,不需要用的时候就隐藏不现,如同舌在口内,开口才显现,闭口则隐藏不出;二是心为人一身的主宰,地位尊贵,舌与心相通,所以舌位置在口内;土王于年周期中四季之末,口与脾土相通,所以口四面闭合。

总之,《针灸甲乙经》《黄帝内经素问》都是诊断病情、察病候脉的书籍,所以对于五藏与五神、五官的配合都是从治疗行为实践中进行辨别的。道家经书和《管子》则各自阐述一家之言,表达自己的观点。

(五) 六府

1. 六府是什么

《五行大义》用《河图》《针灸甲乙经》《黄帝内经素问》三种典籍论述六府。这里引用《河图》所说,有两层意思:一是五藏与六府的配合:肺合大肠,心合小肠,肝合胆,脾合胃,肾合膀胱,三焦孤立;二是六府的名称:大肠为传道之府,小肠为受盛之府,胆为中精之府,胃为五谷之府,膀胱为津液之府,三焦为内渎之府。《针灸甲乙经》《黄帝内经素问》与《河图》说法相同。

2. "六府"得名由来

大肠之所以为传道之府,是因为人体内藏中的肺外通于鼻,鼻呼出吸入空气,大肠是传送五谷、气的通道,即大肠既可以接受下传自小肠的食物残渣,吸收其中多余水液形成粪便,又可以通过大肠之气的运动,将粪便传送至肛门排出体外,所以大肠为传道的府库。小肠之所以为受盛之府,是因为人体内藏中的心外通于舌,舌纳进五味,小肠接纳下传自胃腑的初步消化的食物,起到容器的作用,受盛即接受、以器盛物,所以小肠为受盛的府库。胆之所以为中精之府,是因为人体内藏中的肝外通于目,目是精明的物体,又是人精神的主宰,胆内中空,呈囊状,内贮胆汁,是一种精纯、清净、味苦、黄绿色的精汁，所以胆为中精的府库。胃之所以为五谷之府，是因为人体内藏中的脾外通于口，口纳入五谷，胃则接受和容纳饮食物，饮食经口、食道，容纳于胃，所以胃为五谷的府库。膀胱之所以为津液之府，是因为肾为五行属水的脏器，膀胱内部空虚可以接受水，水中的清气则转化为津液，浊气则转化为鼻涕和唾液，膀胱是水液汇聚之所，所以膀胱为津液的府库。三焦之所以为中渎之府，是因为人体内部五藏各自配合一府，互为表里，唯独三焦分布于胸腹腔内，范围最大，无与匹配，没有所配合的内藏，所以说三焦孤立。三焦是上焦、中焦和下焦的合称，即将人体躯干划分为三个部位：横膈以上为上焦，包括心、肺二藏；横膈以下到肚脐以上为中焦，包括脾、肝二藏和胃、胆二府；肚脐以下为下焦，包括肾藏和大肠、小肠、膀胱三府。可见，三焦处于五藏之中，连通上下脏器，运行一身之气，所以三焦为中渎的府库。

总之，人体五藏是储藏精气津液，六府是主出纳转输，有五藏必有六府，才能构成一个完整的系统，这就如同自然界系统中六气因为五行而产生，人类情感系统中五性生出六情一样。

（六）五藏、六府及与人身体系统的配合

《五行大义》引《黄帝内经素问》《管子》《春秋元命苞》三种典籍论述两种五藏、六府与人身体系统的配合。

1. 配合之一

《五行大义》所引《黄帝内经素问》论述说，六府也有自己外部显现的候，即"六府之应"。五藏中肺与六府中大肠相配合，大肠外部显现于皮，皮对应大肠，其荣华在皮毛，其主宰在心藏；心与六府中小肠相配合，小肠外部显现于脉，脉对应小肠，其荣华在面色，其主宰在肾藏；肝与六府中胆相配合，胆外部显现于筋，筋对应胆，其荣华在爪甲，其主宰在肺藏；脾与六府中胃相配合，胃外部显现于肉，肉对应胃，其荣华在嘴唇，其主宰在肝藏；肾与六府中三焦、膀胱相配合，三焦、膀胱外部显现于腠理毫毛，腠理是皮肤、肌肉的纹理，毫毛是人体皮肤上的汗毛，腠理毫毛对应三焦、膀胱，其荣华在头发，其主宰在脾藏。

皮内应大肠，其荣华在皮毛，其主宰为心藏，原因在于心是人身体的君主，皮是人身体的城郭，毛是人身体的羽卫，大肠是人一身之气的道

路，皮、大肠、毛、心一并相通。心是五行属火的藏，大肠是五行属金的府，心火为丙，大肠金为辛，天干丙与辛合，所以心与大肠相配合。

脉内应小肠，其荣华在面色，其主宰在肾藏，原因在于肾的五行为水，脉是人身血液流动的沟渠，与流水相通，气色是人身的光彩，人如果血气旺盛，就会容颜强壮美好，如果血气衰弱，就会容颜枯干憔悴，肾是五行属水的藏，小肠既然能够接受、容纳饮食物，包含水气，又是五行属火的府，肾水为壬，小肠火为丁，天干丁与壬合，所以肾与小肠相配合。

筋内应胆，其荣华在爪甲，其主宰在肺藏，原因在于筋是人体皮内的刚强之物，爪是人体皮外的刚利之物，肺是五行属金的藏，胆有刚强精纯的性质，又是五行属木的府，肺金为庚，胆木为乙，天干乙与庚合，所以肺与胆相配合。

肉内应胃，其荣华在嘴唇，其主宰在肝藏，原因在于胃能消化五谷，将精气转化形成人体的肉，五谷从口纳入，所以荣华润泽在人的嘴唇，肝是五行属木的藏，仁爱而且能够滋生，胃是五行属土的府，肝木为甲，胃土为己，天干甲与己合，所以肝与胃相配合。

腠理、毫毛内应三焦、膀胱，其荣华在头发，其主宰在脾藏，原因在于毫毛因为凭借津液而润泽，腠理自己就可以开通，脾是接受各种营养的处所，人体因各种营养而得以津润、开通，因津润、开通而生出皮毛头发，书上说，头发是血的余气，脾是五行属土的藏，三焦、膀胱一并为五行属水的府，脾土为戊，三焦、膀胱水为癸，天干戊与癸合，所以脾与三焦、膀胱相配合。

其中，脾藏配合三焦、膀胱二府，其余四藏各自配合一府的原因在于，脾是五行属土的藏，土体现君主的规律，君主即是阳，阳数为一，所以藏不能有二，三焦、膀胱一并都是五行属水的府，水体现臣属的规律，臣属即是阴，阴数为偶，最小的偶数是二，所以府就有二。

2. 配合之二

《五行大义》引《管子》的说法，认为五藏与人身体系统的配合为脾与骨、肾与筋、肺与革（即皮肤）、心与肉、肝与指发配合。《春秋元命苞》对此加以阐释：

脾之所以生骨，是因为脾的五行为土，土中能生长树木，骨是人身体的根本，如同树木直立于大地之上，能建成房屋宫室，所以脾生骨。

肾之所以生筋，是因为筋是人体骨骼间的经络，广义之筋凡指除人体骨关节之外的一切软组织，包括人的肌肉、肌腱、韧带、体表静脉等，血脉在其中流走注入，筋将人体骨骼关节连属起来，并流通血气，肾的五行为水，所以肾生筋。

肺之所以生革，是因为革是人体的皮肤，肺的五行为金，金能够裁决、判断，人体皮肤也可以将人体内外阻隔、断绝，所以肺生革。

心之所以生肉，是因为心的五行为火，肉是人身体中的土地，火能生土，所以心生肉。

肝之所以生指甲、头发，是因为肝的五行为木，指甲是人体骨的余气，头发是人体血的余气，都是五行属水、属木的气，所以肝生爪甲、头发。

《春秋元命苞》又说"以肝生筋"，也是五行属木气的意思。肝的五行为木，筋有枝条，形似树木。

（七）五藏与五常相互作用及其影响

《五行大义》引《河图》论述了五藏与五常相互作用及其影响。

《河图》说，肝主仁，仁爱慈祥、施予恩惠，这是肝气的精华；反之，悲哀过度则会伤肝，肝受伤则会导致眼睛视物模糊不清。心主礼，礼仪操守、强烈纯真，这是心气的精华；反之，喜怒无常、激烈直率则会伤心，心受伤则会导致痛苦、出血、呕吐、气逆。脾主信，温和敦厚、忠实守信，这是脾气的精华；反之，恣纵放荡、贪求嗜好则会伤脾，脾受伤则会食物蓄积不能消化，导致阻滞郁结的疾病。肺主义，正义施惠、刚强决断，这是肺气的精华；反之，忧患忧愁、愤怒勃发则会伤肺，肺受伤则会导致咳喘气逆、声音嘶哑。肾主智，智慧思辨、计谋策略，这是肾气的精华；反之，劳累贪欲、抑郁烦闷则会伤肾，肾受伤则会神不守舍、损害性命。

违背五常岂止损年害命，也会破坏六情以致亡家亡国。至如历史上，夏桀、商纣两位帝王，都是因为贪欲恣纵而丧失国家；东汉梁冀与窦宪二位臣子，也都是因为骄奢放荡而倾覆其家。虽然彭祖凭借对众多妻妾的色欲来延长生命，而战国时代宋国名医文挚用激怒疗法治愈齐闵王的疾病，都是用了异常的方式，但有整治调理得当的原因在内，凡事只要有节制，则体内地、火、水、风四大物质能安然自处，恣纵则肝、心、脾、肺、肾五藏生成病患。

（八）五藏与社会系统配合

《五行大义》引《黄帝内经素问》论述五藏与社会系统的配合，分析如下：

肝为领军之官，主出谋虑。这是因为木的特性是仁，仁爱的人必定能深思远虑，常常希望以利益安定万物，将军为领兵用兵的主宰，必定以谋虑为先。所以兵书说："用兵以仁爱之心举事，则士兵没有不遵从号令，奋勇得胜的；用兵以仁爱之心分配利益，则士兵没有不心悦诚服的。"又说："将军没有计谋则士卒忧虑，将军没有策略则士卒离去。"所以肝为领军者，负责出谋划策。

心为主守之官，主出神明。这是因为火对应南方，太阳之光辉耀四方，这是人类社会中君主的象征；精神是人身体的君主，如同人类社会中君主面向南方以治理国家；《易经》以离卦为火，居太阳的位置，这也是君主的象征；人身体的运动、感情思想的表达，没有不由心主导发出的，所以心为五藏中的主守之官，是精神智慧所产生的处所。

脾为仓廪之官，主出五味。这是因为万物发生则出于土中，死亡亦归于土中，五谷纳入人口中，脾用以接受它，所以五味的出现，也由于脾的作用。

肺之所以为相傅之官，主出治节。这是因为金能够裁决判断，宰辅丞相的任务就是明确治理规律，使社会上下都顺从教化，都有礼仪节度，肺在五藏之中，也是治理节度所产生的处所。

《乐纬》说，五音中"商"的意思是"章"，臣属彰明君主的品德，以统一社会上下人们的思想，相互传承，这是肾在五藏中的作用。肾之所以为作强之官，主出技巧，因为水的特性是智慧，智慧必定多有才能，所以有高明技艺、精巧本领，就可以自强不息。

（九）相关问题

《五行大义》所引《八十一问》（即《黄帝八十一难经》）问，五脏各有一个，唯独肾脏有两枚，这是什么原因呢？回答说，肾脏有两枚，不都是肾。在左边的称为肾，在右边的称为命门。命门是人身精气和神气藏舍的地方，也是人身元气维系的地方，男子用以藏蓄精气，女子用以维系胎胞，所以，肾脏仍然是只有一个。又引《河图》说，切脉诊候时，中医主要遵循扁鹊的寸口脉法，切寸口，即切病人桡动脉的腕后部分，寸口脉分寸、关、尺三部。左手寸脉切心、关脉切肝、尺脉切肾。右手寸脉切肺、关脉切脾、尺脉也切肾。但左、右手尺脉有左肾、右肾之别，左肾为肾，右肾为命门。

有人问道：前面解释的时候说，肾为阴，所以其数为双，现在又说，左肾为肾，右肾为命门，这岂不是自相矛盾吗？

回答说：命门与肾，名称有异形状相同，五行都属水藏，则二者形体功能没有什么不同，所以说肾数为双，主阴数；但作为名称，则肾左右有所区别，所以各有所主的器官。这就如同三焦、膀胱，都是五行属水的府，不妨有两种称号。

（十）五藏与五神配合依据及魂魄说

1. 五藏与五神配合依据

《老子道德经河上公章句》和《黄帝内经素问》之所以说"心藏神"，因为神是以精神智慧、明照彻了为意义，心能够明察万事，神是一身的君主，具有火的特性，已经如同前面所解释的。所以神藏于心。

肾之所以藏精，因为精是以精明机灵、聪慧明智为美，也是精明智慧之气，肾五行为水，代表明智巧妙，故精藏于肾。

脾之所以藏志，因为志五行属土，土总括水、火、金、木四行，多所趋附向往，志就是以人心理愿望趋附向往为目的，志藏于脾。

肝之所以藏魂，因为魂以运行移动为名称，肝属少阳，阳性运行移动，木的特性为仁，所以魂也主善，魂藏于肝。

肺之所以藏魄，因为魄以互相接触为名称，肺属少阴，阴性恬淡安静，金主肃杀，魄又主恶，所以魄藏于肺。

2. 魂魄说

（1）人身有魂、魄二别

五藏所主，就是神、精、志、魂、魄五种。就阴阳属性而论，唯只有二种分别：阳性叫魂，阴性叫魄。《五行大义》引《老子道德经河上公章句》说明，天之五气清淡微妙，在人表现为精神、聪明、音声、五性。其鬼称为魂，魂是雄性的，主出入于人鼻，与天相通，所以鼻为玄，所以魂为阳。地之五味浑浊卑辱，在人表现为躯体、骨肉、血脉、六情。其鬼称为魄，魄是雌性的，主出入于人口，与地相通，所以口为牝，魄为阴。

《五行大义》所引《家语》内容解释如下：孔子学生宰我问孔子："我听说过鬼神的名称而不知道它们到底指什么，冒昧问您这件事。"孔子说："人的生命由气组成，气分为魂气与魄气，魂气是神的充盛，魄气是鬼的充盛。人的生命有死亡，死亡之后必定归于土，这称为鬼；魂气必定归于天，这称为神。合并鬼与神而一起祭祀，这是教化的极致。人的骨头与肉掩蔽于地下，化为田野泥土，人的气发散扬起向上，这就是神的显著。圣人根据万物精气，制定行为标准；明确命名为鬼神，以此作为治理人民的准则，而犹且以为不够。所以为鬼神建筑宫殿房屋，设立远祖近宗庙宇，春秋二时祭祀，用以分别亲近与疏远的人际关系，教导人民返回古代回到初始时期，不敢忘记人所产生的本源。众人服从这种教化，听从命令且迅速行动。教导人民生与死二端之事，生死之事建立之后，向鬼神献上黍、稷两种祭品，修治肺、肝两种祭脏，建立设置各种朝拜谒见的仪式，烧柴祭祀，香气冲天，这是报答魂灵的方法。"这里，"烧柴祭祀，香气冲天"是用以报答气；"向鬼神献上黍、稷两种祭品，修治肺、肝两种祭脏，加以抑郁畅达"，是用以报答魄。

《汉书·五行志》说，就人的生死之道来说，生命终结就要把肉体形骸埋藏起来，而精神则散逸超脱，圣人为此创立宗庙用来收聚散逸的魂气，以便后人春、秋两季祭祀，成全孝亲之道。《尸子》说，天神称为灵，地神称为祇，人神称为鬼。"鬼"的意思是"归"。人生于土，死则归于土，回归到本原状态。所以古人称死人为归人。《淮南子》说，人的精神为天所有，骨骸为地所有。精神上入于天门，骨骸反根而归土。又说，天气在人为魂，地气在人为魄。《礼记·郊特牲》说，祭祀之中，必须谨慎对待阴阳之分别。魂气归于天，形体魄气归于地，祭祀的意义就在于阴阳分别的道理。所以，气的轻清部分称为神，就是阳魂；气的浊重部分称为鬼，就是阴魄。延陵季子札将他的儿子葬于齐地嬴、博之间（今山东泰山县），并说："人死后，骨肉还归于土，这是自然之性。至于人的魂气，则什么地方都可以去。"

《五行大义》所引《越记》，出自《越绝书》，记述的是，越王问范蠡什么是魂魄，范蠡回答说："魄是装东西的袋子，魂是生气的源泉。"又说："魂是生气的精华，魄是死气的房舍。"

《五行大义》所引《韩诗》，是汉初燕人韩婴所传授的《诗经》，《韩诗》说："溱、洧有两条河水，三月上巳节，郑国人常在这两条河上招魂续魄。"《诗经·郑风·溱洧》中溱、洧是两条河的名称，在今河南省境内；上巳，上古原定于夏历三月上旬的一个巳日，旧时习俗是于此日在水边洗濯污垢，祭祀祖先，称为祓禊、修禊，魏晋以后固定为三月三日。

《左传·昭公二十五年》说，鲁昭公二十五年的一天，宋公招待叔孙昭子，举行宴会，宋公让昭子坐在右边上座，两人一边说话一边相对哭泣。大臣乐祁看到这个情景，对人说道："现在国君与叔孙两个人莫非都要死吗？心的精神，就称为魂魄，他们这样失魂落魄，何以能够持久生存？"

以上这些论述，都说明人身有魂魄两种分别。

（2）"魂藏肝，魄藏肺"

《老子道德经河上公章句》所说"魂藏在肝里，魄藏在肺里"，是因为魂属于天，天气为阳，阳主管善，崇尚左方，所以魂居于肝脏，方位在东方，这是五行木的方位；魄属于地，地气为阴，阴主管恶，崇尚右方，所以居于肺脏，方位在西方，这是五行金的方位。老子说："吉事以左方为上，凶事以右方为上。"因为左边为生气之位，右边为阴气之位。

《老子道德经河上公章句》又说："五气藏在心里，五味藏在胃里。"这是论述气和味的阴阳属性，气是阳，由藏来受纳，心为五行属火的藏，是阳气所处的地方；味是阴，由府来受纳，胃为五谷的府库，是味所处的地方。心主管精神，胃主管受纳，这并不违背魂魄阴阳的道理。

（3）"魂有三、魄有七"

之所以如此说，有两种代表说法：

其一，从阴阳说。"魂有三"又有二说：第一，因为阳数为奇，阴数为偶，奇数从一开始，一是元气，魂虽然为阳，但并不是元始，一数之后按次序是三，所以，魂数为三；第二，又说"因天地二气合而生人"，则人又是一气，如此，天、地、人三才各为一气，共有三气，所以，魂数为三。"魄有七"，是因为阴数为二，二也是阴数的开始，魄虽然为阴，但也不是元始，二数之后按次序是四，但阴不能孤立存在，必须借助于阳，魄就借魂的数三，合而成为七。

其二，从卦数说。魂的方位在东方，取震卦之数三，所以，魂数三；魄的方位在西方，取兑卦之数七，所以，魄数七。

三魂与七魄之数，合而为十。这是对应天有五行，地有五行，两个五数合而为十，共同生成人类。"五"是指天的五气、地的五味。《春秋纬》说："人感应十数而生成，所以怀胎十月方能出生。"

另外，还有一种说法，人有六魄，这出自于道家《三皇经》。《三皇经》以五藏神为五魂，以六府神为六魄。这其实也是五行、六气的意思。

魂魄是人的根本，与人体府、藏配合，所以本篇对它进行阐释。《五行大义》引《针灸甲乙经》说："魂属于精，魄属于神。"

第五　论五常

五常者，仁、义、礼、智、信也。行之终久，恒不可阙，故名为常。亦云五德。以此常行，能成其德，故云五德。而此五德，配于五行。

郑玄注《礼记·中庸篇》云："木神则仁，金神则义，火神则礼，水神则信，土神则智。"《诗纬》等说亦同。毛公传说及京房等说，皆以土为信，水为智。《汉书·天文志》云："岁星于人，五常，仁也；五事，貌也。仁亏貌失，逆春令，伤木气，罚见岁星。荧惑于人，五常，礼也；五事，视也。礼亏视失，逆夏令，伤火气，罚见荧惑。太白于人，五常，义也；五事，言也。义亏言失，逆秋令，伤金气，罚见太白。辰星于人，五常，智也；五事，听也。智亏听失，逆冬令，伤水气，罚见辰星。镇星于人，五常，信也；五事，思也。仁义礼智，以信为主，貌言视听，以思为正。四事皆失，镇星乃为之动。"案毛公及京房、汉史皆以土为信，可谓其当。所以然者，夫五常之义，仁者以恻隐为体，博施以为用；礼者以分别为体，践法以为用；智者以了智为体，明睿以为用；义者以合义为体，裁断以为用；信者以不欺为体，附实以为用。其于五行，则木有覆冒滋繁，是其恻隐博施也；火有灭暗昭明，是其分别践法也；水有含润流通，是其了智明睿也；金有强刚利刃，是其合宜裁断也；土有持载含容，以时生万物，是其附实不欺也。郑玄及《诗纬》以土为智者，以能了万事，莫过于智，能生万物，莫过于土，故以为智。水为信者，水之有潮，依期而至，故以水为信。此理寡证狭，于义乖也。

其于五经，则仁以配《易》，其位东方；《礼》以配火，其位南方；义以配《传》，其位西方；智以配《诗》，其位北方；信以配《尚书》，其位中央。《易》配东方仁者，《易》是创制之书，包括万有，有变易之义，东方，四时之始，仁化能生，易故就新，又帝出震，始作八卦，故以配仁。《礼》配南方者，《礼》能齐上下之法，别贵贱之差，君臣父子，莫不以礼节之，如火能成就五味，明照万物，故以南方配《礼》。《传》配西方义者，《春秋》是鲁史，褒贬得失，是时王道既衰，诸侯力争，战伐之事，靡不书之，合义者褒，失德者贬，如金以义断，裁制万物，故以配义。《诗》配北方智者，《诗》言其志，以为风刺，有阴微之辞，和润人情，动鬼神，感天地，以善恶之事，吟咏于声乐，使闻者有益于行，作者无咎于身，如水潜流，无所不润，故以智配。《尚书》配中央信者，此是上古之书，传述帝王之言，信誓之事，靡不存焉，可宗尚故，如土有信，以时生物，四时所宗，故以信配。经，即常也，亦云由也，亦云法也。述经由事，故云由也；理可法则，故云法也；常以训典，故即常也。然经体既为常法，其当体各备五常，事有所专，但以一方为主，未论文义，故不备说。五常之行，由经而明，故以配释。

白话解读

（一）何为五常

五常，是指仁、义、礼、智、信。"常"的意思是，要永远实行，恒久不可或缺，所以称为"常"。五常又称为五德。按照这五种行为准则经常实行，就能成就其自身的品德，所以，称为五德。

（二）五常与五行配合

五常与五行配合有两种说法：一种是郑玄、《诗纬》的说法，即木为仁，金为义，火为礼，水为信，土为智。另一种是毛公传说、京房、《汉书·天文志》等说，都是以土为信，水为智。案毛公传说、京房、《汉书·

天文志》都以土为信,可谓非常恰当。五常的本义,仁是以恻隐同情为本体,以普施遍施为作用;礼是以辨别等级为本体,以践行效法为作用;智是以明了智慧为本体,以明智通达为作用;义是以合于正义为本体,以裁决判断为作用;信是以不欺不骗为本体,以踏踏实实为作用。五行则木有笼罩覆盖、滋生繁多的特性,符合了恻隐与博施;火有消除黑暗、照亮光明的特性,符合了分别与践法;水有包含润泽、流动通达的特性,符合了睿智与明慧;金有强硬坚刚、锋利刀刃的特性,符合了合宜与裁断;土有保持承载、包含容纳的特性,通过四时变化生成万物,符合了附实与不欺。

至于郑玄以及《诗纬》以土为智,是认为能了解万事的莫过于智,能生成万物的莫过于土,所以以土为智;以水为信,是因为水有潮汐变化,按照周期到来,所以以水为信。这种说法缺乏道理,证据不足,与五行、五常的本义相背离。

(三)五常与五经配合

《周易》之所以配东方仁,是因为《周易》是创始性的书籍,涉及天地万物,包含了变易的法则,东方与春天对应,是四时的开始,有仁德能化育生成,改易旧事物,趋向新生事物,又太一(帝星)从东方震位升起,这是八卦创制的开端,由此形成后天卦位,故以《周易》配合仁。

《礼记》之所以配南方礼,是因为《礼记》能统一上下的法则,分别贵贱等差,大到君臣,小到父子,没有不用礼进行节制的,如同火能成就五味,照耀万物,故以南方配《礼记》。

《传》之所以配西方义,是因为《春秋》是鲁国的史书,书中褒贬历史人物的行为得失,当时,周王势力已经衰微,诸侯依靠武力进行争夺,战争征伐之类的事,《春秋》没有不记载的,合于正义的事《春秋》就褒奖,违背德行的事《春秋》就贬抑,如同金以正义进行判断,裁决节制万物,故以《春秋》配义。

《诗经》之所以配北方智,是因为《诗经》表达人的思想感情,用来进行讽刺,有含蓄、隐晦、微妙的言辞,调和滋润人们的感情,激动鬼神,感染天地,把善恶的事情通过歌声乐曲吟诵咏唱出来,使听到的人助益于自己的德行,创作者自身又没有什么过错,如同水潜流暗行,润泽一切,故以智配《诗经》。

《尚书》之所以配中央信,是因为《尚书》是上古时候的书,传播叙述古代帝王的语言,诚意立誓的事情没有不记载在其中的,可以为后人所效法崇尚,如同土有诚信,依据四时变化生成万物,四时都宗法于土,故以信配《尚书》。以上各种关系见五行、五常、五经、五方配合表。

五行、五常、五经、五方配合表

五行	木	火	土	金	水
五常	仁	礼	信	义	智
五经	周易	礼记	尚书	春秋	诗经
五方	东方	南方	中央	西方	北方

"经"的意思有三:一是"常",即经常;二是"由",即经过;三是"法",即法则。讲述经典需要通过具体事件,所以称"由";经典所讲的道理可以成为后世的法则,所以称为"法";经常作为后人训诫的典籍,所以就是"常"。然而经所述的道理既然成为恒常不变的法则,就应当每一经都各自备有五常,每一经所讲的事都各有专项,但我们这里只是讲解一个方面,没有讨论经文的意义,所以没有详细阐说。五常的实行,通过经书得以彰明,所以我们阐释了五常与五经的配合。

第六 论五事

五事者,《尚书·洪范》云:"敬用五事。"盖以人事配五行也,一曰貌,以配木;二曰言,以配金;三曰视,以配火;四曰听,以配水;五曰思,以配土。

《尚书·洪范》曰:"貌曰恭,言曰从,视曰明,听曰聪,思曰睿。恭作肃,从作乂,明作哲,聪作谋,睿作圣。"

貌曰恭者,天子之恭曰穆穆,上恭肃,则下敬矣。孔子曰:"其行己也恭,其事上也敬。"又曰:"在体曰恭,加于人,施于事,曰敬。"貌之不恭,是谓不肃,肃,敬也。夫《洪范》所陈五事,貌为首者,于《易》,貌为震,震为木,木可观也,故经列三德,而服为其上。《诗》云:"敬慎威仪,惟人之则。"有威而可畏,谓之威;有仪而可象,谓之仪。君有威仪,其臣畏而爱之,则而象之,故能长有其国;臣有威仪,故能长守其职;君子在位可畏，施舍可爱，进退可度，周旋可则，容止可观，作事可法，德行可象，声气可乐，动作有文，言语有章，以临其下，谓之威仪。孔子曰："正其衣冠，尊其瞻视，俨然人望而畏之，不亦威而不猛。"又曰："不严以莅之，则人不敬。"故失威仪之节，怠慢骄恣，谓之狂；狂则下不肃矣，下不敬，则上无威。夫不敬其君，不从其政，则阴气胜；阴气胜，则水象至，故曰："厥罚常雨也。"则饥寒至，饥寒至则上下不相信，大臣奸轨，民为寇盗。民多被刑，则其服妖。服妖者，轻刚漂洗暴慢之服，以象风气之化也。

言者，于《易》之道曰兑，兑曰口，言之象。人君言出令行，则从，故《易》曰："悦以使民，民忘其劳。悦以犯难，民忘其死。"是以明君薄敛而厚禄，赏宜从重，罚宜从轻，则顺民心，故其教不肃而成，其政不严而治。此得民心，得民心则众归之；众归之则民死没且不忘之，况乎从其令也。若君失众心，政令不从，亢阳自消，群阴不附。而下畏君之重刑，则阳气胜；阳气胜则旱，故曰"厥罚常阳"。常阳则饥贫不足；饥贫不足，不敢正言，则先发于歌谣之口也。气逆则恶言至，虫蝗生。皆口事也。

视者南方，目之象。视曰明，明以知人为本。于《易》为离。离为火，为目。夫视不明，微弱不知所信，必长伺党，仇亲同类。如此贤者不进；贤者不进，则不肖者不退；不肖者不退，则犯上者不诛，无罪者横罚，百职废坏，庶事滞塞，教政舒缓。故曰"厥罚常燠"。燠则冬泄，冬泄则不寒，春夏气错，疾疫起矣。犯上者不诛，则草犯霜而不死；贪取百姓之财，则螟螣亦食人之食矣。此皆视之所象也。

听者在耳，耳者，于《易》坎也。古者圣王有进善之旌，欲谏之鼓，谋于刍荛，所以博延而广听也。人君不好谋，则下莫敢言；下莫敢言，则上无所闻；上无所闻，则不听；不听者，由不谋政事，故曰不听。无所闻知，庶事拥屈，怨在心口，喜怒不节，故曰急也。夫寒者急物，冬物皆枯急；枯急，故曰"厥罚常寒"。常寒则不生百谷；不生百谷，则民贫穷矣。故妖生于耳，以类相动，则有鼓妖声音之类。坎为豕，耳气伤，有豕祸。水色黑，有黑灾。此皆听也。

思者，心为五事之主，犹土体为五行主也，于《易》为坤。八正之气，亦起于八风，风者四时之主。思心得谓之容，容者能容畜臣子，故谓之圣也。思心不得，四者皆失，则不能容畜臣子，故曰"思心不容，是谓不圣"。过在雾乱失纪，故风者于《易》巽也，在三月、四月，纯阳而治。于阳则为阴，于阴则为阳，大臣之象。君既雾乱，则大臣专恣，而阴气盛；大臣专恣而阴气盛则应，故"厥罚常风"。阴气多者，阴而不雨，其甚也，常阴暗者。苞承于心，心气伤，则为暗妖。《易》曰："坤为牛。"坤，土也。土气伤，则牛多死。又曰："土为内事，内事乱，则有花孽。"此皆思之事也。

五事所感，其例甚多。略举如此。

白话解读

（一）何为五事

五事，就是《尚书·洪范》所说，人的言行举止称为人事，人事包含五件事，分别是：一貌，即容仪；二言，即辞章；三视，即观正；四听，即察是非；五思，即心虑所行。

（二）五事配五行

人事与五行配合，即：一称为貌，以配合木；二称为言，以配合金；三称为视，以配合火；四称为听，以配合水；五称为思，以配合土。

（三）五事所用与所致

《尚书·洪范》所说有两层意思：一为五事所用，即五事的规范。貌必须恭，言必须可从，视必须当明，听必须当聪，思必须当通于微密。二为五事所致，即五事的结果。貌能够恭，则心必肃敬；言可以从，则政必然治；视能够明，则所见光明；听能够聪，则所谋必当；思能通微，则于事无所不通，成为圣人。

貌以恭敬为美的原因是，天子恭敬称为穆穆，上等人容貌仪止恭敬肃穆，下等人必然肃敬。孔子说，子产（孔子的弟子）行为庄重，事君恭敬。又说，在自己的身上称为恭，加于别人、施于他事，就称为敬。容貌举止不恭敬，这叫"不肃"，"肃"的意思就是"敬"。《尚书·洪范》所陈述的五事以貌为首事，因为在《周易》中，容貌仪止为震卦的象征，震卦五行为木，树木可以观赏，所以经书列出三种品德，服饰排在最上。《诗经·大雅·荡之什·抑》说，恭敬慎重对待自己的威严仪表，是人们的榜样。威严气魄表露于外，并且使人敬畏，称之为威；有端正的外表和举动，并且使人效法，称之为仪。君主有使人敬畏的严肃容貌和举止，其臣属就敬畏爱戴他，效法、模仿他，就能长久拥有属于他的国家；臣属有使人敬畏的严肃容貌和举止，就能长久掌管他的职责；道德高尚的君子居于管理者的位置使人可以敬畏，施舍财物使人可以爱戴，举止行动使人可以遵行，交际应酬使人可以仿效，仪容举止使人可以观看，处事为人使人可以效法，道德品行使人可以模仿，声音语气使人可以愉悦，行为举动有礼节，言谈话语有条理，用这些来面对他的下属，称之为威仪。孔子说，君子衣冠整齐，目不斜视，让人一见就生敬畏之心，这不也是威严而不凶猛吗？孔子又说，仪表不庄重地面对人民，人民就不会敬畏。故意失去严肃容貌和举止的礼节，淡漠不恭敬、骄恣无度，称之为轻狂。君主轻狂则下属百姓就不会肃敬了，下属百姓不肃敬，则上面的君主就没有威严。人民不敬他的君主，不遵从君主的治政，阴气就会强胜。阴气强胜，就会有水的征象降临，也就是被天惩罚，长期下雨。天如果久雨不晴，就会五谷不收，百姓遭受饥饿寒冷，饥饿寒冷会使得国家上上下下彼此互不信任，大臣内外作恶，人民沦为盗贼，人民受到过多刑罚，则其服饰就会妖异奇特。服妖就是轻佻不庄重、刚愎固执、漂浮不定、放荡恣纵、暴露、轻慢的服饰，这象征了社会风气的变化。

言，在《周易》中的卦象为兑，兑卦象征口，是言说的象征。君主一言出口，命令推行，则人民遵从，所以《周易·兑·彖》说，凡事要以使人民喜悦为先，能够用人民悦纳的方法役使人民，则人民就会忘记劳苦；能够使人民喜悦进而去冒险犯难，人民就会忘记死亡的威胁。因此，明智的君主减轻赋税而增加俸禄，赏赐宜从重，处罚宜从轻，则顺从人民的心愿。所以他们的教化不严厉而能够成就，他们的政治不严峻而能够治理。这就是获得了民心，获得民心则民众归附他们，民众归附他们则人民即使死亡也不会舍弃他们，自然更会遵从他们的命令。如果君主失去了民心，政府发布的政令就没有人民服从，盛极的阳气自然消散，各种阴气都不归附。

而人民畏惧君主过重刑罚，就会阳气强胜，阳气强胜就会引起旱灾，也就是被上天惩罚，久旱无雨。久旱无雨，人民就会饥饿贫穷、衣食不足，人民饥饿贫穷、衣食不足，就不敢正当地说出实话，各种讽喻的歌谣就会传播开来。人民之气逆乱失和就会说出言辞激烈的狠话，蝗灾就会滋生，这些都是与口有关的事。

视是南方，南方是眼睛的象征。视必须明，以鉴察人的品行才能为根本。在《周易》中，视的卦象为离，离卦五行为火，在人体为目。君主如果看人不明，视力微弱，看不出应信赖的人是谁，必然增加在身边窥察侦候的私党，分不清仇恨自己的人和亲近自己的人，不加区别对待。这样一来，贤能的人就得不到提拔重用；贤能的人得不到提拔重用，则没有才能、不正派的人也无从降职退抑；没有才能、不正派的人不予以降职退抑，则违抗尊长或朝廷的人得不到诛伐，没有罪的人反而受到无端的处罚，各种职务都荒废破坏，各种事务都停滞积压，各种教化和政令都被拖延无法立即执行，于是被上天惩罚，持久闷热。持久闷热，冬气则遭泄露，冬气泄露冬天就不会寒冷，春夏之气也跟着错乱，各种流行性疾病就会发作起来。违抗尊长或朝廷的人得不到诛伐，则百草经霜之后也不枯萎。君主官员贪婪索取百姓的钱财，蝗虫、螟虫也会大量滋生来吃人类的食物。这都是视所象征的事。

听的功能在耳。耳，在《周易》中卦象为坎。古代圣明的帝王设置求取善言的旌旗和求取谏言的鼓，向割草打柴的百姓咨询谋略，因此能够广纳人才，扩大自己听取意见的渠道。君主如果不喜欢议论，则下属就不敢进言的；下属不敢进言，则君上就听不到任何真实的信息；君上听不到任何真实的信息，则听不进别人的不同意见；听不进别人的不同意见，就会导致不能正确谋划政事，所以称为"不听"。任何真实的信息都听不到，各种事务受阻塞、被压抑，怨恨不满就会生于心、发于口，喜怒情绪波动就没有节制，所以称为"急"。寒冷会使万物紧缩，冬天万物都枯萎缩小。万物枯萎缩小，于是上天惩罚，长久寒冷。长久寒冷则谷物不能生长；谷物不能生长，则人民贫困穷苦。所以妖异现象发生于耳部，因类相感动，则有鼓妖发出怪异声音之类。坎卦在畜类中代表猪，耳气受伤，就会有发生在猪身上的灾祸。水的颜色为黑，就会有黑色事物的异常现象。这都是与听有关的事。

思,心是貌、言、视、听、思五事的主宰,这就如同土是木、火、土、金、水五行的主宰一样,在《周易》中卦象为坤。春分、秋分、夏至、冬至、立春、立夏、立秋、立冬八个时令即为八正,八正的气也兴起于八风。八风是指东、南、西、北、东南、西南、东北、西北八个方向的风,所以风是四时的主宰。思虑的心如果正确恰当就称之为"容",容就能够容纳养育臣属,所以称之为"圣"。思虑的心如果错误失当,那就貌、言、视、听四者都失去了,就不能容纳养育臣属,所以说"思虑的心不能容纳,这就称为不圣"。其过错在于像雾一样迷乱、丧失纲纪,所以风在《周易》中卦象为巽,在后天卦象系统中对应时间为夏历三月(辰月)、四月(巳月),夏历四月在十二消息卦中对应乾卦,乾卦纯阳,以纯粹阳气治理天下。对于阳气则为阴,对于阴气则为阳,这是大臣的象征。君主既然像雾一样迷乱,则大臣就专横放肆,阴气就变得盛大;大臣专横放肆导致阴气盛大,就会发生相应的灾害,于是上天惩罚,长久刮风。阴气多,就会只是阴暗而不下雨,到了严重的时候,就会经常阴暗无光,使得人腹中生出一层肥脂包裹心脏外面,心气受伤,就会有心理蒙昧昏暗不明的妖异现象发生。《周易·说卦·第八章》说"坤为牛",坤卦五行为土,土气受伤,就会出现牛大量死亡的现象。又说,土代表宫内的事,宫内有乱,就有牵涉女色的孽事发生。这都是与思相关的事。

貌、言、视、听、思五事所感通的例子很多,粗略列举如此。

五行大义 卷第四

第十五论律吕。

第十六论七政。

第十七论八卦八风。

第十九论治政。

第十五　论律吕

《春秋元命苞》云："律之为言率也。"《续汉书》云："律，术也。"《律书》云："吕，序也。"序述四时之气，定十二月之位也。阴阳各六，合有十二。阳六为律，阴六为吕。

律六者，黄钟、大簇、姑洗、蕤宾、夷则、无射也。吕六者，林钟、南吕、应钟、大吕、夹钟、仲吕也。《史记》云："律历者，天所以运五行八正之气，成熟万物也。"《帝王世纪》云："黄帝使伶伦于大夏之西，昆仑之阴，取竹解谷。其窍厚均者，断两节间，吹之以为黄钟之管，以象凤鸣。雌雄各六，以定律吕，以分星次。"伶洲鸠曰："律所以立均出度也。故云：纪以三，平以六，成以十二，天之道也。此六中之元。古之神瞽，考中声而量之以制，度律均钟，故名黄钟，所以宣养六气。二曰大簇，所以金奏，乃赞阳出滞；三曰姑洗，所以修洁百物，考神纳宾；四曰蕤宾，所以安静神人，献酬交酢；五曰夷则，所以咏歌九则，平民无贰；六曰无射，所以宣布哲人之令德，示民轨仪。为之六间，以扬沈伏而黜散越。元间大吕，助宣扬也；二间夹钟，出四隙之细；三间中吕，宣中气也；四间林钟，和展百事，俾莫不任肃纯恪也；五间南吕，赞阳秀也；六间应钟，均利器用，俾应复也。律吕不易，无奸物也。"《三礼义宗》云："律者法也，言阳气施生，各有其法；吕者助也，助阳成功。一云：律，帅也，帅导阳气，使之通达也；吕者，侣也，以对于阳，与之为侣，亦吕距也，谐阴阳之气，有时相距，明阳出则阴徐，阴升则阳损，故有相距之意。"《续汉书》云："阳以圆为形，其性动；阴以方为节，其性静。动者数三，静者数二。以阳生阴而倍之，以阴生阳半之。皆以三而一。阳生阴曰下生，阴生阳曰上生。皆参天两地，圆盖方覆，六偶承奇之道也。"《淮南子》云："数始于一。一而不能生，故分为阴阳，阴阳合而生万物。故一生二，二生三，三生万物。故三月为一时，所以祭有三饭，丧有三踊，兵有三令，皆以三为节。三三如九，故黄钟之律九寸而宫音调。因而以九之，九九八十一，黄钟之数立焉。"黄钟之气在子，十一月建焉，其辰在星纪，下生林钟。林钟之数五十四，气在未，六月建焉，其辰鹑火，上生太簇。太簇之数七十二，气在寅，正月建焉，其辰诹訾，下生南吕。南吕之数四十八，气在酉，八月建焉，其辰寿星，上生姑洗。姑洗之数六十四，气在辰，三月建焉，其辰大梁，下生应钟。应钟之数四十二，气在亥，十月建焉，其辰折木，上生蕤宾。蕤宾之数五十六，气在午，五月建焉，其辰鹑首，上生太吕。太吕之数七十六，气在丑，十二月建焉，其辰玄枵，下生夷则。夷则之数五十一，气在申，七月建焉，其辰鹑尾，上生夹钟。夹钟之数六十八，气在卯，二月建焉，其辰降娄，下生无射。无射之数四十五，气在戌，九月建焉，其辰大火，上生中吕。中吕之数六十，气在巳，四月建焉，其辰实沈。辰之与建交错为表里，即其合然相生。以乾坤六体为之，黄钟初九，下生林钟初六，又上生大簇。《乐纬》云："黄钟中宫，数八十一，以天一、地二、人三之数以增减，律成五音中和之气。增治上生，减治下生。上生者，三分益一；下生者，三分减一。益者以四乘之，以三除之；减者以二乘之，以三除之。"《三礼义宗》云："凡黄钟之管，本长九寸。所以九者，阳数之极也。数之所起，起自于三。三才天地人之道，合成数，故曰三才。是以天地人各有三数。阳得兼三，故称九。阴但兼二，故称六。以阳得气兼三，故因而三之，三三如九，故阳数九为极。所以管用九寸，以度阳气。阳气应时而发，此自然神验者也。又上生大簇九二，又下生南吕六二，又上生姑洗九三，又下生应钟六三，又上生蕤宾九四，又下生大吕六四，又上生夷则九五，又下生夹钟六五，又上生无射上九，又下生中吕上六。所以同位象夫妻，异位象母子。所谓律娶妻而吕生子者也。"

《白虎通》曰："黄钟何？黄，中和之气；钟者，动也。言阳于黄泉之下动万物也。"《淮南子》云："黄，土色；钟者，气之所动。黄钟为君，冬至得之。"《三礼义宗》云："钟，应也，言阳气潜动于黄泉之下，应养万物，萌芽欲出。"

大吕，"大者太也，吕者距也。言阳气欲出，阴距难也"。《淮南子》云："吕者旅也，旅而支也。"《三礼义宗》云："吕，助也。十二月阳方生长，阴气助之，生育之功，其道广大也。故一云：吕者侣也。与阳为侣，对生万物。"

大族，"言万物始大、凑地而出也"。《淮南子》云："万物族而未出也。"《三礼义宗》云："族者凑之义也。正月之时，万物始大，族地而出。"

夹钟者，"言万物孚甲，种类而出也"。《淮南子》云："种始夹也。"《三礼义宗》云："夹者佐也。二月之中，物未尽出。阴佐阳气，应物而出。一云：夹者侠也，言万物为孚甲所侠，至此方解，钟应而出。"

姑洗者，"姑者古也，洗者鲜也，万物去故就新，莫不鲜明也"。《淮南子》云："姑洗，陈去而新来也。"《三礼义宗》云："姑者，枯也。洗，濯之义。三月物生新洁，洗除其枯也。"

中吕者，万物当中皆出也。《淮南子》云："中，充也。"《三礼义宗》云："吕者距难之义。言阴欲出，阳气在于中距执之。一云：吕者，四月之时，阳气盛长，阴助功微，故云尔。"

蕤宾者，"蕤，下也；宾，敬也；言阳气下降，故敬之也"。《淮南子》云："蕤宾，安而服也。"《三礼义宗》云："蕤者垂下之义，宾者微也。五月阳气下降，阴气始起，共相宾敬。"

林钟者，"林，众也。万物成熟，种类众多也"。《淮南子》云："林钟，引而止之也。"《三礼义宗》云："林，茂盛也。六月之中，物皆盛茂，聚积于野。故为林也。"

夷则者，"夷，伤也；则，法也；言万物始伤，被刑法也"。《淮南子》云："夷则，易其则也。"《三礼义宗》云："夷，平也。则，法也。七月万物将成，平均结实，皆有法则，德吉也。"

南吕者，"南，任也，言阳气有任生荤长也"。《淮南子》云："南吕者，任苞大也。"《三礼义宗》云："南，任也。八月之中，物皆含秀，有怀任之象，助成功之义。"

无射者，"射，终也，言万物随阳而终，当复随阴而起，无终已也"。《淮南子》云："无射者，人之无厌也。"《三礼义宗》云："射，厌也，厌恶之义。九月物皆成实，无可厌恶。"

应钟者，"言万物应时而钟下藏也"。《淮南子》云："应其所钟。"《三礼义宗》云："十月之时，岁功皆成，阴气之用，应阳之功，收而聚积，故云钟也。亦云：应者，应和之义，言此时将复应阳气而动于下也。"

《乐纬》云："黄钟为宫，林钟为徵，大簇为商，南吕为羽，姑洗为角，应钟为变宫，蕤宾为变徵，以次配之，五音备矣。黄钟下生林钟，故林钟为徵，次黄钟；林钟上生大簇，故大簇为商，次林钟；大簇下生南吕，故南吕为羽，次大簇；南吕上生姑洗，故姑洗为角，次南吕；姑洗下生应钟，故应钟为变宫，次姑洗；应钟上生蕤宾，故蕤宾为变徵。凡有七音，圜相为宫。七音者，盖以相生数七故也。始黄钟生林钟，自十二月至六月，凡七月也。"服虔解云："七律为七音。"《外传》解云："武王克商，岁在鹑火，日在天驷，鹑火去天驷凡七宿；又地辰，日在甲子，从子至午又七。天象、地辰其数皆七，圣人以律同其数，以声招之，故以七音。"乐以七律配七始，故以定三元四时。故黄钟以配天，林钟以配地，大簇以配人；姑洗以配春，蕤宾以配夏，南吕以配秋，应钟以配冬。

凡三元者，周以建子月为天正，故黄钟之管配之；殷以建丑月为地正，应以大吕之管配之，但阴数偶，未土王，又为天社，故取其冲，应地之气，以林钟之管配之；夏以建寅月为人正，故大簇之管配之。夫阳德自处，故以即位为正；阴德在他，故取其冲。《汉书·律历志》云："三元者，天施、地化、人事之纪也。十一月，乾之初九，阳气伏于地下，始著为一，万物萌动，钟于大阴，故黄钟为天元，律长九寸。九者，所以穷极中和，为万物之元也。《易》曰'立天之道，曰阴与阳'是也。六月，坤之初六，阴气受任于大阳，继养化软，万物生长，茂之于未，令种刚强大，故林钟为地元，律长六寸。六者，所以阴承阳之施，茂之于六合之内，令刚柔有体也。'立地之道，曰柔与刚'是也。'乾知大始，坤作成物'。正月，乾之九三，万物棣通，簇出于寅，人奉而成之，仁以养之，义以行之，令事物各得其理。寅，木也，为仁；其声，商也，为义。故大簇为人元，律长八寸，八象于卦，庖羲氏之所以顺天地，通神明，类万物之情也。'立人之道，曰仁与义'是也。'在天成象，在地成形'。'后以裁成天地人道，是为三元'，律之始也。"

《感精符》云："十一月建子，天始施之端，谓之天统，周正，服色尚赤，象物萌色赤也。十二月建丑，地始化之端，谓之地统，殷正，服色尚白，象物牙色白。正月建寅，人始化之端，谓之人统，夏正，服色尚黑，象物生色黑也。此三正律者，亦以五德相承，以前三皇为正，谓天皇、地皇、人皇。皆以天地人为法，周而复始，其岁首所书，乃因以为名，欲体三材之道，而君临万邦。故受天命而王者，必调六律而改正朔，受五气而易服色，法三正之道也。周以天统，服色尚赤者，阳道尚左，故天左旋，周以木德王，火是其子，火色赤，左行，用其赤色也。殷以地统，服色尚白者，阴道尚右，其行右转，殷以水德王，金是其母，金色白，故右行，用其白色。夏以人统，服色尚黑者，人亦尚左，夏以金德王，水是其子，水色黑，故左行，用其黑色。"又云："帝王之兴，多从符瑞，周感赤雀，故尚赤；殷致白狼，故尚白；夏锡玄圭，故尚黑。"此皆先兆气，王之符，子母相助之义。如汉以火德，镇星之精，降为黄石，授子房以兵信，助沛公而灭楚，非五运之色，相扶为用。孔子云"夏正得天"，此谓得天道四时之气，应八节生杀之期也。故云："行夏之时，乘殷之辂，服周之冕"，兼三代而为法，盖取其可久者也。秦以建亥之月而为岁首。汉初，因秦正朔，自魏以后，自用夏正，至今无改，以其得天气也。又，遁甲、太一、九宫、元辰，皆有三元，并起甲子。初为天元，尽六甲，次甲子为地元，又次甲子为人元。遁甲以冬夏二至后，甲己之日夜半时，为甲子元首，三元各分为三，故一百八十日为元卒，阴阳两道，尽一岁之用。太一以初元甲子六十年为一纪，次甲子为第二纪，满六纪三百六十年为一周。九宫别以己亥为元首，分为五元，初己亥六十年为天元，次己亥六十年为地元，次己亥六十年为人元，次己亥六十年为河元，次己亥六十年为海元。九年一周，四九三十六，亦周六甲之大数也。三元正朔，并从律吕，应历定时，皆配五行，故同此释。

白话解读

(一)何谓律吕

《五行大义》引述典籍认为，"律"有两种意思：一种是"率"，"率"的意思是"导"，"律"之所以称为"率"，因为可以引导气令其通达；另一种是"术","术"通"述",意思是申述、叙述。而"吕"的意思是"序","序"的意思是次序。因此,"律吕"二字合起来,意思为按照次序叙述四时之气的运行轨迹,确定十二月的具体位置。

律吕分为阴阳,阴阳各有6种,阴阳合起来共有12种。阳六种为律,阴六种为吕。

律六种为黄钟、大簇、姑洗、蕤宾、夷则、无射;吕六种为林钟、南吕、应钟、大吕、夹钟、仲吕。

"吕"也称为"间",所以有六律、六间的说法。

(二)律吕的自然功用

《五行大义》引《史记》阐述律吕在自然界系统中的作用,但与通行本《史记》略有出入。这里的"八"按照《史记》《索隐》说法,是春分、秋分、夏至、冬至、立春、立夏、立秋、立冬八节之气,以对应东、南、西、北、东南、西南、东北、西北八方之风。意思是说,律历的作用,就是自然界用来运行五行之气、八正之气使其通达,并使万物成熟的。这是从律吕与时令节气配合的角度讲的。

(三)律吕制作

那律吕是怎么制作出来的呢?《五行大义》所引《帝王世纪》内容,今见于《吕氏春秋·古乐》和《汉书·律历志》。阐释如下:

上古的时候,黄帝命令伶伦(或作泠纶)制作乐律。伶伦从大夏山的西边,到达昆仑山的北面,从一个叫解谷的山谷中取来竹子,选择壁厚均匀的,截取两个竹节中间的一段——其长度为三寸九分——而用来吹气,把发出的声音确定为黄钟律的宫音,所吹出的声音称为"舍少"。然后,依次制作了12支竹管,用来模拟凤凰的鸣叫,借以区别十二乐律。雄凤鸣叫有6种声音,雌凤鸣叫也有6种声音。由此定出的乐律同黄钟律的宫音相比照,都可以和谐相生,都可以由黄钟律的宫音派生出来。所以说:黄钟律的宫音是乐律的本源。黄帝又命伶伦和荣将铸造了12口钟,用来协和五音,以施行于古乐《五英》和《韶》。在仲春月,乙卯日,太阳位置在奎宿时,开始演奏它们,称之为《咸池》,这就是律吕与星次分配之始。

(四)律吕的社会功用

《五行大义》所引伶洲鸠说出自《国语·周语下》,意思是说,周景王要铸造一套名叫"无射"的大型编钟,就去向伶州鸠询问钟律的有关知识。伶州鸠借律吕讲述了一番治国的道理,他说:"钟律是通过一种长7尺、系有丝弦的均钟木,来量度钟的大小、清浊的。古代的神瞽(盲人乐师),其重要职责之一就是首先确定合乎中和的乐音范围,在此基础上制定出衡量各种声音的标准,用此度量各个律吕的长短,也就是确定乐调的标准音高,并以此调均钟律,百官以此为规则法度,纪声和乐于天、地、人三才,平均于六律,阴阳相生成就十二律,十二数是自然界运行的规律。天有六气,降生地上五味,所以六十花甲子中天有六甲,地有五子,此十一数涵盖了天地。而十一数之中数就是六,所以六是天地之中,中央的颜色为黄色,所以取名黄钟。黄钟为十一月,乾卦初九爻,阳气伏于下,万物开始萌生,其正声为宫,包含元始,处于天地之中,所以能全面养育六气、九德。六气为阴、阳、风、雨、晦、明,九德为水、火、金、木、土、谷、正德、利用、厚生。由黄钟依次排列奇数月:二称为大簇,为正月,乾卦九二爻,其正声为商,所以称为金奏,用来辅佐阳气发越、出滞伏;三称为姑洗,为三月,乾卦九三爻,其正声为角,阳气养育生长,所以洗濯陈旧不洁,百物修治整洁,合于敬神、接纳宾客;四称为蕤宾,为五月,乾卦九四爻,阴气为主,委蕤于下,阳气盛长于上,如同宾主一般,所以用于宗庙里的神和家中宾客,推杯换盏,交际应酬;五称为夷则,为七月,乾卦九五爻,万物既然已经成就,可以平均为法则,所以用于咏唱歌诵九则,成就人民的心愿,使之不生疑惑二心;六称为无射,为九月,乾卦上九爻,阳气上升,阴气收藏,万物不厌相见,所以用于遍布前哲的美好品德,示范给人民规矩和法则。在六阳律之间制作六吕,称为六间,吕为阴律,作为伴侣间于阳律之中,成就阳律的功绩,发扬沉滞伏藏的气,而去除散越的气,使阴阳相合,风雨时至,以生万物。第一间为大吕,为十二月,坤卦六四爻,阴依赖于阳,以黄钟为主,称为元间,用于辅助阳气宣泄发扬;第二间为夹钟,为二月,坤卦六五爻,四时中微弱细小的间气都开始于春天,春天开始发出四时微弱细小的间气,其他夏、秋、冬三时都尊奉而完成;第三间为中吕,为四月,坤卦上六爻,阳气发越于中，到四月宣散于外，纯乾主事，阴气闭藏于内，所以宣泄中央的阳气，助阳成功；第四间为林钟，为六月，坤卦初六爻，时令务求和谐地审视各种事物，百事没有任何伪诈，使所有人无不任其职事，速求成功，大敬其职；第五间为南吕，为八月，坤卦六二爻，阴气担任辅助阳气，秀荣万物；第六间为应钟，为十月，坤卦六三爻，阴气应和阳气用事，万物钟聚，各种器物都具备，时令务求平均利益，百官都按自己的才能得到任用，天下万物都应和礼节，回复常规。律吕不变易其正声，就没有奸恶。"

（五）律吕阴阳

《五行大义》所引《三礼义宗》，不见于《汉魏遗书钞经翼第二册·三礼义宗》。所引《三礼义宗》意在说明律吕的阴阳属性及相互关系有如下两点：

其一，律为阳，吕为阴；

其二，律吕关系也有二说：第一，律为法，吕为助。将"律"的意思理解为法则，是说阳气施予生命，各有各自的法则；将"吕"的意思理解为辅助，是说吕为阴，吕可以辅助阳气成就功绩。第二，律为帅，吕为侣。将"律"的意思理解为"帅"，"帅"同"率"，意为引导，是说引导阳，使阴气通行畅达；将"吕"的意思理解为"侣"，其意又有二：一为伴侣，是说吕为阴，阴与阳相对待，与阳互为伴侣；二为吕距，"距"同"拒"，意为抗拒、抵御，是说和谐阴阳二气，但有时阴阳二气又相互抗拒，彰明阳出现则阴徐缓，阴上升则阳减损，所以阴阳二气有相互抗拒的意思。

（六）律吕相生

1. 律吕相生规则

《五行大义》所引《续汉书》是在阐明律吕相生的规则。意思是说，阳以圆为形体，其特性是运动；阴为方为节制，其特性是静止。运动的数为三，静止的数为二。律管的长度也分为阴阳，大数为阳，小数为阴，它们之间相生的规则也由阴阳的特性派生出来。用大数阳派生小数阴，其数乘以 2；用小数阴派生大数阳，其数乘以 4；所得之数都可以被 3 相除，为 1/3，以此损益，这就是三分损益法。大数阳损 1/3 派生小数阴，称为下生；小数阴益 1/3 派生大数阳称为上生。上生的律管音高不能超过低音区的黄钟，下生的律管音高不能超过高音区的黄钟。这都是效法自然界系统中五行阳数有三（即一、三、五），阴数有二（即二、四），即天数为三，地数为二，圆为天覆盖于上，阴为地承载于下，所以律吕相生有六偶阴吕承顺六奇阳律的道理。

2. 律吕相生之数

（1）黄钟之数八十一的确立

《五行大义》所引《淮南子》是在说明黄钟八十一数确立的理论依据。阐释如下：数开始于一，一不能生万数，所以将一分而为阴阳，阴阳交合和谐而万物生成，所以说"一生二，二生三，三生万物"。天地运行三个月为一时，所以祭礼礼仪需要三次饭食，丧葬礼仪需要初死、小敛、大敛时向死者三次跳脚号哭，军队治理重视三令（即一令观敌之谋，视道路之便，知生死之地；二令听金鼓，视旌旗，以齐其耳目；三令举斧，以宣其刑赏），都是以三为节制。用三参与事物之中，3 乘以 3 为 9，所以黄钟律管长度为 9 寸而宫音得以调和。按照黄钟律管 9 寸之数再乘以 9，为 81，所以黄钟之数就确立为八十一。

（2）黄钟生十二律之数

黄钟八十一数，实际意思是说，将一根用来定音的长度为 9 寸的竹管，划分为 81 单位，确定为宫音的标准音高。之后，用三分损益法将一个八度分为 12 个不完全相同的半音，称为十二律。十二律形成一个完整的乐律系统，所以中国古代十二律对应年周期中的十二月，对应日月运行周期中的十二星次，并用三分损益法由黄钟律下生、上生出其他十一律。其具体对应及相生关系列表如下：

黄钟生十二律及配合月建、星次表

十二律	律管长度单位数	月建	星次	相生	三分损益
黄钟	81	子、十一月	丑、星纪	下生林钟	损
林钟	54	未、六月	午、鹑火	上生大簇	益
大簇	72	寅、正月	亥、诹訾	下生南吕	损
南吕	48	酉、八月	辰、寿星	上生姑洗	益
姑洗	64	辰、三月	酉、大梁	下生应钟	损
应钟	42	亥、十月	寅、析木	上生蕤宾	益
蕤宾	56	午、五月	未、鹑首	上生太吕	益
太吕	76	丑、十二月	子、玄枵	下生夷则	损
夷则	51	申、七月	巳、鹑尾	上生夹钟	益

续表

十二律	律管长度单位数	月建	星次	相生	三分损益
夹钟	68	卯、二月	戌、降娄	下生无射	损
无射	45	戌、九月	卯、大火	上生中吕	益
中吕	60	巳、四月	申、实沉		

从上表可以看出，十二律所对应的星次与月建相互交错互为表里，从地支来看，二者是相合关系，这就是合和而相生。

这种十二律管长度单位不同生成12个半音的方法是有其现代科学道理的。现代声学认识到，声音高低指的是发声物体振动的频率，而发声物体振动频率与发声物体的长度成反比。因此，当发声物体材质固定的时候，其长度越长，所发出的声音越低。不仅如此，二者还具有互为2倍数的比例关系，即当发声物体长度减为原先的1/2时，其频率增为原先的2倍；当发声物体长度增为原先2倍时，其频率减为原先的1/2。这种发声物体发出声音频率的2倍数关系正好跨一个八度音，跨一个八度音的音阶频率间正好相差1倍。当我们将物体长度减为原先的2/3，即"三分损"，与将物体长度增为原先的4/3，即"三分益"，4/3恰好是2/3的2倍，形成一个八度音关系。因此，从黄钟之数八十一单位长度开始，我们利用"三分损益"法，可以得到一个八度音周期内的十二律。

十二律三分损益表

十二律	三分损益	三分损益数	律管长度单位
黄钟	本源	81	81
林钟	由黄钟三分损而来	$81 \times 2/3 \approx 54$	54
太簇	由林钟三分益而来	$54 \times 4/3 \approx 72$	72
南吕	由太簇三分损而来	$72 \times 2/3 \approx 48$	48
姑洗	由南吕三分益而来	$48 \times 4/3 \approx 64$	64
应钟	由姑洗三分损而来	$64 \times 2/3 \approx 42.6667$	42
蕤宾	由应钟三分益而来	$42.6667 \times 4/3 \approx 56.8889$	56
大吕	由蕤宾三分损而来	$56.8889 \times 4/3 \approx 75.8519$	76
夷则	由大吕三分损而来	$75.8519 \times 2/3 \approx 50.5679$	51
夹钟	由夷则三分益而来	$50.5679 \times 4/3 \approx 67.4239$	68
无射	由夹钟三分损而来	$67.4239 \times 2/3 \approx 44.9492$	45
仲吕	由无射三分益而来	$44.9492 \times 4/3 \approx 59.9323$	60

但是清黄钟即黄钟的高八度音，按照三分损益法应该由仲吕三分损而来，即 59.9323 × 2/3 ≈ 39.9549。这与直接取"黄钟"长度的一半即 40.5，有一定差距，"黄钟不能还原"，因此十二律是一个不甚完美的循环。

（3）三分损益生五音

《五行大义》引《乐纬》论述了由黄钟之数利用三分损益生出五音的方法：黄钟为五音中的中央宫，其律管长度单位为八十一，用天数一、地数二、人数三进行长度单位的增减变化，所制成的律管就吹成五音中和的声音。增的修治方法是上生，减的修治方法是下生。上生就是将原先的数增加 1/3，下生就是将原先的数减少 1/3。益就是用 4 乘以原先的数，再除以 3；减就是用 2 乘以原先的数，再除以 3。由此就可以得到宫、商、角、徵、羽五音竹管长度单位。

三分损益生五音表

原先之数	三分损益法	五音竹管长度单位	五音
黄钟宫音数 81	三分损一	81 × 2/3 ≈ 54	徵音
徵音数 54	三分益一	54 × 4/3 ≈ 72	商音
商音数 72	三分损一	72 × 2/3 = 48	羽音
羽音数 48	三分益一	48 × 4/3 ≈ 64	角音

（4）黄钟管长 9 寸及律吕与十二消息卦配合

《五行大义》所引《三礼义宗》，意在说明黄钟管长 9 寸及律吕与十二消息卦的配合关系。

①黄钟管长 9 寸之因

凡是黄钟律管，其长度都是 9 寸。九为阳数即奇数的极致。自然数系统开始于一，一生出二，二生出三，三生出万，因此万数直接发源兴起于三。三指三才，三才在自然界系统中是指天、地、人之道，三才合和成就各种数，所以称为"三才"。天、地、人也各有自己的三才，有各自的三数。阳数天、地、人可以各自兼有三数，3 乘以 3 为 9，所以称为九。阴数天、地、人只能各自兼有二数，3 乘以 2 为 6，所以称为六。因为阳得到的气可以各自兼有三，所以据此乘以 3，3 乘以 3 得 9，所以阳数至九为极致。黄钟律管长度之所以用 9 寸，是用来量度阳气。阳气顺应时令变化而发扬，这是得到自然界神奇效验的。

②律吕与乾坤卦象配合

用乾卦与坤卦六爻位置，来象征律吕长度变化所导致发声频率的消长，就是律吕与乾坤二卦的配合。这里需要注意的是，此节所讲"上生""下生"与前文不同，此节"上生"是指阴吕生阳律，"下生"是指阳律生阴吕。六律所对应乾卦与六吕所对应坤卦爻位相同，如初九与初六、九二与六二、九三与六三、九四与六四、九五与六五、上九与上六，其相生关系都是阳律生阴吕，如同夫妻关系；六吕所对应坤卦与六律所对应乾卦爻位不同，如初六与九二、六二与九三、六三与九四、六四与九五、六五与上九，其相生关系都是阴吕生阳律，如同母子关系。所以称为"律娶妻而吕生子"。

律吕配乾坤六爻表

十二律	乾坤六爻	相生	阴阳
黄钟	乾卦初九	下生林钟	阳
林钟	坤卦初六	上生大簇	阴
大簇	乾卦九二	下生南吕	阳
南吕	坤卦六二	上生姑洗	阴
姑洗	乾卦九三	下生应钟	阳
应钟	坤卦六三	上生蕤宾	阴
蕤宾	乾卦九四	下生大吕	阳
大吕	坤卦六四	上生夷则	阴
夷则	乾卦九五	下生夹钟	阳
夹钟	坤卦六五	上生无射	阴
无射	乾卦上九	下生中吕	阳
中吕	坤卦上六		

（七）十二律吕名称含义

1. 黄钟名称含义

《白虎通》说，月令十一月律之所以称为黄钟，是因为"黄"是中央的中和颜色，"钟"的意思是"运动"，说明阳气在黄泉之下运动，滋养万物。《淮南子》说，"黄"是五行土的颜色，"钟"是阳气所培养的种子。黄钟为十二律系统中的主宰，与年周期二十四节气中的冬至相同，得到的五行之气为土，土的颜色为黄，所以称为黄钟。《三礼义宗》说，"钟"的意思是

"顺应"，说明阳气潜伏暗动于黄泉下面，顺应阳气运动，滋养万物，万物萌芽将要出现。

2. 大吕名称含义

《白虎通》说，十二月律之所以称为大吕，是因为"大"的意思是"长大"，"吕"的意思是"抗拒"，说明阳气生长壮大想冒出，但阴气不允许，为难阳气。《淮南子》说，"吕"就是"旅"，"旅"为出行，阳气以优游的姿态支撑而起。《三礼义宗》有二说：一说，"吕"的意思是"辅助"，十二月之时阳气刚刚生长，阴气辅助阳气，阴阳合和生育万物的功绩，其所包含的道理广大，覆盖所有事物的运动变化；一说，"吕"的意思是"伴侣"，阴气与阳气为伴侣，相互对偶生成万物。

3. 大簇名称含义

《白虎通》说，正月律之所以称为大簇，是因为，"大"也写作"太"，"太"的意思也是"大"，"簇"的意思是"凑"，说明阴气衰弱，阳气开始盛大，万物凑集聚会于地面而生长出来。《淮南子》说，"太蔟"就是万物聚集于地面而未伸出地面。《三礼义宗》说，"蔟"的意思是凑集，正月的时候，万物开始生长，凑集聚会于地面而钻出来。

4. 夹钟名称含义

《白虎通》说，二月律之所以称为夹钟，是因为，"夹"的意思是裂开皮壳发出新芽，说明万物种子都分裂皮壳萌发嫩芽，各种各类事物得以区分开来。《淮南子》说，"夹钟"就是万物种子开始萌发，裂开甲壳。《三礼义宗》有二说：一说，"夹"的意思是辅佐。二月中间，万物没有全部萌出，阴气辅佐阳气，顺应万物萌生而出。一说，"夹"的意思是"侠"，"侠"通"挟"，意为挟制，说明万物为外皮甲壳所限制，到二月时节，才得以解脱，会聚在一起顺应阳气运动萌生而出。

5. 姑洗名称含义

《白虎通》说，三月律之所以称为姑洗，是因为，"姑"的意思是"故旧"，"洗"的意思是"新鲜"，说明万物都革去故旧形体，趋向新鲜状态，没有不色彩鲜明的。《淮南子》说"姑洗"的意思就是旧的去新的来。《三礼义宗》说，"姑"的意思是"枯萎"，"洗"的意思是"洗濯"，三月时节，万物都新生整洁，洗濯掉了枯萎的部分。

6. 中吕名称含义

"中吕"的意思是万物正当极中,都将出现。《白虎通》说,四月律之所以称为仲吕,说明阳气将达到极致,中正充盈盛大,所以阴气又在中间为难它。《淮南子》说"仲吕"就是中间充盈盛大。《三礼义宗》有二说:一说,"吕"的意思是抗拒为难。说明阴气想要出现,阳气在中间抗拒堵塞它。一说,"吕"是指四月时节阳气盛大增长,阴气不再起到辅佐阳气的功用。

7. 蕤宾名称含义

《白虎通》说,五月律之所以称为蕤宾,是因为,"蕤"的意思是"垂下","宾"的意思是"恭敬",说明阳气上升到达极致,将要下降,阴气开始兴起,所以相敬如宾。《淮南子》说"蕤宾"就是相安而顺服。《三礼义宗》说,"蕤"的意思是"垂下","宾"的意思是"自微",五月时节,阳气开始下降,阴气开始兴起,阴阳二气彼此恭敬,像对待宾客一样。

8. 林钟名称含义

《白虎通》说,六月律之所以称为林钟,是因为,"林"的意思是"众多",万物成熟,各种各类数量众多。《淮南子》说"林钟"就是引导阴气运行,阳气停止增长。《三礼义宗》说,"林"的意思是"茂密旺盛",六月期间,万物都旺盛茂密,聚集积蓄于田野,所以称为"林"。

9. 夷则名称含义

《白虎通》说,七月律之所以称为夷则,是因为,"夷"的意思是"伤害","则"的意思是"法则",说明万物开始遭受损伤,根据自然的法则受到杀戮。《淮南子》说,"夷则"就是改易法则,德行远去。《三礼义宗》说,"夷"的意思是"平均","则"的意思是"法则",七月时节,万物将要完成,统一地要结出果实,各依各的法则,德行吉昌。

10. 南吕名称含义

《白虎通》说,八月律之所以称为南吕,是因为,"南"的意思是"怀妊",说明阳气有怀妊迹象,繁生滋长。《淮南子》说"南吕"就是怀妊之物在包裹中长大。《三礼义宗》说,"南"的意思是"怀妊",八月时节,万物都裹着花苞,有怀妊的征象,辅助阳气成功。

11. 无射名称含义

《白虎通》说，九月律之所以称为无射，是因为，"射"的意思是"终结"，说明万物随阳气的终结而终结，又当再随阴气的兴起而兴起，没有终止的时候。《淮南子·天文训》说"无射"就是进入人没有可厌恶之事的状态。《三礼义宗》说，"射"的意思是"厌"，指厌恶的情绪，九月时节，万物都成熟结实，没有可以厌恶的事情。

12. 应钟名称含义

《白虎通》说，十月之所以称为应钟，是因为，"应"的意思是"顺应"，"钟"的意思是"运动"，说明万物顺应时令阳气的变化，而向下运动，收藏起来。《淮南子·天文训》说"应钟"就是顺应阳气的运动。《三礼义宗》有二说：一说，十月时节，一年的功绩都完成了，阴气的作用就是顺应阳气的功业，收藏而聚集积蓄起来，所以称为"钟"；二说，"应"的意思是反应和谐，是说这个时候，万物将要重新反应阳气的运动而运动于下。

（八）律吕配五音、七音

1. 律吕配合五音、七音

在中国古代乐律系统中，一个八度音周期，按照五行理论可以区分出宫、商、角、徵、羽五音，但实际八度音周期则有七音，律吕如何与五音、七音相配合呢？

此处所引《纬书集成·乐纬》的说法，其意有四：

第一，律吕配五音。即黄钟为宫，林钟为徵，太簇为商，南吕为羽，姑洗为角，应钟为变宫，蕤宾为变徵。

第二，律吕按相生次序配五音。《乐纬》所说"以次配之"，就是指按照律吕相生次序配合五音，五音由此完备。具体说，黄钟为宫；黄钟下生林钟，所以林钟为徵，位次在黄钟之后；林钟上生太簇，所以太簇为商，位次在林钟之后；太簇下生南吕，所以南吕为羽，位次在太簇之后；南吕上生姑洗，所以姑洗为角，位次在南吕之后；姑洗下生应钟，所以应钟为变宫，位次在姑洗之后；应钟上生蕤宾，所以蕤宾为变徵。

第三，一个乐律周期有七音。从上面的叙述来看，宫、徵、商、羽、角五音，加上变宫、变徵，实际五音已经成为七音，按照音阶由低到高的次序，经过七个音阶的变化，完成一个乐律周期的八度音循环。西方乐律系统也有七个音，即 do、re、mi、fa、sol、la、si。中国乐律七音与其对应关系为：宫相当于 do 音，商相当于 re 音，角相当于 mi 音，徵相当于 sol 音，羽相当于 la 音；变徵介于徵音与角音之间，通常指较徵音下一律之音相当于#fa（即升 fa），也有时指较角音上一律之音相当于 fa；变宫介于羽音与宫音之间，通常指较宫音下一律之音相当于 si，也有时指较羽音上一律之音相当于 bsi（即降 si）。

第四，七音之"七"取义于所有律吕相生之数都为七。从黄钟生林钟开始，对应十二月到次年六月，总共是七个月。具体如下表所示：

律吕相生为七数表

十二律	月建	相生	相生数
黄钟	子十一月	下生林钟	七
林钟	未六月	上生大簇	七
大簇	寅正月	下生南吕	七
南吕	酉八月	上生姑洗	七
姑洗	辰三月	下生应钟	七
应钟	亥十月	上生蕤宾	七
蕤宾	午五月	上生太吕	七
太吕	丑十二月	下生夷则	七
夷则	申七月	上生夹钟	七
夹钟	卯二月	下生无射	七
无射	戌九月	上生中吕	七
中吕	巳四月		

2. 七音之"七"

《五行大义》引述典籍阐述了关于七音之数"七"来历的三种观点：

其一，《乐纬》说。因为律吕"相生数七"。前文已述。

其二，服虔说。服虔是东汉经学家，他解释说，七音是七支律管所吹出的七种乐器声音。黄钟律吹出声音为宫，林钟律吹出声音为徵，太簇律吹出声音为商，南吕律吹出声音为羽，姑洗律吹出声音为角，应钟律吹出声音为变宫，蕤宾律吹出声音为变徵。

其三，外传《国语》说。"外传"是相对"内传"而言的，一般指附经作传，但并不全以解释经义为主的书。相对于左丘明所撰《春秋左传》来说，

《国语》被称为《春秋外传》。《五行大义》所引《外传》就出自《国语》。意思是说："武王攻克商朝日，岁星在十二星次中的鹑火，太阳在二十八宿中的天驷，鹑火和天驷之间共有七个星宿，这是天象；又看地支所在，太阳在甲子位置，从子至午又是七数，这是地辰。天象与地辰的数都是七，圣人用律管和同此数，用声音来昭示它，就是七音。"其中所说"日在甲子"，似不可解，"甲"字或是衍文。

（九）律吕配三元、四时

1. 律吕与三元四时配合

中国古代音乐理论，用十二律中的七律配合年周期中七始。七律为黄钟、林钟、大簇、姑洗、蕤宾、南吕、应钟；七始为天、地、人、春、夏、秋、冬之始。"元"的意思为始、开端，《五行大义》所说"三元"是指天、地、人之始。其具体配合方法如下表所示：

七律配七始表

七律	黄钟	林钟	大簇	姑洗	蕤宾	南吕	应钟
七始	天	地	人	春	夏	秋	冬

2. 律吕与三元配合

（1）律吕与三正配合

"三元"作为自然界系统运行中天、地、人的开端，表现在历法中就是"三正"。"正"指正朔，为一年之始，"朔"为一月之始，"正朔"指一年的第一天。春秋战国时期有夏历、殷历和周历三种历法，三者主要区别在于岁首的月建不同，称作三正，就是三种正朔。周历以冬至所在月为岁首，殷历以冬至后第一个月为岁首，夏历以冬至后第二个月为岁首，因此，"三正"实为一年的前三个月，相当于"天一、地二、人三"，所以"三正"就是年周期中的"三元"，表现在历法中依次称为天正、地正、人正。

周历以建子之月（即夏历的十一月）为岁首，称为天正；黄钟为夏历十一月律，所以用黄钟律管配合。殷历以建丑之月（即夏历的十二月）为岁首，称为地正；本来应当用为夏历十二月律的大吕律管与之配合，但一则此月为冬至起第二个月，为阴数，数为偶数，阴不能自主，必须有所依从，二则建丑之月所对冲的建未之月，为土王的月份，又为天社，因此不用大吕律管，而取其对冲的六月律林钟，以对应地的气。夏历以建寅之月（即夏历的正月）为岁首，称为人正；大簇为夏历正月律，所以用大簇律管配合。这其中律吕与三正配合的原则是：阳德自处，所以奇数月以所就之位为正当；阴德不能自主，其德在他处，所以偶数月取其本位对冲之位为适合。

（2）律吕与三统配合

《五行大义》引《汉书·律历志》的说法，其意有四：

第一，"三元"表现为夏历"三统"。"三元"作为自然界系统运行中天、地、人的开端，表现在夏历年周期中就是"三统"。三统是指天统、地统、人统，是天开始施行、地开始造化、人开始行事的记载。

第二，黄钟与天统配合。夏历十一月，对应乾卦的初九爻，这时，阳气隐伏于地下，显露为一阳，万物开始萌芽生长，阳气运动于太阴之下，黄钟为十一月律，所以黄钟与天统相配合，律管长度为9寸。九是自然数周期中的最大阳数，是用来穷究极致以中正平和的，是万物发生发展的开始。这就是《周易》所说"确立天运行的规律是阴与阳"的意思。

第三，林钟与地统配合。夏历六月，对应坤卦的初六爻，这时，阴气接受孕育于太阳之下，继续滋养、改变柔软的形体，使万物得以生长，并在未月的位置变得茂盛，使种子刚强壮大，林钟为六月律，所以林钟与地统配合，律管长度为6寸。六是自然数周期中阴数的极致，是用来包含容纳阳气的施予，在宇宙上、下、东、西、南、北六合之内使它生长茂盛，使万物形体发生刚柔的变化。这就是《周易》所说"确立地运行的规律是柔与刚"的意思，也是《周易》所说"乾的功能在于职掌伟大的创始，坤的功能在于继承乾的创始，完成有形的生命"的意思。

第四，大簇与人统配合。夏历正月，对应乾卦的九三爻，这时，阳气发展壮大，万物通达，在寅月纷纷聚集长出，人类奉承万物生长的态势使万物成就，用仁爱之心养育万物，用道义之理推行万物，让事物各自按照各自的规律发展。寅月的五行属性为木，五常为仁；大簇为正月律，其五音为商，其五常为义。所以大簇与人统配合，律管长度为8寸。八是用来象征八卦，伏羲氏用八卦顺应天地、感通神明、推测万物情状。这就是《周易》所说"确立做人的原则是仁与义"的意思。

《周易》说"在天形成天象，在地形成形体""在人，君主综合天地运行的规律，辅助天地运行所适宜的事，用来管理规范人民的行为"，这就是天、地、人三元；黄钟、林钟、大簇，这就是三律；天统、地统、人统，这就是三统。三者具有相互对应的关系。

关于三统，《五行大义》引《感精符》说明。

夏历十一月建子，阳气开始增长，阳气即天气，这是一年中天气施行的开端，称为天统，为周朝的正月，服饰颜色崇尚赤色，象征万物萌生时的赤色。夏历十二月建丑，阳气上升，万物纽结即将萌芽，这是一年中地气变化的开端，称为地统，为殷朝的正月，服饰颜色崇尚白色，象征万物发芽时的白色。夏历正月建寅，阳气继续增长，人们开始进行各种农事活动，这是一年中人气变化的开端，称为人统，为夏历的正月，服饰颜色崇尚黑色，象征万物生长时的黑色。

这三种正月，其中包含着五德相承的规则。以前三皇伏羲、神农与女娲为正统，称为天皇、地皇、人皇，都是以天、地、人为法度，周而复始，循环不已，之所以周、殷、夏的历法在岁首第一月中书写出来，乃是依据此作为名称，欲要体现天、地、人三才之道，而使君主得以统辖所有的属国。所以接受上天任命而称王的人，必要调节阴阳各六的十二律而改变正月和初一，接受五行之气而改变服饰颜色，这是取法周、殷、夏三种正月的道理。

周朝依据天统，服饰颜色崇尚赤色，其原因在于，阳的规律是崇尚左，天自左向右旋转，周朝以五德中的木德称王，火是木的儿子，火的颜色为赤，所以周朝崇尚自左向右行，使用赤色。

殷朝依据地统，服饰颜色崇尚白色，其原因在于，阴的规律是崇尚右，地自右向左旋转，殷朝以五德中的水德称王，金是水的母亲，金的颜色为白，所以殷朝崇尚自右向左行，使用白色。

夏朝依据人统，服饰颜色崇尚黑色，其原因在于，人的规律也崇尚左，人民根据天体运行规律安排人事活动，夏以五德中的金德称王，水是金的儿子，水的颜色为黑，所以夏朝崇尚自左向右行，使用黑色。

《春秋感精符》又说，帝王的兴起，大多遵从吉祥的征兆。相传周文王姬昌为西伯时，有赤色鸟口衔丹书止栖在他家门上，授以上天的命令，周朝因感受赤雀征兆，所以崇尚赤色。《竹书纪年》记载，殷成汤时有天神牵一只白狼口衔钩而进入商的大殿朝拜，殷因白狼来朝，所以崇尚白色。大禹治水成功，舜赐给他玄（黑色）圭（一种帝王使用的玉器），夏因被赐予玄圭，所以崇尚黑色。

以上所说都是预示上天命令的征兆之气，是上天降予帝王的吉祥符瑞，体现出五行子与母相生助的意义。如汉朝以五德中的火德称王，火生土，土星为镇星，镇星的精华降下变为黄石，授张良以兵书，辅助刘邦消灭楚军，这不是根据五行生克说推算出的王朝兴替气运的颜色，而是其子或其母的颜色，利用五行子与母之间相互扶助发挥作用。

那后世应该遵循哪种历法呢？《五行大义》引孔子说"夏正得天"，不见于今本孔子言论。孔子说，夏历正月符合自然界日月地系统运行的规律，这是指夏历符合日月地系统运动规律中春、夏、秋、冬四时气候的变化，顺应年周期中立春、春分、立夏、夏至、立秋、秋分、立冬、冬至八节生长肃杀的时间。《论语·卫灵公》说，孔子学生颜渊问治理国家的方法，孔子说："实行夏朝时的历法，乘坐殷朝时的车子，穿戴周朝时的冕服。"孔子的观点是兼取夏、商、周三代的优点而作为法度，大概是取其可以恒久的意思。秦朝时以夏历十月建亥之月而为一岁的首月。汉朝初期，延续秦朝历法的正朔，自魏朝以后，按照自然规律改用夏正，一直沿用至今，因为夏正符合自然界运行的规律。

（3）三元与干支纪年纪月纪日纪时配合

中国古代术数中遁甲、太一、九宫、元辰，都有天、地、人三元，一并都是从甲子开始算起。第一个甲子为天元，依次排列完甲子、甲戌、甲申、甲午、甲辰、甲寅六甲；第二个甲子为地元，依次排列完六甲；第三个甲子为人元，依次排列完六甲。

遁甲三元：在干支纪时中，遁甲式法以年周期中冬至、夏至二至之后的甲、己日夜半甲子时，作为干支纪时中甲子元的首位，依次循环六甲以纪时，5日为一元，15日为三元。三元各自分为天、地、人三元，经过12次循环，共180日为元的结束，冬至后起阳遁，夏至后起阴遁，阴阳两遁合为360日，以完成一岁365日的应用。

太一三元：在干支纪年中，太一式法有六纪，一个甲子元为一纪，每纪六十年，以第一元甲子六十年为第一纪，第二元甲子六十年为第二纪，第三元甲子六十年为第三纪，三元合计180年，满六纪共为360年，此为一个周期。

九宫三元：在干支纪年中，九宫三元另以己亥为一元首位，分为五元，第一元己亥六十年为天元，第二元己亥六十年为地元，第三元己亥六十年为人元，第四元己亥六十年为河元，第五元己亥六十年为海元。每宫一年，九宫共9年为一个周期，四个周期是4乘以9为36年，也是六甲循环一周的大数。

三元、正朔，一并都遵从律吕，顺应历法确定时间，都需要配合五行，所以一同在此加以阐释。

第十六　论七政

夫七政者，乃是玄象之端，正天之度。王者仰之，以为治政，故谓之政。七者，数有七也。凡有三解：一云，日月五星，合为七政；二云，北斗七星为七政；三云，二十八宿，布在四方，方别七宿，共为七政。此三种七政，皆配五行，并三辰之首也。

日月五星为七政者，《尚书考灵曜》："七政日：日月者，时之主也；五星者，时之纪也。"故曰："在璇玑玉衡，以齐七政。"七政：五政谓五行之政，七政即日月五星也。日者，《河图汗光篇》云"日为阳精"，始日实也。《元命苞》云："阳以一起，故日日行一度；阳成于三，故有三足乌。乌者，阳精，其言倭呼，俗人见倭呼似乌，故以名之。"又云："火精阳气，故外热内阴，象乌也。日尊故满，满故施，施故仁，仁故精在外，精在外故大，日外暑，外暑故阳精外吐。天有三百六十五度四分度之一，布在四方。日日一历，无差池，使四方合如一，故其字四合一也。"《白虎通》云："日径千里，围三千里，下于天七千里。"《太玄经》云："日一南，万物死；日一北，万物生。"《物理论》云："夏则阳盛而阴衰，故昼长而夜短；冬则阴盛而阳衰，故昼短而夜长。行阳道长，出入卯酉之北；行阴道短，出入卯酉之南。春秋阴阳等，故行中道，昼夜等也。"《考灵曜》云："春一日，日出卯入酉，昴星一度，中而昏，斗星十二度，中而明；仲夏一日，日出寅入戌，心星五度，中而昏，营室十度，中而明；秋一日，日出卯入酉，须女四度，中而昏，东井十一度，中而明；仲冬一日，日出辰入申，奎星一度，中而昏，氐星九度，中而明。卯酉阴阳交会，日月至此为中道，万物盛衰出入之所，故号二八之门，以当二、八月也。"故《诗推度灾》云："卯酉之际为改政。"《汉书·天文志》云："日者，君之象。君行急，则日行疾；君行缓，则日行迟。"迟疾失其常，则蚀。蚀在交道也。蚀者，阴侵阳，臣凌君之象也。故日蚀，修德以攘之。

月者，《春秋元命苞》云："月者阴精，为言阙也。中有蟾蜍与兔者，阴阳两居相附，托抑诎合，阳结治其内光炬，中气似文耳。兔善走，象阳动也。兔之言僖呼，僖呼，温暖名也。月，水之精，故内明而气冷。阴生不满者，诎于君也。至望而盈者，气事合也。盈而缺者，诎向尊也。其气卑。卑，故修表成纬。阴受阳精，故精在内，所以金水内景。内景，故阴精沈执不动。月为阴精，体自无光，藉日照之乃明，犹如臣自无威，假君之势，乃成其威。月初未政对日，故无光缺；月半而与日相对，故光满；十六日以后，渐缺，亦渐不对日也。"《汉书·天文志》云："月，日行十三度四分度之一。立春、春分，东从青道；立秋、秋分，西从白道；立冬、冬至，北从黑道；立夏、夏至，南从赤道；季夏行中道。赤青出阳道，白黑出阴道。晦而见西方，谓之朓；朔而见东方，谓之朒。若君舒缓，臣骄慢，故日行迟，而月行疾；君肃急，则臣恐惧，故日行疾，而月行迟，不敢迫近君位也。"其行迟疾失度，亦蚀。蚀者，当日之冲有暗虚，暗虚当月则月蚀，当星则星亡。月蚀者，阳侵阴也。董仲舒云："于人，妃后、大臣、诸侯之象。"月为刑，故月蚀，修刑以攘之。

五星者，《说文》云："星者，万物之精。"或曰，日分为星，故其字日下生。《史记》云："星，金之散精。"星陨为石，此金是也。《春秋》云："陨石于宋，陨星也。"又云："星者，阴精，金亦阴也。"别而言之，各配五行，不独主金。

岁星，木之精，其位东方，主春，苍帝之子，人主之象，五星之长，司农之官，主福庆。凡有六名：一名摄提，二名重华，三名应星，四名纒星，五名纪星，六名修人星。其所主国，曰吴、齐。超舍而前为盈，退舍为缩。行邪则主邪，行正则主正。政急则行疾，政缓则行迟。酷则行阴，和则行阳，行阳则旱，行阴则水，治则顺度，乱则逆行。以其主岁，故名岁星。

荧惑，火之精，其位南方，主夏，赤帝之子，方伯之象，五星之伯。

上承太一，下司人君，谓天子理也。伺无道，出入无常，为天伺察，所往主兵、乱、贼、丧、饥、疾。凡有二名：一名罚星，二名执法。其所主国，曰荆越。是太白之雄，出南为荧惑，居西为天理，在东为悬息。以其出入无常，故名荧惑。

镇星，土之精，其位中央，主四季，女主之象，主德，为五星之王。一名地候。伺女主之邪正，入阳则为外，入阴则为内。四星皆失，镇星乃为动。以其镇宿不移，故名镇星。

太白，金之精，其位西方，主立秋，白帝之子，大将之象，以司兵凶。日南方太白居其南，日北方太白居其北，曰盈；日南方太白居其北，日北方太白居其南，曰缩；未可出东方而出东方，名重华；未可下东方而下东方，名少岁；未可出西方而出西方，名太白；未可下西方而下西方，名白肖。凡有六名：一名天相，二名天政，三名大臣，四名大皓，五名明星，六名大嚻。《诗》云："东曰启明，西曰长庚。"其所主国，曰秦、晋、郑。太白是岁星之雄，太白主兵。兵，西方，金，色白，故曰太白。

辰星，水之精，其位北方，主冬，黑帝之子，宰相之象，主刑。政酷则不入，政和则不出。凡有六名：一名安调，二名细极，三名熊星，四名钩星，五名司农，六名勉星。其所主国，曰赵、代。辰星主德，是天之执政，出入平时，故曰辰星。《星经》云："五车西北第一星，曰太白；次北一星，曰辰星；次东北一星，曰岁星；次东南一星，曰镇星；次西南一星，曰荧惑。"此当五星分气也。又云："岁星变为彗星、云、檗云、天狗；荧惑变为彗星、蚩尤旗、格泽；镇星变为狱汉、天旗、旬始、虹蜺；太白变为彗星、即扫，辰星变为枉矢、天枪、天棓。"并是五星气乱，见妖星也。王者视之，以知得失。《考灵曜》云："岁星为规，荧惑为矩，镇星为绳，太白为衡，辰星为权。权衡规矩绳，并皆有所起，周而复始，故政失于春，岁星满偃，不居其常；政失于夏，荧惑逆行；政失于季夏，镇星失度；政失于秋，太白失行，出入不当；政失于冬，辰星不效其乡。五政俱失，五星不明。春政不失，五谷孳；夏政不失，甘雨时；季夏政不失，时无灾；秋政不失，人民昌；冬政不失，少疾丧。五政不失，日月光明。此则日月五星共为七政之道，亦名七曜，以其是光曜运行也。"

北斗为七政者，北斗，天枢也。天有七纪，斗有七星。第一至第四为魁，第五至第七为瓢，合有七也。《尚书纬》云："璇玑，斗魁四星，玉衡，拘横三星，合七，齐四时五威。五威者，五行也。五威在人为五命，七星在人为七端。北斗居天之中，当昆仑之上，运转所指，随二十四气，正十二辰，建十二月。又，州国分野、年命，莫不政之，故为七政。"《虞录》云："北斗七星，据璇玑玉衡以齐七政。政者，天子所治天下，故王者承天行法。"《合诚图》云："北斗有七星，天子有七政。斗者居阴布阳，故称北斗。"其七星各有四名。《合诚图》云："斗第一星名枢，二名璇，三名玑，四名权，五名衡，六名开阳，七名标光。"《黄帝斗图》云："一名贪狼，子生人所属；二名巨门，丑亥生人所属；三名禄存，寅戌生人所属；四名文曲，卯酉生人所属；五名廉贞，辰申生人所属；六名武曲，巳未生人所属；七名破军，午生人所属。"《孔子元辰经》云："一名阳明星，二名阴精星，三名真人星，四名玄冥星，五名丹元星，六名北极星，七名天开星。"《遁甲经》云："一名魁真星，二名魁元星，三名权九极星，四名魁细星，五名魁刚星，六名魁纪星，七名飘玄阳星。"第一水，二水土，三木土，四金木，五金土，六火土，七火。所以子午各独属一星，其余并两辰共属者，子午为天地之经，斗第一及第七魁刚两星，亦是斗之经，建所用指也；自余非所指者，故并两属。故六十甲子，从第一起甲子以配之，往还周旋，尽其数矣。北斗领二十八宿，一星主四宿，魁起室，刚起角，以次分属。若人行年至室而五星行到此宿者，随星吉凶也。《合诚图》云："枢星为雍州，璇星为冀州，玑星为青、兖州，权星为徐、扬州，衡星为荆州，开阳星为梁州，标光星为豫州。"此为三材之道，并为斗之所政也。

二十八宿为七政者，以其分定国邦，布官设位也。《运斗枢》云："天有将相之位，佐列宿为卫，皆据璇玑玉衡，以齐七政，四时布德，三道正气。"《尚书考灵曜》云："二十八宿，周天三百六十五度四分度之一。"故叶时月，正日度星。二十八宿配五行，有二别：一总配，二别配。

总配者，东方苍龙七宿，角、亢、氐、房、心、尾、箕，木也，合三十二星，七十五度；南方朱雀七宿，东井、舆鬼、柳、七星、张、翼、轸，火也，合六十五星，一百五度；西方白虎七宿，奎、娄、胃、昴、毕、觜、参，金也，合五十一星，八十度；北方玄武七宿，斗、牵牛、须女、虚、危、营室、东壁，水也，全廿五星，九十八度；其属土者，东则角、亢，南则井、鬼，西则奎、娄，北则斗、牛，皆居四季为土也。曾子云："春分鸟星昏，主春者中，可以种稷；夏至心星昏，主夏者中，可以种黍菽；秋分虚星昏，主秋者中，可以种麦；冬至昴星昏，主冬者中，山人可以伐器械，家人可以收藿苇、蓄积、田猎。王者坐视四星之中，而知民之缓急。急则不赋力役，故曰敬授民时也。"此为总配。

别配五行者，角二星为天门，三光之路，十二度，于时在辰，郑分，木也；亢四星，为天庭，尚书之曹，九度，于时在辰，郑分，春夏为火，秋冬为水也；氐四星，为宿宫，路寝所止，十五度，于时在卯，宋分，春夏为金，秋冬为水也；房六星，为明堂，政教之道，五度，于时在卯，宋分，土也；心三星，为天王之位，五度，于时在卯，宋分，春夏为木，秋冬为火也；尾九星，为后宫，妃嫔之府，十八度，于时在寅，燕分，水也；箕四星，为王后所居，进御之寝，十一度，于时在寅，燕分，木也，春夏为金，秋冬为土也；斗六星，为主爵禄，褒贤进士，二十六度，于时在丑，吴分，木也；牵牛六星，为主桥梁，七政之始，八度，于时在丑，吴分，木也；须女四星，为主布帛，天之内藏，十二度，于时在子，越分，春夏为水，秋冬为火也；虚二星，为庙堂，主祭祀事，十一度，于时在子，齐分，春夏为水，秋冬为金也；危三星，为坟墓，以识先祖，十七度，于时在子，齐分，春夏为水，秋冬为火也；营室二星，为主军粮，以禀士卒，十六度，于时在亥，卫分，春夏为木，秋冬为土也；东壁二星，为文章，图书之府，九度，于时在亥，卫分，春夏为金，秋冬为水也；奎十六星，为五兵之库，禁御暴乱，十六度，于时在戌，鲁分，春夏为金，秋冬为火也；娄三星，为苑牧，主给享祠，十二度，于时在戌，鲁分，春夏为水，秋冬为火也；胃三星，为仓廪，五谷所聚，十四度，于时在酉，赵分，春夏为木，秋冬为水也；昴七星，为主狱事，典治决断，十一度，于时在酉，赵分，春夏为火，秋冬为金也；毕八星，为边兵，备夷狄，十度，于时在酉，赵分，春夏为金，秋冬为水也；觜三星，为保藏，收检秋物，二度，于时在申，晋分，春夏为火，秋冬为土也；参伐十星，为天大将，斩刘收获，九度，于时在申，晋分，春夏为火，秋冬为土也；东井八星，为主水衡，以法平时，三十三度，于时在未，秦分，春夏为火，秋冬为水也；舆鬼五星，为视明，主察奸谋，四度，于时在未，秦分，春夏为水，秋冬为火也；柳八星，为上食，主和滋味，十五度，于时在午，周分，春夏为水，秋冬为火也；星七星，为衣裳，主盖身体，七度，于时在午，周分，春夏为火，秋冬为水也；张六星，为主客，赐与宴嬉，十八度，于时在午，周分，水也；翼二十二星，为天唱，主以戏虞，十八度，于时在巳，楚分，春夏为木，秋冬为金也；轸四星，为死丧，以知灾凶，十七度，于时在巳，楚分，春夏为木，秋冬为土也。

《汉书·天文志》云："角、亢、氐，韩、郑，兖州之分；房、心，宋，豫州之分；尾、箕，燕，幽州之分；井、鬼，秦，雍州之分；柳、七星、张，三河之分；翼、轸，楚，荆州之分；奎、娄、胃，鲁，徐州之分；昴、毕，赵，冀州之分；觜、参，魏，梁州之分；斗，江湖之分；牵牛、须女，吴，扬州之分；虚、危，齐，青州之分；室、壁，卫，并州之分。"

此皆当分所主，正其州国善恶，故为政也。

石氏《天官训解》云："角二星，是苍龙之首上角，两角间，天之道，日月五星所行，故名角；亢为朝廷，对扬于王，夙夜谋咨四海之内，故名亢；氐是正寝，沐解之室，故名氐；房是天子四时所居，故名房；心，前一星为太子，中为天子，后一星为庶子，如人心处中，为身之主，故名心；尾是东方苍龙宿之尾，故名尾，象形也；箕近斗，象播扬五谷，故名箕；斗，量器也，斟酌爵禄，其形似斗，故名斗；牛亦象牛角，七政之始，故名牛；女，方正，裁割之象，婢妾之类，故名女；虚，耗也，其间空虚，庙堂之象，故名虚；危似室屋，亦如坟墓，故名危；营室有六星为离宫，似宫室，故名室；壁直立似壁，孔子藏书于壁，效此义也，故名壁；奎为库，主兵，形象周密故，奎，乖也，兵以乖违故举，所以名奎；娄如楼阁，亦似钟娄，故养牺牲以为名；胃，在藏为五谷之府，主廪仓，故以为名；昴，悴聚，如囚之在牢狱，故主狱事，昴星也，聚则忧，故名为昴；毕，边夷毛头之类，如天子警毕，毛头唱之，毕了唱，以警众心，故以名之也；觜，聚也，为白虎之鼻，聚在虎觜须间，故以为名；参，共也，杂金土之气，共行杀罚，故名参；井，精也，盛水亭平，精微之至，此星象法度如水之平，故名井；鬼，归也，阳归于阴，所以其内一星暗而不明，鬼之象也，故以为名也；柳，留也，《春秋传》曰'或食于任'，'柳'一名'任'也，祭祀鬼神，合和五味，留神灵也，故以名之；七星数七，如鸟之衣覆上，故以名之；张，开张也，为朱鸟之嗉，有容纳，故主宾客也；翼如六翻，似鸟两翅之飞，故以名翼；轸似小车四方，车后横曰轸，凶事之用，故以为名。"其伏见邪正，阙陵历蚀，散为天异，彗勃飞流，如此之徒，并以占候飞开义释，故不委具。三种七政，既配五行，略说如此。

白话解读

(一) 何谓七政

七政是空中日月星辰等天象的规矩,是治理天上日月星辰的法度。人间帝王仰观天象,效法天道,把它作为治理国家事务的政治准则,所以称为"政"。"七"则是指其数量有七。

七政共有三种解释:一说,日、月、五星合为七政;二说,北斗七星为七政;三说,二十八宿分布四方,每方各有七宿,合为七政。这三种七政,都可以配合五行,并且为日、月、星这三个最显著天体的元首。

(二) 日、月、五星为七政

1. 为何日、月、五星为七政?

《五行大义》引述《尚书考灵曜》和《尚书·舜典》对日、月、五星为七政的原因进行了阐释。

《尚书考灵曜》说,七政就是指日、月、五星,日、月是时间的主宰,五星是时间的法度。"璇玑"是古代一种观测天象的仪器,用来模拟天圆之象,直径8尺,圆周2丈5尺有余,可以运转;"玉衡"也是一种观测天象的仪器,长8尺,孔径1寸,从下端向上望,可以观测星宿。据说,舜接受尧的禅让命令之后,心里还不安稳,就又用这些仪器来观测日、月、五星七政,看其齐正还是不齐正,看到七政齐正,自己才认为接受禅让是正确的。

因此,七政就是:五政为五行的治理,七政指日、月、五星。

2. 日

《五行大义》引述经典对"日"进行阐释。

《河图汗光篇》又名《河图叶光纪》。《河图叶光纪》说,日是阳气精华。《五行大义》解释说,这是因为从本源上讲,日是一个发光实体,"实"的意思是太阳形状为四周圆缺合一。《春秋元命苞》说,日、月、地系统中最尊崇的精华为日,日每天运行黄道1度,是因为阳气运动从"一"开始发起，阳气成就于数三，所以日中有三足金乌。这说明中国古代先民在大约4000年前就用肉眼观测到了太阳黑子的运动，太阳黑子呈近椭圆形深暗色的斑点，如同蹲着看不清腿的乌鸦，所以称为"乌"。日中乌名叫偻呼，老百姓见偻呼非常像乌鸦，就称为乌鸦了。"偻呼"的意思是"温润生长"。又有说，太阳为火的精华，是阳气，所以外层热，内里有深暗色的斑点，形状像乌鸦。太阳地位尊崇所以充盈，充盈就会外溢，外溢就能施舍，施舍就是仁爱，仁爱就会精气表现在外，精气表现在外就会盛大，阳性精气向外吐露，热力四射。从地面上看，太阳围绕地球在黄道自东向西转动，一周天为365.25度，分布在黄道四方，每日太阳经历1度，没有差错，使黄道四方合如一体，所以"日"字四面围合，中间为一。《白虎通》说，太阳直径为1000里（即500千米），周长为3000里（即1500千米），在天之下7000里（即3500千米），可能是北半球视运动中太阳与黄道面的距离（现代天文学认识到，太阳直径为1392000千米，同古人所说相差甚远）。《太玄经》说，每年夏至日，万物开始慢慢走向死亡；每年冬至日，万物开始慢慢走向新生。《五行大义》所引《物理论》说，夏天之时，阳气盛而阴气衰，所以白昼长而夜晚短；冬天之时，阴气盛而阳气衰，所以白昼短而夜晚长。而古人以自己所站方位为中心，将地球四周均分为十二个方位，夏至之时，太阳直射点在卯酉以北，太阳周日视运动在白昼运行的轨道长，夜晚运行的轨道短，日出于卯方之北，入于酉方之北；冬至之时，北半球太阳直射点在卯酉以南，太阳周日视运动在夜晚运行的轨道长，白昼运行的轨道短，日出于卯方之南，日入于酉方之南；春分、秋分之时，北半球太阳直射点在卯酉位置，太阳周日视运动在白昼与夜晚运行轨道相等，所以日出日入都遵守卯酉中道，白昼与夜晚均等。《尚书考灵曜》说，以太阳和二十八宿的视运动来观察，可以发现，春季春分一日，从地理方位看，太阳出于卯方，入于酉方；从二十八宿看，黄昏时昴星1度正当中天，天明时斗星12度正当中天。仲夏夏至一日，从地理方位看，太阳出于寅方，入于戌方；从二十八宿看，黄昏时心星5度正当中天，天明时营室10度正当中天。秋季秋分一日，从地理方位看，太阳出于卯，入于酉；从二十八宿看，黄昏时须女4度正当中天，天明时东井11度正当中天。仲冬冬至一日，从地理方位看，太阳出于辰方，入于申方；从二十八宿看，黄昏时奎星1度正当中天，天明时氐星9度正当中天。从地理方位看，卯酉是周日视运动中白昼与黑夜交会之处，也是周年视运动中冷暖交会之处，日月出入运行于此方位为居中道路，这是万物兴盛与衰落、出而生长、入而休息之所，从年周期看，卯为二月，酉为八月，所以称为二八之门，用来准确表示二、八月万物盛衰、生死的变化。所以《诗推度灾》说，卯酉为改革治理万物政事的时机。

《五行大义》所引《汉书·天文志》说，日是君王的象征。凡是君王治政过严则日运行就快疾，君王治政过宽则日运行就迟缓。日运行迟缓与快疾失去其正常的规律，就会在月球、地球和太阳交会的轨道上出现日蚀，从地面上看，就是月球挡住了日光。日为阳，为君，月为阴，为臣，日蚀就是阴侵犯阳，臣欺凌君的象征。所以发生了日蚀，要修治德行以攘除。

3. 月

《五行大义》引述经典对月进行阐释。

《春秋元命苞》的说法有六层意思：

其一，月是阴气精华，其意为"阙"。月球表面非常黑暗，所以称为太阴。月亮有圆有缺，所以称为"阙"。

其二，月中的蟾蜍与兔象征月的阴阳。蟾蜍为阴，喜夜间活动，且行动迟缓，玉兔为阳，喜白天活动，且行动敏捷，两者依附并存于月球之上，所以说"阴阳两居相附"；月球中的高地将明亮区域向上托举，低地将阴暗区域向下压抑，明亮与阴暗区域弯弯曲曲地抱合在一起，作为阳气的明亮高地将火把一样的光聚合整理为一体，阴阳二气相互交通形成纹理一样的图案。兔子的特点是善于奔跑，这很像阳气运动，兔子称为"僖呼"，"僖呼"就是温暖的名称，所以说"兔善走，象阳动也。兔之言僖呼，僖呼，温暖名也"。

其三，月是五行水气精华，所以内部明亮而其气寒冷。

其四，月有圆缺变化。月为阴，其生长不充盈，有圆有缺，这如同臣子屈曲于君王；至月望的每月十五日前后而月亮变得圆满充盈，这是日、月、地运行相合的缘故；月亮圆满充盈之后而又再次变得缺损，这是以屈曲的姿态对待尊上之意；月亮同太阳相比地位卑下，地位卑下就修治其外部的月相，辅助太阳成为大地的经纬。

其五，月亮本身不发光，只反射太阳光。月为阴，日为阳，月亮接受太阳的精华，所以太阳精华存在于月亮之内，如同金、水一样内在明亮；

因为月亮内部明亮,所以阴气精华沉静执着而不动;月亮为阴气精华,本身自己不能发光,凭借太阳光的照射才得以明亮,这就如同臣子自身没有威严,凭借君王的权势,所以才成就它的威严一样。

其六,月相由月、日关系形成。月相是地球上可以看到的月球被太阳照明的部分,随着月球围绕地球运动,太阳、地球、月球三者的相对位置在一个月中有规律地发生变动,从地球上看,月球便呈现出各种形状。每月初一,月球不正对太阳,其黑暗面朝向地球,并与太阳同时出没,所以地面上无法见到月光;每月十五前后,月球正好与太阳相对,所以地面上可以看到圆满月光;每月十六日以后,月球渐渐不与太阳正相对,所以地面上看到的月相渐渐缺损。

《五行大义》所引《汉书·天文志》有四层意思:其一,按照计算,一个朔望月内,月球绕地球为389.11度,月亮平均每日运行13.18度,与这里所说月亮每日运行13.25度大体相合。其二,中国古人已经认识到月亮围绕地球公转的周期是有变化的,时间长短有快有慢,其原因是月亮围绕地球公转轨道远近有所不同,这就是月行九道——月亮围绕地球公转轨道,黑道有两条,出现在黄道之北;赤道有两条,出现在黄道之南;白道有两条,出现在黄道之西;青道有两条,出现在黄道之东;加上中央黄道,共有九道。立春、春分之时,月亮遵从青道;立秋、秋分之时,月亮遵从白道;立冬、冬至之时,月亮遵从黑道;立夏、夏至之时,月亮遵从赤道。要具体判断月亮运行轨道,主要看经过房宿的中道。月亮运行在中道之东、之南的青、赤两道时为出现于阳道,在中道之北、之西的黑、白两道时为出现于阴道。如果月亮运行失去正常轨道的节度而乱行,出现于黄道之南的阳道就会有干旱、大风,出现在黄道之北的阴道就会有阴天、下雨。其三,据《汉书》记载,汉成帝建始元年(公元前32年)八月戊午日,凌晨计时的漏未尽三刻,即尚未天明,天空中出现两个月亮。这说明男子虚弱而女子强势,阳气被阴气所驾驭。每月月末的晦日,月亮出现在西方,称为"朓"(tiǎo,音挑),"朓"的意思是疾速;每月初一的朔日,月亮出现在东方,称为"朒"(nǜ,音近虑),是不前进的意思。君王舒缓则臣子就骄慢,所以日运行迟缓而月运行疾速。君王庄重疾速则臣子就会恐惧,所以日运行疾速而月运行迟缓,表示臣子不敢接近君王。其四,如果月亮运行的迟缓与疾速失去正常的节度,也会出现蚀。月蚀即月食，当地球位于太阳与月球之间，几乎同一直线时，月亮与太阳正处于对冲位置，这时太阳照射地球产生有阴暗投影，地球的阴暗投影正好落到月球上就发生月蚀，正好落到星星上就发生星亡。日为阳，月为阴，月蚀是阳侵犯阴。董仲舒说："月对应于人类，就是嫔妃王后、大臣、诸侯的象征。"月代表刑法，所以月蚀时，要通过修治刑罚来攘除。

4. 五星

《五行大义》引述经典，总体上讲了关于"星"的四种观点：

其一，星为万物之精。《说文解字》说，万物的精华，上升成为天上的列星。

其二，日分为星。《说文解字注》说，《春秋说题辞》认为，"星"的意思是"精"，是阳气的荣华。阳气精华为日，日分化生成列星，所以"星"字上为"日"，下为"生"。

其三，星是金的散气。《史记》说，星是五行金散布于天上的精华之气。天上的星陨落到地面上就成为石头，石头就是金。《春秋》说，鲁僖公十六年（公元前644年）春天，有五颗陨石落到了宋国境内，说明星陨落到地面就成为石头，星的五行为金。

其四，星为阴精。《五行大义》所引《春秋》"又云"，意思是说，星是阴气的精华，五行金也是阴气。

五星包括岁星、荧惑、镇星、太白、辰星，分别来讲，各自配合五行，不单纯主五行为金。

（1）岁星

①岁星象征

岁星即木星，用肉眼观察其外表如同木材纹理，所以岁星为五行木气的精华；木的方位在东方，所以岁星方位在东方；木在四时主春，所以岁星在四时主春；木在五帝中为苍帝，所以岁星为苍帝的儿子；木星主岁，是岁月日时的主宰，所以岁星为君主的象征；木星是太阳系中体积最大的行星，所以岁星在太阳系五大行星中居长；木主管农业事务，所以岁星代表主管农业的官员；木主管仁爱，所以岁星主管人的幸福吉庆。

②岁星别称

岁星一共有六种别称：摄提、重华、应星、纏星、纪星、修人星。

③岁星所主国

岁星所主诸侯国为吴国、齐国。这是根据岁星所止宿的位置而命名的。

④岁星功用

岁星运行的速度是有变化的，有时超前，有时退后。当岁星超过正常次舍的位置而早些时间出现，就称为盈；当岁星退后正常次舍的位置而晚些时间出现，就称为缩。岁星代表君主，岁星运行不正常则君主行为不正常，岁星运行正常则君主行为正常。反过来，君主治政急迫则岁星运行疾速，治政迟缓则岁星运行迟缓。君主治国严酷则岁星运行黄道之北的阴道，治国宽和则岁星运行黄道之南的阳道，岁星运行阳道则形成旱灾，运行阴道则形成水灾。国家治理得好，则岁星顺从正常节度；国家陷入混乱，则岁星违背正常规律运行。

⑤岁星得名

岁星主管岁。木星每年经过黄道十二星次中的"一次"，因此，木星称为岁星，用以纪年。

(2) 荧惑

①荧惑象征

荧惑即火星，用肉眼观察其外表呈火红色，所以荧惑是五行火气的精华；火的方位在南方，所以荧惑方位在南方；火在四时主夏，所以荧惑在四时主夏；火在五帝中为赤帝，所以荧惑为赤帝的儿子；方伯是古代诸侯中的领袖之称，谓一方之长，火星与地球的关系，同方伯与天子的关系相似，所以荧惑为方伯的象征；荧惑也因此成为太阳系中五星的首领。

②荧惑别称

荧惑共有两种别称：罚星、执法。

③荧惑所主国

荧惑所主诸侯国为荆州、越国。

④荧惑功用

火星绕太阳公转，从地球上看，火星也绕北极星旋转，北极星称为太一，所以说荧惑"上承太一"；火星的状态与君主相关，所以说荧惑"下司人君"；火星绕太阳公转一周相当于地球上6个月，如同代替天子治理一方政务的方伯，所以荧惑也被称为天子的代理者。荧惑如火，可用来侦候社会政治,其亮度常有变化,位置不固定,出入没有常规,如同为上天进行侦察,所到之处,预示刀兵、动乱、盗贼、死丧、饥饿、疾病的发生。

⑤荧惑得名

金星与火星是太阳系中地球的左右近邻,金星位于地球绕日公转轨道以内,火星位于地球绕日公转轨道以外,而且,金星自转方向与公转方向相反,为逆向自转,火星则自转方向与公转方向相同,为顺向自转,金星在内、逆向自转,为雌,火星在外、顺向自转,为雄;荧惑在天空中运动,有时从西向东,有时又从东向西,当其出现在南方天空时称为荧惑,出现在西方天空时称为天理,出现在东方天空时称为悬息,因为它出入没有常规,所以名称为荧惑。

(3)镇星

①镇星象征

镇星即土星,用肉眼观察外表为黄色,所以说镇星是五行土气的精华;土的方位在中央,所以镇星方位中央;土在四时主四时之末,所以镇星在四时主四时之季;土星为女性君主的象征;土能够包含容纳承载万物,所以镇星在人类社会中主管品德;土星运动迟缓,公转一周约29.5年,被看作掌握时间和命运的象征,因此镇星为五星中的王者。

②镇星别称

镇星还有一种名称叫地候。

③镇星功用

土星可以用来观察侦候女性君主的邪与正,土星运行进入黄道之南的阳道则为国外不宁,运行进入黄道之北的阴道则为国内不安。

④镇星得名

土星绕太阳公转一周天,古人观测为大约28年,在太阳系木、火、土、金、水五星中运行速度最慢,只有当其他四星都失去正常运行轨道之后,镇星才会发生变动。因为土星能镇住其他星宿不至于偏移正常轨道,所以称为镇星。

(4)太白

①太白象征

太白即金星,用肉眼观察外表明亮而略呈黄色,所以太白是五行金气的精华;金的方位在西方,所以太白方位在西方;金在四时主立秋,所以太白在四时主管立秋；金在五帝中为白帝，所以太白为白帝的儿子；在地球视运动中，金星紧随太阳起落，太阳落山时金星位于太阳之左随后落下，太阳升起前，金星位于太阳之右首先升起，如同护卫君王的大将，所以太白为大将的象征；金主刀兵，所以太白主战争、凶祸。

②太白运行变化

金星是位于地球绕日公转轨道以内的"地内行星"，在地球上看，它总是在太阳两侧徘徊。金星出现有六种情况：冬天太阳出入在卯酉南方而太白在太阳之南，夏天太阳出入在卯酉北方而太白在太阳之北，称为盈；冬天太阳出入在卯酉南方而太白在太阳之北，夏天太阳出入在卯酉北方而太白在太阳之南，称为缩；春、秋二时太阳出于卯方，金星不出现在太阳东方而运行在太阳西侧，日出前，金星就会出现在东方，称为重华；春、秋二时太阳出于卯方，金星运行到太阳东侧，日出后太阳光遮掩住金星，金星不能出现于东方，称为少岁；春、秋二时太阳入于酉方，金星不出现在太阳西方而出现在太阳东侧，日落后，金星就会出现在西方，称为太白；春、秋二时太阳入于酉方，金星运行到太阳西侧，日落前太阳光遮掩住金星，金星不能出现于西方而出现，称为白肖。

③太白别称

太白共有六种别称：天相、天政、大臣、大皓、明星、大嚣。

还有两种名字：黎明前，当金星运行到太阳西侧时，便在太阳出来之前先从东方升起，称为启明；黄昏时，当金星运行到太阳东侧时，便在太阳下山之后悬挂于西方天空，称为长庚。《诗经》说"东有启明，西有长庚"就是指金星。

④太白所主国

太白所主诸侯国为秦国、晋国、郑国。

⑤太白得名

木星位于地球绕日公转轨道以外，它绕太阳公转一周约需12年，每年地球都有一段时间位于太阳和木星之间，期间，从地球上看，太阳落山时，木星正好升起，整夜可见，而金星位于地球绕日公转轨道以内，从地球上看，它或出现于黎明前，或出现于黄昏后，但不会在深夜里出现，木星夜晚出现为雌，金星白昼出现为雄；太白主管刀兵，是战争的象征。刀兵是肃杀之气，对应方位为西方，五行为金，金的颜色为白，所以称为太白。

（5）辰星

①辰星象征

辰星即水星，用肉眼观察外表呈黄色，但水星太接近太阳，常被太阳光淹没，是太阳系中运动最快的行星，且轨道曲线奇特，一个半月时间就可以从太阳之东到太阳之西，这与水屈曲流动的特性相似，所以辰星是五行水气的精华；水的方位在北方，所以辰星方位在北方；水在四时主冬，所以辰星在四时主冬；水在五帝中为黑帝，所以辰星为黑帝的儿子；水星是太阳系中最靠近太阳的行星，与处于帝王身边、辅助帝王掌管国事的宰相相似，所以辰星是人类社会中宰相的象征；水表面均平，在人类社会中象征刑法公平，所以辰星在人类社会中主管刑罚。

②辰星功用

当君王治国严酷时，辰星就经常出现；治国宽和时，辰星就经常不出现。

③辰星别称

辰星共有六种别称：安调、细极、熊星、钩星、司农、勉星。

④辰星所主国

辰星所主诸侯国为赵国、代国。

⑤辰星得名

辰星主管品德，是代天行使权力的星宿。"辰"的意思是纪日、纪时，观察水星出入可以校准时间，所以称为辰星。

此外，《五行大义》引《星经》阐释了五星分气和妖星。

《星经》说：五车，又称五潢，是星名，位于毕宿东北，其中四星在今御夫座，最南一星属金牛座，共有五星组成一个五边形，形状如古代的车子（如右图所示）。

组成五车的五颗星也称为五星：西北第一星，称为太白；次北第二星，称为辰星；次东北第三星，称为岁星；次东南第四星，称为镇星；次西南第五星，称为荧惑。这五颗星是金、水、木、土、火五星分化出来的气。

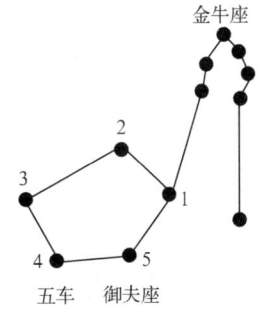

五星分气图

《星经》又说：岁星变化生成为彗星、云、欃云、天狗。彗星是星际间物质，槐云是彗星的尾云，天狗指彗星和流星。

荧惑变化生成为彗星、蚩尤旗、格泽。蚩尤旗特指一种上黄下白的云，类似彗星而后曲，像旗子形状；格泽也是一种星名，如炎火状，黄白色，起自地面而上至天上。

镇星变化生成为狱汉、天旗、旬始、虹蜺（今写作"虹霓"，指两种大气光现象）。狱汉是一种星名，出于正北北方的田野，星离地有6丈高，大而色赤；天旗也是一种星名，在《史记·天官书》中指参星西边的参旗九星；旬始也是一种星名，气如雄鸡，见于北斗星旁边；虹蜺是雨后或日出、日没之际天空中所现的七色圆弧，内环称虹，外环称蜺（今写为"霓"）。

太白变化生成为彗星，即扫帚星。

辰星变化生成为枉矢、天枪、天棓。枉矢是一种星名，类似大流星，曲折蛇行，远望像有羽毛的样子；天枪是一种星名，又名"天钺"，属紫微垣，共有三星；天棓是一种星名，属紫微垣，象征守卫紫微垣的兵器，共有五星。

这些变化都是金、木、水、火、土五星之气运行混乱所表现出来的妖异之星。

同时，君王通过观察五星运行状况，就可以知道治政的得失。此处引《尚书考灵曜》的说法有四层意思：

其一，五星在观测中的作用。岁星为法度，荧惑为规则，镇星为准绳，太白为衡器，辰星为权衡。权、衡、规、矩、绳五者都发挥作用，周而复始，循环不已。

其二，五政失与五星变。治政失于春天，则岁星过度或是迟延，不在正常轨道上运行；治政失于夏天，则荧惑违背规律运行；治政失于季夏，则镇星失去节度；治政失于秋天，则太白失去正常运行规律；治政失于冬天，则辰星不按照正常轨道运行。春、夏、季夏、秋、冬五政俱失，则木、火、土、金、水五星都失去光明。

其三，五政得与人类社会关系。春天治政不失，则五谷繁盛；夏天治政不失，则甘雨及时；季夏治政不失，则季夏之时没有灾害；秋天治政不失，则人民昌荣；冬天治政不失，则少有疾病死丧。春、夏、季夏、秋、冬五政都不失，则日和月都光明。

其四，总结七政。上述所说日、月、五星共同成为七政的法则，也称为七曜，因为日、月、五星都是凭借光辉照耀运行的。

（三）北斗七星为七政

1. 何谓北斗七星为七政

北斗之所以为七政，因为北斗是天体运行的中枢系统。天体运行有七种法则，北斗有七颗星辰。北斗星第一至第四颗星组成勺状，称为魁，第五至第七星组成柄状，称为瓢，魁和瓢合起来共有七星。

《尚书纬》说，璇、玑二星纵横连接其他二星组成斗魁四星，玉衡星横向连接另外三颗星，璇玑、玉衡合起来共有七星，日、月、地系统用它来整齐春、夏、秋、冬四时、五威。五威就是五行。五威体现在人身上为五种年命，七星体现在人身上为七个方面。北斗星居于天空的正中，处于北极星附近，是地球视运动中天体旋转的中心，从地球上看，正当昆仑山的上方，北斗星围绕北极星运行旋转，斗柄所指的方位，伴随地球上二十四节气的变化，确定一日十二时辰，建立一年十二月。又且，中国地理九州、诸侯国、分野，以及人的年命，没有不由北斗七星治理规范的，所以称为七政。《虞录》说，北斗七星，根据璇玑、玉衡以整齐七种治政。治政，是人类社会天子用来治理天下的，所以君王顺承天体运行规律而施行法度。《春秋合诚图》说，北斗有七颗星辰，天子有七种治政。北斗居于天空中央，围绕北极星旋转，布置四方事务，所以称为北斗。

2. 北斗七星名称及州国分野、年命

（1）北斗七星名称及其所配合五行

北斗七星各有四种名称：

其一，《春秋合诚图》说，北斗第一星名称为枢，第二星名称为璇，第三星名称为玑，第四星名称为权，第五星名称为衡，第六星名称为开阳，第七星名称为标光。

其二，《黄帝斗图》说，北斗第一星名称为贪狼，为子年出生人所属星辰；第二星名称为巨门，为丑、亥年出生人所属星辰；第三星名称为禄存，为寅、戌年出生人所属星辰；第四星名称为文曲，为卯、酉年出生人所属星辰；第五星名称为廉贞，为辰、申年出生人所属星辰；第六星名称

为武曲，为巳、未年出生人所属星辰；第七星名称为破军，为午年出生人所属星辰。

其三，《孔子元辰经》说，北斗第一星名称为阳明星，第二星名称为阴精星，第三星名称为真人星，第四星名称为玄冥星，第五星名称为丹元星，第六星名称为北极星，第七星名称为天开星。

其四，《遁甲经》说，北斗第一星名称为魁真星，第二星名称为魁元星，第三星名称为权九极星，第四星名称为魁细星，第五星名称为魓刚星，第六星名称为魓纪星，第七星名称为飘玄阳星。

北斗七星配合五行表

北斗七星	第一星	第二星	第三星	第四星	第五星	第六星	第七星
五行	水	水、土	木、土	金、木	金、土	火、土	火

（2）北斗七星配合地支

按照《黄帝斗图》所说，北斗第一星配合子，第二星配合丑、亥，第三星配合寅、戌，第四星配合卯、酉，第五星配合辰、申，第六星配合巳、未，第七星配合午。

其中，地支子、午各自单独配合一星，其余十支都是两地支共属一星，这是因为，子、午为经纬天、地的纲纪，北斗第一星以及第七星是魁刚二星，也是北斗七星的经纬，可以用来指示十二月建方位；其余十支不用来指示十二月建方位，所以都配合两个地支。

确定了十二支与北斗七星的配合之后，还可以将北斗七星与六十甲子配合，方法是从第一星起甲子，之后按照十二支配合次序依次配合，往复循环，周而复始，直到排尽六十甲子为止。

（3）北斗七星配合二十八宿

北斗七星统领二十八宿，一星主管四宿，自第一星魁星起排二十八宿中的室宿，第五星刚星起排二十八宿中的角宿，按照北斗七星与二十八宿次序依次排列配合。

北斗七星配合二十八宿表

北斗七星	第一星	第二星	第三星	第四星	第五星	第六星	第七星
二十八宿	室、壁、奎、娄	胃、昴、毕、觜	参、井、鬼、柳	星、张、翼、轸	角、亢、氐、房	心、尾、箕、斗	牛、女、虚、危

如果人流年运行至二十八宿中的室宿，而木、火、土、金、水五星也运行到二十八宿中的室宿，人的吉凶祸福就跟随室宿所配合的北斗七星所主而发生变化。其余例推。

（4）北斗七星与州国分野

根据《春秋合诚图》说法，北斗七星与州国分野对应关系如下表所示：

北斗七星配合九州表

北斗七星	第一星	第二星	第三星	第四星	第五星	第六星	第七星
春秋合诚图	枢	璇	玑	权	衡	开阳	标光
九州	雍州	冀州	青州、兖州	徐州、扬州	荆州	梁州	豫州

以上是天、地、人三才之道，都为北斗七星所治理规范。

（四）二十八宿为七政

二十八宿为七政，是因为二十八宿可以分配确定诸侯国邦，安排官员，设立职位。

《春秋运斗枢》说，天上星宿有将军宰相的位置，二十八宿辅佐它们形成官衙，都根据北斗七星，用来整齐七种治政，春、夏、秋、冬四时布施恩德，天、地、人三道得到正气。《尚书考灵曜》说，二十八宿排列周天共365.25度，所以可用来协调、配合日、月运行，确定和量度太阳及星辰运行位置。

1. 二十八宿配合五行

二十八宿配合五行，有两种区别：一是总体配合，二是分别配合。

（1）总配五行

东方苍龙七宿，包括角、亢、氐、房、心、尾、箕，五行为木。角有2星、亢有4星、氐有4星、房有6星、心有3星、尾有9星、箕有4星，共32颗星。角12度、亢9度、氐15度、房5度、心5度、尾18度、箕11度，共占周天宽度为75度。

南方朱雀七宿，包括东井、舆鬼、柳、七星、张、翼、轸，五行为火。东井有8星、舆鬼有5星、柳有8星、星有7星、张有6星、翼有22星、轸有4星，共60颗星，《五行大义》说"合六十五星"，不知何据。东井33度、舆鬼4度、柳15度、星7度、张18度、翼18度、轸17度，共占周天宽度为112度，《五行大义》说"一百五度"，不知何据。

西方白虎七宿，包括奎、娄、胃、昴、毕、觜、参，五行为金。奎有16星、娄有3星、胃有3星、昴有7星、毕有8星、觜有3星、参有10星，共50颗星，《五行大义》说"合五十一星"，不知何据。奎16度、娄12度、胃14度、昴11度、毕10度、觜2度、参9度，共占周天宽度为74度，《五行大义》说"八十度"，不知何据。

北方玄武七宿，包括斗、牵牛、须女、虚、危、营室、东壁，五行为水。斗有6星、牵牛有6星、须女有4星、虚有2星、危有3星、营室有2星、东壁有2星，共25颗星。斗26度、牵牛8度、须女12度、虚11度、危17度、营室16度、东壁9度，共占周天宽度为99度，《五行大义》说"九十八度"，不知何据。

如此，二十八宿周天合360度。

二十八宿中五行属土的星宿，东方为角、亢二宿，南方为井、鬼二宿，西方为奎、娄二宿，北方为斗、牛二宿，都位居四方之季，五行为土。

《五行大义》引《曾子》说，春分之日，南方朱雀七宿全都在黄昏时出现，主管仲春节气的朱雀中星出现在中天，这意味着可以种植稷；夏至之日，东方苍龙七宿全都在黄昏时出现，主管仲夏节气的苍龙中星心星出现在中天，这意味着可以种植黍子、豆子；秋分之日，北方玄武七宿全都在黄昏时出现，主管仲秋节气的玄武中星虚星出现在中天，这意味着可以种植小麦；冬至之日，西方白虎七宿全都在黄昏时出现，主管仲冬节气的白虎中星昴星出现在中天，山里人可伐木制作器械，家里人可收获豆叶、芦苇、储蓄积累物资、打猎。君王坐观苍龙、朱雀、白虎、玄武七宿中星出现在中天的状况，就可知晓人民农事活动的缓急。农事紧急则不征发劳役，所以说"将历法付予百姓，使人民知晓时令变化，不耽误农时"。这是二十八宿总配五行。

（2）别配五行

角宿有两颗恒星，属于现代星座中的室女座。"角"的意思是东方苍龙的两支角。二星一南一北，是日、月、五星运行路线——黄道必经之路，如同天宫的两扇大门，所以角宿为"天门"；日、月、星三光曜都经此路线，所以角宿为"三光之路"；所占周天宽度为 12 度，对应十二时辰为辰时，对应分野为郑国，五行为木。

亢宿有 4 颗恒星，属于现代星座中的室女座。"亢"的意思是东方苍龙的咽喉，与君主受朝问政的朝廷相似，所以亢宿为天帝宫廷；尚书是负责发布文书的官员，与咽喉相似，所以亢宿代表尚书之类的官员；所占周天宽度为 9 度，对应十二时辰为辰时，对应分野为郑国，在春、夏二时五行为火，秋、冬二时五行为水。

氐宿有 4 颗恒星，属于现代星座中的天秤座。"氐"的意思是天的根，角宿、亢宿之下连接着氐宿，如同树木有根，人之根如同住宿的宫殿，所以氐宿为天帝住宿的宫殿；天帝巡行住宿的地方与之同理，所以氐宿是天帝巡行途中睡觉休息的地方；所占周天宽度为 15 度，对应十二时辰中的卯时，对应分野为宋国，在春、夏二时五行为金，秋、冬二时五行为水。

房宿有 4 颗恒星，《五行大义》说有六星组成，属于现代星座中的天蝎座。"房"的意思是东方苍龙的胸房，明堂中方外圆，通达四出，各有左右房屋，是古代帝王宣明政教、举行大典的地方，二者相似，所以房宿为天帝的明堂，是天帝宣明政教之处；所占周天宽度为 5 度，对应十二时辰为卯时，对应分野为宋国，五行为土。

心宿有 3 颗恒星，属于现代星座中的天蝎座。"心"的意思是东方苍龙的心脏，心为人一身的主宰，与君王相似，所以心宿为天庭中天王的位置；所占周天宽度为 5 度，对应十二时辰为卯时，对应分野为宋国，在春、夏二时五行为木，秋、冬二时五行为火。

尾宿有 9 颗恒星，属于现代星座中的天蝎座。"尾"的意思是东方苍龙的尾巴，这与宫廷中位于后面的宫殿相似，所以尾宿为后宫；后宫是帝王妻妾所生活的地方，所以尾宿是天帝的妾和宫廷女官的府第；所占周天宽度为 18 度，对应十二时辰为寅时，对应分野为燕国，五行为水。

箕宿有四颗恒星，属于现代星座中的人马座。"箕"的意思是箕四星组成一个四边形，形如簸箕。箕宿在东方苍龙七宿中位置最后，与王后居住的宫殿在宫廷最内相似，所以箕宿为王后所居住的地方；这是天帝与王后的寝宫；所占周天宽度为 11 度，对应十二时辰为寅时，对应分野为燕国，五行为木，在春、夏二时五行为金，秋、冬二时五行为土。

斗宿即南斗，有 6 颗恒星，属于现代星座中的人马座。"斗"的意思是南斗六星分布形状如斗。斗是古代盛粮食的器具，所以斗宿主管官爵和俸禄；这是天帝褒奖贤能进纳才士的星宿；所占周天宽度为26度，对应十二时辰为丑时，对应分野为吴国，五行为木。

牛宿即牵牛，有6颗恒星，属于现代星座中的摩羯座。"牛"的意思是星群组合如牛角。牛宿中最著名的是织女与牵牛星，中隔银河相望，终得一会，所以牛宿主管桥梁；通过观察牛宿的明亮与晦暗可以知晓社会的兴衰与治乱，是日、月、五星七政的开始；所占周天宽度为8度，对应十二时辰为丑时，对应分野为吴国，五行为木。

女宿，也称须女、婺女，有4颗恒星，属于现代星座中的宝瓶座。"女"的意思是星群组合如簸箕，也似"女"字。古代妇女主要工作是纺织、刺绣、缝纫等，所以须女主管丝、麻、棉织成的布和帛；丝、麻、棉织物都收藏在宫廷内部的仓库中，所以须女星是天庭的内库；所占周天宽度为12度，对应十二时辰为子时，对应分野为越国，在春、夏二时五行为水，秋、冬二时五行为火。

虚宿有两颗恒星，分别属于现代星座中的宝瓶座和小马座。"虚"的意思有三：一是大丘。丘是自然形成的小土山，古代城邑往往是丘居的，"丘"指人聚居的城邑。二是故地。城邑毁灭之后，丘就改称为墟，"墟"是废墟、故城。三是虚耗。虚宿位于北方玄武七宿的中央，方位正北，北方色黑，与冬天对应，冬天万物停止生长，虚耗此前储存的能量。这与太庙和明堂相似，所以虚宿为太庙和明堂；太庙是先祖魂灵所居的地方，人类社会的君王为政举事，必先告于宗庙，同大臣们议之于明堂，所以虚宿是天帝祭祀、议事的地方，主管祭祀事务；所占周天宽度为11度，对应十二时辰为子时，对应分野为齐国，在春、夏二时五行为水，秋、冬二时五行为金。

危宿有3颗恒星，一颗属于现代星座中的宝瓶座，两颗属于现代星座中的飞马座。"危"的意思是屋栋之上，其三星形状如同一个尖屋顶。危宿位于北方玄武七宿龟蛇形象的尾部，在战斗中断后的人常有死亡危险，死亡后就进入坟墓，"危"在屋栋之上为高，高也有危险，危宿三星形状也如坟墓，所以危宿为坟墓；坟墓是埋葬先亡祖先的，所以危宿用来认识先逝的祖先；所占周天宽度为17度，对应十二时辰为子时，对应分野为齐国，在春、夏二时五行为水，秋、冬二时五行为火。

室宿也称营室，有两颗恒星，属于现代星座中的飞马座。"室"的意思是星群组合像一所覆盖在龟蛇上的房屋形状。室宿原为四星，呈四方形，就是西方飞马座四边形，分东壁与西壁各两星，如同宫室形象，后来东壁从营室中分出，成为室、壁两宿。春秋时期，室宿在傍晚出现于南方中天的季节是秋末冬初，正值农闲时节，可以建造房屋，所以又称"营室"。秋末冬初，人们建造房屋的目的就是储藏过冬粮食，所以营室主管军粮；军粮是供给士兵使用的，所以营室用来给予士卒；所占周天宽度为16度，对应十二时辰为亥时，对应分野为卫国，在春、夏二时五行为木，秋、冬二时五行为土。

壁宿也称东壁，有两颗恒星，分别属于现代星座中的飞马座和仙女座。"东壁"的意思是位于室宿东边，像室宿的墙壁。汉武帝时，鲁恭王因为扩建宫室而毁坏孔子故居，在夹壁墙内得到数十卷古籍，古人认为天上的东壁也应当是文章汇聚之地、图书收藏之府，所以东壁为文章；文章汇聚之地就是图书室，所以东壁为天上的图书室；所占周天宽度为9度，对应十二时辰为亥时，对应分野为卫国，在春、夏二时五行为金，秋、冬二时五行为水。

奎宿有16颗恒星，1—9多属于现代星座中的仙女座，10—16属于现代星座中的双鱼座。"奎"的意思是两髀即两大腿之间，星群左右两半如同两髀形状。奎宿为西方白虎的尾巴，尾巴是白虎的重要武器，所以奎宿为兵器仓库；国家军队掌握兵器是为了禁止和制止武装骚乱的，所以奎宿主管禁止制御暴乱；所占周天宽度为16度，对应十二时辰为戌时，对应分野为鲁国，在春、夏二时五行为金，秋、冬二时五行为火。

娄宿有3颗恒星，属于现代星座中的白羊座。"娄"通"搂"，是拖聚在一起的意思。古代系马称为维，系牛称为娄，娄宿的"娄"就是牧养众畜以供祭祀，所以娄宿是主管牧养禽兽的地方；牧养众畜是为了用作祭祀时的牺牲，所以娄宿主管供给祠庙中的供品；所占周天宽度为12度，对应十二时辰为戌时，对应分野为鲁国，在春、夏二时五行为水，秋、冬二时五行为火。

胃宿有3颗恒星，属于现代星座中的白羊座。"胃"的意思是围起来受纳食物，其三星紧靠在一起，如胃形状。胃可以受纳食物，所以胃宿是天上储藏米谷的仓廪；仓用以储谷，廪用以储米，所以胃宿是五谷汇聚的地方；所占周天宽度为 14 度，对应十二时辰为酉时，对应分野为赵国，在春、夏二时五行为木，秋、冬二时五行为水。

昴宿又称旄头、髦头，有 7 颗恒星，其中 6 颗属于现代星座中的金牛座，希腊神话称为"七姊妹"。"昴"的意思是"留"，"留"为簇聚、团属，因由一团小星促聚组成而得名。昴宿为西方白虎中星，白虎为金，金主裁决判断，所以昴宿主管刑狱之事；有关刑狱的事就是掌管治理裁决判断，所以昴宿主典治决断；所占周天宽度为 11 度，对应十二时辰为酉时，对应分野为赵国，在春、夏二时五行为火，秋、冬二时五行为金。

毕宿又称罕车，有 8 颗恒星，其中 7 颗属于现代星座中的金牛座。"毕"的意思是完全，其星群形状如叉，排列如网，如防备状，所以毕宿主管边境军队；完善边境军队是用来防备夷狄等外族入侵的，所以毕宿为防备夷狄；所占周天宽度为 10 度，对应十二时辰为酉时，对应分野为赵国，在春、夏二时五行为金，秋、冬二时五行为水。

觜宿又称觜觿、觜蠵，有 3 颗恒星，属于现代星座中的猎户座。"觜"的意思是鸟嘴，其三星位于参宿两肩上方，形状如同角状鸟嘴。嘴的作用是纳入食物，所以觜宿主管保护收藏；秋天万物成就进入收藏时节，所以觜宿主管收拾整理秋天的物品；所占周天宽度为 2 度，对应十二时辰为申时，对应分野为晋国，在春、夏二时五行为火，秋、冬二时五行为土。

参宿有参七星与伐三星，共 10 颗恒星，属于现代星座中的猎户座。"参"的意思是三，参七星排列为两肩两足三心（或腰带），"参"即"叁"，象征心位置三星或腰带三星；"伐"的意思是斩伐，在参宿区界内，是参宿心三星下面斜排的三颗小星，如同挂在腰间的长剑。参伐十星形状如同一位腰挂宝剑的将军，所以参宿为天庭大将；宝剑是用来砍伐斩杀的利器，所以参宿主管斩伐收获；所占周天宽度为 9 度，对应十二时辰为申时，对应分野为晋国，在春、夏二时五行为火，秋、冬二时五行为土。

井宿也称东井，有 8 颗恒星，属于现代星座中的双子座。"井"的意思是星群东西两列如同水井形状，银河从西北向东南流经井宿南边。水井与水利事务有关，所以东井主管水利事务；水面平均，所以东井用来取法水平治理四时万物；所占周天宽度为 33 度，对应十二时辰为未时，对应分野为秦国，在春、夏二时五行为火，秋、冬二时五行为水。

鬼宿也称舆鬼，《五行大义》说有 5 颗恒星，另说有 4 颗恒星，属于现代星座中的巨蟹座。"鬼"的意思是四周星光皆暗，但中央有一星团白色如粉絮，晦暗夜晚里也可以看见，称为积尸。"舆"有二意：一为"众"，"舆鬼"是众鬼之意；二为"车厢"，鬼宿四星呈方形，如车。鬼四星为南方朱雀头眼，所以舆鬼主管视察明晰；人能够视察明晰就可洞察阴谋诡计，所以舆鬼主管察看奸邪计谋；所占周天宽度为4度，对应十二时辰为未时，对应分野为秦国，在春、夏二时五行为水，秋、冬二时五行为火。

柳宿有8颗恒星，属于现代星座中的长蛇座。"柳"的意思是其星群形状弯曲，像柳叶，又像鸟嘴，原名为"咪"即鸟嘴。"柳"的意思是"留"，用美味食物留住神灵，所以柳宿主管上等食物；上等食物都是味道完美的，所以柳宿主管调和美味；所占周天宽度为15度，对应十二时辰为午时，对应分野为周国，在春、夏二时五行为水，秋、冬二时五行为火。

星宿有7颗恒星，其中6颗属于现代星座中的长蛇座。"星"的意思是星宿一位于南方朱雀眼目，一光独照，西方称为"孤独者"。星宿七星正居朱雀颈部，向下覆盖如同衣裳，所以星宿主管衣裳；衣裳是用来蔽体的，所以星宿主管遮盖身体；所占周天宽度为7度，对应十二时辰为午时，对应分野为周国，在春、夏二时五行为火，秋、冬二时五行为水。

张宿有6颗恒星，属于现代星座中的长蛇座。"张"的意思是星群形状如同张开的弓矢，又位于南方朱雀嗓子处。嗓子是鸟进纳食物的器官，所以张宿主管主人与宾客关系；主人与客人之间免不了饮食娱乐，交际应酬，所以张宿主管赏赐给予、饮宴嬉戏；所占周天宽度为18度，对应十二时辰为午时，对应分野为周国，五行为水。

翼宿有22颗恒星，部分属于现代星座中的巨爵座，部分属于现代星座中的长蛇座。"翼"的意思是星群形状如同张开的鸟翼。鸟儿张开翅膀就会鸣唱舞蹈，所以翼宿主管天然歌唱；歌唱是用来娱乐的，所以翼宿主管戏曲娱乐；所占周天宽度为18度，对应十二时辰为巳时，对应分野为楚国，在春、夏二时五行为木，秋、冬二时五行为金。

轸宿又称天车，有4颗恒星，属于现代星座中的乌鸦座。"轸"的意思是车箱底部后面的横木，轸宿居南方朱雀尾部，二者相似。"轸"还有"收"即结束的意思，人生命结束就是死亡，所以轸宿主管死亡丧葬；死亡是人所面临的灾祸凶殃，所以轸宿用来知晓凶灾祸殃；所占周天宽度为17度，对应十二时辰为巳时，对应分野为楚国，在春、夏二时五行为木，秋、冬二时五行为土。

2. 二十八宿分野

依《五行大义》说明，二十八宿应当分配主管的地区如下表所示，以确定所分九州列国社会秩序的善恶，所以为治政。

二十八宿分野表

二十八宿	列国	地区
角、亢、氐	韩、郑	兖州
房、心	宋	豫州
尾、箕	燕	幽州
井、鬼	秦	雍州
柳、七星、张		三河
翼、轸	楚	荆州
奎、娄、胃	鲁	徐州
昴、毕	赵	冀州
觜、参	魏	梁州
斗		江湖
牵牛、须女	吴	扬州
虚、危	齐	青州
室、壁	卫	并州

3. 二十八宿得名

《五行大义》引石氏《天官训解》阐释了二十八宿得名。

角宿有两颗恒星，是东方苍龙头上的两只角，两只角间是天上黄道经过的道路，日、月、五星都经行于此，所以得名为角；亢宿为天帝听政的朝廷，文武大臣面对君王奏对应答，日夜谋划咨询四海之内的事务，所以得名为亢；氐宿是正屋，是住宿的宫殿，"氐"的意思是解衣休息的房屋，所以得名为氐；房宿是天子一年四时所居住的房屋，所以得名为房；心宿有3颗恒星，前一颗恒星为太子，中间一颗恒星为天子，后一颗恒星为庶子，如同人心处于身体中心，为人一身的主宰，所以得名为心；尾宿是东方苍龙七宿的尾巴，所以得名为尾，模拟它的形象；箕宿接近南斗，形状像簸扬五谷的簸箕，所以得名为箕；斗是量度粮食的器具，用来衡量人的官爵和俸禄，斗宿星群形状像斗，所以得名为斗；牛宿星群形状也像牛角，是日、月、五星七政的开始，所以得名为牛；女宿形状方正，好像经过裁剪切割一样，这是妾和使女所做的工作，所以得名为女；"虚"的意思是虚耗，虚宿二星中间空虚，像宗庙和明堂的形状，所以得名为虚；危宿星群形状如同建立起来的房屋，又如同坟墓，所以得名为危；营室区域内有6颗恒星，为离宫，好像是天子出行的宫室，所以得名为室；壁宿直立如同墙壁，孔子曾经藏书于故居墙壁之中，仿效此义，所以得名为壁；奎宿为武器库，主刀兵，因为其星群形象周围严密，"奎"本意两髀之间，有乖背分离的意思，战争是因为双方关系错乱反常才发起的，所以得名为奎；娄宿三星聚在一起，形状如同楼阁，又如同钟的内部空洞，主牧养祭祀所用牲畜，"娄"有圈养牛群的意思，所以以娄作为名称；胃，在人体内藏中为五谷府库，主管储存米谷的粮仓，所以得名为胃；"昂"的意思是忧伤地汇聚在一起，如同囚犯在牢狱中的样子，所以昂宿主管牢狱之事，昂宿是一团小星非常紧凑地聚集而成，聚集起来就会产生忧愁，所以得名为昂；毕宿是边境地区少数民族的毛头之类，如果天子警示完毕，边境的毛头开始倡议叛乱，天子便用武力结束这一倡议，以警戒众人之心，所以得名为毕；"觜"的意思是聚集，觜宿为西方白虎的鼻子，其三星聚集在白虎唇须之间，所以得名为觜；"参"的意思是共同，参宿是参星与伐星组合在一起，掺杂五行金与土的气，共同实行杀戮与处罚，所以得名为参；井是五行水气的精华，盛在碗里的水均匀平适，达到了精妙细微的极致，井宿星群形状象征法度如同水面一样平均，所以得名为井；"鬼"的意思是归，阳气归于阴气之中，鬼宿内有一星晦暗而不明亮，像鬼一样，所以得名为鬼；"柳"的意思是留住，《春秋传》说"或食于任"，"柳"一名称为"任"，祭祀鬼神，调和五种滋味，留住神灵，所以得名为柳；七星数量为七，位于南方朱雀颈部，如同鸟的衣裳覆盖于上，所以得名为星；"张"的意思是开张，张宿为南方朱雀的嗓子，有容纳食物的作用，所以主管招待宾客；翼宿形状如同六支鸟翎，好像鸟张开两翅飞翔，所以得名为翼；轸宿如同小车呈四方形，车后横木称为轸，为凶事时所使用，所以得名为轸。

日、月、五星、北斗七星、二十八星宿隐伏与出现，符合规律者为正，违背规律者为邪，或者亏缺，或者侵凌，或者遮掩为蚀，或者分散为妖异，或者变化为彗星、孛星、飞星、流星，如此之类，都可以根据天象占候中从下向上飞离地面到达天上的意义进行解释，所以在此不再详细阐述。

以上三种七政，已经配合五行，大略述说如此。

第十七　论八卦八风

八卦者，《周易》云："古者庖羲氏之王天下也，仰则观象于天，俯则观法于地，观鸟兽之文，与地之宜，近取诸身，远取诸物，于是始作八卦，以通神明之德，以类万物之情。"兼三才而两之，故六画而成卦。因八方之通八风，成八节之气，故卦有八。其配五行者，乾、兑为金，坎为水，震、巽为木，离为火，坤、艮为土。各以方位言之，《易通卦验》云："艮，东北，主立春；震，东方，主春分；巽，东南，主立夏；离，南方，主夏至；坤，西南，主立秋；兑，西方，主秋分；乾，西北，主立冬；坎，北方，主冬至。"

坎居北方者，冬至之日，阳气动于黄泉之下，子虽大阴之位，以阳气动其下，故其卦外阴内阳；象水内明，中怀阳也，故居子位以配水。

艮在东北者，其卦一阳在上，象立春之时，阳气已发，在于地上；下有重阴，象阴气犹厚，阳气尚微。艮既为山，以其重阴在下，积土深，故卦复在丑，丑为未冲，故以配土。

震居东方者，震为长男，能主干任，故居显明之地；东方，春也，万物咸得生出，明净显著。震为雷，雷动则万物出。春分之时，天气下降，地气上腾，天地和同，万物萌动，故震居卯；卯，木，少阳之位，故以配木。

巽居东南者，其卦重阳在上，象立夏之时，阳气已盛在上，阴气微弱在于下；木之为物，入地最少，出土最多，巽卦二阳在上，象木出地之多，一阴居下，象木入地之少；木体是阳，亦宜明显，故在东南，以配于木。

离居南方者，夏至之时，阴动于黄泉之下，午是盛阳之位，而阴气动，故其卦外阳内阴；象火外明内暗，怀阴气也，故在南方以配火。

坤居西南者，坤卦纯阴之象，能养万物，莫过于地也，阴体卑顺，不敢当首，阴动于午，至未始著，故坤后午之位；地体积阴，坤既纯阴，象地，《礼》以中央土在未，地即土也，故在西南，以配土也。

兑在西方者，兑卦一阴在上，象秋分之时，阳气已深；金为少阴，故一阴居上；酉是金位，故在西方以配金。

乾居西北者，乾卦纯阳之象，生万物者莫过乎天，乾为生物之首，阳气起子，乾是阳气之本，故先子之位；以纯阳坚刚，故在西北以配金。

《易传》曰："震主春分谷雨，谷雨得天兑，则万物毕生。兑者，西方之卦，是时，日在昴，昴，西方之宿，以日在西，故曰天兑。貌顺木得，则天兑为和；貌失木逆，则天兑为害，而常雨为罚。兑主秋分霜降，霜降得天震之动气，则天下霜，万物死。震，东方之卦，是时，日在房，房，东方之宿，以日之在东方，故曰天震。言顺金得，则天震为和；言失金逆，则天震为害，而旱罚。所以貌雨言旱者，震阳兑阴，阳旱阴雨也。木之所以雨，金之所以旱者，其人事貌失，则下怨阴盛，故雨；言失则失众，孤阳独立，群阴不附，故旱。春秋二时，震兑相临，天地气和，所以不极寒热也。坎主冬至大寒，大寒得天坎之气，则天下大寒。是时，日在虚，虚，北方之宿，故曰天坎。听顺水得，则天坎为和；听失水逆，则天坎为罚，故常寒。离主夏至大热，大热发长，复得天离之气，则天下大热，万事毕出。是时，日在七星，七星，南方七宿，故曰天离。视顺火得，则天离为和；视失火逆，则天离为罚，故常燠。冬夏二时天地气并，坎离各当其方，所以极寒热也。"

今分八卦以配方位者，坎离震兑，各在当方之辰；四维四卦，则丑寅属艮，辰巳属巽，未申属坤，戌亥属乾。八卦既通八风、八方，以调八节之气。故坎生广莫风；四十五日至艮，生条风；四十五日至震，生明庶风；四十五日至巽，生清明风；四十五日至离，生景风；四十五日至坤，生凉风；四十五日至兑，生阊阖风；四十五日至乾，生不周风；四十五日又至坎。阳气生五极九，五九四十五，故左行四十五日而一变也。广莫风者，广，大也，莫，沙漠也，寒气广远，自沙漠而来也；亦云：此时阳气在下，阴莫之广大也。条风者，条，达也，此时达生万物也。明庶风者，庶，众也，此时阳以施惠之德，众物皆明出也。清明风者，天气明净清凉也，此时清风吹万物，使盛大明净可观也。景风者，景，高也，万物至此太高也；亦言，景，竟也，阳道至此终竟也。凉风者，秋风凉也，此时阴气凄凉，收成万物也。阊阖风者，昌盛也，此时万物盛而收藏之也。不周

五行大义卷第四

风者，周，遍也，万物备成，不周者，闭不通也，言此时纯阴无阳，闭塞不通也。

《淮南子》曰："东北方曰苍门，生条风；东方曰开明门，生明庶风；东南方曰阳门，生清明风；南方曰暑门，生景风；西南方曰白门，生凉风；西方曰阊阖门，生阊阖风；西北方曰幽都门，生不周风；北方曰寒门，生广莫风。"苍门者，东北木将用事，春之始，故曰苍门；开明门者，明，阳也，日之所出，故曰开明门；阳门者，月建在巳，纯阳用事，故曰阳门；暑门者，盛热之时，故曰暑门；白门者，月建在申，金气之始，故曰白门；阊阖门者，八月建在酉，万物将收，阊，大，阖，闭，收闭之时，故曰阊阖门；幽都门者，幽，暗也，玄冥将始用事，阴聚故幽也，故曰幽都门；寒门者，积寒所在，故曰寒门。此八极之方，是八风之所起也。

《吕氏春秋》云："东方滔风，东南动风，南方巨风，西南凄风，西方飘风，西北厉风，北方寒风，东北炎风。"此意亦同于前。

《太公兵书》云："坎名大刚风，乾名折风，兑名小刚风，艮名凶风，坤名谋风，巽名小弱风，震名婴儿风，离名大弱风。"大刚风者，大阴之气，好杀，故刚；折风者，金强，能摧折物也；小刚风者，亦金杀故也；凶风者，艮在鬼门，凶害之所也；谋风者，坤为地，太阴之本，多阴谋也；小弱风者，巽为长女，故称弱也；婴儿风者，震为长男，爱之，故曰儿；大弱风者，离为中女，又弱于长女也。大刚、小刚，客胜；大弱、小弱，主人胜；凶，有凶害之事；谋，有谋逆之人；折，为将死；婴儿风，主人强。此并兵家观客主盛衰，候风所从来也。杨泉云："春气，其风温以和，喜风也；夏气盛，其风阳以贞，乐风也；秋气劲，其风燥以清，怒风也；冬气冷，其风凝以厉，哀风也。又，四维之风，随生成之气，方土异宜，各随所感。然风者天之号令，治政之象。若君有德令，则风不摇条，清和调畅；若政令失，则气怒凶暴，飞沙折木，此天地报应之理也。"此皆五行之气，故并释焉。

白话解读

（一）八卦制作与得名

《周易》说，古代包牺氏君临统治天下的时候，仰头则观察天上现象，低头则观察地上法则，观察鸟兽的斑纹和大地的脉理，近处取法人的身体，远处取法世间万物，自此开始制作八卦，用来融通自然造化神奇明智的德行，分类比拟万物纷繁的情况。

因为易兼备天、地、人三才，而又各分阴、阳两个方面，所以由六画组成为卦；因为易根据东、西、南、北、东南、东北、西南、西北八方而通达八风，形成年周期八节的气候变化，所以卦有八种。

（二）八卦配五行、八方、八节

1. 八卦配五行

乾、兑为金，坎为水，震、巽为木，离为火，坤、艮为土。

2. 八卦配八方、八节

八卦是一个系统周期的八个方面，普遍存在于各种系统中，在方位系统中对应八方，在年周期系统中对应八节。《五行大义》引述《易纬通卦验》之说，对应方法为：艮卦，居东北方位，主管立春节气；震卦，居东方方位，主管春分节气；巽卦，居东南方位，主管立夏节气；离卦，居南方方位，主管夏至节气；坤卦，居西南方位，主管立秋节气；兑卦，居西方方位，主管秋分节气；乾卦，居西北方位，主管立冬节气；坎卦，居北方方位，主管冬至节气（见后面八卦生八风表）。

3. 八卦配八方、八节依据

坎卦之所以居于北方，是因为冬至之日，阳气萌动于黄泉下面，冬至建子月，居子位，子虽然是太阴的位置，且此时是全年阳光最弱的时候，但阳气已经在其下面萌动，所以其所对应的卦象是外层为阴，内里为阳，象征水内里明亮，中心怀有阳气的样子，所以坎卦居于子位用以配合五行水。

艮卦之所以居于东北，是因为艮卦一阳爻位于最上面，象征立春之时，阳气已经发生，出现在地面之上；艮卦下面有两重阴爻，象征阴气仍很深厚，阳气尚微弱。艮卦卦象代表山，艮卦两重阴爻在下，模拟山在地面以下有很深积土的样子，所以艮卦居于丑位，丑与未相对冲，皆为土，所以艮卦配合五行土。

震卦之所以居于东方，是因为震卦代表长男，能成为家庭主管，所以居于光明高尚的地方，这就像东方对应春天，万物都得以萌生而出，明亮清楚，显扬昭著。震卦为雷，春雷发动，则万物萌出。春分之时，天上的气向下降，地下的气向上腾，天地之气交和混同，万物萌生变动，所以震卦居于卯位，卯五行为木，是少阳之气，所以震卦配合五行木。

巽卦之所以居于东南，是因为巽卦两重阳爻在上，象征立夏之时阳气已经盛大在上方，阴气微弱存在于下面；木作为事物的特征，是进入地下的部分最少，长出地面的部分最多，巽卦两个阳爻在上，象征木长出地面多的部分，一阴爻在下，象征木进入地下少的部分，木的本质是阳性的，也适宜处于明亮显著的位置，所以巽卦位在东南，用以配合五行木。

离卦之所以居于南方，是因为夏至之时，阴气开始萌动于黄泉下面，午是阳气极盛的位置，而阴气萌动，所以其所对应的卦象外层为阳，内里为阴，象征火焰外层明亮，内里较暗，中心怀有阴气的样子，所以离卦位在南方，用以配合五行火。

坤卦之所以居于西南，是因为坤卦是纯阴的象征，在自然界中，能够滋养万物的就是地，阴的本质是卑微顺从，不敢当头，阴气萌动于午位，至未位才显著，所以坤位于午后面一位的位置。地的本质是聚积起来的阴气，坤卦既然为纯阴，与地相像，《礼记》将中央土放在季夏一节中论述，认为中央土本位于未。地就是土。所以坤卦位在西南，用以配合五行土。

兑卦之所以居于西方，是因为兑卦一阴爻位于最上面，象征秋分之时，阳气已经深入地下，五行金为少阴之气，所以金也是一阴爻居于上，西是五行金的位置，所以兑卦位于西方，用以配合五行金。

乾卦之所以居于西北，是因为乾卦是纯阳的象征，在自然界中，能够生出万物的就是天，乾为万物生长的开始，阳气兴起于子，乾是阳气的根本，所以乾卦位于先于子的位置，因为乾卦为纯阳，性质坚固刚强，所以乾卦位在西北，用以配合五行金。

4. 四正卦与天、地、人

《五行大义》所引《易传》是用来阐释八卦与天、地、人的关系的。

震卦：主管春分至谷雨三个节气，谷雨是寒潮天气结束、气温回升加快的时节，这时天气温和，雨水明显增多，所以说谷雨时节得到天兑的润泽之气，万物都得以生长。兑是代表西方的卦象，这个时节，太阳在二十八宿中的昴宿位置，昴为西方的星宿，因为太阳在西方，所以称为天兑。人事方面，容貌如果恭顺，五行木气得以畅行，则天兑为和谐，如雨水适量，越冬作物正常返青，春播作物正常出苗；容貌如果失仪，五行木气逆行，则天兑为灾害，而以长久下雨作为处罚。

兑卦：主管秋分至霜降三个节气，霜降是天气渐冷、开始降霜的节气，这个时期，我国黄河流域大部分地区开始播种三麦等作物，所以说霜降得到天震的萌动之气，而同时不耐寒的植物停止生长，树叶枯黄落下，所以说天下霜，万物死亡。震是代表东方的卦象，这个时节，太阳在二十八宿的房宿位置，房是东方的星宿，因为太阳在东方，所以称为天震。人事方面，言说如果顺遂，五行金气得以畅行，则天震为和谐；言说如果失信，五行金气逆行，则天震为灾害，而以长久天旱作为处罚。

之所以容貌主管下雨，言说主管干旱，因为震为阳气，兑为阴气，阳气主管干旱，阴气主管下雨。之所以木主管下雨，金主管干旱，因为容貌失仪，就会导致人民怨恨而阴气盛大，阴气盛所以下雨；言说失信，就会导致失去人民的拥护，只剩君王一人孤阳独立，作为人民的群阴不附从，阳气孤所以干旱。春、秋两个时节，震卦与兑卦交互相临，天气与地气相互调和，所以气候既不极寒也不极热。

坎卦：主管冬至至大寒三个节气，大寒是天气寒冷到极点的时节，这个时期，寒潮频繁南下，风大，低温，地面积雪不化，所以说大寒得到天坎的寒冷之气，而同时，我国大部分地区呈现冰天雪地、天寒地冻的严寒景象，所以说天下到达极寒。这个时节，太阳在二十八宿的虚宿位置，虚是北方的星宿，所以称为天坎。人事方面，听声如果顺遂，五行水气得以畅行，则天坎为和谐；听声如果失聪，五行水气逆行，则天坎为处罚，而以长久寒冷作为处罚。

离卦：主管夏至至大暑三个节气，大暑即大热，是天气炎热到极点的时节，这个时期，日照最多，气温最高，农作物生长最快，所以说大暑时万物快速生长，再得到天离的炎热之气，而同时，大暑时节为一年最热的时期，也是光、热、水条件最好，喜温作物生长速度最快的时期，所以说天下到达极热，万物都生长而出。这个时节，太阳在二十八宿的七星位置，七星是南方的星宿，所以称为天离。人事方面，视物如果顺遂，五行火气得以畅行，则天离为和谐；视物如果失明，五行火气逆行，则天离为处罚，而以长久燠热作为处罚。

冬、夏两个时节，天气与地气合并为一气，坎、离二卦各在其本来方位，所以气候不是极寒就是极热。

5. 八卦配十二支方位

八卦与十二地支方位对应关系如下表所示：

八卦配地支方位表

八卦	坎	离	震	兑	艮	巽	坤	乾
十二支方位	子	午	卯	酉	丑、寅	辰、巳	未、申	戌、亥

（三）八风

八卦既然通过八风、八方，用以调和八节的气，所以八卦产生了八风。

1. 八节生八风

八卦与年周期配合产生八节，八节气候变化产生八风。年周期开始于冬至，坎卦主管冬至节，所以八节生八风从坎卦开始。

坎卦生广莫风；经45日至艮卦，生条风；又经45日至震卦，生明庶风；又经45日至巽卦，生清明风；又经45日至离卦，生景风；又经45日至坤卦，生凉风；又经45日至兑卦，生阊阖风；又经45日至乾，生不周风；又经45日，又至坎，完成一个年周期循环。

为什么经45日八风得一变？因为在自然数系统周期中，阳数有1，3，5，7，9共五个数，极致是9，5乘以9得45，所以地气每左行45日，八风就发生一次改变。

八风何以得名？

广莫风有两个说法：其一，"广"的意思为大，"莫"的意思是沙漠，冬至之时，寒冷空气自北方沙漠地区流动而来席卷中国；其二，冬至之时，阳气潜藏地下，地面上的阴气没有比它更广大的。

条风，"条"的意思是通达，立春之时，阳气通达生出万物。

明庶风，"庶"的意思是众多，春分之时，阳气以普施恩惠的德行，众多事物都显明出现。

清明风，"清明"的意思是天气明净清凉，立夏之时，清风吹拂万物，使万物盛大、明亮、洁净、可以观看。

景风有两个说法：其一，"景"的意思是高，夏至之时，万物至此都生长到最高峰；其二，"景"的意思是竟，夏至之时，阳气运行至此已经到达终点，将要完毕。

凉风，"凉"的意思是秋风凉爽，立秋之时，阴气凄惨、荒凉，万物开始收获成就。

阊阖风，"阊"的意思是昌盛，秋分之时，万物盛大而收获储藏。

不周风，"周"的意思是普遍，立冬之时，万物储备完成，"不周"的意思是闭塞不通，是说立冬之时，只有阴寒之气，没有温暖阳气，万物闭塞不通。

2. 八门生八风

八门何以得名？

苍门，东北方位，年周期中月建在寅，为夏历一月，五行木气即将用事，此方位是春季的开始，木色青，所以称为苍门；开明门，"明"的意思是阳光，此方位是日周期中太阳升起的地方，所以称为开明门；阳门，年周期中月建在巳，为夏历四月，十二消息卦中乾卦纯阳用事，所以称为阳门；暑门，年周期中月建在午，为夏历五月，是中国大部分地区最盛热的时节，所以称为暑门；白门，年周期中月建在申，为夏历七月，是五行金气的开始，金色白，所以称为白门；阊阖门，年周期中月建在酉，为夏历八月，万物将要收获，"阊"的意思是盛大，"阖"的意思是闭藏，正是万物收获闭藏的时候，所以称为阊阖门；幽都门，"幽"的意思是黑暗，年周期中月建在亥，为夏历十月，北方玄冥水神将要开始用事，阴气聚集所以光照不足、天气幽暗，所以称为幽都门；寒门，年周期中月建在子，为夏历十一月，寒冷空气积聚在此，所以称为寒门。这八门就是八极之方，是八风所兴起的地方。

八卦生八风表

卦象	☶	☳	☴	☲	☷	☱	☰	☵
八卦	艮	震	巽	离	坤	兑	乾	坎
八方	东北	东方	东南	南方	西南	西方	西北	北方
八山	方土之山	东极之山	波母之山	南极之山	编驹之山	西极之山	不周之山	北极之山
八门	苍门	开明门	阳门	暑门	白门	阊阖门	幽都门	寒门
八神	诸稽摄提	通视	赤奋若	共工	诸比	皋稽	隅强	穷奇
八风	条风	明庶风	清明风	景风	凉风	阊阖风	不周风	广莫风

3. 八风别称

八风还有两种别称：

其一，《吕氏春秋》之八风，即东方为滔风，东南为动风，南方为巨风，西南为凄风，西方为飘风，西北为厉风，北方为寒风，东北为炎风。其八风意义与前述相同，只是名称有异，不再赘述。

其二，《太公兵书》之八风，即大刚风、折风、小刚风、凶风、谋风、小弱风、婴儿风、大弱风。

大刚风，来自北方，北方是太阴之气，喜好杀戮，所以称为刚；折风，来自西北，西北五行为金，金气坚强，能摧折万物，所以称为折；小刚风，来自西方，也是五行金气，主肃杀，所以称为小刚；凶风，来自东北，艮为万物成终之地，称为鬼门，是凶恶灾害的地方，所以称为凶；谋风，来自西南，坤为地，是太阴的根本，阴则多有阴谋计策，所以称为谋；小弱风，来自东南，巽为长女，女性柔弱，所以称为弱；婴儿风，震为长男，受爱怜，所以称为儿；大弱风，来自南方，离为中女，又比长女柔弱，所以称为大弱。

以我方为中心，看八风所来自的方向，可占候吉凶。大刚风、小刚风，意味着客方胜；大弱风、小弱风，意味着主人一方胜；凶风，意味着有凶恶灾害的事情发生；谋风，意味着有阴谋篡逆的人；折风，意味着将有死亡的事情发生；婴儿风，意味着主人一方强盛。这都是军事家观察客方与主方的盛衰，通过占测风所吹来的方向而做出的判断。

4. 八风占候

《五行大义》所引"杨泉云"，出自晋杨泉所撰《物理论》，详解如下：风是自然界阴阳之气乱行导致相互激发而形成的，如同人体内的气因为喜、怒、哀、乐情感激越而发泄出来一样，所以春天的气性温和，所形成的风也温暖而柔和，是喜风；夏天的气性盛大，所形成的风炎热而贞正，是乐风；秋天的气性刚劲，所形成的风疾速而冷清，是怒风；冬天的气性寒冷，所形成的风凝冻而严厉，是哀风。这是四正方位吹来的风，还有四维方位吹来的风。东北风明亮众物，众多事物都走出幽暗进入光明；东南风融合，万物按照本身发展规律生长；西南风清和，万物完备成就；西北风不周，万物方才潜藏起来。这八种风，方位和土地情况都不同，快慢疾速也不同，但对人类影响的总原则是和顺则吉，违逆则凶。八风本应各随所在一方的感应而发，但风不仅如此，还是上天发布的号令，是治政的象征。如果君王有德政的号令，则风就不摇动枝条、清明和谐、协调顺畅；如果君王治政号令失当，则风就生气发怒、凶恶暴烈，飞扬沙石，摧折树木，这是天地对人事进行报应的道理。

以上所述都是五行之气，所以一并进行阐释。

第十八　论情性

《左传》子产云："则天之明（天有三光，故曰明也），因地之性（性，生也，生万物，故因其所生而用之），生其六气，用其五行。"五行者，为五性也；六气者，通六情也。翼奉云："五行在人为性，六律在人为情。"性者，仁、义、礼、智、信也。情者，喜、怒、哀、乐、好、恶也。五性处内御阳，喻收五藏；六情处外御阴，喻收六体。故情胜性则乱，性胜情则治。性自内出，情从外来。情性之交，间不容系。《说文》曰："情，人之阴气，有欲嗜也；性，人之阳气，善者也。"《孝经援神契》云："性者，人之质，人所禀受产；情者，阴之数，内传著流，通于五藏。故性为本，情为末。性主安静，恬然守常；情则主动，触境而变。动静相交，故间微密也。"《河上公章句》云："五性之鬼曰魂，为雄；六情之鬼曰魄，为雌。"此明性阳情阴也。

六情既通六气，今先依服注《左传》云："六气者，阴、阳、风、雨、晦、明也。阴作土，阳与风作木，雨作金，晦作水，明作火，唯天阳不变。"

阴为土者，土是阴义，故阴凝为地。风作木者，风，动也，木亦动，触地而出；箕星，东方之宿，主风；又，巽为木，为风也。雨作金者，雨，水也，水性销释，金性亦可销释；毕星，西方之宿也，主雨，故《诗》云："月离于毕，雨俾滂沱矣"。故雨作金也。晦作水者，晦，暗也，晦暗则水生；暗，黑，为水之色也。明作火者，明照于物，故为火也。皆从其类以之。郑玄注《礼记》云："木为雨，金为阳，火为燠，土为风，水为寒。"震主春分，春分谷雨得天兑，则万物毕生；兑，西方之卦，是时，日在昴，昴，西方之宿也，以日在西方，故谓天兑；貌顺木得，则天兑为和，故木为雨，《诗》云"习习谷风，以阴以雨"也。金为阳者，秋时日行东方，房星之宿，得天震之气；言顺金得，则天震为和，震为阳也，秋时物成，所以燥物，是其和也；逆金气，则为旱罚，故金为阳也。土为风者，《传》云"思心有失，厥罚常风"，言风者，土之气也，《庄子》曰"大块噫气，其名曰风"；土者为君，君立教令，故为风，土立四季，故令失则风为灾也。郑以木为雨，服以木为风；服以金为雨，郑以金为阳；郑以土为风，服以土为阴。两说烦反，各有其意。今就五行而辨，服近之矣。所以然者，水生于金，金体非阳；木为少阳，不应为雨；土为地，地本是阴，风自是阴阳之气，不独生于土；服以木为风者，取巽木，故为当也。

六气通于六情者，好为阳，恶为阴，怒为风，喜为雨，哀为晦，乐为明。好为阳者，阳气好生，是以为好。恶为阴者，阴气好杀，是以为恶。怒为风者，杨泉云："风者，阴阳孔气激发而起，犹人之内气因喜怒哀乐激发起也。"曾子曰："阴阳怒而为风。"喜而为雨者，曾子曰："阴阳和而为雨，"和润故为喜也。哀为晦者，晦，暗也，愁则闭，塞故暗，所以为晦。乐为明者，乐则情舒，散故明也。《汉书·礼乐志》云："人含天地阴阳之气，有喜怒哀乐之情。"《论衡》曰："人五藏，以心为主，心发智慧，而四藏从之。肝为之喜，肺为之怒，肾为之哀，脾为之乐，故圣人节之，恐伤性也。"翼奉云："好则膀胱受之，水好前，故曰好。怒则胆受之，少阳始盛，万物前萌也。恶则小肠受之，夏长养万物，恶伪，故曰恶。喜则大肠受之，金为珍物，故皆喜。乐则胃受之，土生养万物，上下皆乐。哀则三焦受之，阴阳之府，阳升阴终，其宫室竭，故曰三焦，故哀凄也。"《论衡》以四时论藏，翼奉以风通六情论府，脾肾二种藏府是同，肝肺二藏及府不同者，藏以肺有杀罚之性，故怒；府以合肺金珍之用，故喜；肝则以春气生，故喜；胆则以合火能焚燎，故怒。二理并通。又云："喜气为暖，当春；怒气为晴，当秋；乐气为阳，当夏；哀气为阴，当冬。"此与

《论衡》意合。

翼奉云："东方性仁情怒，怒行阴贼主之；南方性礼情恶，恶行廉贞主之；下方性信情哀，哀行公正主之；西方性义情喜，喜行宽大主之；北方性智情好，好行贪狼主之；上方性恶情乐，乐行奸邪主之。"贪狼主求索财物，既云贪狼，理然求须。阴贼主之劫盗，此亦不疑。廉贞主上客迁召，寅为阳始，午为阳盛，故称上客，既有廉贞之性，理自召任高迁。宽大主酒食庆善，宽大多所容纳，故有善庆，善庆必置酒食。奸邪主疾病淫欺，淫欺故因邪恶而生，邪恶必生疾病。公正主执仇诤谏，正故能争，公故能执仇雠也。情好者，水生申盛子，水性触地而行，触物而闰，多所好，故为好；多所好则贪无厌，故为贪狼，申子主之。情怒者，木生亥盛卯，性受水气而生，贯地而出，故为怒；卯木生于子水，与卯还自相刑，亥又自刑，是以阴气相贼，故为阴贼，亥卯主之。贪狼必得阴贼而后动，阴贼必得贪狼而后用，二阴并行，是以王者忌于子卯相刑之日也。情恶者，火生寅盛午，火性炎猛，无所容受，故为恶；其气清明精耀，以礼自整，故为廉贞，寅午主之。情喜者，金生巳盛酉，金为宝物，见之者喜，又喜以利刃加于万物，故喜；利刃所加，无不宽广，为器则多容受，故为宽大，巳酉主之。二阳并行，是以王者吉于午酉之日。情乐者，谓北与东，阳气所萌生，故为上，亦主中央；辰为水穷也，木落归本，水流归末，故木刑在未，水刑在辰，盛衰各得其所，故乐；水穷则无隙不入，木上出穷则旁行为斜，故为奸邪，辰未主之。情哀者，谓南与西，阴气所萌生，故为下；戌，穷火也，丑，为金穷也，金刚火强，各归其乡，故火刑在午，金刑在酉，金火之盛，而被自刑，至穷无所归，故曰哀；火性无私，金性刚断，故曰公正，戌丑主之。故曰：五性居本，六情在末，情因性有，性而由情，情性相因，故以备释。

白话解读

（一）何谓性与情

1. 五行为五性、六气通六情

《五行大义》所引《左传》子产的话，出自《左传·昭公二十五年》。《左传·昭公二十五年》记载了子大叔回答赵简子问时讲到的子产一段话，子产说："礼是天的经，地的义，人民的行。天地的经，而人民实际以它为法则，效法天的明，根据地的性，产生六气，运用五行。""天之明"是指天有日、月、星三光，所以说"明"；"地之性"，"性"的本义是生，地可以产生万物，所以根据地所生的万物而运用它。这段话说明，天有六气，地有五行，人民效法天地，所以天地之气会表现在人身上，其中五行表现为五性，六气表现为六情。所以翼奉说："五行表现在人身上为性，六律表现在人身上为情。"性指仁、义、礼、智、信，情指喜、怒、哀、乐、好、恶。

2. 性阳情阴

五性处于人体内部，用以承载阳气，说明五性收入在心、肝、脾、肺、肾等五藏之中；六情处于人体外部，用以承载阴气，说明六情收入在人的头、身和四肢等六体之中。所以六情胜过五性，则人的性情狂乱；五性胜过六情，则人的性情得以治理。性自人体内部发出来，情从人体外部感触来。六情与五性相交融，之间没有丝毫空隙。

《五行大义》引述三种典籍对情性阴阳进行阐释。

《五行大义》所引《说文》说明，情是人身上的阴气，是人所具有的欲望；性是人身上的阳气，是人所具有的善行。

《孝经援神契》说，性是人的本质，为人所禀受天气而产生的；情是阴气的度数，从内向外传达流通，内通于五藏，所以性为根本，情为末节。性主管安静，安然处守常规；情主管运动，接触不同的环境而发生变化。情与性，一动一静相互交融，所以性与情之间的关系精微紧密。

《老子道德经河上公章句》则说，五性之鬼称为魂，为雄性，即阳；六情之鬼称为魄，为雌性，即阴。

这些都说明，性为阳，情为阴。

（二）六情

1. 六气配合五行

六情既然上通于天上的六气，就需要探讨六气的五行属性。《五行大义》叙述了服虔与郑玄两种观点，并进行了辨析。

第一种，服虔说。服虔注解《左传》时认为，天有六气，即阴、阳、风、雨、晦、明。阴为中央，五行为土；阳，五行为木；风为东方，五行为木；雨为西方，五行为金；晦为北方，五行为水；明为南方，五行为火；只有天的阳气不变，即阳仍居天上。

阴之所以为土，是因为五行土是阴气的意义，所以阴气凝结形成地。

风之所以为木，有三个方面的原因：一是风具有运动的特性，木碰触地面而生出，也具有运动的特性；二是二十八宿中的箕星为东方的星宿，主管刮风；三是八卦中巽卦五行为木，为风。

雨之所以为金，有两个方面的原因：一是雨为水，水的特性是消融消释，金的特性也是可以消融消释；二是二十八宿中的毕宿为西方的星宿，主管下雨，所以《诗经·小雅·渐渐之石》说："月亮依附于毕宿，使大雨滂沱，水流很深。"所以雨的五行作金。

晦之所以为水，有两个方面的原因：一是"晦"的意思为黑暗，天气晦暗就会有水产生；二是"暗"的颜色为黑色，这是水的颜色。

明之所以为火，是因为太阳的光明可以照耀万物，所以明的五行为火。

以上这些配合都是依从不同类别的特性做出的。

第二种，郑玄说。郑玄注解《礼记·礼器》时说，六气之雨的五行为木，阳的五行为金，燠的五行为火，寒的五行为水，风的五行为土。

木之所以为雨，是因为震卦主管春分，春分至谷雨时节得到天兑，则万物都得以生长；兑卦是西方的卦象，这个时节，太阳在二十八宿的昴宿位置，昴是西方星宿，因为太阳位置在西方，所以称为天兑；容貌恭顺，则五行木气相得，天兑为和，阴阳和则下雨，所以五行木为雨。《诗经·邶·谷风》说："来自大谷的风连绵不断，天阴又下雨。"

金之所以为阳，是因为秋季之时，太阳运行在东方，在二十八宿中房星的位置，得到天震之气；言语恭顺，则五行金气相得，则天震为和，震卦为阳，秋天之时，万物成就，用震阳之气干燥万物，这是其和谐的表现；金气逆行，则表现为干旱惩罚，旱为阳，所以五行金为阳。

土之所以为风，因为《尚书大传·洪范五行传》说，思心有失，处罚为常风，说明风是五行土的气，《庄子·齐物论》说，大地噫而出气就是风；土为君主，君主确立教化的命令，风就是号令，土位于四时之末，所以人类社会政令失当则自然界相应有风为灾害，所以五行土为风。

由上可见，郑玄与服虔关于五行与六气配合的观点有所不同。郑玄以木为雨，服虔以木为风；服虔以金为雨，郑玄以金为阳；郑玄以土为风，服虔以土为阴。这两种说法相互冲突，含意相反，各有各的道理。

从五行角度看，服虔的说法比较接近五行本义。之所以这样说，是因为水生于金，雨即是水，五行金是少阴，六气阳是阳气，所以金本质上不是阳；五行木为少阳，六气雨是水，水本质上是太阴，所以木不应当为雨；五行土为地，地本质上是阴气，六气风自然是阴阳之气，不单纯生于土，所以土不应当为风；服虔以木为风，是取巽卦五行为木。

2. 六气通于六情

六气与六情相通，其配合为：好为阳，恶为阴，怒为风，喜为雨，哀为晦，乐为明。

好为阳，因为阳气喜好生物，所以阳为好。

恶为阴，因为阴气喜好杀物，所以阴为恶。

怒为风，杨泉《物理论》说："风是阴阳乱气激发而起的，就像人因心里喜怒哀乐激越而发出气来一样。"《五行大义》所引《曾子》也是此意。

喜为雨，《五行大义》所引《曾子》说，阴阳之气和润为雨，情绪调和滋润则喜，所以雨为喜。

哀为晦，"晦"的意思是黑暗，人情绪哀愁则封闭自己，堵塞与外界沟通的通道就心理黑暗，所以哀为晦。

乐为明，人情绪快乐就心情舒畅，打开与外界沟通的通道就心理明亮，所以乐为明。

因此，《汉书·礼乐志》说，人含有天之阴阳二气，有喜怒哀乐的感情。

3. 六情配合藏府

《五行大义》引《论衡》与翼奉二说对六情与藏府配合进行深入分析。

首先是《论衡》说。《五行大义》所引《论衡》认为，人体内部的五藏，以心藏为主宰，心藏产生聪明才智，而肝、肺、脾、肾四藏顺从心藏的命令。肝藏为心的喜，肺藏为心的怒，肾藏为心的哀，脾藏为心的乐，所以圣明的人节制自己的感情，恐怕会伤害自己的生命。

其次是翼奉说。好的感情为人体中的膀胱所承受，膀胱为水腑，五行水喜好向前流动，所以称为好；怒的感情为人体中的胆所承受，胆为木腑，五行木为少阳，少阳之气开始兴盛，万物向前萌生，钻出地面，其势像怒气不可遏止一样，所以称为怒；恶的感情为人体中的小肠所承受，小肠为火腑，五行火在年周期中对应夏季，夏天抚养培育万物，厌恶虚伪，所以称为恶；喜的感情为人体中的大肠所承受，大肠为金腑，五行金为珍贵的物品，人人都喜欢，所以称为喜；乐的感情为人体中的胃所承受，胃为土腑，五行土生长养育万物，地上地下的万物都因受到滋养而喜悦、快乐，所以称为乐；哀的感情为人体中的三焦所承受，三焦位于人体上中下，为阴阳腑，其中阳气上升，阴气终结，三焦作为阴阳气的宫室就会枯竭，所以称为三焦，所以"哀"的意思是悲伤凄楚。

《论衡》用四时论述五藏，翼奉根据风等六气通于六情论述六腑。两相比较：一者，脾、肾两种藏府与六情配合相同。《论衡》说"脾为之乐"，翼奉说"乐则胃受之"，脾为藏，胃为府，脾与胃互为表里；《论衡》说"肾为之哀"，翼奉说"好则膀胱受之"，肾为藏，膀胱为府，肾与膀胱互为表里。二者，肝、肺两种藏府与六情配合不同。《论衡》说"肝为之喜"，翼奉说"怒则胆受之"，肝为藏，胆为府，肝与胆互为表里；《论衡》说"肺为之怒"，翼奉说"喜则大肠受之"，肺为藏，大肠为府，肺与大肠互为表里。

《论衡》说"肺为之怒"，认为肺藏有肃杀处罚的特性，所以肺与怒配合；翼奉说"喜则大肠受之"，认为大肠府配合肺藏，肺藏五行为金，金为珍贵物品，所以大肠与喜配合；《论衡》说"肝为之喜"，认为肝藏得到年周期中春季木气相生，春气为喜，所以肝与喜配合；翼奉说"怒则胆受之"，认为胆府配合肝藏，肝藏为木，五行木为少阳之气，与五行火的太阳之气相合，能像火一样焚烧，所以胆与怒配合。因此，《论衡》与翼奉二说道理相通。

为什么说"《论衡》以四时论藏，翼奉以风通六情论府"？

翼奉说："喜气为温暖，配合春季；怒气为晴天，配合秋季；乐气为阳气，配合夏季；哀气为阴天，配合冬季。"喜、怒、乐、哀是六情，暖、晴、阳、阴是六气，春、秋、夏、冬是四时。六情通于六气，所以翼奉是依据风等六气通于六情论述六府。四时通于六情，所以《论衡》是依据春、夏、秋、冬四时天的喜、怒、哀、乐论述五藏。翼奉与《论衡》的意旨是相合的。

(三)五性与六情配合及所主人事行为

《五行大义》引用的翼奉之说也见于《汉书·翼奉传》。五性、六情及所主行为如下表所示:

五性、六情及所主行为表

方位	东方	南方	下方	西方	北方	上方
五性	仁	礼	信	义	智	恶
六情	怒	恶	哀	喜	好	乐
所主行为	阴贼	廉贞	公正	宽大	贪狼	奸邪

贪狼、阴贼、廉贞、宽大、奸邪、公正,是人类六种行为特征,各自标志不同的行为类别。

贪狼,本义是贪婪残暴的狼,主管索取要求钱财物品的行为,既然称为贪狼,理当索求。阴贼,本义是阴气戕害,主管强盗劫贼的抢劫行为,这也没有可以质疑的地方。廉贞,本义是廉洁坚贞,主管被尊贵客人召任高迁的行为,十二支中的寅为阳气的开始,午为阳气的鼎盛,所以称为上等客人,既然本人有廉洁坚贞的性格,理应征召来授予官职、地位高升。宽大,本义是大度宽厚,主管饮酒吃饭、吉祥庆贺的行为,为人宽大就多所包容,所以就有吉祥庆贺的事,吉祥庆贺就必须设置酒和饭菜。奸邪,本义是奸诈邪恶,主管疾病、奸淫、欺骗的行为,奸淫、欺骗固然是由邪恶产生的,邪恶也必然产生疾病。公正,本义是公平正直,主管结成仇怨、直言人过的行为,正直就能够与人竞争,公平就能够结成仇敌。

六情好,五行水长生于申,盛王于子,水的特性是接触地面就流行,接触物品就润泽,说明水有很多爱好,所以五行水为六情好;多所爱好就会贪婪无度,所以称为贪狼;生于申,盛于子,所以由十二支申、子主管。

六情怒,五行木长生于亥,盛王于卯,木的特性是接受水气而生长,贯穿地面而出现,说明木的萌生不可遏止,所以五行木为六情怒;卯木生于子水,子与卯还形成相刑,亥又自刑,因此阴气相互贼害,所以称为阴贼;生于亥,盛于卯,所以由十二支亥、卯主管。

贪狼必定得到阴贼配合而后行动,阴贼必定得到贪狼配合而后作用,二种阴气并行，因此，君王举行活动时忌讳子卯相刑的日子。

六情恶，五行火长生于寅，盛王于午，火的特性是炎热猛烈，无所包容受纳，说明火厌恶万物，所以五行火为六情恶；火气清淡明亮、精微光耀，用礼节来自我整理，所以称为廉贞；生于寅，盛于午，所以由十二支寅、午主管。

六情喜，五行金长生于巳，盛王于酉，金的特性是宝贵物品，凡是见到金的人都喜欢，五行金又喜欢用锋利的刀刃加于万物之上，所以称为喜；锋利刀刃所加临的地方，没有不变得面积宽广的，作为器皿就可以多所容纳盛受，所以称为宽大；生于巳，盛于酉，所以由十二支巳、酉主管。

廉贞与宽大两种阳气并行，因此，君王举行活动以午、酉之日为吉祥日子。

六情乐，指的是北方与东方，这里是阳气萌生的地方，所以称为上方，也主管中央；辰方为水穷尽的地方，树木叶落归本，水流方向归末，所以木的刑在未，水的刑在辰；水与木或盛或衰各自得到所应该处的地方，所以称为乐；水流到穷尽之地就无孔不入，木向上生长到穷尽之处就横行为斜，所以称为奸邪；辰为水墓，未为木墓，所以由十二支辰、未主管。

六情哀，指的是南方与西方，这里是阴气萌生的地方，所以称为下方；戌方是火穷尽的地方，丑方是金穷尽的地方，金性坚刚，火性强烈，发展到穷尽之时就各自归还各自本来的方位，所以火的刑在午，金的刑在酉；金、火如此强盛，而被自己所刑，至穷尽之时无所归依，所以称为哀；火的特性是无私，金的特性是刚断，所以称为公正；戌为火墓，丑为金墓，所以由十二支戌、丑主管。

总之，五性居于根本，六情发为末节，六情因为五性而产生，五性通过六情而表现，六情与五性相互依托，所以在此进行详细阐释。

第十九　论治政

治政者，治者，治也，治立为名；政者，正也，不邪为称。百姓不能自治，树君以治之。万民不能自正，立长以正之。正使不邪，治令不乱。

不乱故安，不邪故善。善则盗贼不兴，安则各保其业。所以能胜残去杀，道路雁行，虬蛇可蹑，麟龙可驾，如此名政治也。孔子曰："为政以德，譬如北辰，居其所而众星共之。"《大戴礼》云："君者，治之本，无君焉治。"能法五行，谓之合道。所以宽猛喻之水火，仁义取于金木。顺四序以教民，资五材而为用。任人任力，理归一揆。《春秋繁露·治顺五行篇》云："木用事，其气燥浊而青，七十二日。火用事，其气燥阳而赤，七十二日。土用事，其气温浊而黄，七十二日。金用事，其气坚凝而白，七十二日。水用事，其气清寒而黑，七十二日复。"木之用事，则行柔惠，进经术之士。至于立春，出轻系，去稽留，除桎梏，开闭阖，通障塞，存幼孤，矜寡独，此并顺春之施也。无伐木，恩及草木，则朱草，此诗人所歌"恩及行苇"者也。不伐木者，不可违天阳生长之气也。若夫人君驰骋无度，沉湎纵恣，重徭役，夺民时，厚税敛，则民疾疹，患足疾。伤春气，故皆木病也。木伤败，则龙深藏，木禽惧而不见也。鲸鲵出而为祸，鳞甲之虫有金气，所以伤木也。火用事，则正封疆，修田畴。至于立夏，举贤良，封有德，赏有功，出使四方，此顺火之化，长养万物也。无纵火，则火顺人用，甘露降，凤凰来，黄鹄见。凤凰即朱雀之类，喜故出见。甘露、黄鹄，并子庆其母也。若人君用谗佞，离骨肉，疏忠臣，弃法令，妇人为政，则民病血肿，国因不明，火为灾，冬雁不来，鸟为怪。火不善，故鸟有变怪。忧惧，故不来也。土用事，养长老，矜寡独，赐孝悌，施恩泽，顺土宽和含养之德也。无兴土功，宫室制度有差，亲戚之恩有序，则五谷成，嘉禾出，贤圣来。土气顺，故嘉禾，其和熟。德景大，故圣贤悦之而来。若人君淫乐无度，侮亲老，困百姓，则民病腹心之疾。心腹主土，气不和，故病。贤人隐藏，百谷不登，裸虫为灾。土性伤，故稼穑不成。贤人恶之，所以不见。裸虫，土气也，伤，故为变。金用事，修城郭，缮墙垣，审辟禁，饬甲兵，警百官，诛不法，此并顺金以咸严肃杀之气也。无焚金石，则白虎见。虎是金兽，喜故出也。若人君贪赂，好用兵，则民人病咳嗽、筋挛、鼻塞。鼻主肺，肺病，故咳嗽而鼻塞。此并金为疾也。毛虫、金石为怪，金气伤，故为变怪也。水用事，闭闾门，执当罪，饬关梁，此并顺水闭藏之义。无决池堰，恐水气泄溢也。如此则醴泉出，恩及禽虫，则灵龟见，书云"泽及昆虫"者也。甲虫属水，喜故见也。若人君废祭祀，简宗庙，执法不顺，逆天气，则民病流肿、水胀、痿痹、孔窍不通，此并水气壅结之义。圣人以水居太阴之位，阴暗虚空，比之宗庙。人死精气散越，立宗庙以收之。堂宇虚寂，阴暗无人，喻之水也。废于禁祀，则失孝道，故太阴之气感而病人，为此疾也。水为灾害，灵龟深藏，鬼哭，介虫为怪。介虫属水，气伤，故为覆藏而不见也。宗庙不祀，魂气伤怨，故鬼哭也。《孝经援神契》云："木气生风，火气生螟，土气生虫，金气生霜，水气生雹。失政于木，则风来应；失政于火，则螟来应；失政于土，则虫来应；失政于金，则霜来应；失政于水，则雹来应。作伤致风，侵至致螟，贪残致虫，刻毒致霜，暴虐致雹。此皆并随类而致也。"

《桓子新论》曰："人抱天地之体，怀纯粹之精，有生之最灵者也。是以貌动于木，言信于金，视明于火，听聪于水，思睿于土。五行之用，动静还与神通。貌恭则肃，肃时雨若。言从则乂，乂时阳若。视明则哲，哲时燠若。听聪则谋，谋时寒若。心严则圣，圣时风若。金木水火，皆载于土。雨阳燠寒，皆发于风。貌言视听，皆生于心。"《尸子》云："心者，身之君。天子以天下受令于心，心不当，则天下祸。诸侯以国受令于心，心不当，则国亡。匹夫以身受令于心，心不当，则身戮。"故人心者，乃天地之精，群生之本。故政之治乱，由于君之心也。是以圣人受命而王，莫不承天地，法五行，修五事，而御宇宙，养苍生者也。其制度法式，皆五行为本。车服威仪，朝廷俯仰，农桑播殖，施惠庆赐，木也；尊卑上下，制度礼式，封爵赏功，居高视远，火也；宫室台榭，夫妇亲戚，布德含养，禄秩赦宥，土也；兵戎器械，□（原文缺字）狩武备，刑罚狱禁，金也；宗庙祭祀，储积封藏，饬丧制幕，卜筮决疑，水也。因五行而致百官，因百官而理万事，万事理而四海安，是政治之所由也。其居处、服御、器用、所从，莫不本乎五行，乃通治道也。《礼记》云："春之月，天子居青阳左个，乘鸾辂，驾苍龙，载青旗，衣青衣，服苍玉；夏之月，居明堂左个，乘朱辂，驾赤骝，载赤旗，衣朱衣，服赤玉；中央土，居太庙太室，乘太辂，驾黄骝，载黄旗，衣黄衣，服黄玉；秋之月，居总章左个，乘戎辂，驾白辂，载白旗，衣白衣，服白玉；冬之月，居玄堂左个，乘玄辂，驾铁骊，载玄旗，衣玄衣，服玄玉。"《考灵曜》云："春发令于外，行仁政，从天常，其时衣青；夏可以毁清销铜，使备火，敬天之明，其时衣赤；中央土举有道之人，与之虑国，可以杀罪，不可起土功，犯地之常，其时衣黄；秋无毁金铜，犯阴之刚，用其时持兵，宜杀猛兽，其时衣白；冬无使物不藏，毋害水道，与气相保，其时衣黑。"《家语》云："孟春正月，东宫，衣青彩，鼓琴瑟，其兵矛，其树柳；仲春二月，东宫，衣、乐、兵如前，其树杏；季春三月，东宫，衣、乐、兵如前，其树李；孟夏四月，南宫，衣赤彩，吹笙竽，其树桃，其兵戟；仲夏五月，南宫，衣、乐、兵如前，其树榆；季夏六月，中宫，衣黄彩，打大鼓，其树梓，其兵弓；孟秋七月，西宫，衣白彩，撞洪钟，其树棣，其兵剑；仲秋八月，衣、乐、兵如前，其树柘；季秋九月，衣、乐、兵如前，其树槐；孟冬十月，北宫，衣黑彩，击磬，其树檀，其兵盾；仲冬十一月，北宫，衣、乐、兵如前，其树枣；季冬十二月，衣、乐、兵如前，其树栎。论时令，以待嗣藏之宜。"《周官》云："春为牡阵，弓为前行；夏为方阵，戟为前行；六月为圆阵，矛为前行；秋为牝阵，剑为前行；冬为伏阵，盾为前行。"此武备亦依五气也。

《录图》云："君乘木而王，为人青色，修颈，美发。其民长身，广肩，尚仁。长，皆象木也；仁，木性也。善则时草丰茂，嘉谷并生，鸟不胎伤，木气盛也。失则列星灭，色乱，禾稼不登，民多压死。木生而上出，遇土伤，则青而不得起，故压死。乘火而王，为人赤色，大目。离为日，故大，视明也。其人尖头，长腰，疾敏，尚孝。长腰，取兑；敏疾，火性；离为日，日有乌，乌者孝也。善则贤人任用，政颂平，駮马、文狐至。马，火畜，善故来；狐亦前。失则夏霜。日是火精，失故变蚀。雨土，挥蔽光明之象。承土而王，表其首。首大，表土也。其人广肩，大足，好大笑，戏舞。广、大象土；和故逸乐也。善则甘露降，醴泉并应其善。失则虫蝗生，天雨而常风、雾乱，皆土气伤，故表异也。承金而王，为人白色，差肩耳，面方，毛也。其民白颈，长大，尚义。皆金气也。善则大贝、明珠出，外国远贡珠贝。金之用，气刚，能制远人，故来贡献。失则火飞，天鸣，地坼，河溢，山崩，邪人进，虫兽为灾。火能克金，金有失，故火伐之，乃飞。承水而王，为人黑色，大耳。坎为耳，主肾，水气，故大。其民聪耳。坎水，孔穴通，故聪。善则景云至，龟龙被文，皆水气为祥也。失则蟾蜍去月，民多溺死，常雨为害，皆水之忧也。"此并明治政之道，不越五行，故以备释。

白话解读

(一) 何谓治政

"治政",可以将"治"与"政"分开来理解。"治"的意思是"治理",用治理建立作为名称;"政"的意思是"正当",用不邪作为名称。百姓不能自己治理自己,确立君王来加以治理;万民不能自己修正自己,确立官长来加以修正。正当可以使人们不走入邪途,治理可以令社会秩序不混乱。社会秩序不混乱则安定,人们不走入邪途就善良。善良就不产生盗贼,安定就人民各自保有自己的产业。这样就能够战胜残暴,去除杀戮,在道路上行走如同大雁一样有秩序,毒蛇可以踩踏,麒麟和龙可以驾驭,如此就可以称得上社会制度和秩序安定祥和,得到治理了。孔子说,治理国家要依靠德政,德好像天上的北极星一样,居于天球北极不动,而满天星斗都拱绕运行。

(二) 治政配合五行

《五行大义》引述多种典籍从几个方面阐释治政与五行的配合。

1. 治之本与五行

《五行大义》引《大戴礼》说,君王是治理的根本,没有君王,国家哪里能得到治理。君王能够取法五行,称之为合乎道理。所以君王治理的宽厚与刚猛被比喻为五行中的水与火,治理的仁爱与正义则取法于五行中的金与木。君王顺应春、夏、秋、冬四时次序而教化人民,资取金、木、水、火、土五种材质而进行利用。任用人才与任用财力,道理都可以归于同一个。

2. 治政与五行当令

《五行大义》引《春秋繁露》论述治政与五行当令配合。

(1) 年周期中五行用事

《五行大义》所引《春秋繁露·治顺五行篇》意思是说,从每年冬至日开始,72日为五行木气当权用事,其气的特点是干燥混浊,颜色为青。又72日为五行火气当权用事,其气的特点是干燥阳明,颜色为赤。又72日为五行土气当权用事，其气的特点是温暖混浊，颜色为黄；又72日为五行金气当权用事，其气的特点是坚固凝结，颜色为白；又72日为五行水气当权用事，其气的特点是清朗寒冷，颜色为黑。又72日，重新恢复为五行木气当权用事，周而复始。

（2）五行用事与治政

①木用事与治政

五行木气当权用事时，则实行怀柔恩惠的政策，比如选拔经学人才，到了立春则释放犯小过的人，赦免长期囚禁的人，解除囚犯的手铐脚镣，开启门户，疏通障碍和堵塞之处，省视幼小孤儿，怜惜无夫无子的人。这些都是顺应春气普施的规律。木正当令，所以不砍伐树木，恩惠及于草木就会生长朱红色瑞草。这就是诗经中歌诵的"恩惠及于路边的芦苇"的厚德。不砍伐树木，因为不可违背天阳生长万物的气。如果君主策马奔跑没有节度，沉溺迷恋于肆意放纵，加重百姓徭役，侵夺人民农时，增加税收负担，则人民就会得风疹，患足部疾病。因为伤害春天的气，所以都是五行木类生病。五行木气伤害败亡，则龙深藏不出，五行木类的禽鸟惧怕而不敢出现。海上的大鲸鱼出现而形成祸害，生有鳞或甲壳的水生动物都有五行金气，所以伤害木类。

②火用事与治政

五行火气当权用事，则划定分封土地的疆界，修整田地。到了立夏，举荐贤良的人，分封爵位给有德行的人，赏赐有功劳的人，派遣使者到四方各国，这是顺应五行火的变化，以生长养育万物。火正当令，所以不放火，则五行火顺从为人类所利用，甘美的露水降落，凤凰飞来，黄鹄出现。凤凰是朱雀之类，同为五行火，因喜悦而出现。甘露为甘甜之物，甘为土味。黄鹄即鸿鹄，是古代对天鹅的称呼，嘴基有大片黄色，黄为土色，土是火子，所以二者都是子庆贺其母。如果君主任用谗邪奸佞之徒，远离骨肉至亲，疏远忠义之臣，抛弃法律政令，让妇人治理政事，则人民会得血瘀水肿的疾病，眼目不明，火灾形成，大雁冬天飞走后不再回来，鸟儿出现怪异。五行火不善行，所以鸟儿有变异奇怪的事情发生。鸟儿忧虑恐惧，所以不再回来。

③土用事与治政

五行土气当权用事，则奉养年老之人，照顾孤儿寡母，赏赐孝顺父母尊敬兄长之人，普施恩惠，这是顺应五行土性宽厚平和，包含养育的品德。土正当令，所以不实施兴建房屋堤防等动土的工程，宫殿房屋按照制度有不同的差别，血缘亲戚的恩情有相应的秩序，则麻、黍、稷、麦、豆等五谷有好收成，丰满肥硕的双穗嘉禾出现，道德才智极高的贤圣到来。五行土气顺遂，所以双穗的嘉禾出现，五谷丰收。德行高大，所以圣贤悦慕而来。如果君王纵欲作乐没有节度，使亲戚老辈受侮，使百姓受困，则人民会得心腹部的疾病。人体心腹部位为五行土，其气不调和，所以会生病。贤能的人隐藏起来，各种谷物都不能成熟，表面无毛或短浅毛发的动物（包括人）成为灾害。五行土的功能受到伤害，所以种植与收割没有成就。贤能的人憎恶它，所以就不出现。裸虫，五行为土，土气受伤，则裸虫出现异常变化。

④金用事与治政

五行金气当权用事，则修建内外城墙，修缮围墙，审察各种刑法和禁令，整顿铠甲和兵器，告诫百官，诛杀不守法令的人，这都是顺应五行金威武严肃、严酷肃杀的气。金正当令，所以不焚烧金属和石头，则白虎出现。虎是五行属金的野兽，因喜悦而出现。如果君王贪图攻城占地的利益，喜好用兵，则人民会得咳嗽、肢体痉挛、鼻塞的疾病。鼻在人体中主管肺，肺部得病，所以咳嗽而鼻塞。这都是五行金形成的病患。身体被毛的动物、金属、石头出现怪异。毛虫、金属、石头五行为金，金气受伤，则毛虫、金属、石头出现异常变化。

⑤水用事与治政

五行水气当权用事，则关闭城门和闾门，拘捕罪犯，整饬关卡和桥梁，这都是顺应五行水封闭收藏的含义。水正当令，所以不毁坏堤坝池堰，唯恐水气泄漏溢出。如此治政，则如酒浆般的泉水出现，恩惠及于禽鸟和昆虫，灵龟出现。这就是书上所说的"泽及昆虫"的盛德。甲虫是有甲壳的虫类及水族，又称介虫，其五行属水，因喜悦而出现。如果君王废弃祭祀，简省宗庙，执法不严，违逆天运行的气，则人民会得毒气下流的脚气病、面目四肢俱肿的水胀病和手足痿弱、麻痹的痿痹病，前后二阴孔窍不通顺，这都是五行水气壅塞固结的意思。圣人因为五行水居于太阴的位置，阴暗空虚，所以类比为宗庙。人死之后，精气消散越出本体，古人建立宗庙用来收聚它，但宗庙殿堂虚空静寂，阴暗没有人气，所以比喻为水。如果废弃祭祀，则失去孝的道义，所以太阴之气感应而使人得病。水成为灾害，灵龟深藏，鬼哭泣，介虫出现怪异。介虫五行属水，水气受伤，所以介虫遮掩隐藏而不出现。宗庙不祭祀，魂气悲伤怨恨，所以鬼哭泣。

3. 治政与五行类应

《孝经援神契》说，五行木气产生风，火气产生蝗虫，土气产生裸虫，金气产生寒霜，水气产生冰雹。如果人君政治混乱于五行木，则风来相应；政治混乱于五行火，则蝗虫来相应；政治混乱于五行土，则裸虫来相应；政治混乱于五行金，则寒霜来相应；政治混乱于五行水，则冰雹来相应。伤害作物导致风灾，侵害至亲导致蝗灾，贪婪凶残导致裸虫为灾，刻薄狠毒导致寒霜，凶暴残酷导致冰雹。这都是各随五行之类而引起的。

4. 治政与五行的关系

《五行大义》所引《桓子新论》意思是说，人本身就是一个小的天地系统，具有纯正不杂的精气，是有生命的动物中最智慧的。因此，人之五事，容貌变动于五行木，言说取信于五行金，看视明亮于五行火，聆听聪敏于五行水，思想睿智于五行土。五行的运用，或变动或静止，还与人的精神相通。貌恭敬则严肃，人严肃时像天下雨的样子。言顺从则治理，人得到治理时像天阳明的样子。视明亮则智慧，人智慧时像天燠热的样子。听聪敏则谋划，人谋划时像天寒冷的样子。心严密则圣明，人圣明时像天刮风的样子。就五行论，金、木、水、火四行都承载于土。就六气论，下雨、阳明、燠热、寒冷四气都发起于风。就五事论，貌、言、视、听四事，都产生于心。

《五行大义》所引《尸子》，出自《尸子·贵言》，意思是说，心是人身体的君王。天子用天下接受心的使令，用心不当就会使天下大祸；诸侯用封国接受心的使令，用心不当就会使国家灭亡；匹夫用身体接受心的使令，用心不当就会身受杀戮。因此，人心是天地的精华，是众多生命的根本。政事的治理与混乱，都是由于君王的心。所以，圣明的人接受天命而称王，都要顺承天地，效法五行，修治五事，才能够驾驭宇宙、养育苍生。其治理国家的制度法度的标准格式，都以五行作为根本。车马服饰的威武仪容，朝廷聚会的俯伏仰视，农耕蚕桑的播种繁殖，施舍恩惠，庆贺赏赐，这些治政行为都本于五行木；地位的高低上下，制度礼仪的标准范式，分封爵位，赏赐功劳，站得高，看得远，这些治政行为都本于五行火；宫殿房屋，楼台亭榭，夫妇亲戚，布施恩德，包容养育，官吏食禄品级，宽恕赦免，这些治政行为都本于五行土；兵器军队，武器装备，狩猎，武装力量，刑事罚金，用牢狱监禁犯人，这些治政行为都本于五行金；建立宗庙，举行祭祀，储蓄积聚，封闭收藏，修治丧事，制定追慕先人的礼仪，用龟卜筮草决断疑惑，这些治政行为都本于五行水。根据五行而设置百官，依靠百官而治理万事，万事治理好而四海安定，这是社会秩序得到治理的由来。其居住处所、服饰车马、器皿用具、所向所往，没有不本于五行的，这是与社会治理的规律相通的。

《五行大义》所引《礼记》，分见于《礼记·月令》，条析如下：

中国古代明堂，中央方，外围圆，四方出入，东方称为青阳，南方称为明堂，西方称为总章，北方称为玄堂，中央称为太庙。各方各有左右房屋，左房称为左个，右房称为右个。

孟春正月，天子居于东方青阳左个房间，乘坐有鸾和之节、饰以青色的车子，驾驭青色的龙马，载着青色的旗子，穿着青色的衣服，佩戴青色的玉饰。

孟夏四月，天子居于南方明堂左个房间，乘坐朱红色的车子，驾驭黑鬃黑尾巴的红马，载着赤色的旗子，穿着朱红的衣服，佩戴赤色的玉饰。

季夏六月，中央土，天子居于中央太庙大室，乘坐饰以黄色的大车，驾驭黄色的马，载着黄色的旗子，穿着黄色的衣服，佩戴黄色的玉饰。

孟秋七月，天子居于西方总章左个房间，乘坐饰以白色的兵车，驾驭黑鬃白色的马，载着白色的旗子，穿着白色的衣服，佩戴白色的玉饰。

孟冬十月，天子居于北方玄堂左个房间，乘坐饰以玄色的车子，驾驭黑如铁的马，载着玄色的旗子，穿着黑色的衣服，佩戴玄色的玉饰。

《尚书考灵曜》说，春天木气王，向外发号施令，木主管仁爱，君王实行仁政，顺应自然界的常规，这个时节穿青色衣服。夏天火气王，可以毁坏销熔铜等金属，使人们预备火源，尊敬自然界的光明，这个时节穿着赤色衣服。季夏六月，中央土气王，举荐有道德的人，与之共同谋划国家的发展，可以杀死罪犯，但不可以兴建土木工程，违犯土运行的规律，这个时节穿黄色衣服。秋天金气王，不能毁坏金、铜等金属，违犯阴气刚强，用这个时节手持兵器，适宜猎杀凶猛野兽，这个时节穿白色的衣服。冬天水气王，不能使物品不能储藏，不能损害水流的通道，与自然界的气相互保卫，这个时节穿黑色衣服。

《五行大义》所引《家语》，不见于今本《孔子家语》。意思是说，孟春正月，君王适宜居住在东边的宫殿，适宜穿青色衣服，适宜弹奏琴和瑟，适宜使用的兵器为矛，适宜栽种柳树；仲春二月，君王适宜居住在东边的宫殿，衣服、音乐、兵器同正月，适宜栽种杏树；季春三月，君王适宜居住在东边的宫殿，衣服、音乐、兵器同二月，适宜栽种李树；孟夏四月，君王适宜居住在南边的宫殿，适宜穿赤色衣服，适宜吹奏笙和竽，适宜栽种桃树，适宜使用的兵器为戟；仲夏五月，君王适宜居住在南边的宫殿，衣服、音乐、兵器同四月，适宜栽种榆树；季夏六月，君王适宜居住在中央的宫殿，适宜穿黄色衣服，适宜敲打大鼓，适宜栽种梓树，适宜使用的兵器为弓箭；孟秋七月，君王适宜居住在西边的宫殿，适宜穿白色衣服，适宜撞击洪钟，适宜栽种楝树，适宜使用的兵器为剑；仲秋八月，君王适宜居住在西边的宫殿，衣服、音乐、兵器同七月，适宜栽种柘树；季秋九月，君王适宜居住在西边的宫殿，衣服、音乐、兵器同八月，适宜栽种槐树；孟冬十月，君王适宜居住在北边的宫殿，适宜穿黑色衣服，适宜击打磬，适宜栽种檀树，适宜使用的兵器为盾；仲冬十一月，君王适宜居住在北边的宫殿，衣服、音乐、兵器同十月，适宜栽种枣树；季冬十二月，君王适宜居住在北边的宫殿，衣服、音乐、兵器同十一月，适宜栽种栎树。这是研究四时节令，以等待延续藏身的适宜之处。

《周官》又称《周礼》。《五行大义》所引《周官》，不见于今本《周礼》，但见于今本《逸周书》。

春天所列阵法为牡阵，这是古代"十阵"之一，为一种前小后大、前尖如锥的战斗队形，弓箭先行；夏天所列阵法为方阵，也是古代"十阵"之一，为一种方形阵式、呈"回"字状的战斗队形，戟先行；季夏六月所列阵法为圆阵，也是古代"十阵"之一，为一种环形防御、金鼓旗帜置于中央的战斗队形，矛先行；秋天所列阵法为牝阵，是古代雁行阵的一个变种箕阵，为一种横向展开、左右两翼向前或者向后梯次排列的战斗队形，呈正或倒"V"字形，剑先行；冬天所列阵法为伏阵，这是古代阵法中的埋伏阵，如十面埋伏。清代有一种伏地阵，又名卧虎阵，为遇到敌人追击至水穷山阻的地方，全军卧伏地面，减少正面投影的战斗队形，盾先行。这说明武装力量的训练战备也需要依据五行之气。

《五行大义》所引《录图》，应当为《春秋录图》，分析如下：

君王依仗五行木气而称王，其人样貌为青色，长脖颈，有美丽头发。其人民样貌为高个子、宽肩膀，崇尚仁爱。颈长、身长都是形似五行木的长；仁爱，是五行木的本性。治政善则随时令生长的草丰饶茂盛，五谷都得到生长，鸟儿不伤幼胎，这是因为五行木气盛大的缘故。治政失则天上列星消失，色彩杂乱，五谷不能成熟，人民多被压死。这是因为五行木的特性是向上生长而钻出地面，遇到土的伤害，则木气衰弱而不能撑起土来，所以被压死。

君王依仗五行火气而称王，其人相貌为赤色，大眼睛。离卦为日，所以眼睛大，看得明白。其人民样貌为尖头、长腰，行动快速敏捷，崇尚孝道。长腰，取兑卦的形象；行动快速敏捷，是五行火的特性；离卦为日，日中有乌鸦，乌鸦是孝鸟。治政善则贤能的人得到任用，政治上歌颂太平盛世，駮马（駮，今写作"驳"，意为一种颜色夹杂着别种颜色）、有斑纹的狐狸到来。马，是五行属火的牲畜，治政善就会到来；狐也是如此。治政失则夏天下霜。日是五行火的精华，治政失则变为日食。雨土，是大气层中的黄土沉降现象，猝然发生，遮蔽太阳光明。

君王依仗五行土气而称王，其外表特征是头大。头大，这是五行土气的表现。其人民样貌为宽肩膀、大脚，爱好大笑、表演歌舞。广肩、大足，这是象征着五行土的样子；五行土的特性为和谐，所以安逸享乐。治政善则甘美的露水降落，醴泉也会出现，对应它的善政。治政失则以蝗虫为主的害虫产生，天经常下雨，经常刮风，大雾迷乱，这都是五行土气受伤，所以表现出异常现象。

君王依仗五行金气而称王，其人样貌为肤色白、两肩两耳不齐、面形方、身体多毛发。其人民样貌为脖颈白，身材高大，崇尚义气。这都是五行金气的表现。治政善则大贝、明珠出现，外国从远处进贡珍珠、贝类。五行金的功用是其气刚强，能制服远处的人民，所以外国人来贡献物品。治政失则火焰飞天，天空鸣响，大地裂开，河水溢出，山岳崩塌，邪恶之人得到晋升使用，昆虫野兽成为灾害。因为五行火能克制金，金有缺失，所以火去讨伐它，于是火焰飞天。

君王依仗五行水气而称王，其人样貌为肤色黑，大耳朵。因为坎卦为耳，主肾，五行水气王，所以耳朵大。其人民样貌为耳朵聪敏。坎卦为水，主管孔穴通达，所以耳朵聪敏。治政善则祥云现于天空，灵龟和神龙身上出现花纹，这都是五行水气所形成的吉祥。治政失则蟾蜍离开月宫，人民大多溺水死亡，经常下雨形成灾害，这都是五行水气所形成的忧患。

　　以上都是治政的道理，不超越五行之外，所以进行详细阐释。

五行大义 卷第五

第二十论诸神。

第二十一论五帝。

第二十二论诸官。

第二十三论诸人，就此分为二段，一者论人配五行；二者论人游年年立。

第二十四论禽虫，就此分为二段，一者论五灵，二者论卅六禽。

第二十　论诸神

诸神者，灵智无方，隐显不测。孔子曰："阳之精气为神。"又曰："阴阳不测之谓神。"一解云："神，申也。万物皆有质碍，屈而不申；神是清虚之气，无所拥滞，故曰申也，语其神也。"名有万徒，三材之道；百灵非一，并从五行。难可周尽，今且论所配五行，辨吉凶者。

《帝系谱》曰："天地初起，即生天皇，以木德王。"《三五历纪》云："天皇十三头。"《帝系谱》曰："地皇以火德王。"《三五历》云："有神人十一头，号地皇。"《春秋命历序》曰："人皇九头。"宋均《注》云："兄弟九人。"《洞纪》云："人皇分治九州，古语质，故以头数言之。"陶华阳云："此三皇治紫微宫，其精为天皇太帝。"《世记》云："天皇太帝曜魄宝，地皇为天一，人皇为太一。"甘公《星经》云："天皇太帝，本秉万神图，一星在勾陈中，名曜魄宝，五帝之尊祖也。天一、太一主承神（承，犹侍也），有两星在紫微宫门外，俱侍星天皇太帝。天一主战斗，知吉凶。甲戌庚壬，王治玉堂宫；乙己辛，王治明堂宫；丙丁癸，王治绛宫，是为三宫太神。太一主风雨、水旱、兵革、饥疫、灾害，复使十六神游于九宫。天一是含养万物，太一是察灾殃，是为天帝之臣。"郑玄注《乾凿度》云："太一者，北辰神名，居其所，曰太帝，行八卦日辰之间，曰太一，或曰天一。出入所逝，息紫宫之外，其星因以为名。天一之行，犹天子巡狩方岳，人君亦从而巡省，每卒则复。太一行八卦之宫，每四季乃入于中央。天数大分，以阳出，以阴入，阳起于子，阴起于午。是以太一下行九宫，从坎始也。"《九宫经》云："天一之行，始于离宫。太一之行，始于坎宫。天一主丰穰，太一主水旱兵饥。合十二神，游行九宫十二位，从少之多。"

《六壬式经》云："十二神将，以天一为主。甲戊庚日，旦治大吉，暮治小吉。乙己日，旦治神后，暮治传送。丙丁日，旦治微明，暮治从魁。六辛日，旦治胜先，暮治功曹。壬癸日，旦治太一，暮治太冲。"此并紫微宫门外天一、太一，非紫微之内北辰之名大帝也，郑玄谬矣。

太一十六神者，地主在子，阳气动于黄泉，万物孳产于地，子为阳气之首，故曰地主。阳德在丑，阳能生万物，至丑方生，故曰阳德也。和德在东北维，此时阴阳气合，生于万物，故曰和德。吕申在寅，吕，巨也，申，引长也，万物渐申而巨大也，故曰吕申。高丛在卯，万物丛而高大，故曰高丛。太阳在辰，震动已后，阳气大盛，故曰太阳。大昊在东南维，时阳已著，昊然照明，故曰大昊。大神在巳，万物已熟，其气翼起，故曰大神。太威在午，阳衰阴生，形气始动，故曰太威。天道在未，百物皆成，莫不资用，故曰天道。大武在西南维，阴气用事，万物皆伤，故曰大武。武德在申，荞麦方生，阴怀阳性，故曰武德。大族在酉，阴气大杀，族类皆尽，故曰大族。阴主在戌，阳气下藏，阴气自在于上，故曰阴主。阴德在西北维，乾为天也，阴气至此而极，方能生阳，故曰阴德。大义在亥，万物于此怀任，阴气含阳，故曰大义。

又九宫十二神者，天一在离宫，太一在坎宫，天符在中宫，摄提在坤宫，轩辕在震宫，招摇在巽宫，青龙在乾宫，咸池在兑宫，太阴在艮宫。太一在，已如前解。余七神，皆是星宫名，与天一、太一行于九宫，一岁一移，九年复位。天一主丰穰，太一主水旱，天符主饥馑，摄提主疾苦，轩辕主雷雨，招摇主风云，青龙主霜雹，咸池主兵贼，太阴主阴谋。又别有青龙，行十二辰，即太岁之名也，古者名岁曰青龙，此神主福庆。太阴，三岁一徙，右行十二辰，即太岁之阴神也，后妃之象，主水雨、阴私。害气，右行四孟，一岁一移，以其所至为害，故言害气。合为十二神，九宫之所用也。

又《玄女拭经》云："六壬所使十二神者，神后主子，水神；大吉主丑，土神；功曹主寅，木神；大冲主卯，木神；天刚主辰，土神；太一主巳，火神；胜先主午，火神；小吉主未，土神；传送主申，金神；从魁主酉，金神；河魁主戌，土神；微明主亥，水神。"子神后者，子为黄钟，君道，故称后；阳之始也，阳动于内而未形，故称神也。丑大吉者，万物至丑皆萌，得阳生，故大吉也。寅功曹者，万物至寅，其功已见，曹，众也，众物功既见于寅也。卯太冲者，万物至卯，其皆太冲其心皮抽萼也。辰天刚者，当斗星之柄，其神刚强也。巳太一者，纯乾用事，天德在焉，故太一神居也。午胜先者，阳气大威，阴气时动，惟阳在先为胜也。未小吉者，万物毕熟成，故为小吉也。申传送者，传其成物，送与冬藏也。酉从魁者，从斗之魁第二星也。戌河魁者，河当首也，当斗魁首也。亥微明者，水体内明，不见于外，微其阳气，至子方明也。神后主妇女，大吉主田农，功曹主迁邦，大冲主对吏，天刚主杀伐，太一主金宝，胜先主神祀，小吉主婚会，传送主掩捕，从魁主死丧，河魁主疾病，微明主辟召。

又，十二将者，天一土将，前一腾蛇，火将；前二朱雀，火将；前三六合，木将；前四勾阵，土将，前五青龙，木将；后一天后，水将；后二太阴，金将；后三玄武，水将；后四大裳，土将；后五白虎，金将；后六天空，土将。天一已如前解；腾蛇主惊恐；朱雀主文书；六合主庆贺；勾阵主拘碍；青龙主福助；天后犹是神后，天一之妃；太阴主阴私；玄武主死病；大裳主赐赏；白虎主斗讼；天空主虚耗也。

遁甲九神者，天逢在坎，一名子经，木神，在斗居破军星；天内在坤，一名子成，水神，在斗居破军星；天冲在震，一名子翘，金神，在斗居破军星；天辅在巽，一名子文，土神，在斗居武曲星；天禽在坤，一名子公，火神，在斗居廉贞星；天心在乾，一名子襄，木神，在斗居文曲星；天柱在兑，一名子违，水神，在斗居禄存星；天任在艮，一名子金，金神，在斗居巨门星；天英在离，一名子杀，土神，在斗居贪狼星。天逢已下，皆是星名。子经者，以子午为天地之经，位既在坎，故名经也。天内子成者，坤为地，能成万物也。天冲子翘者，翘，动貌，翘在震，动之象也。天辅子文者，巽为号令，有文章也。天禽子公者，居五土位，寄在坤，土为万物之父，故言公也。天心子襄者，襄，善也，乾为天，慈施故善也。天柱子违者，兑主金，金有杀伐，违天之道故也。天任子金者，艮在丑，丑，金之本也。天英子杀者，离，火也，火有烧燃之义也。《遁甲经》云："天逢宜安边保固，天内宜宗道结友，天冲宜出军伏仇，天辅宜修礼设教，天禽宜请福除恶，天心宜避病求药，天柱宜匡屯守固，天任宜庆谒通财，天英宜远行作乐。"九神之名，上并云"天"，下皆曰"子"者，此神属于北斗，皆隶于天故也；子者美称，以此神尊美故也。

《孔子元辰》云："北斗第一神，字希神子；第二神，字贞文子；第三神，字禄存子；第四神，字世惠子；第五神，字卫不邻子；第六神，字微惠子；第七神，字大景子。"此亦并称"子"也。《春秋佐助期》云："第一星神，名执阴，姓颈梁；第二星神，名斗谅，姓伊俶当；第三星神，名拒理，姓英邓领许；第五星神，名防件，姓鸡尹堵；第六星神，名开宝，姓蚩，一名苍儿部；第七星神，名招，姓肥络冯。七星之名，并是人年命之所属，恒思诵之，以求福也。"

《黄帝八神图》云："乾神轩辕，天承相使，舍于辰星；兑神时刑，北斗之使，舍于牛星，主轩斫；坤神招摇，天之上公使，舍于角星，主杀害；离神昊时，天之游激使，舍于翼星；巽神天候，天执法使，舍于觜星；震神雷公，大阴之候使，舍于七星；艮神曲隆，天候东明之使，舍于奎星；坎神咸池，天雨师使，舍于井星，主雨。此八使之神，妇人产乳忌低向之。"此亦九宫之神。神既清虚，游无定所，故在宫间，年时有不同。既八卦配于五行，故附此而录。诸神占候之法，各有别注，不劳于此；委碎名字之义，故以略谈。至如日月星辰，风雨雷电，山川岳渎，井灶衡门，爰及人身，诸神非一，帝王之所崇祭，百姓之所祈祷，如此之例，名数甚多，其于五行，更无别义，故不备说。又，卜筮所用，杀历诸神，止是左右岁月之间，逆顺季孟之际，亦无俟于具谈，宁劳曲解。此前诸神，占候之纲维，三才之理要，故以次述。

白话解读

（一）何谓神

各种神，都有三个共同特点：一是智慧，二是没有固定的方位和处所的限制，三是隐没与显现皆不可预测。那何谓神呢？

《五行大义》讲了三种观点：

其一，阳的精气为神。《五行大义》引孔子语，说明神就阴阳属性论，为阳的精气。《孔子家语》记载，孔子对宰我问鬼神一事做出了回答，意思是说，人生有气有魂。气是人所受纳的。人有生就一定有死，死后其肉体就一定归于土，这称为鬼；人身体中的魂气归于上天，这称为神。这说明神是阳气。

其二，阴阳不可测知称为神。《五行大义》引孔子之说，认为天地万物都是由阴与阳所组成的，阴阳可以认识，称为道，道是事物发展的规律；阴阳不可认识，但一直在发挥作用，称为神，神是尚未被认识的神秘的自然力量，比如天象、地理、人文之间某种神秘的联系。

其三，"神"的意思是"申"，"申"的意思是"舒展"。万物都有形体的限制，屈曲而不能伸展；神是清净虚无的气，没有什么滞留阻塞，所以称为"申"，说的就是它的"神奇"。

神的名字有成千上万，都包含于天、地、人三才之中；成百上千的神灵都不一样，一并遵从五行之道。神的种类繁多，难以详尽完备，现在暂且论述神所配合的五行，辨别神的吉凶。

（二）天皇、地皇、人皇

《五行大义》所引《帝系谱》《三五历纪》《洞纪》《春秋命历序》等书已经失传，但可以参考《太平御览》解读。依《五行大义》解释天皇、地皇、人皇如下：

首先，天地刚刚产生，就产生了天皇，治理时间长达18000年，凭借五行木德称王。但天皇并不是一个人，而是由13个人组成。

其次，地皇继天皇之后，治理时间长达18000年，凭借五行火德称王。但地皇也不是一个人，而是由11个人组成。《五行大义》说是"十一头"。

最后，人皇由9个人组成，驾驭饰有六行羽毛的骏马，乘坐饰有云彩花纹的车子，从谷口走出来，分治九州。宋均在注释中说："人皇九头是指兄弟九人。"

这里有一点需要解释：依照《洞纪》的说法，古语质朴，数人时用"头"作为数量词，所以天皇十三头是指天皇13人，地皇十一头是指地皇11人，人皇九头是指人皇9人。

(三)天皇太帝、天一、太一

1. 天皇、地皇、人皇与天皇太帝、天一、太一关系

天皇、地皇、人皇表现在天上,就是天皇太帝、天一、太一。《五行大义》所引"陶华阳",应当为南朝齐梁时期陶弘景,号华阳隐居,是道教茅山派代表人物之一。他说:"天、地、人三皇治理天上的紫微宫,其精华为天皇太帝。"

《五行大义》所引《世记》,应当为《帝王世纪》,意思是说,天皇太帝又称曜魄宝,地皇又称天一,人皇又称太一。

2. 天皇太帝、天一、太一位置及天一、太一所主

《五行大义》所引甘公《星经》,已经失传,内容有四:

其一,天皇太帝、天一、太一在天空中的位置。天皇太帝,掌管万神图,由一颗恒星组成,为勾陈勾形的中星,名称为曜魄宝,是五帝尊贵的祖先。勾陈,属紫微垣,有星六颗,其中四星属现代星座中的小熊座,勾陈一为北极星。天一、太一主管承侍神灵,各由一颗恒星组成。天一、太一二星位于紫微宫门外,天一星在紫宫门外右星南,太一星在天一星南,二星相近。天一、太一都是天皇太帝的承侍星。紫微垣,一名紫宫垣,或简称紫垣,位于北斗星东北方,由15颗恒星组成,东西两列,以北极星为中枢,形如屏藩,东藩由南起依次为左枢、上宰、少宰、上弼、少弼、上卫、少卫、少丞八星,西藩由南起依次为右枢、少尉、上辅、少辅、上卫、少卫、上丞七星,左、右枢星之间称为阊阖门,阊阖门外有天一、太一二星(如右图所示)。

其二,天一所主。天一星主管

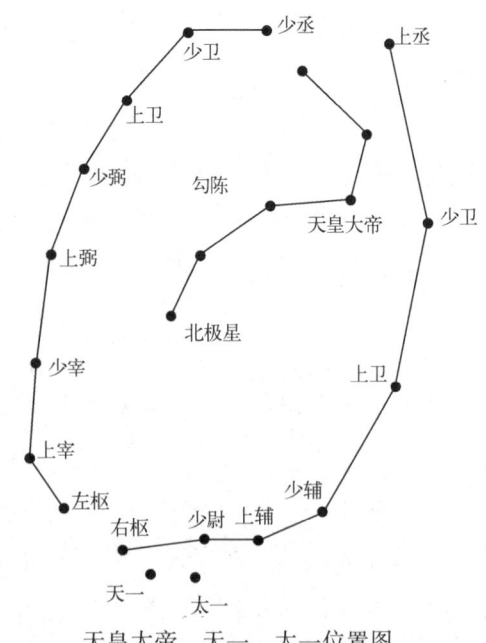

天皇太帝、天一、太一位置图

战斗，知晓吉凶。天一即天乙，所治为贵人，即天乙贵人。贵人遵从十天干，作为王者分治三宫，为三宫大神。三宫为玉堂宫、明堂宫、绛宫。《黄帝龙首经·序》说："天一常居太渊之宫，春游玉堂（大吉临四仲时），夏游明堂（神后加四神），秋游绛堂（登明加四仲）。"则玉堂即大吉位，大吉为丑；明堂即神后位，神后为子；绛堂即登明位，登明为亥。可见，玉堂宫、明堂宫、绛宫是与十二支对应的十二宫中的三个。天一出没于十二宫，于甲、戊、庚、壬日，作为王者，治玉堂宫，即大吉丑；于乙、己、辛日，作为王者，治明堂宫，即神后子；于丙、丁日，作为王者，治绛宫，即登明亥。其中，甲、戊、庚日天乙贵人在丑，乙、己日天乙贵人在子，丙、丁日天乙贵人在亥。

其三，太一所主。太一星主管刮风下雨、水灾旱灾、兵器甲胄、饥饿疫病、灾害。太一派遣十六神巡游九宫。

其四，天一养育万物，太一视察灾难祸殃，都是天皇太帝的臣子。

3. 天一、太一位置辨

古代典籍中关于天一、太一位置有二说：

其一，天一、太一为紫微宫内北辰。郑玄注《易纬乾凿度·卷下》中认为，太一就是紫微宫内北极星，居其所不动，称为太一，经常运行于八卦日辰之间，则称为天一，或称为太一。它或出或入巡游休息于紫微宫的内或外，因此得名天一、太一，所以《星经》说："天一、太一，是主管气的神。""行"的意思如同"等待"，四正方位与四维方位，是八卦神所居住的地方，所以也称为宫。天一星出紫微宫向下巡行，如同人类社会天子出宫巡行视察诸侯为天子所守的疆土一样，诸侯都到四方山岳之下进行朝见，考察其政绩得失进行赏罚，每次巡视完毕天子就回到宫中。太一下行八卦之宫，每经四方，末了就还归中央。中央是北极星所居住的地方，加上八方之宫，因此称为九宫。天数为大数，大数为阳，所以从阳宫出，从阴宫入，阳起始于子位，阴起始于午位，因此，太一下行九宫，从坎一宫开始。坎卦为家庭中的中男，"开始"也表示没有其他可以去的地方。自坎一宫，依次到坤二宫，坤卦为家庭中的母亲。又自坤二宫，依次到震三宫，震卦为家庭中的长男。又自震三宫，依次到巽四宫，巽卦为家庭中的长女。这时，太一行程已经到一半，归还休息于中央宫，之后，又自中央五宫，依次到乾六宫，乾为家庭中的父亲。自乾六宫，依次到兑七宫，兑卦为家庭中的少女。又自兑七宫，依次到艮八宫，艮卦为家庭中的少男。又自艮八宫，依次到离九宫，离卦为家庭中的中女，至此，太一巡行一周。这就是太一下九宫。

其二，天一、太一为紫微宫门外二星。这可以从两部典籍得到证明。

《五行大义》所引《九宫经》为《黄帝九宫经》。《黄帝九宫经》说："天一巡行，开始于离九宫。太一巡行，开始于坎一宫。天一主管庄稼丰收成熟，太一主管水灾旱灾、兵灾饥饿。天一、太一都配合十二神，游行九宫十二方位，从宫数少依次运行到宫数多。"这说明天一、太一不是同一颗星。

《五行大义》所引《六壬式经》这段话是讲的天乙贵人起例。旦治，又称昼贵、阳贵；暮治，又称夜贵、阴贵。天一即天乙所在，为天乙贵人，它运行规律为：①遵从天干。天乙贵人从天干论。②昼顺行，夜逆行。天乙在昼顺行，甲从子起，为诸天干第一位，顺时针配合天干、地支；在夜逆行，甲从申起，为诸天干第一位，逆时针配合天干、地支。③不坐辰戌牢狱之地。辰为天罡，戌为天狱，为天上的牢狱所在，天乙作为贵神不去这种地方。④贵人及对冲地支不配合天干，寄处别宫。如昼贵，起甲子，子午对冲，午上不配天干，子上所配天干癸寄处别宫；夜贵，起甲申，申寅对冲，寅上不配天干，申上天干癸寄处别宫。⑤各取其天干合处，昼行天干合为昼贵，夜行天干合为夜贵。甲己相合，乙庚相合，丙辛相合，丁壬相合，戊癸相合。

昼贵起例表

六壬十二神	神后	大吉	功曹	大冲	天刚	太一	胜先	小吉	传送	从魁	河魁	微明
地支	子	丑	寅	卯	辰	巳	午	未	申	酉	戌	亥
十二生肖	鼠	牛	虎	兔	龙	蛇	马	羊	猴	鸡	狗	猪
昼行天干	甲	乙/癸	丙	丁		戊		己	庚	辛		壬
昼贵起例	己	庚/戊	辛	壬		癸		甲	乙	丙		丁
昼贵（阳贵）	未	申/巳	酉	亥		丑		子	丑	寅		卯

夜贵起例表

六壬十二神	神后	大吉	功曹	大冲	天刚	太一	胜先	小吉	传送	从魁	河魁	微明
地支	子	丑	寅	卯	辰	巳	午	未	申	酉	戌	亥
十二生肖	鼠	牛	虎	兔	龙	蛇	马	羊	猴	鸡	狗	猪
昼行天干	甲	乙／癸	丙	丁		戊		己	庚	辛		壬
夜行天干	庚	己		戊		丁	丙	乙／癸	甲	壬		辛
夜贵起例	己	庚／戊	辛	壬		癸		甲	乙	丙		丁
夜贵（阴贵）	丑	子／卯	亥	酉		未		申	未	午		巳

由此得到天乙贵人总诀：

　　　　甲戊庚牛羊，乙己鼠猴乡；
　　　　丙丁猪鸡位，壬癸兔蛇藏；
　　　　六辛逢虎马，天乙贵人方。

阳贵歌诀为：

　　　　庚戊见牛甲在羊，乙猴己鼠丙鸡方，
　　　　丁猪癸蛇壬是兔，六辛逢虎贵为阳。

阴贵歌诀为：

　　　　甲贵阴牛庚戊羊，乙贵在鼠己猴乡，
　　　　丙猪丁鸡辛遇马，壬蛇癸兔属阴方。

这里所说的天一、太一，都是紫微宫门外的天一、太一，并不是紫微宫内的北辰大帝，因此，郑玄的说法是错误的。

（四）太一十六神

太一派遣十六神巡行九宫，这十六神名称、意义如下：

地主在子：阳气萌动于黄泉下面，万物滋生繁殖于地下，子为阳气的首位，所以称为地主。

阳德在丑：阳气能够生长万物，是成长至丑方才能生，所以称为阳德。

和德在艮：艮为东北维卦，这时阴阳气相互交合，产生万物，所以称为和德。

吕申在寅："吕"的意思是巨大，"申"的意思是引长，万物至寅渐渐伸展而巨大，所以称为吕申。

高丛在卯：万物至卯丛聚而高大，所以称为高丛。

太阳在辰：经过卯位的震动以后，阳气至辰大为强盛，所以称为太阳。

大昊在巽：巽为东南维卦，这时阳气已经显著，像昊天一样照耀光明，所以称为大昊。

大神在巳：万物至巳已经娴熟，阳气展翼而起，所以称为大神。

太威在午：阳气至午开始衰弱而阴气开始产生，万物形体气质开始发生变动，所以称为大威。

天道在未：各种事物至未都得以成就，没有不有助于使用的，所以称为天道。

大武在坤：坤为西南维卦，这时阴气当权用事，万物都受到伤害，所以称为大武。

武德在申：至申，荠菜和小麦开始萌生，阴气怀有阳气的特性，所以称为武德。

大族在酉：至酉，阴气大肆杀伐阳气，阳气族类都消灭殆尽，所以称为大族。

阴主在戌：至戌，阳气向地下潜藏，阴气自在于地上，所以称为阴主。

阴德在乾：乾为西北维卦，乾为天，阴气至此而达到极致，阴极则生阳，所以称为阴德。

大义在亥：万物至亥怀妊，阴气包含阳气，所以称为大义。

（五）九宫十二神

天一、太一都配合十二神，巡行九宫十二位，这就是九宫十二神。

天一、太一所在宫位，已经在前面进行了解释。其余七神，都是星宫的名称，与天一、太一一并巡行于九宫，一岁移动一宫，九年复归本位。

九宫配合十二神表

十二神	天一	太一	天符	摄提	轩辕	招摇	青龙	咸池	太阴
九宫	离宫	坎宫	中宫	坤宫	震宫	巽宫	乾宫	兑宫	艮宫

天一主管丰收成熟，太一主管水旱灾害，天符主管饥饿荒年，摄提主管疾病苦难，轩辕主管打雷下雨，招摇主管刮风布云，青龙主管下霜、降冰雹，咸池主管兵士盗贼，太阴主管阴谋计策。

除了与九宫配合的十二神外，还有三神：

一为青龙。青龙运行十二地支，就是太岁的名称。古代称呼岁为青龙，青龙主管福祥吉庆。

一为太阴。太阴三岁移动一位，向右运行十二地支，就是太岁的阴神。太阴是王后妃嫔的象征，主管各种水（包括下雨）以及隐秘不可告人的事。

一为害气。害气向右运行四孟即寅、巳、申、亥，一岁移动一位，因为其所到之处就会形成祸害，所以称为害气。

以上合为十二神，为九宫所使用。

（六）六壬十二神

《五行大义》引《玄女拭经》阐释六壬十二神：

1. 六壬十二神与十二地支、五行配合

六壬式法所使用的十二神与十二地支、五行配合关系如下表：

六壬十二神与十二地支、五行配合表

六壬十二神	神后	大吉	功曹	大冲	天刚（天罡）	太一	胜先（胜光）	小吉	传送	从魁	河魁	微明（登明）
地支	子	丑	寅	卯	辰	巳	午	未	申	酉	戌	亥
五行	水	土	木	木	土	火	火	土	金	金	土	水

此十二神，通行本六壬式法称为十二月将，但用法不同。《景祐六壬神定经·释月将第二十三》说："正月将，微明。二月将，天魁。三月将，从魁。四月将，传送。五月将，小吉。六月将，胜光。七月将，太乙。八月将，天罡。九月将，太冲。十月将，功曹。十一月将，大吉。十二月将，神后。"十二神与十二月将的关系是地支相合，如同月建与十二星次。

2. 六壬十二神与十二地支配合依据

子为神后，因为十二地支中子为十二律的黄钟，体现君王的规律，上古时代，君主称为"后"，所以子称"后"。子月，为阳气萌生的开始，阳气萌动于内部而尚未显露形迹，所以称为"神"。

丑为大吉，因为万物至丑月都开始萌芽，得到阳气而生长，阳为大，所以称为大吉。

寅为功曹，因为万物至寅月，其阳气的功绩已经显现，"曹"的意思是众多，众多事物的功绩已经显现于寅，所以称为功曹。

卯为太冲，因为万物至卯月，阳气在内，用大力冲出包裹其心的外皮，抽出绿色的花萼，所以称为太冲。

辰为天刚，因为万物至辰月，相当于北斗第七星，为刚星，或称罡星，为北斗星的柄，它指南指北、指东指西可以划分四时，代表的意思是"刚强"，所以称为天刚。

巳为太一，因为万物至巳月，在十二消息卦中为纯乾用事当权，天的德行在此，所以太一神居于此处。

午为胜先，因为万物至午月，阳气显示出巨大威力，阴气也于此时萌动，只是因为阳气在先才得以取胜，所以称为胜先。

未为小吉，因为万物至未月，都已经成熟，成熟收敛是阴气所为，阴为小，所以称为小吉。

申为传送，因为万物至申月，成熟之后，需要传递其成就的果实，送与冬季进行储藏，所以称为传送。

酉为从魁，因为万物至酉月，遵从北斗斗魁组合第二星的主管，所以称为从魁。

戌为河魁，因为万物至戌月，阳气下藏，河流成为阳气的首要特征，相当于北斗星的魁首（即北斗第一星），所以称为河魁。

亥为微明，因为万物至亥月，水体内部光明，不表现于外面，其阳气微弱，至子月才得以显明，所以称为微明。

3. 六壬十二神所主人事

神后主管成年女子，大吉主管土地和农民，功曹主管迁移封国，大冲主管应对官吏，天刚主管杀戮征伐，太一主管金银财宝，胜先主管神灵祭祀，小吉主管婚姻聚会，传送主管乘其不备而逮捕，从魁主管死亡丧葬，河魁主管疾病，微明主管官府征召。

（七）六壬十二将

《五行大义》所称六壬十二将，为通行本六壬式法中十二天官或十二天将，分析如下：

1. 六壬十二将配合五行

天一，又称天乙，居中，五行为土；天一前一位，为腾蛇，五行为火；前二位，为朱雀，五行为火；前三位，为六合，五行为木；前四位，为勾阵，又称勾陈，五行为土；前五位，为青龙，五行为木；天一后一位，为天后，五行为水；后二位，为太阴，五行为金；后三位，为玄武，五行为水；后四位，为大裳，又称太常，五行为土；后五位，为白虎，五行为金；后六位，为天空，五行为土。

六壬十二将、五行配合表

六壬十二将	天空	白虎	大裳（太常）	玄武	太阴	天后	天一（天乙）	腾蛇	朱雀	六合	勾阵（勾陈）	青龙
位次	后六位	后五位	后四位	后三位	后二位	后一位	居中	前一位	前二位	前三位	前四位	前五位
五行	土	金	土	水	金	水	土	火	火	木	土	木

天乙所临为贵人，从天乙位开始，其排列次序依次为：天乙、腾蛇、朱雀、六合、勾阵、青龙、天空、白虎、大裳、玄武、太阴、天后。

2. 六壬十二将所主

前面说过，天一主管丰收成熟；腾蛇主管惊慌恐惧；朱雀主管文字书籍；六合主管庆祝祝贺；勾阵主管拘束阻碍；青龙主管福佑襄助；天后如同神后，是天一的妃子；太阴主管阴秘私事；玄武主管死亡疾病；大裳主管赏赐财物；白虎主管争斗诉讼；天空主管空虚消耗。

（八）遁甲九神

遁甲九神、九宫、五行、北斗星配合表

遁甲九神	天逢	天内	天冲	天辅	天禽	天心	天柱	天任	天英
一名	子经	子成	子翘	子文	子公	子襄	子违	子金	子杀
九宫	坎	坤	震	巽	坤	乾	兑	艮	离
五行	木	水	金	土	火	木	水	金	土
北斗	破军星	破军星	破军星	武曲星	廉贞星	文曲星	禄存星	巨门星	贪狼星

自天逢以下，都是星的名称，演化为神。

1. 遁甲九神名称意义

子经，因为天逢位在坎宫，坎卦位于十二支子位，子午为天地的经，所以称为"经"。

子成，因为天内位在坤宫，坤为地，能够成就万物，所以称为"成"。

子翘，因为天冲位在震宫，"翘"是动的样子，震卦是震动的象征，所以称为"翘"。

子文，因为天辅位在巽宫，巽卦为风，主管号令，有文字文章的意思，所以称为"文"。

子公，因为天禽位在中央五宫，为五行中土的位置，寄处于坤宫，土吐生万物，为万物的父母，所以称为"公"。

子襄，因为天心位在乾宫，"襄"的意思是善，乾卦为天的象征，天仁慈普施，所以称为"善"。

子违，因为天柱位在兑宫，兑卦五行为金，金有杀戮征伐的意思，违背天生万物的规律，所以称为"违"。

子金，因为天任位在艮宫，艮卦位于十二支丑位，丑为金的库府，是五行中金的根本，所以称为"金"。

子杀，因为天英位在离宫，离卦五行为火，火有燃烧毁坏万物的意义，所以称为"杀"。

2. 遁甲九神所主

天逢，适宜安抚边境，修筑城池；天芮，适宜崇尚道德，交结朋侪，受业师长；天冲，适宜出军报仇；天辅，适宜蕴身守道，设教修理；天禽，适宜祭祀求福，断绝群凶；天心，适宜疗病合药；天柱，适宜屯兵自固，隐迹藏形；天任，适宜请谒通财；天英，适宜出入远行，饮宴作乐。

遁甲九神的名称，上文都称为"天"，下文都称为"子"，因为这些神都属于北斗星，都隶属于天的缘故；"子"是美好的称谓，因为这些神都地位尊崇而美好的缘故。

（九）北斗七星神

《五行大义》引两部典籍讲述北斗七星神的名称。

《孔子元辰经》说："北斗第一神，字为希神子；第二神，字为贞文子；

第三神,字为禄存子;第四神,字为世惠子;第五神,字为卫不邻子;第六神,字为微惠子;第七神,字为大景子。"这些称呼中都带有"子"字,都是赞美的意思。

所引《春秋佐助期》与《纬书集成》本略有不同,依《五行大义》为:北斗第一星神,名为执阴,姓为颈梁;第二星神,名为斗谅,姓为伊偶当;第三星神,名为拒理,姓为英邓领许;第五星神,名为防仵,姓为鸡尹堵;第六星神,名为开宝,姓为蛋,一名为苍儿部;第七星神,名为招,姓为肥络冯。这北斗七星的名称,都是人的年命所归属的星辰,经常思索、念诵它们,可以祈求北斗七星的福佑。

(十)黄帝八神

《黄帝八神图》说:"乾宫神为轩辕,是天的承相使,次舍于二十八宿的辰星;兑宫神为时刑,是北斗星的使者,次舍于二十八宿的牛星,主管轩车、砍斫;坤宫神为招摇,是天的上公使,次舍于二十八宿的角星,主管杀戮、伤害。离宫神为昊时,是天的游激使,次舍于二十八宿的翼星;巽宫神为天候,是天的执法使,次舍于二十八宿的觜星;震宫神为雷公,是大阴的候使,次舍于二十八宿的七星;艮宫神为曲隆,是天候东明的使者,次舍于二十八宿的奎星;坎宫神为咸池,是天的雨师使,次舍于二十八宿的井星,主管下雨。此称为八使的神,妇人生产、喂乳都忌讳朝向它们。"这也是九宫的神。

神既然清净虚无,游行各地,没有固定的场所,所以神所在九宫的位置,每年每时都有不同。既然八卦配合于五行,所以附录于此。

诸神占候预测吉凶的方法,各自有别的书籍进行注解,不劳于此阐释,至于细小而繁多的名称、字号的含义,需要本书在此大略叙述。

至如日、月、星、辰、风、雨、雷、电、山、川、岳、渎、井、灶、衡、门,乃至人的身体,各种自然神的种类很多,不止一种,这都是帝王所尊崇祭祀,百姓所祈祝祷告的,如此之类,名称、数量非常多,但对于五行来说,除其自然本义之外,更没有别的意义,所以不详备阐述。

又,龟卜、占筮中所用到的各种吉凶神煞,只是在岁月之间推求,在或逆排或顺排或排最末或排首位之间变化,也不必等待于具体谈论,何苦辛劳于曲折解释。

本节此前所述各种神，是观测天象预言人事吉凶的总纲和四维，是天、地、人三才事理的要旨，所以按照次序进行阐述。

第二十一　论五帝

遂古已来，所论五帝，凡有三种。《河图》云："东方青帝，灵威仰，木帝也；南方赤帝，赤熛怒，火帝也；中央黄帝，含枢纽，土帝也；西方白帝，白招拒，金帝也；北方黑帝，叶光纪，水帝也。"陶华阳云，有皇伯、皇仲、皇叔、皇季、皇少兄弟五人，即灵威仰等。此五帝并天上神，下治于世，综理神鬼，次第相接，治太微宫，其精为五帝之座，五星随王受气，即明堂所祭者也。故云："宗祀文王于明堂，以配上帝。"

《礼记》曰："春之月，其帝太皥；夏之月，其帝炎帝；中央土，其帝黄帝；秋之月，其帝少皥；冬之月，其帝颛顼。"东方大昊，庖羲氏，主春，苍精之君；南方炎帝，神农氏，主夏，赤精之君；中央黄帝，轩辕氏，主四季，黄精之君；西方白帝，金天氏，主秋，白精之君；北方黑帝，颛顼氏，主冬，黑精之君。

《易》曰："帝出于震。"此盖人帝之始始于伏羲。五行之次以木为先，四时相易以春为首，故庖羲为五帝之先也。又，诸史以少昊、颛顼、高辛、唐、虞谓之五帝，此盖自舜已前，五行相承为帝也。《易经》乃上取伏羲，下至虞舜，不言中间三帝者，以其因修，无所造作，何以得言之，故不论也。

大昊帝庖羲者，姓风也，母华胥，履大人迹而生于成纪，蛇身人首，以木德王天下，为百王先。《易》曰："帝出于震。"震，木，东方，主春。象日之明，故曰太昊。因象龟文而画八卦，为罔罟以田渔。古者人畜相食，为害者多，帝观蜘蛛之网，教民取牺牲，以充庖厨，故曰庖牺。是谓羲皇。后世音谬，谓之伏牺，或云宓羲。一号雄皇氏。《孝经钩命决》云："伏羲日角、珠衡、戴胜。"《礼含文嘉》云："伏羲德洽天下，天应以鸟兽文章，地应以龟书，伏羲则象，作八卦。"

炎帝神农氏，姓姜，母任姒，名女登，感神龙而生帝于常羊，人身牛首。以火承木，位南方，主夏，故曰炎帝。作耒耜，始教民耕农，尝别草木，令人食谷，以代牺牲之命，故号神农。一号魁隗氏。是为农皇。《礼含文嘉》云："神农作田道，就耒耜，天应以嘉禾，地出以醴泉。"

黄帝轩辕氏，姓姬，母附宝，见大电光绕北斗枢星，明照郊野，感而生帝于寿丘。以土承火，位于中央，故曰黄帝。治五气，设五星，始垂衣裳，作舟车，造屋宇。古者巢居穴处，黄帝易之以上栋下宇，以蔽风雨，故号轩辕。亦云：居轩辕之丘，因以为号。一号帝鸿氏，或皈藏氏，或有熊氏。《春秋文耀钩》云："黄帝龙颜，得天庭，法中宿，取象文昌。"《礼含文嘉》云："黄帝修兵革，以德行，则黄龙至，凤凰来仪。"

少昊金天氏，姬姓，名挚，字青阳，母女节，有大星如虹，下流华渚，梦接意感，生帝。以金承土，故曰金天，即图谶所谓"白帝朱宣"也。位在西方，主秋，金有光明，居小阴位，故曰少昊。《文耀钩》云："帝营载干，是谓清明，发节移度，盖象招摇。"

颛顼高阳氏，姓姬，母景仆，见摇光贯月如虹，感而生帝于若水。以水承金，位在北方，主冬，故号颛顼。《文耀钩》云："颛顼并干，上法月参，集威成纪，以理阴阳。"此五帝，即《礼》所配五方者也。

帝喾高辛氏，姬姓，生而神异，自言其名曰夋，以木承水，五行名官，故号高辛。《帝王世纪》云："高辛骈齿，有圣德，能顺三辰。"

帝尧陶唐氏，祁姓，母庆都，出洛渚，遇赤龙，感孕十四月，而生帝于丹陵。名放勋，以火承木。其兄帝挚封之于唐，故号陶唐氏。《文耀钩》云："尧眉八彩，是谓通明，历象日月，陈剬考功。"《礼含文嘉》云："尧，广被四表，致于龟龙。"

帝舜有虞氏，姓姚，母握登，见大虹，意感，生帝于姚墟。名重华，字都君。目重瞳子，故名重华。以土承火。尧封之于虞，故号有虞氏。设五色之服。《文耀钩》云："舜重瞳子，是谓滋谅，上应摄提，以统三光。"

《礼含文嘉》云："舜损己以安百姓，致鸟兽鹪鹩，凤凰来仪。"此三帝并少昊、颛顼，共为五帝。《史记》以伏羲、女娲、神农为三皇，黄帝已下为五帝。《帝王世纪》以羲皇、神农、黄帝为三皇，少昊已下为五帝。

今案：《礼记》郊配五德，自伏羲至颛顼为五帝，是其正位。所以然者，《易》称"帝出于震"，盖五德之首也，以次而行，至颛顼则五德数终。若以少昊为首，则金非五德之先。若以黄帝为首，土居中央，本非创始。故从木为先，伏羲为五德之首，《易》言是也。其帝喾已下，皆行次相承也。上帝有五，灵威仰等。姓氏事，伏羲年代久远，典籍遗漏，不可具释。然五德相承，谓受天明命，必豫符瑞，以明会昌。若应命之主，皆承太微五帝之精，以诞于世，必有先徵，示其萌兆也。木王则苍帝之子，火王则赤帝之子，土王则黄帝之子，金王则白帝之子，水王则黑帝之子。故《录图》云："东方苍帝，体为苍龙，其人长头，面大，角骨起，眉、背丰博，顺金，授火；南方赤帝，体为朱鸟，其人尖头，圆面，方颐，张目，小上，广下，须鬐，偃胸，顺水，授土；中央黄帝，体为轩辕，其人面方，广颡，兑颐，缓唇，背丰厚，顺木，授金；西方白帝，体为白虎，其人方颡，直面，兑口，大鼻，小角，顺火，授水；北方黑帝，体为玄武，其人夹面，兑头，深目，厚耳，垂腹，反羽，顺土，授木。"此并象五行之气，依其行次，以相传授也。

《感精符》云："苍帝，望之广，视之博；赤帝，望之火，煌煌然，视之尖上；黄帝，望之小，视之大，广厚正方；白帝，望之明，视之茂；黑帝，望之巨，视之稚。"《元命苞》云："苍精用事，象岁星；赤精用事，象荧惑；黄精用事，象镇星；白精用事，象太白；黑精用事，象辰星。"此皆五德之依五行，子母相传也。非其次者，必有克伐而不终也。秦以金德伐周，二世而亡。汉以火行继周，伐秦伪金，故其祚长远。若是其行次者，则有符瑞也。《春秋元命苞》云："尧火精，故庆都感赤龙而生。"汉以孔子获麟得图书云："姬周亡，火曜，刘起，帝卯金。"故高祖斩白蛇，而神母哭云："赤帝子杀我白帝子。"光武感赤伏符而中兴。此皆火德之徵也。四行所感，例皆如此。往代帝王，符瑞非一，不可具述。今略论五帝配五行如此。

白话解读

（一）何谓五帝

上古以来，所谓五帝，共有三种说法：

第一种，以《河图》为代表。《河图》说，东方为青帝，神名灵威仰，五行为木；南方为赤帝，神名赤熛怒，五行为火；中央为黄帝，神名含枢纽，五行为土；西方为白帝，神名白招拒，五行为金；北方为黑帝，神名叶光纪，五行为水。陶华阳（陶弘景）所说，上古有皇伯、皇仲、皇叔、皇季、皇少兄弟共五人，就是指灵威仰等五帝而言。这五帝都是天上的神灵，下降人间治理人世，总揽管理神和鬼，按照五行相生的次序相互接替，治所在太微宫，其精华为天上的五帝座，五帝座的五颗星各代表一帝，五颗星随同人间君王一起接受祭祀，这五帝就是古代明堂所祭祀的五帝。所以《孝经》说，从前周公摄政，行郊天祭祀，尊崇周的始祖后稷以配合天；祭祀五方上帝于天子布政的明堂，尊崇文王以配合五帝。

第二种，以《礼记》为代表。《五行大义》所引《礼记》，出自《礼记·月令》，但进行了概括。按照《礼记·月令》的说法，孟、仲、季春三月，"其帝大皞"；孟、仲、季夏三月，"其帝炎帝"；中央土，"其帝黄帝"；孟、仲、季秋三月，"其帝少皞"；孟、仲、季冬三月，"其帝颛顼"。东方为大昊，帝名庖羲氏，主管春时，是凝聚苍气精华的君王；南方为炎帝，帝名神农氏，主管夏时，是凝聚赤气精华的君王；中央为黄帝，帝名轩辕氏，主管春、夏、秋、冬四时之末，是凝聚黄气精华的君王；西方为白帝，帝名金天氏，主管秋时，是凝聚白气精华的君王；北方为黑帝，帝名颛顼氏，主管冬时，是凝聚黑气精华的君王。

第三种，以《周易》为代表。《周易·说卦传·第五章》说，帝出现于震卦，即从震卦开始。这大概是因为人间帝王的开始始于伏羲。按照五行相生次序，以木为五行首位；四时更替，春为四时首位。伏羲五行为木，所以庖羲（即伏羲）为五帝的首位。又，各种史书中有将少昊、颛顼、高辛、唐、虞称为五帝的，这大概是因为自舜帝以前，五行相互承接为帝王。《易经》向上取自伏羲，向下取自虞舜，不说中间三位帝王，其原因是这三位帝王因循前帝治理人民，没有什么创新之处，凭什么得到叙说呢，所以《易经》不论述中间三帝。

（二）五帝辨析

1. 上古帝王基本情况

大昊，又称太皞、大皞，帝名庖羲氏，姓为风，母亲为华胥，因为脚踏了大人的足迹，受到感应而生大昊于成纪，大昊长有蛇的身体，人的脑袋，凭借五行木的德行称王天下，为百王中的第一位。《周易·说卦传·

第五章》说："帝出于震。"震卦五行为木，方位为东方，四时主管春，在周日视运动中，太阳每天从东方升起，伏羲象征太阳的光明，所以称为太昊。伏羲根据龟背上的图案而画出八卦，制作网具用以打猎和捕鱼。古时候，人和野兽相互为食，为害人类的野兽很多，伏羲帝通过观察蜘蛛结的网，教会人民猎取宴享用的牲畜，用来充实厨房，所以称为庖牺，这就是羲皇。后世口耳相传，读音出现错误，称他为伏牺或宓羲。另一个称号为雄皇氏。根据《孝经钩命决》的说法，伏羲氏生有大眼睛，高鼻梁，额头骨骼中央部分隆起，形状如同日出之角，人眉间骨横向隆起如同连珠，戴着叫"胜"的首饰。而据《礼含文嘉》所说，"伏"的意思是分别，"羲"的意思是敬献、效法。伏羲德行遍及天上地下，天回应他飞鸟走兽纹理图案，地回应他神龟图书，伏羲效法模拟它们，创作了易经八卦。

炎帝，名神农氏，姓为姜，母亲为任姒，名叫女登，感应神龙而生炎帝于常羊，炎帝长有人的身体，牛的脑袋，以五行火德承继木德，方位为南方，四时主管夏，所以称为炎帝。炎帝创造了像犁似的翻土农具，开始教导人民耕种农业作物，他通过品尝分别草木植物，令人食用谷物，用来代替牲畜的生命，所以称为神农。另一个称号为魁嵬氏。这就是农皇。据《礼含文嘉》，神农氏创制了耕作技术，造就了翻土用的农具，天回应他以双穗嘉禾，地回应他以酒香醴泉。

黄帝，名轩辕氏，姓为姬，母亲为附宝，看见巨大电光环绕北斗七星中的天枢星，光明照亮郊野，受到感应而生黄帝于寿丘。黄帝以五行土德承继火德，方位为中央，所以称为黄帝。黄帝治理五行之气，设置木、火、土、金、水五星观测，衣服的制作自他而始，他还制作车船，建造房屋。上古时候，人们住在鸟巢洞穴中，黄帝用上有栋梁下有四壁的房屋替代了它们，用来遮蔽风和雨，所以称为轩辕。还有一种说法：黄帝居住在轩辕丘，因此取以为称号。另一个称号为帝鸿氏，或飯藏氏，或有熊氏。据《春秋文耀钩》，黄帝长得像龙一样眉骨圆起，额头宽而且阔，效法二十八宿中居于四方之中央的一宿，取用南斗文昌星的象征意义。据《礼含文嘉》，黄帝修治兵器甲胄，用道德治理天下，则黄龙到来，凤凰款款而至。

少昊，名金天氏，姓为姬，名为挚，字为青阳，母亲为女节，有巨大星辰如同彩虹一样，向下流入华渚，女节梦里接受，心中感应，生少昊帝。用五行金德承继土德，所以称为金天，就是图谶所说的"白帝朱宣"。

方位为西方，四时主管秋，金有光耀明亮，居于少阴位置，所以称为少昊。据《春秋文耀钩》，帝喾记载历法使用天干，这被称道为讲究法度、条理清晰，发动有时节，移动有分度，这大概取用北斗第七星摇光星的象征意义。

颛顼，名高阳氏，姓为姬，母亲为景仆，看见北斗第七星摇光星贯穿月亮如同虹气，受到感应而生颛顼帝于若水。用五行水德承继金德，方位为北方，四时主管冬，所以称为颛顼。据《春秋文耀钩》，颛顼合并用天干记载的历法，定下四季和二十四节气，向上效法月亮和参宿，集中权威形成纲纪，用来治理阴阳占卜的巫术。

以上这五帝，就是《礼记·月令》所配五方的五帝。

帝喾，名高辛氏，姓为姬，一生下来就具有神奇异能，自称其名叫"逡"。用五行木德承继水德，在任期间，用五行称呼官职，以勾芒氏（即重氏）为木正，以祝融氏（重黎氏）为火正，以蓐收氏为金正，以玄冥氏为水正，以后土氏为土正，所以称为高辛。《帝王世纪·五帝》说，高辛有重叠的牙齿，圣明的品德，能够顺应日、月、星三辰变化规律，制定科学的时辰顺序，使农耕文明进入崭新时代。

帝尧，名陶唐氏，姓为祁，母亲为庆都，从洛渚出行，遇到赤龙，受到感应，怀孕14个月，而生尧帝于丹陵，名叫放勋。用五行火德承继木德，其兄长帝挚将他分封于唐国，所以称为陶唐氏。据《春秋文耀钩》，尧的眉毛焕发八种彩光，这称道为开通贤明，帝尧任命羲、和掌管天文，取象日月，制定历法，陈列制度，考核政绩。《礼含文嘉》说，尧的德行遍及四方极远之地，至于龟和龙等动物。

帝舜，名有虞氏，姓为姚，母亲为握登，看见巨大的彩虹，心中受到感应，生舜帝于姚墟。名叫重华，字为都君。舜帝一个眼睛里有两个瞳孔，所以称为重华。用五行土德承继火德。尧分封舜于虞国，所以称为有虞氏。舜帝设计符合五行思想的五种颜色衣服。据《春秋文耀钩》，舜帝目有两个瞳子，这称为滋液润泽而清凉光明，在天上对应位于大角星两侧的摄提六星，左三星为左摄提，右三星为右摄提，用来统帅日、月、星三光。《礼含文嘉》说，舜帝损失自己用来安定百姓，招来飞鸟走兽，步趋有节，凤凰来舞，仪容非凡。

这三帝加上少昊、颛顼共为五帝。《史记》以伏羲、女娲、神农为三皇，以黄帝以下为五帝，《帝王世纪》以羲皇、神农、黄帝为三皇，少昊以下为五帝。

2. 五帝正位

现在对五帝说进行考查：《礼记·月令》记载，帝王行郊天祭礼时，以始祖配祭木、火、土、金、水五德，自伏羲、神农、黄帝、少昊、至颛顼为五帝，这是五帝正位。所以如此，因为《周易》称"帝出于震"，说明五行木为五德首位，按照五行相生次序依次排列五行，自伏羲木德始，至颛顼则五德循环一个周期。如果以少昊为五帝首位，少昊五行为金，金德不是五德第一位。如果以黄帝为五帝首位，黄帝五行为土，土居位于中央，本来就不是创始的五德。所以遵从五行木为首先的原则，伏羲为五德的首位，《周易》所说是正确的。其他上古帝王自帝喾以下，都按照五行相生次序依次相承继。

（三）五帝相承

天上太微垣中五帝座有五位上帝，即灵威仰等。人间上古帝王的姓、氏、事迹，伏羲由于年代久远，法典图籍遗失缺漏，无法具体阐释，但是五德相互承继，称为接受上天圣明的旨意，必定预先有吉祥征兆，以明告此位君主应当昌盛。如果是遵从天命的君主，都是承受了天上太微垣五帝的精华而诞生于世的，必定有征象表明其预兆。

1. 五帝象五行之气

五行木气王则为苍帝的儿子，火气王则为赤帝的儿子，土气王则为黄帝的儿子，金气王则为白帝的儿子，水气王则为黑帝的儿子。《春秋录图》据此描述五帝的相貌特征。

东方苍帝，身体如同苍龙，长长的脑袋，面部阔大，头顶两旁棱骨隆起，眉毛、脊背丰厚博大，顺从五行金气，授予五行火气。

南方赤帝，身体如同朱鸟，尖尖的脑袋，面部圆满，方下巴，大眼睛，上部小，下部大，络腮胡子，仰胸，顺从五行水气，授予五行土气。

中央黄帝，身体如同轩辕，面形方正，广阔的额头，尖锐的下巴，宽大的嘴唇，脊背丰满肥厚，顺从五行木气，授予五行金气。

西方白帝，身体如同白虎，方方的额头，端正的面部，尖锐的口，大鼻子，小的头顶两旁棱骨，顺从五行火气，授予五行水气。

北方黑帝，身体如同玄武，狭窄的面部，尖锐的脑袋，深深的眼睛，厚厚的耳朵，松垂的腹部，中间凹四周高的头顶，顺从五行土气，授予五行木气。

这些都是身体象征五行的气，依照五行相生次序，以相互传承授予。

2. 五德依五行子母相传

《春秋感精符》说，苍帝，远望身形宽广，近视身形博大。赤帝，远望身形如火光彩夺目，近视身形上部尖锐。黄帝，远望身形较小，近视身形阔大，广大厚重，端正四方。白帝，远望身形鲜明，近视身形美好。黑帝，远望身形巨大，近视身形幼小。《春秋元命苞》说，苍气精华用事当权，象征天上的岁星；赤气精华用事当权，象征天上的荧惑；黄气精华用事当权，象征天上的镇星；白气精华用事当权，象征天上的太白；黑气精华用事当权，象征天上的辰星。

上述两种典籍关于五德排列都遵从五行相生次序，都是讲五德按照五行相生次序子母相互传承的规律。

3. 五德行次征验

五德不遵从五行相生次序，必然受到攻打讨伐而不得善终。秦朝凭借五行金德讨伐周朝，经历二世就灭亡了。汉朝凭借五行火德继承周朝，讨伐秦朝不合法的金，所以其皇位传承长远。

如果五德遵从五行相生次序，则一定有帝王受命的吉祥征兆。《春秋元命苞》说，尧为五行火气精华，所以其母亲庆都感应赤龙而生下尧来。至于汉朝，当初孔子获麒麟，得到图书说："姓姬的周朝灭亡，五行火照耀，姓刘之人兴起，帝的名字中有卯、金偏旁。"繁体刘字为"劉"，由卯、金、刂组成，所以汉高祖刘邦斩杀白蛇，而有神秘的老妇哭说："赤帝的儿子杀了我白帝的儿子。"汉光武帝刘秀感应"赤伏符"的谶语"刘秀发兵捕不道，四夷云集龙在野，四七之际火为主"而第二次复兴汉室。这都是五行火德的征验。其他木、土、金、水四行所感应的例子都是如此。往古帝王，其帝王受命的吉祥征兆不止一种，不能详细叙述。现在就这样大略论述五帝配合五行之事。

第二十二　论诸官

自三五已来，纪官无定，皆因符瑞，名号不同。或以鸟龙，或以云火，莫不仰观俯察，因事而置。事虽时世不一，五行无爽。

至于颛顼，以人事纪官，南正重司天以属神，北正黎司地以属民，于是神民不离。高辛氏立五行名官，以勾芒为木正，祝融为火正，蓐收为金正，玄冥为水正，后土为土正，分掌其职。少皞氏有四子，重、该、修、熙。重为勾芒，木官之神；该为蓐收，金官之神；修、熙并为玄冥，水官之神；颛顼氏子曰黎，为祝融，火官之神；共工氏子曰勾龙，为后土，土官之神。此五神，生而为上公，死为贵神，别称五祀，已配五行。

《周书》云："武王营洛邑未成，四海之神皆会，曰：'周王神圣，当知我名，若不知，水旱败之。'明年，雨雪十余旬，深丈余。五大夫乘车，从两骑，止王门，太公曰：'车骑无迹，谓人之变。'乃使人持粥进之曰：'不知客尊卑何？'从骑曰：'先进南海御，次东海御，次北海御，次西海御，次河伯，次风伯，次雨师。'武王问太公：'并何名？'太公曰：'南海神名祝融，东海神名勾芒，北海神名玄冥，西海神名蓐收。'"

《礼记·月令》云"春之月，其神勾芒；夏之月，其神祝融；中央土，其神后土；秋之月，其神蓐收；冬之月，其神玄冥"是也。此五方之神，以配五行。又，黄帝置三公之职，以象三台星，风后配上台，天老配中台，五圣配下台；置左右二监，此亦五行之谓也。

四司分掌四方，即四时之法也。尧以羲和四子，分掌四时方岳之职，谓之四岳。太公曰："太师者，心腹之臣，所使，是人之英，故曰前疑，常立于前，决疑事也；太史者，耳目之臣，所使视听，是人之后，故曰后承，常立于后，承主之过，取验于天；太傅者，爪牙之臣，所使守卫，是人之杰，故曰左辅，辅人主缺事，立于左，拒君之难；太保者，羽翼之臣，所使察伺，是人之警，故曰右弼，常立于右，弼人主之邪。四辅既立，王者安而无为，百姓济而无害。若四辅不具，犹格虎无备，济河无舟。若王者不知古今之务，远方之讳，不谋于诸侯，不达言语，动作不合于制，太师争之；不知天变，星历之运，天官动静，钟律之音，山川怪异，不善灾害，太史陈天文以争之；发号令不应先王法度，与大臣无礼，枉道于民，处刑不平，独信自专，临政不庄，又不恤臣仆，太傅争之；升车不应和鸾，揖让不中磬佩，淫宴驰骋，沈冒酒色，宗庙不敬，舆服失度，朝廷无节，太保争之。"此则四时之官，四岳之分职。前疑主夏，后承主冬，左辅主春，右弼主秋。

唐虞之时，官名已百。《尚书》云："百僚师师。"夏殷定名为百二十，以应天地阴阳之大数也。故有三公，九卿，二十七大夫，八十一元士，三三相参，合有百二十也。

《帝王世纪》云："殷汤问伊挚曰：'古者立三公、九卿、大夫、元士者何？'挚曰：'三公以与主参王事，九卿以参三公，大夫以参九卿，元士以参大夫，故参而又参，是谓事宗，事宗不失，内外若一。'又曰：'相去几何？'挚曰：'三公智通于天地，应变而无穷，辨于万物之情，其言足以调阴阳四时而节风雨，如是者，举之以为三公。故三公之事，常在于道。九卿者，不出四时，通沟渠，修堤防，树种五谷，通于地理，能通利不利，如此者，举以为九卿。故九卿之事，常在于德。大夫者，出入与民同象，取去与民同解，通于人事，行内举绳，不伤于言，言足法于世，不害于身，通关梁，实府库，如是者，举以为大夫。故大夫之事，常在于仁。元士者，知义而不失期，事功而不独专，中正强谏而无奸诈，在私立公而可立法度，如是者，举以为元士。故元士之事，常在于义。道德仁义定，而天下正矣。'"又曰："三公，股肱之臣；九卿，手足之臣；大夫，筋脉之臣；元士，肌肉之臣。"孔子曰："三公象五岳，九卿法河海，二十七大夫法山陵，八十一元士法谷阜。三公在天为三能，九卿为北斗，少微之比为大夫，郎位之类为元士。合百二十，大数存焉。"

《合诚图》云："天不独立，阴阳俱动，扶佐立绪，合于二六。以三为举，故三能六星，两两而比，以为三公；三三而九，阳精起，故北斗九星，以为九卿；三九二十七，故有摄提、少微、司空、执法、五诸侯，其星二十七，以为大夫；九九八十一，故内列倍卫、阁道、郎位、扶匡天子之类八十一星，以为元士。凡有百二十官，下应十二月。数之经纬，皆五精流气，以立官廷。"《尚书》曰："立大师、太傅、大保，兹惟三公。论道经邦，燮理阴阳，官弗必备，惟其人。"《淮南子》曰："举天下之高，以为三公；一国之高，以为九卿；一县之高，以为二十七大夫；一乡之高，以为八十一元士。"

《感精符》曰："三公非其人，则山崩，三能移；九卿非其人，则江河溃，辅星角；大夫非其人，则丘陵偃圻，少微等有变；元士非其人，则谷阜毁，扶匡失。是以王者仰视象于天，俯察法于地，中择贤能以任之。任得其人，则国昌民安。任非其人，则邦危民弊。"《易》曰："鼎折足，覆公餗。"此喻三公失人，如鼎折足，不堪容著也。

《周官》云："天官冢宰，地官司徒，春官宗伯，夏官司马，秋官司寇，冬官司空。"冢宰主会计，司徒主土地，宗伯主礼乐，司马主兵戎，司寇主刑罚，司空主造作。孔子曰："冢宰之官以成道，司徒之官以成德，宗伯之官以成仁，司马之官以成圣，司寇之官以成义，司空之官以成礼。以之道则国治，以之德则国安，以之仁则国和，以之圣则国平，以之礼则国定，以之义则国成。故属不理，分职不明，法正不一，百事失纪，曰乱，乱则饬冢宰；地宜不殖，财物不蕃，万民饥寒，教化不行，风俗漂乱，人民流散，曰危，危则饬司徒；父子不亲，长幼失序，君臣上下，乖离异志，曰不和，不和则饬宗伯；贤能而失官爵，功劳而失赏禄，士卒疾怨，兵弱不用，曰不平，不平则饬司马；刑罚暴乱，奸邪不胜，曰不义，不义则饬司寇；度量不审，举失事理，都鄙不修，财物失所，曰贫，贫则饬司空。故古之王者，常以季冬考德正法，以观治乱。德盛者则修法，德不盛者则饬政，故法与政盛而不衰。"

《淮南子·天文篇》云："东方为田官，南方为司马，西方为大理，北方为司空，中央为都官。"《春秋繁露》云："木司农，火司马，土司空，金司徒，水司寇。"此并配五行也。《周官》以冢宰计会，司徒土地，并中央之义，与《淮南》《繁露》意同。

春官主礼乐者，礼齐上下，乐和人情，皆是仁也，故云："宗伯之官以成仁"，仁属木，东方也。《淮南》《繁露》并主农者，取春是农之本也。

夏官主兵戎者，火气猛烈，兵之象也。然刑罚皈于司寇，司马以礼节齐之，主而不用刑也。《淮南》《繁露》并同。

秋官主刑罚者，金之本性，主杀伐也。《淮南》大理，亦主刑也。《繁露》为司徒者，名异事同，故云："因时之威以成，大理，司徒。"

冬官主造作者，冬时万物收藏，百工咸皈其所，故造器用，以供王事。《淮南》说同。《繁露》以为司寇者，谓执法之官须平直之人，如水能平均也，故云："执法阿党不平，则诛之，故土胜水。"是其水取平直之意也。

虽五运递兴，官名世革，而五行用事，其理齐同，所以禹平洪水，身任司空，九土纳赋；伯夷秩宗，必备三礼；契为司徒，敬敷五教；咎繇士师，明用刑典。如此分职，则《周官》臣是也。自古以来，官数起自于三，极八十一者，阳成于三，极于九，故三公而九卿，九九八十一，黄钟律之极数也，故尊官取其始数，卑官者用其末数。所以不云一者，一是元气，属于天子，故号天子为元首，以其一无二也。《尚书》曰："元首明哉。"臣非元一，故自三而起。周止六卿者，以为通六合，因六气而设六府也。此乃时代异，故非越五行。又，三代命官，皆止于九，故士有三等，下士一命，中士二命，上士三命；大夫三等，下大夫四命，中大夫五命，上大夫六命；卿已上亦三，少卿七命，大卿八命，公则九命，三三而九，亦以阳之正数也。末代以命为品，亦不过九，但以一为尊官，九为卑官。取命是出自上命，秩下官名，故以多者为重；品是品其次第，一既居先，故以一为贵。此并方位及数配五行，今次为论。

支干为官者，《洪范五行传》云："甲为仓曹，共农赋；乙为户曹，共口数；丙为辞曹，共讼诉；丁为赋曹，共狱捕；戊为功曹，共除吏；己为田曹，共群畜；庚为金曹，共钱布；辛为尉曹，共本使；壬为时曹，共政教；癸为集曹，共纳输。子为传舍，出入敬忌；丑为司空，守将班治；寅为市官，平准卖贾；卯为乡官，亲事五教；辰为少府，金铜钱布；巳为邮亭，行书驿置；午为尉官，驰逐追捕；未为厨官，百味悉具；申为库官，兵戎器械；酉为仓官，五谷畜积；戌为狱官，禁讯具备；亥为宰官，闭藏完具。"支干配官，皆从其五行本体，意略可解，不劳繁述。

翼奉云："肝之官尉曹，木性仁，尉曹主士卒，宜得仁；心之官户曹，火性阳，户曹主婚导之礼；肺之官金曹，金性坚，主铜铁；肾之官仓曹，水性阴凝藏物，仓曹冬收也，先王以冬至闭关，不通商旅，慎阴气也；脾之官功曹，土性信，出禀四方，功曹事君，以信授教四方也。尉曹以狱司空为府，主士卒，狱闭遁亡；与之奸，则螟虫生。木性静，与百性通，则鱼食于民，从类故虫。户曹以传舍为府，主名籍，传舍主宾客；与之奸，则民去乡里。户曹主民利户口，集民利，故悉去之。仓曹以厨为府，主廪假，厨主受付；与之奸，则贼盗起。仓曹收以民租，侵克百姓，穷故。功曹以小府为府，与四曹计议，小府亦与四府则用，故小府仓出纳，主饷种。功曹有二府，所以为五官六府。游徼、亭长，外部吏，皆属功曹。与之奸，则虎狼食人。功曹职在刑罚，内为奸，故虎狼盗贼杀夺于民，上奸下乱也。金曹以兵啬夫为府，主讨捕；与之奸，则城郭盗贼起、两偏施；金曹主市租，侵夺故上下，相承故市贾不平。"此并从五行，以五藏配六府也。既并名官，故于此释。

白话解读

（一）诸官名号配合五行

自从三皇五帝以来，上古记载官职的名称是不固定的，都是根据各个时代帝王受命的吉祥符瑞而确定，各自不同。有的以鸟师、龙师称呼，有的以云师、火师称呼。这些上古时代官职称号都是上古帝王经过仰观天文，俯察地理，根据政事分工而设置。政事的具体内容虽然随着时代世道不同而不一致，但在与五行配合这一点上绝无违背。

至颛顼帝时代，开始以人世间事务来称呼百官，南方长官名重，主管天，用来聚拢群神；北方长官名黎，主管地，用来聚拢众民，于是天神与人民不再分离。高辛氏时代，确立五行称呼百官，用勾芒为木正，祝融为火正，蓐收为金正，玄冥为水正，后土为土正，分别掌管各自不同的职责。少皞氏有四个儿子，名叫重、该、修、熙。重任命为勾芒，为木官的神明；该任命为蓐收，为金官的神明；修、熙都任命为玄冥，为水官的神明；颛顼氏的儿子名叫黎，任命为祝融，为火官的神明；共工氏的儿子名叫勾龙，任命为后土，为土官的神明。这五位神明，生前为位在三公以上的上公，死后为尊贵的神明，别称为受祭祀的五行神，已经配合五行。

（二）诸官方位、数量配合五行

1. 诸官方位配合五行

《五行大义》所引《周书》，今辑入《逸周书》。周武王营建东都洛阳，尚未建成之时，四海的神明都会聚到了这儿，说："周武王神武圣明，应该知道我们的名号，如果不知道，我们就用水灾、旱灾来败坏他的国家。"

第二年，一连下了一百多天大雪，积雪一丈多深。人们见到五位大夫乘坐车子，率领两位骑士，来到武王门前停下，姜太公说："车马在雪上没有任何痕迹，这是人间的异事。"于是派人拿着粥饭进献给他们，说："不知道客人们尊卑次序是怎样的？"跟从的骑士说："首先进献南海御，其次进献东海御，再次进献北海御，又次进献西海御，又次进献河伯，又次进献风伯，又次进献雨师。"周武王问姜太公说："这些神明都是什么名号呢？"姜太公回答说："南海神明名叫祝融，东海神明名叫勾芒，北海神明名叫玄冥，西海神明名叫蓐收。"

《五行大义》所引《礼记》，出自《礼记·月令》，但进行了概括。

四时、五方、五神、五行配合表

四时	春	夏	中央土	秋	冬
五方	东方	南方	中央	西方	北方
五神	勾芒	祝融	后土	蓐收	玄冥
五行	木	火	土	金	水

又，黄帝时代设置有三公职位，用来象征天上的三台星。三台，也称三能，共有六颗恒星组成，位于南斗斗魁之下，属于太微垣，从文昌星开始依次到太微垣，两两排列，称为上台、中台、下台。黄帝根据这一天象设置了人间三公。以风后配上台，以天老配中台，以五圣配下台，称为三公。另外设置左右二监，合三公则共有五位，也是五行的称谓。

2. 四方官职配合四时

中国古代设置四位主管分别掌管四方，这是象征年周期中有春、夏、秋、冬四时的法则。尧帝时代，尧命令羲和的四个儿子羲仲、和仲、羲叔、和叔分别掌管四时、四方、山岳等事务，称为四岳。这四岳是太师、太史、太傅、太保。《五行大义》所引"太公曰"，对四岳各自的职责有一段精辟的论述，分述如下：

太师，是君王的心腹之臣，所分配的职责是辅佐，是人中的精英，所以称为前疑。这是一种君王的高级顾问，经常站立于君王的前面，帮助君王决断疑惑的事。

太史，是君王的耳目之臣，所分配的职责是视和听，是人中继承君王命令施令以告四方的人，所以称为后承。"后"的意思是君主，"承"的意思是秉承。经常站立于君主的后面，承受君主的过错，取法验证于上天。

太傅，是君王的爪牙之臣，所分配的职责是防守护卫，是人中的俊杰，所以称为左辅。辅助弥补君王所缺失的事，经常站立于君王的左边，抵御君王受到的苦难。

太保，是君王的羽翼之臣，所分配的职责是观察窥伺，是人中的警卫，所以称为右弼。经常站立于君王的右边，辅佐君主不产生邪恶的想法。

这四位辅佐大臣建立之后，君王可以安定而无所作为，百姓可以受益而没有伤害。如果这四位辅佐大臣未得设置完备，就如同格杀猛虎而没有装备，渡过河流而没有舟船。

如果君王不知道古今事务，不知道远方的忌讳，不同诸侯谋划，不用言语表达，动作行为不符合制度，太师就要力争劝谏。

如果君王不知道天象变化，不知道星辰历法的运行规律，不知道天上星官的运动和静止，不知道音律的声音节奏，不知道山岳川河的怪异现象，不妥善处理自然灾害，太史就要陈述天体在宇宙间分布运行的现象用来力争劝谏。

如果君王发号施令不遵守先王制定的法律制度，对大臣缺乏基本的尊重，对人民违背正道，进行处罚施用刑法不公平，独断专行，管理国家事务一点也不严肃，又不体恤臣属和仆从，太傅就要力争劝谏。

如果君王乘车不应和车上鸾铃的节奏，行动礼节不能配合身上玉佩的鸣响节奏，过度宴乐驰骋狩猎，沉溺于饮酒美色，不恭敬祖先宗庙，乘车服饰失去法度，朝廷没有节制，太保就要力争劝谏。

这就是掌管四时的官员，这就是四岳所分管的职责。前疑主管四时中的夏，后承主管四时中的冬，左辅主管四时中的春，右弼主管四时中的秋。

3. 诸官数量配合五行

唐尧与虞舜时代，官职名号已经达到百种。《尚书·皋陶谟》说，百官相互师法。夏朝、殷朝时代，官职名号确定为一百二十种，用以顺应天地阴阳的大数。所以官职中有三公、九卿、二十七大夫、八十一元士。三与三相互参与，共有一百二十数。

《五行大义》所引《帝王世纪》，说的是殷王汤问大臣伊挚（即伊尹）说：

"古代设立三公、九卿、大夫、元士这些官职，是为什么呢？"伊挚回答说："三公用来参与君王管理的事务，九卿用来参与三公管理的事务，大夫用来参与九卿管理的事务，元士用来参与大夫管理的事务，所以一级官员参与上级管理事务之后，而又有下一级官员再参与其上一级管理事务，这称为管理事务宗师上级。各级官员所管理事务宗师上级而不失去法度，整个管理系统内外就成为一体。"殷王汤又问："各级官职之间相互差别有多大？"伊挚回答说："三公的智慧贯通天地，应对变化而没有穷尽，分辨万物的具体情况，他的话足以协调阴阳四时，而调节风雨气象，这样的人，可举荐为三公。所以三公管理的事务常常在于规律。九卿，不违背四时运行的规律，疏通沟渠，修筑堤防，播种五谷，通晓地理形势，能知道一个地区的山川、气候等自然环境适宜什么和不适宜什么，这样的人，可举荐为九卿。所以九卿管理的事务常常在于德惠。大夫，或出或入与人民具有相同的形象，或取或舍与人民具有相同的见解，通晓人世间的事务，供职于宫中内署，行为举动像绳子一样中规中矩，没有中伤他人的言论，其言论足以成为世人的法则，没有妨害身体的行为，疏通关口桥梁，充实国家贮藏财物、兵甲的府库，这样的人，可举荐为大夫，所以大夫管理的事务常常在于仁爱。元士，知道什么是正义的事而不耽误规定的期限，为国勤奋努力工作建立功勋而不单独占有，正直、中正、极力诤谏而没有虚伪诡诈，处理私事秉持公道而可以确立为法则制度，这样的人，可举荐为元士。所以元士管理的事务常常在于正义。规律、德惠、仁爱、正义确定之后，而天下就可以得到治理了。"又说："三公，是相当于君王大腿和胳膊的臣属；九卿，是相当于君王手和足的臣属；大夫，是相当于君王筋骨和脉络的臣属；元士，是相当于君王肌肉的臣属。"这是将官职系统比拟为人体系统。

《五行大义》所引孔子，见于《春秋汉含孳》，意思是说，在地理上，三公象征五岳，九卿取法江河大海，二十七大夫效法山岳高陵，八十一元士取法低谷高阜。在天体中，三公相当于太微垣两两排列的三能六星，九卿相当于北斗星，大夫相当于太微垣西南呈南北方向排列的少微四星最北边的一颗星，元士相当于太微宫五帝座后相聚的郎位十五星。这些官职合起来成为君王的辅佐，其总数量共为一百二十，贯通天、地、人系统的大数存在于其中。

《五行大义》所引《合诚图》可详解如下：天虽然在上为阳，但并不是独立的，而是需要阴阳共同运动，阴气辅佐阳气，阳气确立开端，天有六气，各分阴阳，合为十二，符合二乘以六为十二的法则。在自然数周期系统中，阳气运行至三为向上举起之时，所以天上三能有六颗恒星组成，两两匹配，分成三组，即上、中、下三台，君王效法它设置三公。三数中每一数又都可以分为三，三乘以三为九，九是自然数周期系统中最大阳数，是阳气精华盛起之时，所以天上北斗由九颗恒星组成，君王效法它设置九卿。自然数最小的周期系统是上一级周期系统中的一个要素，其上一级周期系统运行三个最小周期也为向上举起之时，最小周期中最大阳数为九，三乘以九为二十七，所以天上有摄提星六颗、少微星四颗、土司空星一颗、执法星四颗、五诸侯星五颗（但有井宿五诸侯星与太微垣五诸侯星两种，《五行大义》说，其星合计共有二十七颗，实际上只有二十颗）。君王效法它设置大夫。最小周期循环九次形成上一级自然数周期系统，九乘以九为八十一，所以天上帝庭内排列有天枪星三颗、天棓星五颗、环绕紫微宫的匡卫星十二颗、阁道星六颗、郎位星十五颗，以及其他扶助匡卫天子的星辰，共有八十一颗恒星，君王效法它设置元士。公、卿、大夫、元士合起来，共有一百二十名官员，向下对应年周期中的十二月，即二六之数。自然数的经纬交织，都是五行流行运动的精气，君王效法它建立官府。

4. 诸官得失

《五行大义》所引《尚书》，出自《尚书·周书·周官》，是讲三公的职责。建立太师、太傅、太保，太师为天子所师法，太傅为傅相天子，太保为保天子于德义，这只有三公。三公的职责是辅佐君王论述自然规律，用来经纬国家，和理阴阳。三公必须有道德的人才能担任，因此三公官职不一定齐备，惟有德者居之。

《五行大义》所引《淮南子》，出自《淮南子·泰族训》，是讲诸官的选拔任用。选拔天下德能最高的人任用为三公，选拔一诸侯国德能最高的人任用为九卿，选拔一县域内德能最高的人任用为二十七大夫，选拔一乡域内德能最高的人任用为八十一元士。

《五行大义》所引《感精符》，出自《春秋感精符》，是讲诸官得失。三公任用不得其人，则地上山岳崩塌，天上三能星移位。九卿任用不得其人，则地上江河溃决，天上北斗星中的辅星生角。大夫任用不得其人，则地上山丘塌裂，天上少微等星发生异常变化。元士任用不得其人，则地上山谷土山毁坏，天上扶助匡卫天子的诸星发生异常变化。因此，君王仰头观察天象，俯身观察地理，中间选择贤能的人加以任用。各级官员任用得其人，则国家昌盛，人民安宁；各级官员任用不得其人，则国家危殆，人民贫苦。

《五行大义》所引《易》，出自《周易·鼎卦》，意思是说，煮饭用的鼎折断了足，将供大家食用的珍馐倾倒了。这是比喻三公任用不得其人，如同鼎折断了足，不能容纳积贮。

5.《周官》《淮南子》《春秋繁露》诸官辨析

《五行大义》所引《周官》，即《周礼》。据《周官》记载，天官为冢宰，地官为司徒，春官为宗伯，夏官为司马，秋官为司寇，冬官为司空。冢宰主管会总和计算，本为内朝主宰，掌管王家财务与宫内事务，成为六卿的首位，总管全国大事；司徒主管土地和耕种；宗伯主管礼节和音乐；司马主管武器和军队；司寇主管刑事和处罚；司空主管制造和制作。

《五行大义》所引孔子，出自《孔子家语·执辔》，意思是说，古代统治天下的帝王，用六官来总理国家事务。冢宰之类的官员用来成就规律，司徒之类的官员用来成就德惠，宗伯之类的官员用来成就仁爱，司马之类的官员用来成就圣明，司寇之类的官员用来成就正义，司空之类的官员用来成就礼节。又说，用规律管理国家，国家就能治理；用德惠管理国家，国家就能平安；用仁爱管理国家，国家就能和睦；用圣明管理国家，国家就能太平；用礼仪管理国家，国家就能安定；用正义管理国家，国家就能长治久安。又说，官员管辖无条理，分担职责不明确，法律政治不统一，百事丧失纲纪，称为混乱。混乱就整饬冢宰。田地不繁殖，财物不丰盛，万民忍受饥饿与寒冷，教化训令得不到执行，民风世俗淫乱邪僻，人民流离失所，称为危险。危险就整饬司徒。父子之间不相亲爱，长幼之间失去次序，君臣之间上下不和，乖背分离各怀异志，称为不和。不和就整饬宗伯。虽然贤能而失去官爵，虽有功劳而失去奖赏俸禄，士卒憎恨埋怨，兵力弱小不能使用，称为不平。不平就整饬司马。刑事处罚暴虐混乱，奸佞邪恶无法控制，称为不义。不义就整饬司寇。衡度测量不详查，兴办事务无条理，都邑鄙坏不修治，钱财物资失其所，称为贫穷。贫穷就整饬司空。又说，古代的时候，天子常常在季冬时节考察官员德行，调整法制，用来观察社会的治理与混乱。官员德行盛大的，社会就治理得好；官员德行浅薄的，社会就治理得混乱。所以天子通过考察官员德行，就可以坐在太庙明堂上而能知晓了天下的治理情况好还是乱了。德行盛大则修治法律制度使之更完美，德行不盛大就整治法律与政治，使法律与政治始终都按照德惠百姓的方向施行，就能长久不衰。

《五行大义》所引《淮南子》，出自《淮南子·天文训》。依《五行大义》解释，什么是五官？东方为田官，南方为司马，西方为大理，北方为司空，中央为都官。《五行大义》所引《春秋繁露》，出自《春秋繁露·五行相胜》。依《五行大义》解释，木官为司农，火官为司马，土官为司空，金官为司徒，水官为司寇。

从上述典籍来看，都是将国家官职设置配合五行。但各种典籍之间并不完全相同，因此需要进行辨析。

中央官：《周官》认为冢宰主管计算会总，司徒主管土地，这都是居位中央的意思。与《淮南子》认为中央为都官，《春秋繁露》认为中央为司空，其取意是相同的。

春官：《周官》认为春官主管礼节和音乐，礼仪用来统一上下秩序，音乐用来和谐人的感情，都是仁爱的意思，所以《孔子家语》说："宗伯之官是用来成就仁的。"仁爱五行属于木，方位为东方。《淮南子》认为东方为田官，《春秋繁露》认为木官为司农，都是主管农业的官员，这是取年周期中春为农业根本的意思。

夏官：《周官》认为夏官主管兵器和军队，五行火的特性猛烈，这是军队的象征。然而，刑事处罚归司寇管理，司马用礼节来调济司寇，以礼为主而不用刑罚。《淮南子》认为南方为司马，《春秋繁露》认为火官为司马，其取意都是相同的。

秋官：《周官》认为秋官主管刑事处罚，这是五行金的本来特性，金主管杀戮讨伐。《淮南子》认为西方为大理，也是主管刑罚；《春秋繁露》认为金官为司徒，名称虽然有异但所主管的事务相同，所以《春秋繁露》说，顺应天时变化，威武豪强而成，大理就是司徒。

冬官：《周官》认为冬官主管制造制作，年周期中冬时万物处于收藏状态，百工都归到自己的处所，所以制造各种器物用具，用来供给王命差遣的公事。《淮南子》认为北方为司空，说法与《周官》相同。《春秋繁露》认为水官为司寇，是说执法官员必须是公平正直的人，如同水面能平均一样，所以《春秋繁露》说，执法官员结党营私，不能公平，不按照法律来刑罚人，则由司营官员诛杀他，所以说土战胜水。这是五行水取其公平正直的意思。

虽然木运、火运、土运、金运、水运五运更替兴旺，官职名号随世事变化而改革，但五行用事当权，其中道理是一致的。所以大禹平治洪水，亲身担任司空一职，划分九州，九州土地都向君王交纳贡赋；伯夷是共工的从孙，是颛顼帝的老师，帝尧时辅政，掌管礼仪，为尧"典三礼"，帝舜时正式任命为秩宗；契是唐尧的异母弟弟，帝尧时任司徒，主管教育，相当于现今的教育部部长，他恭敬地布施教化，推行父义、母慈、兄友、弟恭、子孝五种伦理道德的教育；咎繇，即皋陶，为帝舜的士师，是帝舜的贤臣，掌禁令、狱讼、刑罚之事，明令实行五种刑罚。如此分配官员职责，则《周官》所讲"臣"的分职是正确的。

6. 诸官尊卑

自古以来，官职数量起自于三，极限为八十一，因为在自然数周期中，阳气形成于三，极致于九，所以官职设置有三公而九卿，九个自然数的最小周期为一个大周期，所以九乘以九为八十一，这是黄钟律管的极限数，所以尊贵官职取自然数周期的开始数，卑微官职取自然数周期的末后数。

之所以不用一数，因为在自然数周期中，一是开始的元气，只能属于天子，所以称呼天子为元首，由于他为一数，所以没有二数。《五行大义》所引《尚书》，出自《尚书·益稷》，意思是，元首就是指君王，股肱就是指臣属。

臣属因为不是自然数周期中开始的一，所以自三数开始排列。《周官》中只有天官、地官、春官、夏官、秋官、冬官这"六卿"，是认为这六位执政大官可以贯通天、地、东、西、南、北六合，依据自然界运行的六种气而设置六种官府。这是时代的差异，并非超出五行。

又，夏、商、周三个朝代任命的官职都止于九命，所以士有三个等级，下士为一命，中士为二命，上士为三命；大夫有三个等级，下大夫为四命，中大夫为五命，上大夫为六命；卿以上官职也有三个等级，少卿为七命，大卿为八命，公为九命，三乘以三为九，也是依据自然数周期中阳气的极大数。后代将命改为品，也不超过九品。但是，以一为尊贵官职，九为卑微官职。这是取意于，命是出自君上的任命，根据功过确定下属官员俸禄，所以以数量多的为尊重；品是品评官员的等级次第，一既然排列在第一位，所以以一为尊贵。

以上这些，都是讲诸官方位及数量配合五行，现在依次进行了论述。

（三）地支天干配合官职

《五行大义》引《洪范五行传》阐释地支天干配合官职，解释如下：

天干配合官职：

甲为仓曹，供职农业税赋；乙为户曹，供职民户口数；丙为辞曹，供职官司诉讼；丁为赋曹，供职牢狱逮捕；戊为功曹，供职选署官吏；己为田曹，供职饲养群畜；庚为金曹，供职货币布帛；辛为尉曹，供职士卒和囚犯的征调、运输事务；壬为时曹，供职政治教化；癸为集曹，供职交纳输送。

地支配合官职：

子为传舍，主管出入恭敬避忌；丑为司空，主管守卫将领治理；寅为市官，主管平准买卖商贾价格；卯为乡官，主管婚姻之事、五常之教；辰为少府，主管金银铜铁货币布帛；巳为邮亭，主管递送文书、驿馆设置；午为尉官，主管追捕逃犯；未为厨官，主管完备食品和滋味；申为库官，主管军队和武器装备；酉为仓官，主管各种粮食的积蓄储备；戌为狱官，主管完备监禁讯问器具；亥为宰官，主管完好全面地封闭收藏。

地支、天干配合官职，都是从其五行本来体质衍生出来的，其意义大略理解即可，不必繁复叙述。

（四）五藏配合六府

《五行大义》所引翼奉说，阐释如下：

一是五藏配合官职。

五藏肝配合官职为尉曹，肝为木，木的特性为仁，尉曹主管士卒，适宜得行仁爱；五藏心配合官职为户曹，心为火，火的特性为阳，户曹主管婚姻、教导的礼仪；五藏肺配合官职为金曹，肺为金，金的特性为坚，金曹主管铜铁事务；五藏肾配合官职为仓曹，肾为水，水的特性是阴寒凝结，收藏万物，仓曹主管冬季收藏，先前君王以冬至日封闭关口，不通行商贾旅客，就是谨慎防范阴寒气候的原因；五藏脾配合官职为功曹，脾为土，土的特性是信，功曹主管出行四方禀议，事奉君王，用信用教授四方。

二是五官六府得失。

尉曹以狱司空为官府，主管士卒、牢狱、禁闭、逃亡；与之以奸恶，则蝗虫发生。尉曹五行为木，木的特性是静，与百姓的特性相通，尉曹奸恶就会导致鱼吃人的现象发生。尉曹从五行木类，所以多有虫灾。

户曹以传舍为官府，户曹主管百姓姓名户籍，传舍主管招待宾客；与之以奸恶，则人民背井离乡。户曹主管人民利益和户口，户曹搜括百姓财利，所以人民都离去。

仓曹以厨为官府，仓曹主管谷物的借贷，厨主管接纳付出；与之以奸恶，则强盗窃贼四起。仓曹加收人民田租，侵害打击百姓，导致百姓贫穷，所以盗贼兴起。

功曹以小府为官府，功曹与其他四曹计划商议，小府也与其他四府按照规程利用，所以小府官仓支出与纳入，主管军粮及军队的俸给散布。功曹有两个官府，所以五官共有六府。游徼、亭长这些乡官，都属于县的外部吏，是非正式官员，都属于功曹。与之以奸恶，就会导致老虎、狼吃人的现象发生。功曹的职责在于刑事处罚，在官员系统内部为奸作恶，所以就会有虎、狼、盗贼杀害劫夺人民的生命和财产，这就是上面奸恶则下面混乱的道理。

金曹以兵啬夫为官府，兵啬夫主管搜捕；与之以奸恶，兵啬夫乱搜滥捕，就会导致城郭之内盗贼兴起、中门两侧的偏门门禁松弛。金曹主管商业税，金曹奸恶就会侵占抢夺商业税，所以市场价格就上下波动，市场主体受其影响相互承袭，就会导致市场买卖没有公平的价格秩序。

这都是遵从五行，用五藏配合六官府。既然都称为官，所以在此进行阐释。

第二十三 论诸人

就此分为二段，一论人配五行，二论人游年年立。

一者 论人配五行

《礼记·礼运篇》云："人者，天地之德，阴阳之交，鬼神之会，五行之秀气也。"《文子》曰："人者，天地之心，五行之端。"是以禀天地五行之气而生，为万物之主，配二仪以为三材。然受气者各有多小，受木气多者，其性劲直而怀仁；受火气多者，其性猛烈而尚礼；受土气多者，其性宽和而有信；受金气多者，其性刚断而含义；受水气多者，其性沉隐而多智。五气凑合，共成其身。气若清睿，则其人精俊爽如也；昏浊，则其人愚顽。《老子》云："阴阳精气为人。"气有厚薄，得中和滋液，则生贤智人；得错乱浊辱，则生贪淫人。《禄命书》云："金人刚强自用，木人多华而雅，水人开通智惠，火人自贵性急，土人忠信而直。"《周书》云："人感十而生，天五行，地五行，合为十也。"天五行为五常，地五行为五藏。故《易》曰"在天成象，在地成形"者也。《家语》曰："天一，地二，人三，三三而九，九九八十一。一主日，日数十，故人十月而生。"《文子》云："人受天地变化而生，一月而膏，二月而脉，三月而胞，四月而肌，五月而筋，六月而骨，七月而成形，八月而动，九月而躁，十月而生。形骸已成，五藏乃形，外为表，中为里，头圆法天，足方象地。天有四时、五行、九星、三百六十日，人亦有四支、五藏、九窍、三百六十节，天有风雨寒暑，人亦有喜怒哀乐。"《淮南子》及《文子》并云："胆为云，肺为气，脾为风，肾为雨，肝为电，与天相类，而心为主。耳目者，日月也；气血者，风雨也。"《素问》云："夫人法天地，故圣人上配天以养头，下象地以养足，中傍人事以养五藏。天气通于肺，地气通于咽，风气通于肝，雷气通于心，谷气通于脾，雨气通于肾。六经为川，肠胃为海，九窍为水。法天之纪，用地之理，则灾祸去矣。"《左慈相决》云："人头圆以法天，足方以象地，左目为日，右目为月，左眉为青龙，右眉为白虎，鼻为勾陈，伏犀为朱雀，玉枕为玄武。"又云："前为朱雀，后为玄武，左为青龙，右为白虎，是曰四体。头为勾阵，是身之主。"又曰："左耳后为太山，右耳后为华山，额为衡山，顶后为恒山，鼻为嵩高山。"《相秘决》云："额为衡山，颐为恒山，鼻为嵩高山，眉为岱山，权为昆仑山。二仪象天地，三亭法三材，四渎主四时，五官应五行，六府从六律，七门配七星，八节取八风，九候比九州，十指应十日，十二德象十二月，二十八节应二十八宿。"《家语》云："人生三月微眴，然后目能见；八月生齿，然后能食；期而膑，然后能行；三年囟合，然后能言。阴穷反阳，故阴以阳变；阳穷反阴，故阳以阴化。是以男子八月生齿，八岁而龀，十六精通，然后能化；女子七月生齿，七岁而龀，十四而化。礼，男子二十而冠，有成人父之端；女子十五而笄，而许嫁，有成人母之道。"此皆从天地五行之大数也。《文子》曰："昔者中黄子云，天有五行，地有五岳，声有五音，物有五味，色有五章，人有五位。故天地之间，二十有五人。上五有神人、真人、道人、至人、圣人，次五有德人、贤人、善人、中人、辨人，中五有仁人、礼人、信人、义人、智人，次五有仕人、庶人、农人、商人、工人，下五有众人、小人、驽人、愚人、肉人。上五之与下五，犹人之与牛马也。圣人者，以目视，以耳听，以口言，以足行；真人者，不视而明，不听而聪，不言而云，不行而从。故圣人之所动天下者，真人未尝遇焉；贤人之所矫世俗者，圣人未尝观焉。所谓道人者，无前无后，无左无右，万物玄同，无非无是。"

《文子》发言二十五人，论止有四，未为具释。今依诸经书略解。

上五：

谓神人者，孔子曰："阴阳不测之谓神。"曾子曰："阳之精气为神。"神以灵智为义，谓灵智其照如神，故曰神人也。孔子曰："尧之智如神。"

真人者，性合乎道，有若无，实若虚，明白太素至极，弊然无为，故曰真人。

道人者，孔子曰："其德大乎天地，其量总乎日月，莫之能测者。"有此德量，故曰道人。

至人者，真直为素，守一不移，善恶不能回其虑，荣辱不能动其心，故曰至人。

圣人者，《家语》云："德合天地，变通无方，穷万事之终始，协万品之自然，敷其大道，遂成情性。明并日月，化行若神，民人不知其德，睹者不识其善。此谓圣人也。"《庄子》曰："以天为宗，以德为本，以道为门，明于变，谓之圣人。"

次五：

德人者，德被于物，使百姓各得其所欲，日用而不知，兼利无释。与天地合。《易》曰："大人者，与天地合其德，与日月合其明，与鬼神合其吉凶。"此谓德也。

贤人者，智周万物，动静合理。孔子曰："好恶与民同情，取舍与民同统，行中规矩，言可法则，为匹夫而不怨，在诸侯而不骄，道足化于百姓，而不伤于身，施财天下，不贫。"此贤人也。

善人者，见善如不及，言满天下无口过。孔子曰："躬行忠信，而心不怨；不置仁义，志意广博，而色不伐；思虑明达，而辞不争；笃行信道，自强不息，犹然如将可越而不可及。此君子人也。"又谓善人。

中人者，一心以事主，进思尽忠，退思补过，顺美匡恶，犯而无隐，先公后私，不伐其劳，此中人也。

辨人者，智思无穷，情鉴善恶，问无碍滞，巧言如流，去邪从正，无有可匿，此辨人也。

中五：

仁人者，为上不侈其功，为下不羞其陋，慈施恻隐，终而不衰，此仁人也。

礼人者，分别尊卑，廉让谦谨，为上恭敬，为下思敬，此礼人也。

信人者，诚实不欺，片言折狱，达不肆意，穷不易操，此信人也。

义人者，决断分了，一度顺理，从善屏恶，事无碍滞，此义人也。

智人者，识达谋虑，鉴察物情，能知萌兆，豫睹善恶，此智人也。

次五：

仕人者，孔子曰："知不举多，必审其所由；言不务多，必审其所谓。心有所定，计有所守，虽不能尽道术之本，必有从行也。虽不能遍百善之美，必有所处也。行既由之，智既由之，言既得之，则性命形骸之不易也。富贵不足以益，贫贱不足以损。"此仕人也。

庶人者，未入仕位，犹居垄亩之间，或始解褐，未沾品命。《周礼》云"庶人"在官者，始入秩也。此谓庶人也。

农人者，用天之道，因地之利，春耕秋收，常在稼穑，此曰农人也。

商人者，负贩市廛，随时鬻货，贵贱相易，以资产业，此商人也。亦曰贾人也。

工人者，雕斫伎巧，备诸器用，造新修故，以力货财，此曰工人。

下五：

众人者，凡杂云众人，豫让曰："范、中行氏以众人遇我也。"

小人者，卑鄙行恶，此曰小人。孔子曰："桀纣虽帝王，其犹小人也。"《文子》曰："中绳，谓之君子；不中绳，谓之小人。君子虽死，其名不灭；小人虽得势，其罪不除。"

驽人者，驽，钝也，亦罪隶为名。古者有罪为奴，《尚书》曰"予则奴戮汝"，罪之也。纣以箕子为奴，亦戮辱也。马有驽者，以其钝也。

愚人者，罱暗无知，菽麦不辨，谓之愚人。孔子曰"其知可及，其愚不可及"者，以其禀昏浊之气而生，非学所得也。亦曰庸人。孔子曰："心不存始终之规，口不吐训格之言，又不择贤以托身，不力行以自定，见小暗大而不知所伤，从物如流而不知所执。此庸人也。"

肉人者，狂痴无识，痛痒莫分，虽能动静，与肉无异，是谓肉人。

此二十五等人，由禀五行之气，各有优劣，故有多等，善恶不同。今且分为四品。其神真道至圣德贤七者，受王气而生也；善忠辨仁礼信义智八者，相气而生也；士庶农商工五者，休气而生也；众小驽愚肉五者，囚气而生也。王气当其盛时，故最灵圣；相气微劣于王，故自善忠已下伏王政；休气已衰，故当仕庶之例；囚气最劣，故当众小之流。《文子》以上匹下，喻人比畜，亦近之矣。然此五气，有清有浊，有正有邪，有初有末。若得正气，虽在卑劣，方为大善。若受邪气，虽居尊胜，众兴大恶。至如桀覆夏宗，纣亡殷族，周衰幽厉，汉灭桓灵，此则处尊兴恶者也。负鼎于殷庙，垂钓于磻溪，商贾南阳，饲牛车下，当此之时，其善未见，及登师辅，仁圣并彰，此岂非卑下而能宏济。其贤德已上，气正无邪，故居最上。然气之初也，龄齿修长；气之末也，命相短促。此四气又有四别，若上清秀，灵知愈高；上而浊污，乃须修饬；下而清秀，琢磨方以为器；加之昏浊，朽木不可复雕。兼贵贱、富贫、好丑、善恶、性情、年命，乃有万途，并五行气感所致。今且就《文子》论其二十五等，以为阶差，自外诸徒，难以具辨。知人则哲，惟帝其难，非明圣者，孰能辨识。《禄命决》

云："王气中生者，其人王相，宜爵禄；相气中生者，其人多官；死气中生者，其人多疾病短命。"此并论其生月当五行气盛衰时也。况其禀受气者，其人形质、情性、骨肉、藏府，皆象五行。《相书》云："木人细长直身；火人小头丰下，短小；土人员面大腹；金人方面兑口；水人面薄身偏，蛇行。木人青色真，有白是害气；火人赤色真，有黑是害气；土人黄色真，有青是害气；金人白色真，有赤是害气；水人黑色真，有黄是害气。"配日，则甲乙为皮毛，丙丁为爪筋，戊己为肉，庚辛为骨，壬癸为血脉。配卦，则乾为头，离为目，坎为耳，兑为口，坤为腹，巽为手，艮为股膝，震为足。其藏府性情，各有别解。然人居天地之内，在山川之中，各随方位，形性不等。所以东夷之人，其形细长，修眉长目，衣冠亦尚狭长。东海句丽之人，其冠高狭，加以鸟羽，象于木枝。长目者，目主肝，肝，木也，故细而长，皆象木也。南蛮之人，短小轻躁，高口少发，衣服亦尚短轻。高口者，口，人之中，主心；心，火也，火炎上，故高；炎上，故少发也。西戎之人，深目高鼻，衣而无冠者。鼻主肺，肺，金也，故高；目，肝也，肝为木，金之所削，故深；金主裁断，故发断无冠。北狄之人，高权被发，衣长者。权主肾，肾，水也，故高权；被发者，象水流漫也；衣长，亦象水行也。中夏之人，容貌平整者，象土地和平也；其衣冠车服备五色者，象土包含四行也。孔子曰："东僻之人曰夷，精以僥；南僻之人曰蛮，信以朴；西僻之人曰戎，顽以刚；北僻之人曰狄，肥以戾；中国之人，安居和味。"《帝王世纪》云："尧流共工于幽州，以窜北狄；迁三苗于三危，以窜西戎；放驩兜于崇山，以窜南蛮；殛鲧于禹山，以窜东夷。"《春秋文耀钩》云："气随人形，故南方至温，其人大口，象气缓舒也；北方至寒，其人短颈，象气急缩也；东方川谷所注，其人小头兑形，象木小上也；西方高土，日月所入，其人面多毛，象山多草木也；中央四通，雨露所施，其人面大，象土平广也。"《家语》云："孔子曰：坚土之人刚，弱土之人柔，虚土之人大，沙土之人细，息土之人美，耗土之人丑。""南方有不死之草，北方有不释之冰，东方有君子之国，西方有刑残之尸，中土多圣人，皆象其气也。故曰：山气多男，泽气多女，水气多瘖，风气多聋，休气多癃，木气多伛，岸下湿气多肿，丘气多力，险阻之气多瘿，寒气多寿，热气多夭，谷气多痹，上气多狂，街气多仁，陵气多贪，轻土多利足，重土多迟钝，急水人轻，迟水人重。"此并随阴阳五行之气,故善恶斯别。

白话解读

(一)人禀受五行之气而产生

《五行大义》所引《礼记·礼运篇》,出自《礼记·礼运》,是讲人感受天地、鬼神、五行之气而产生。天的德行是覆盖于上,地的德行是承载于下,人感受天覆地载的德行而产生,所以人具有天地的德行;阴阳是指天地,从形体而论为天地,从气而论为阴阳,天为阳,地为阴,独阳不生,独阴不成,只有阴阳相交,人才能产生,所以人为阴阳相交,即人身具有阴阳两种气;鬼是指形体,神是指精神,形体与精神结合起来才能产生人,所以人为鬼神相会,即人身具有肉体与精神两个方面;"秀"的意思是优异特出,五行之气在自然界中优异特出,人感受五行秀异的气而产生,所以就具有仁、义、礼、知、信五性,所以说人是五行优异特出的气,即人具有五性。《五行大义》所引《文子》意思是说,人是天地的心,五行的开端。

因此,人禀受天地、五行的气而产生,为万物的主宰,配合阴阳二仪而成为天、地、人三才。

(二)人禀受五行之气有多少、清浊、厚薄之别

从总体来看,人是禀受五行秀气而产生的;从个体来看,五行有五,每个人所禀受的五行之气又有或多或少的差别。禀受多的那一行,就决定人的性情。禀受木气多的人,其本性坚实挺直而胸怀仁爱;禀受火气多的人,其本性强烈剧烈而崇尚礼仪;禀受土气多的人,其本性宽厚谦和而具有诚信;禀受金气多的人,其本性刚毅果断而包含正义;禀受水气多的人,其本性沉着隐蔽而多有智慧。

木、火、土、金、水五种气聚集到一起,共同形成人的身体。人身体中所禀受的五行之气有清浊之别。所禀受的五行之气如果清明通达,则其人精明俊秀,让人感觉愉悦;所禀受的五行之气如果昏暗污浊,则其人愚

昧顽固。《五行大义》所引老子，出自《文子·九守》，意思是说，天地没有形成之前，宇宙中的气深远而渺茫，浑然而为一体，肃静而清明澄澈。之后，天地分开，沉重昏浊的气下降而成为地，精细微妙的气上升而成为天，之后天地相互分离而形成春、夏、秋、冬四时，天地上下分别而形成阴气与阳气，阴阳二气中的精华之气成为人，粗浊之气成为虫。因此，只有禀受五行精气的人才是真正意义上的人。

人所禀受的五行精气有厚薄之别。得到中正平和滋液润泽的气，就会产生贤能智慧的人；得到错杂混乱昏暗污浊的气，就会产生贪得无厌的人。《五行大义》引《禄命书》说："五行为金的人，其性格坚刚强势而自以为是；五行为木的人，其性格多具繁华而合乎规范；五行为水的人，其性格开明通达而富于智慧；五行为火的人，其性格自显高贵而性情急躁；五行为土的人，其性格忠实诚信而坦率正直。"

（三）人遵从天地五行的大数

《五行大义》所引《周书》，当为《逸周书》，意思是说，人感受自然数周期中的十数而产生。这是因为天有五行，地有五行，天地相合形成人，其数合为十数。人身所具有的天五行就是五常，所具有的地五行就是五藏。这也就是《周易·系辞上传·第一章》所说的"在天成象，在地成形"的意思。

《五行大义》所引《家语》为《孔子家语》，是说在自然数最小周期中，天数为1，地数为2，人数为3，天、地、人三才各自又可以分为3，3乘以3得到9，这是自然数最小周期中最大阳数，9个自然数最小周期为一个大的自然数周期，9乘以9得到81；自然数周期中的1，相当于自然界系统中的太阳，一主管太阳，太阳在地球上南北回归线之间的运动规律为天干十数，所以胎儿在母体中经10个月而降生。

《五行大义》所引《文子》，用现代语言来说，人禀受天地变化而产生，在人类系统中，男为天，女为地，男性精子与女性卵子结合形成受精卵，从此开始胎儿10个月的发育过程。第一个月，胎儿物质形态如油膏一般；第二个月，胎儿血管已清晰可见；第三个月，胎盘已经很成熟；第四个月，胎儿薄薄的皮肤上长出一层细细的绒毛，眉毛和头发都生长出来；第五个月，胎儿开始身体内韧带长成，可运动、踢腿、屈体、伸腰、滚动、吸吮拇指等；第六个月，胎儿的十个小手指上长出娇嫩的指甲，恒牙的牙胚开始发育；第七个月，胎儿虽然尚未发育完全，但是如果早产，可以存活下来；第八个月，胎儿比较好动，可以自己变换体位，有时头朝上，有时头朝下；第九个月，胎儿增大，并逐渐下降，有急于出来的迹象；第十个月，胎儿已经完全发育成熟，可以降生人间了。经过十月怀胎，胎儿五藏也已经成形。五藏在内，五官在外，互为表里。肝藏主管目，肾藏主管耳，脾藏主管舌，肺藏主管鼻，胆府主管口。以外貌为表，以内部为里。头部圆形取法天之圆，足部方正象征地之方。天体运行有四时（春、夏、秋、冬）、五行（木、火、土、金、水）、九曜（北斗七星及辅佐二星），有一年三百六十日。与之相对应，人身体则有四肢（两上肢和两下肢）、五藏（肝、心、脾、肺、肾）、九窍（两眼、两耳、两鼻孔、口、前阴尿道和后阴肛门），有三百六十个穴位。"节"即是"穴"。天空气象变化有风、雨、寒、暑，与之相对应，人情感变化有喜、怒、哀、乐。

《五行大义》引《淮南子》说明了与《文子》相同的观点。意思是说，人体的胆对应天空的云，肺对应天空的气，肝对应天空的风，肾对应天空的雨，脾对应天空的雷，以此人与天地相互联系，而心为人身体的主宰。所以人体的耳目对应天上的日月，血气对应天上的风雨。

《五行大义》所引《素问》，解读如下：天有风、热、湿、燥、寒至精之气，地有木、火、土、金、水五行之形；天有立春、春分、立夏、夏至、立秋、秋分、立冬、冬至八节大纪，地有东、西、南、北、中五方道理；所以天能生物，地能成物，天地能为万物的父母。清轻的阳气上升成为天，浊重的阴气下降归于地。因此，天地运动与静止，就是阴阳神妙变化的纲纪，能够以春生、夏长、秋收、冬藏形成周期性四时变化，终而复始。只有圣贤的人才能向上配合天以营养头部，向下象征地以营养足部，居中依照人事以营养五藏。天空提供呼吸之气，与人体肺藏相通；大地提供饮食水谷，与人体咽喉相通；天空的风为木，人体肝藏也为木，二者相通；天空的雷为火，人体心藏也为火，二者相通；地上的五谷滋味进入人体脾藏，二者相通；天空的雨为水，人体肾藏也为水，二者相通。人体有三阴三阳六条经脉，流行不息，如同人身的河川；人体肠胃无所不受，如同大海无所不容；人体上七窍下二窍为九窍，目中有泪，鼻中有涕，口中有津，耳中有湿垢，二阴有尿与便，其气至水必至，其水至气必至，水为阴，气为阳，阴阳合一，水气一体，所以说是水注的气。圣贤的人营养身体，取法天地以为阴阳，如天气、地气、风、雷、谷、雨、川、海、九窍之类。人体的汗发泄于皮腠，是阳气发泄，如同天地间云腾雨降相似；人体阳气散发，如同天地间疾风飞扬相似；人有刚暴的气，是怒气郁结而发，如同天有雷霆，是火气郁结而发；人有逆气，必然向上运行，如同天的阳气上积而升。所以，圣贤的人效法天的纲纪，使用地的道理，用来调理自己的身体，则灾害就会远离而去；反之，调理自己的身体，不效法天的纲纪，不使用地的道理，则疾病灾害就会到来。

左慈是东汉末年的方士。《五行大义》引《左慈相诀》阐发人体头面部与天地的配合：其一，人的头部呈圆形以效法天之圆，足部呈方形以象征地之方，左目对应太阳，右目对应月亮，左眉对应青龙，右眉对应白虎，鼻子对应勾阵，伏犀（即人前额至发际的骨骼）对应朱雀，玉枕（即人脑后隆起的枕骨）对应玄武；其二，人的头部，前面对应朱雀，后面对应玄武，左边对应青龙，右边对应白虎，这称为四体，整个头部对应勾阵，是人一身的主宰；其三，人的头部，左耳后对应泰山，右耳后对应华山，额头对应衡山，头顶后部对应恒山，鼻子对应嵩山。

《五行大义》所引《相秘诀》阐释如下：人体额头对应衡山，下巴对应恒山，鼻子对应嵩山，双眉对应岱山，双颧对应昆仑山。人身体分头足两部分为二仪，象征天地；面部分上停、中停、下停为三停，取法天地人三材；以眼、耳、鼻、口为四渎，主管春夏秋冬四时；以耳、眉、眼、鼻、口为五官，对应木火土金水五行；以两辅骨为两天府、两颧骨为两人府、两颐骨为两地府，合称六府，遵从六律；以泥丸为天门、尾闾为地门、夹脊为中门、明堂为前门、玉枕为后门、气管为楼门、心窝为房门，合称人身七门，配合北斗七星；以四肢各分上下两节，合为八节，取象东、西、南、北、中、东南、东北、西南、西北八风；人体头、上肢、下肢三部，每部各取上、中、下三处动脉，用来候察全身气血运行，称为九候，以比类九州；人手有十根手指，对应天干十日；以印堂为命宫、鼻为财帛宫、眉为兄弟宫、眼为田宅宫、泪堂为男女宫、地阁为奴仆宫、奸门为妻妾宫、山根为疾厄宫、天仓为迁移宫、中正为官禄宫、天仓地库为福德宫、日月二角为父母宫，合称十二宫，或即此处所说"十二德"，对应年周期中的十二月；人手食指、中指、无名指、小指各有三节，拇指有二节，两只手合计二十八节，对应二十八宿。

《五行大义》所引《家语》，分见于《孔子家语》，是鲁哀公问孔子"人的生命和性别是怎么回事"时孔子的回答。孔子说，人刚刚出生的时候，其生理功能还不健全，这有五种情况：眼睛不能视物，不能吃食物，不能行走，不能说话，不能化育。等到出生3个月后，眼睛能够略微转动，然后才能够看见东西；8个月后，生出牙齿，然后才能够吃食物；1周岁后，长出膝盖骨，然后才能够行走；3周岁后，囟门闭合，然后才能够说话。阴阳运行的规律是，阴发展至穷尽就返阳，所以阴依据阳而改变；阳发展至穷尽就返阴，所以阳依据阴而改变。男子为阳，八数为阴，因此，男子出生8个月而生长牙齿，8岁左右换牙，2乘以8为16，16岁精液系统通畅，然后能生育；女子为阴，七数为阳，因此，女子出生7个月而生长牙齿，7岁左右换牙，2乘以7为14，14岁具有生育能力。《孔子家语·本命解》又说，鲁哀公继续问道："男子16岁精气畅通，女子14岁可以生育，这就是可以生养人了。而按照《周礼》的规定，男子30岁才能娶妻，女子20岁才能嫁夫，这岂不是太晚了？"孔子回答说："《周礼》说的是它的极限程度，是告诉人们不要超过这个年龄限度。男子20岁行加冠的成年之礼，具有成为人父的开端；女子15岁行盘发插笄的成年之礼，允许出嫁，具有成为人母的道理。"

以上这些，都遵从天地、五行具有普遍意义的大数。

（四）二十五等人

1. 总论二十五等人

《五行大义》所引《文子》，出自《文子·微明》，解释如下：从前，中黄子说：天上有五种运行状态即木、火、土、金、水；地上有五座高大的山即东岳泰山、西岳华山、北岳恒山、中岳嵩山、南岳衡山；物体发出的声响有五种乐音即宫、商、角、徵、羽；物体的滋味有五种味道即甘、苦、辛、酸、咸；物体的颜色有五种文采即青、黄、赤、白、黑；人的能力有五种位次即上五、次五、中五、次五、下五；每个位次有五等人，所以说天地之间共有二十五等人。上等五人，有神人、真人、道人、至人、圣人；次等五人，有德人、贤人、善人、中人、辨人；中等五人，有仁人、礼人、信人、义人、智人；次等五人，有仕人、庶人、农人、商人、工人；下等五人，有众人、小人、驽人、愚人、肉人。上等五人与下等五人相比较，其间区别非常大，犹如人同牛马之类动物的区别一般。随后，文子具体讲了其中四等人。圣人，用眼睛看，用耳朵听，用口说话，用脚行走；真人，不用眼睛看就能明白，不用耳朵听就能聪敏，不用口说话就能表达思想，不用脚行走就能跟从。所以，圣人用来感动天下的事，真人未曾遇到过；贤人用来矫正世俗的事，圣人未曾看到过。所谓道人，没有前后的分别，没有左右的观念，万物冥默中混同为一，没有是非的判断。

2. 分论二十五等人

《文子》说人可以分成二十五等，但只论述了其中四种：圣人、真人、贤人、道人，没有全部阐释。现在依据各种经书大略进行解释。

上等五人：

神人：《五行大义》所引《孔子》，出自《周易·系辞》，意思是说，阴阳状况不可测知称为神。所引曾子，出自《大戴礼记·曾子天圆》，曾子认为，阳气的精华之气为神。神取智慧为意义，称赞人的智慧其光照万物如同神，所以称为神人。《五行大义》所引孔子，出自《孔子家语》。说的是宰我问孔子："请问尧帝是怎么样的一个人？"孔子说："他是高辛氏的儿子，名叫陶唐。其仁慈如天，其智慧如神。"

真人：其本性合乎事物发展规律，有好像无，实好像虚，明白质朴至于极致，虽然生活环境破旧，仍能无所作为，所以称为真人。

道人：孔子说："其德行可以匹配天地，其气量可以涵盖日月，其德行和气量大至没有办法可以测度。"有这种德行和气量，所以称为道人。

至人：其人真诚正直为其本色，坚守心之一处而不变动，善和恶不能改变他的思虑，荣和辱不能动摇他的心灵，所以称为至人。

圣人：《五行大义》所引《家语》，说的是，所谓圣人，其德行符合天地变化，变化通达没有定式，能够穷尽万事万物发生、发展的过程，能够协调万事万物的自然本性，广布他伟大的思想而形成百姓的情感本性。他的智慧与日月一样光明，教化改变天下如同神灵。下层人民不知道他的品德，即使看到他也不知道他的善行。这样的人称为圣人。《庄子·天下》说，能够以天地为宗师，以德行为根本，以道义为门户，能够通过征兆预知事物的变化，称为圣人。

次等五人：

德人：其人德行被及万物，使百姓各自得到他所想要得到的，日常应用而不知道，兼利天下而没有遗漏，其德行可与天地配合。《周易·乾·文言》说，所谓大人，他的德行要与天地同等，他的光明要与日月同辉，他的进退要与四时同序，他的奖惩要与鬼神同吉凶。这称为德人。

贤人：其人智慧周遍万物，其行为动静合乎道理。《五行大义》所引孔子，出自《孔子家语》。所谓贤人，喜好与厌恶之情与百姓一样，想要的和想丢弃的东西，也和百姓一样，他们的品德不逾越常规，行为合乎规矩法则。当个普通人没有怨言，当上诸侯也不骄横。他们的言论足以让天下人效法而不伤害自身。财产普施于天下，使天下人都不受贫困之苦。这称为贤人。

善人：其人看到别人行善事如同自己没有做到，言论布满天下而没有言语过错。《五行大义》所引孔子，出自《孔子家语》，意思是，所谓君子，言谈举止一定讲究忠诚信用，而内心没有怨恨的情绪；不弃置仁义，志趣意愿宽广博大，而脸上没有自夸的表情；考虑问题明智通达，而言语不专横、争胜。全心全意努力做自己所信仰的理想，不断加强自己修养。他的样子从容平和，好像很容易就可以超越，而最终不能达到他的境界。这称为君子，又称为善人。

中人：其人一心一意事奉君主，入朝为官思考的是如何竭尽忠诚，退隐去官思考的是如何弥补过失，歌颂美善，匡正过失，宁可冒犯君上而不可有所隐瞒，先谋划公事，后考虑私事，不自夸自己的功劳。这称为中人。

辨人：其人智慧可以思考无穷无尽的内容，情感可以鉴别善恶，回答问题没有任何障碍和停滞，虚假惑人的言辞像流水一样畅通，远离邪恶，遵从正道，天下万事万物没有可以隐藏的。这称为辨人。

中等五人：

仁人：其人对上不夸大自己的功绩，对下不掩饰自己的不足，慈爱施惠，同情不幸的人，这种行为到最终而不衰减。这称为仁人。

礼人：其人分别地位尊卑，清廉逊让，谦和谨慎，对上谦恭尊敬，对下懂得敬重。这称为礼人。

信人：其人诚实守信，没有欺诈，用几句话就能断定争论双方的是非，显达的时候不纵情恣意，穷困的时候不改易节操。这称为信人。

义人：其人果敢善断，清晰明了，遵循一个标准，顺从一个道理，遵从善，摒弃恶，行事没有任何障碍和停滞。这称为义人。

智人：其人有识见，能洞达事理，有谋划，善考虑，能够鉴别察看物理人情，能够知晓事物发生发展的预兆，能够预见事物结局的善恶。这称为智人。

次等五人：

仕人：《五行大义》所引孔子，出自《孔子家语》，解释如下：孔子说："所谓士人，他们的智慧不一定广博，但一定要审查他智慧所由来的道理；说话不一定多，但一定要审查他所说的意旨；行动不一定多，但一定要审查他行动所由来的准则。他们心中有确定的原则，有明确的计划。虽然不能尽到行道治国的本分，但一定有行为准则；虽然不能集各种善行于一身，但一定有处世方法。行动既然遵循准则，智慧既然遵循道理，语言既然表达思想，那就生命和身体都不可改变了。富贵不足于增益，贫贱不足于减损。这就是士人。"即《五行大义》所说"仕人"。

庶人：其人没有进入仕宦位置，尚居处于田亩之中，是没有官职的平民；或者刚刚脱去布衣，担任官职，但还没有得到品级秩命。《周礼》将庶人设置在官职序列中。庶人在官者是指在官府的胥吏，刚刚进入秩品序列。这称为庶人。

农人：其人应用天时规律，依据地理利益，春天耕种，秋天收获，经常从事农业活动。这称为农人。

商人：其人或者担货贩卖，或者依靠市中店铺，顺应时势贩卖货物，利用价格贵贱差异相互交易，用来资助产业发展。这称为商人，也称为贾人。

工人：其人雕琢镂刻技术精湛，完备各种器物用具，制造新物，修造旧品，用体力获得财物。这称为工人。

下等五人：

众人：凡是各种未入流的杂职称为众人。《五行大义》所引豫让，出自《史记·刺客列传》。豫让说："我事奉的范氏（即昭子吉射）、中行氏（即中行文子荀寅）都把我当作众人看待，所以我用众人的态度来报答他。"

小人：其人地位卑微，见识浅陋，行为恶劣，这称为小人。孔子说："夏桀、商纣虽然身为帝王，但其言行见识就如同小人一样。"《五行大义》

所引《文子》，出自《文子·上义》，意思是，圣人一概用仁义作为准绳，符合仁义准绳的人称为君子，不符合仁义准绳的人称为小人。君子虽然身体死亡，但其名誉不会消灭；小人虽然一时得势，但其罪恶不会消除。

驽人："驽"的意思是"愚钝"，也是罪隶的名称。古时，罪人家属中的男性没入官府为奴。《尚书》说："我就一并杀死你的儿子，戮辱你的身体。"就是治罪的意思。商纣王将箕子作为奴，也是这个意思。马中有驽马，因为它是劣马，走不快。

愚人：其人嚣张黑暗，没有知识，分辨不清豆子和麦子，称为愚人。《五行大义》所引孔子，出自《论语·公冶长》，意思是说，他的智谋可以达到，他的愚蠢不可达到。之所以这样说，因为他禀受昏暗污浊的气而降生，不是通过学习就可以得到智慧的。也称为庸人。孔子又说："所谓庸人，他们心中没有善始善终的规则，口中说不出可以奉为行为准则的教诲之言，不选择贤能的人作为自身的依靠，不努力行事用来安定自己的生活。小事明白，大事糊涂，而不知道自己会被什么东西伤害；受外界环境影响而改变如同流水一样容易，而不知道自己所追求的是什么。这称为庸人。"

肉人：其人癫狂痴呆，没有知识，痛和痒都不能分辨，虽然能够行动，与一堆肉没有区别，这称为肉人。

3. 五行四品

这二十五等人，由于所禀受的五行之气各有优劣，所以有多个等次，善恶是不同的。现在暂且将二十五等人分为四品，即受王气而生、受相气而生、受休气而生、受囚气而生。

二十五等人中，神人、真人、道人、至人、圣人、德人、贤人这七种，是受五行王气而生；善人、忠人、辨人、仁人、礼人、信人、义人、智人这八种，是受五行相气而生；士人、庶人、农人、商人、工人这五种，是受五行休气而生；众人、小人、驽人、愚人、肉人这五种，是受五行囚气而生。

之所以如此区分，因为，五行王气正当其盛大的时候，所以禀受五行王气的人最神圣灵应；五行相气稍微低于王气，所以自善人、忠人以下七种人都从事以君王为首的政治事务；五行休气已经衰弱，所以相配仕人、庶人等五种人；五行囚气最弱小，所以相配众人、小人等五种人。

五行四品差别巨大，《文子》用最上一品匹配最下一品，比喻为人与牲畜的差别，也非常接近真实情况。然而这五行气还有其他分别，有清气有浊气，有正气有邪气，有初始气有终末气。就正邪而论：如果得到五行正气，虽然处在卑微低劣的休、囚位置，仍能成大善。如果禀受五行邪气，虽然居处尊贵优越的王、相位置，也能兴大恶。至如，夏桀倾覆夏朝宗庙，商纣灭亡殷氏宗族，周朝衰落于幽王、厉王，汉代灭亡于桓帝、灵帝，这就是处于尊贵位置而兴起邪恶的例子。伊尹背负鼎俎去见商汤，姜太公垂钓于磻溪之滨，范蠡经商于南阳，百里奚饲牛于车下，当此之时，他们的贤能并没有被人发现，等到登上君王师友的高位，他们的仁爱和圣明都一并彰显出来，这难道不是处于卑下位置而能够大力匡救的例子吗？二十五等人中贤人、德人以上，他们所禀受的五行之气均是正气，没有邪气，所以居于最上等次。就初末而论：禀受五行初始气的人，年龄修长；禀受五行终末气的人，寿命短夭。就清浊而论：五行王、相、休、囚四气又有四种分别，如果禀受上等王、相气而清秀，其灵明觉悟之性就高；禀受上等王、相气而浊污，就必须修理整饬；如果禀受下等休、囚气而清秀，就须通过修养磨砺才能成为人才；禀受下等休、囚气而昏浊，就如同腐朽的木头一样不可雕刻。

人的一生，总起来看，包括贵贱、贫富、美丑、善恶、性情、年命，就有很多种区别，这都是由五行气感应所导致的。现在暂且就《文子》所论二十五等，以为等次差别，自此以外各种情况，难以详细辨析。能够鉴察人的品行才能就可称为明智，这是连尧舜那样的帝王也很难做到的。如果不是英明贤圣的人，谁又能辨别认识？《禄命决》说："在五行王气中出生的人，他们禀受王、相气，适宜有官爵俸禄；在五行相气中出生的人，他们大多有官职；在五行死气中出生的人，他们大多疾病短命。"

以上所论五行气的王、相、休、囚，以及清浊、正邪、初末，都是以人出生的月令来论述所禀受五行气之盛衰的。

（五）人的形质对应五行

既然人禀受五行气而出生，人的形质、情性、骨肉、藏府就都与五行相对应。人的藏府、性情与五行配合，各自有别处解释。这里阐释人的形质配合五行。

1. 人的形质像五行

《相书》说:"五行为木的人,面形细长,身体挺直;五行为火的人,头小,面形下部丰满,身材短小;五行为土的人,面形圆满,大腹;五行为金的人,面形方正,口尖锐;五行为水的人,面形瘦薄,身材偏斜,行走像蛇一样。五行为木的人,面呈青色为真木,有白色是害气;五行为火的人,面呈赤色为真火,有黑色是害气;五行为土的人,面呈黄色为真土,有青色是害气;五行为金的人,面呈白色为真金,有赤色是害气;五行为水的人,面呈黑色为真水,有黄色是害气。"

人的形质同天干相配合,则甲、乙为皮毛,丙、丁为爪筋,戊、己为肉,庚、辛为骨,壬、癸为血脉。人的形质同八卦相配合,则乾卦为头,离卦为目,坎卦为耳,兑卦为口,坤卦为腹,巽卦为手,艮卦为股膝,震卦为足。

人的藏府、性情,各有别的章节进行解释,不在此赘述。

2. 人的形质、性情随方位而异

人居住于天地之内,生活在山川之中,随着方位的不同,各自的形体、性情也不相同。所以,东夷人,他们的形体细长,有修长的眉毛、长长的眼睛,衣服帽子也崇尚狭长。如东海高句丽人,他们的帽子高而狭,装饰有鸟的羽毛,象征木的枝条。之所以长目,是因为目主管肝藏,肝藏五行为木,东方木王,所以形状细而长,都是象征五行木的样子。南蛮人,身体短小,眼、耳、鼻、口四渎较小,口部位置较高,头发较少,衣服也崇尚短小轻薄。之所以高口,是因为口是人面部的中心,主管心藏;心藏五行为火,火性炎上,南方火王,所以位置高;火性炎上,所以头上少发。西戎人,眼睛深,鼻子高,穿衣服而不戴帽子。之所以如此,是因为鼻主管肺藏,肺藏五行为金,西方金王,所以鼻子高;目主管肝藏,肝藏五行为木,木为金所削损,所以眼睛深;五行金主管裁决判断,所以头发断折而没有帽子。北狄人,有高高的颧骨,披散头发,衣服较长。之所以如此,是因为颧主管肾藏,肾藏五行为水,北方水王,所以颧骨高;之所以披散头发,因为象征水流散漫的样子;之所以衣服较长,也是象征水流行的样子。中夏人,容貌平整,是象征土地和缓平坦;他们的衣服帽子、车辆服饰都具备五种颜色,是象征土包含木、火、金、水四行的意思。

　　《五行大义》所引孔子，出自《大戴礼记》，参读如下：东方边远地区的人民称为夷，精悍而佻薄；南方边远地区的人民称为蛮，诚信而质朴；西方边远地区的人民称为戎，顽固而刚强；北方边远地区的人民称为狄，肥壮而暴戾；处于中央诸国的人民称为五方之民，有安居的人民，有甘甜的美味。《帝王世纪·五帝》说，尧帝流放共工于幽州，用来窜杂改变北狄风俗；迁徙三苗于三危山，用来窜杂改变西戎风俗；流放欢兜于崇山，用来窜杂改变南蛮风俗；放逐鲧于禹山，用来窜杂改变东夷风俗。《春秋文耀钩》说，人的形体随着气候而变化，所以南方至为温暖，那儿的人都长有大口，象征气缓慢舒展的样子；北方至为寒冷，那儿的人都长有短脖颈，象征气急速短促的样子；东方是河流所注入大海的地方，那儿的人都有小的头部、尖锐的体形，象征树木上部小的样子；西方是黄土高坡，太阳和月亮所进入的地方，那儿的人都面部多生毛发，象征山上多有草木的样子；中央是四面通达、雨露所施予的地方，那儿的人面部阔大，象征土地平缓广大。《五行大义》所引《家语》，出自《孔子家语》，参读如下：孔子说，生活在坚硬土地上的人性格刚强，生活在软弱土地上的人性格柔和，生活在丘墟土地上的人体形高大，生活在沙质土地上的人体形细小，生活在肥沃土地上的人相貌俊美，生活在贫瘠土地上的人相貌丑陋。

　　另有《淮南子》中说，南方有四季长青不会凋零的草，北方有四季凝冻不会融化的冰，东方有君子的国度，西方有刑罚残疾的尸体，中土多出圣人，都是象征五方气的特性，都是以类相应。土地各自根据不同类别生出不同特征的人，所以说，山峦地气多生男孩，湖泽地气多生女孩，障塞地气多出哑巴，风疾地气多出耳聋，林深地气多出足不能行，木重地气多出驼背，河岸下的湿地气多出肿胀，岩石地气多出力役，险恶阻碍地气多生瘿瘤，暑热地气多夭亡，寒冷地气多长寿，山谷地气多生痹症，山岳地气多生狂疾，水流入海地气多生仁爱，山陵地气多出贪婪，松散泥土地气多出走得快的人，黏重泥土地气多出行动迟缓的人，清澈水域的人声音小，污浊水域的人声音大，湍急水域的人身体轻，迟缓水域的人身体重。

　　以上这些都随从阴阳五行之气，所以善恶于此分别。

二者　论人游年年立

游年凡有三名，而为二别。三名者，一游年，二行年，三年立。游年之名，皆以运动不住为义，以其随岁行游，不定之所也。年立即是行年，立者，是住立为义，以其今年立于北辰也。就人而论，常行不息，故谓曰行；就岁而论，今之一岁，年住于此，故谓之立。二别者，游年从八卦而数，年立从六甲而行。六甲者，男从丙寅左行，女从壬申右转，并至其年数而止，即是行年所至，立于其处也。若欲算知之者，男以实年加二算而左数，女以实年加一算而右数，并从甲子旬始，尽其算，即是立处也。所以男从丙寅数，何者？日生于寅，日为阳精，男从阳，故取日；丙为太阳，故取丙以配寅。女从壬申数，何者？月生于申，月为阴精，女从阴，故取月；壬为太阴，故取壬以配申。阳故左行，阴故右转。《孔子元辰经》云："若甲子旬，男从丙寅，女从壬申；甲戌旬，男从丙子，女从壬午；甲申旬，男从丙戌，女从壬辰；甲午旬，男从丙申，女从壬寅；甲辰旬，男从丙午，女从壬子；甲寅旬，男从丙辰，女从壬戌。"皆曰行年。此并候病之法，非通常用。

游年者，男一岁，数从离起，左行八卦，则二在坤，三则在兑，四则在乾，五则在坎，六则在艮，七则在震，八则在巽，巽不受八，进而就离，离则是八，坤即九，兑即十，以次而数，一若至坤，坤不受一，还退就离，故至十数，皆在正方也。女年一，从坎右行，亦如离法，艮不受八，乾不受一，皆皈于坎。所以巽不受八，坤不受一者，坤巽依位，并夹离宫；巽是阳位，有进义而无终义，八是卦之终数，故不受之，前以付离；坤是阴位，阴有退而无进，退则须减，不敢当其阳始之数，故退让就离。乾不受一，艮不受八者，乾是阳也，又为天也，自在其始，始是一义，重则数偶，数偶则成阴，故以付坎；艮是阴也，艮又为山，山则是终，游年历行八卦，卦数于八终，即止也，自有其终，理不重受，故付坎。

或问云："天一之行，以坎为一宫，离为九宫；八卦游年，乃以离为一宫者，何？"答曰："天一于天下九州之事，故从始一而行；游年于人年命之事，故以终九而起。今女游年从坎，男以德苞终始，故九一并数，起太阳之位。女以阴生阳，故从其创始阴位而行。坎位本一，受数一起，共为二，阴数也。"游年所至之卦，因三变之，一变为祸害，再变为绝命，三变为生气。生气则吉，祸害、绝命则凶。吉则可就其方，凶则宜避其所。祸害者，以其相克害也。如乾初九甲子水，变成巽，巽初六辛丑土，是飞辰来克伏辰也。坎初六戊寅木，变成兑，兑初九丁巳火，是飞伏相害也。绝命者，以其卦体被克制也。如震变为兑，金克木也；艮变为巽，木克土也。生气者，以其相生同体也。如乾变成兑，体同金也；震变成离，木生火也。祸害、绝命，亦有厌行，以其卦所至相制者攘之。如冲火以避兵火，悬一柏木而攘震死，此并五行相制之验也。游年、年立，即是人之年命，皆配五行，故于此而释之。

白话解读

游年共有三个名称，实际有两种类别。

（一）游年三名

游年的三个名称为：一为游年，二为行年，三为年立。游年的名称，是取运动不住的意义，因为它随着岁游行，没有固定的住所。年立，就是行年，"立"的意思是停住、站立，因为它今年站立于北极星的位置。就人的角度而论，每年经常运行没有停息，所以称为"行"；就岁的角度而论，现在这一岁，年停住于此，所以称为"立"。

（二）游年二别

游年有两种类别：一是游年从八卦而数，二是年立从六甲而行。

1. 从六甲而行

年立从六甲而行的方法，是男子从丙寅向左游行，女子从壬申向右转动，都是数至其年龄数为止，就是行年所至，站立于那个位置。

其步骤为：

第一步，先从子起甲，顺时针转动，配合六十甲子。

第二步，男子从丙寅向左游行，女子从壬申向右转动，数至其年龄数为止，即是行年所在。如男子1岁年立在丙寅，2岁年立在丁卯，3岁年立在戊辰，余依次类推；女子1岁年立在壬申，2岁年立在辛未，3岁年立在庚午，余依次类推(见年立从六甲而行图)。

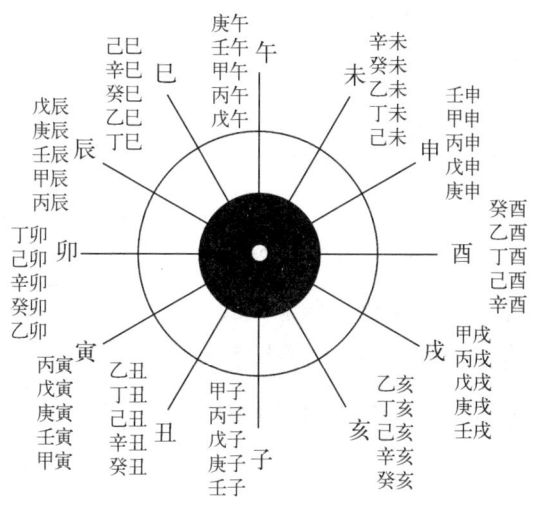

年立从六甲而行图

如果想用算策推知人的年立，男子以周岁数加二算，从甲子向左依次数；女子以周岁数加1算，从癸酉向右依次数，都是从甲子旬开始，男子从甲子旬始起数，女子从甲子旬终起数，数尽所得算数，就是年立之处。如男子周年3岁，加2算为5，自甲子起左数，年立在戊辰；如女子周年3岁，加1算为4，自癸酉起右数，年立在庚午。

为什么男子从丙寅起数呢？因为太阳从寅时升起，日为阳气精华，男子从属阳性，所以取太阳运行规律；天干中丙为火，为太阳，所以取丙配合寅。

为什么女子从壬申起数呢？因为月亮在申时出现，月为阴气精华，女子从属阴性，所以取月亮运行规律；天干中壬为水，为太阴，所以取壬配合申。

为什么男子顺行，女子逆行？因为男子为阳，阳运行的规律是向左行，即顺时针转动；女子为阴，阴运行的规律是向右转，即逆时针转动。

《孔子元辰经》说："如果在甲子旬，男子从丙寅，女子从壬申；甲戌旬，男子从丙子，女子从壬午；甲申旬，男子从丙戌，女子从壬辰；甲午旬，男子从丙申，女子从壬寅；甲辰旬，男子从丙午，女子从壬子；甲寅旬，男子从丙辰，女子从壬戌。"这都是说的行年。其中规律，观察上面的图自然可明。

这都是讲的诊候疾病的方法，并不是通常所用。

2. 从八卦而数

游年从八卦而数的方法是，男子1岁，数从离卦开始，向左游行八卦，则二在坤卦，三在兑卦，四在乾卦，五在坎卦，六在艮卦，七在震卦，八在巽卦，巽卦不接受数八，进一位而加临离卦，离卦则是八，坤卦为九，兑卦为十，依次而数，一数如果至坤卦，坤卦不接受数一，还退一位而加临离卦，所以至十数时，都是在四正卦兑、坎、震、离方位。

女子1岁，数从坎卦开始，向右游行八卦，也如同离卦方法，艮卦不接受八，乾卦不接受一，一和八都归于坎卦。

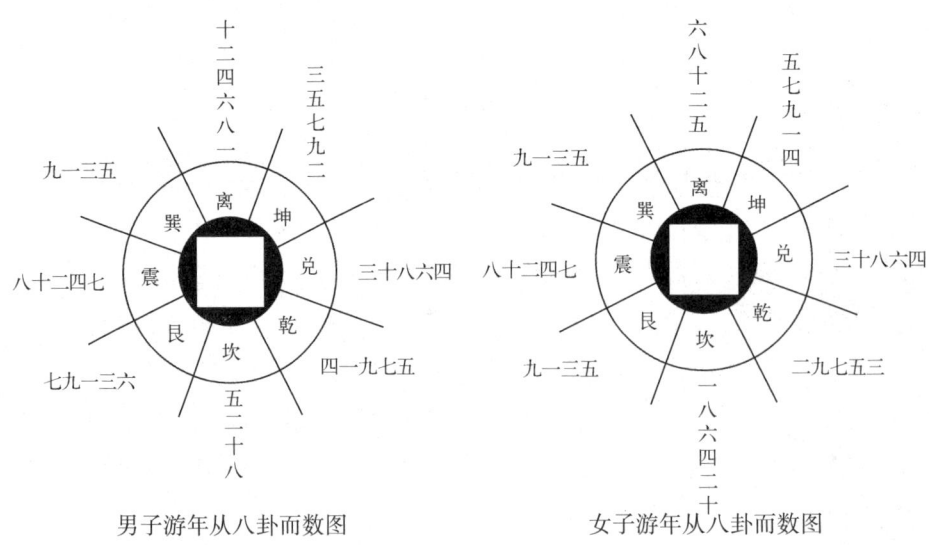

男子游年从八卦而数图　　　女子游年从八卦而数图

为什么男子游年巽不受八，坤不受一呢？坤卦与巽卦依后天卦方位，都夹着离宫，在离卦两侧；巽卦是阳气上升的位置，阳气有前进的意义而没有终止的意义，八是卦的终结数，所以巽卦不接受八，向前移动一位付于离卦；坤卦是阴气下降的位置，阴气有后退的意义而没有前进的意义，后退就必须减数，一为阳气开始的数，阴卦不敢承当阳气开始的数，所以坤卦不接受一，向后退让一位就临离卦。

为什么女子游年乾不受一，艮不受八呢？乾卦是纯阳，又为天，自然在开始的位置，开始就是一的意义，再加上"一"，"一"重叠就成为偶数，偶数就成为阴数，所以乾卦不接受一，向前移动一位付于坎卦；艮卦是阴气的位置，又为山，山就是终结，游年历行八卦，卦数至八而终，八数就是终止，艮卦自己有终结的意义，按道理不能重复接受八，所以艮卦不接受八，向后退让一位付于坎卦。

有人问："天一行九宫，以坎卦为一宫，离卦为九宫；八卦游年，则以离卦为一宫，这是为什么呢？"回答说："天一对应于天下九州的事，所以从开始的一而巡行；游年对应于人年命的事，所以从终结的九而开始。现在女子游年从坎卦一开始，男子游年从离卦九开始，因为男女的德行包含终结与开始，所以离九与坎一并数，开始太阳的位置。女子用阴可以生阳，所以从她创始的阴位开始而游行，坎卦位置本身数为一，接受游行数一开始起数，两个'一'共为二，二是阴数。"

游年所至的卦，因为三数而变化，一变为祸害，再变为绝命，三变为生气。生气为吉，祸害、绝命为凶。吉就可以到它的方位，凶就适宜避开它的所在。祸害是因为它的爻相克、相害。如乾卦初九爻为甲子水，此爻发动变化成为巽卦，巽卦初六为辛丑土，变出的爻称为飞辰，本卦的爻称为伏辰，子丑相克，这是飞辰来克伏辰。坎卦初六为戊寅木，此爻发动变化成为兑卦，兑卦初九为丁巳火，寅巳相害，这是飞辰与伏辰之间相害。绝命是因为它的卦体被克制。如震卦发动变成兑卦，震为木，兑为金，金卦克木卦；艮卦发动变成巽卦，艮为土，巽为木，木卦克土卦。生气是因为它的卦体相生、同体。如乾卦发动变成兑卦，乾为金，兑也为金，乾兑两个卦体同为金；震卦发动变成离卦，震为木，离为火，木卦生火卦。祸害、绝命，也有镇服的五行，用它的卦所变成的卦爻被相克制的五行来消除它。如冲克火用以躲避兵火灾害，可悬挂一块柏木用来消除被地震震死的祸患，这都是五行相互克制的验证。

游年、年立，就是人的年命，都配合五行，所以在此进行阐释。

第二十四　论禽虫

就此分为二段，一论五灵，二论卅六禽。

一者 论五灵

凡含生、蠢动、有知之数，莫不籍五气而成性，资阴阳以立形，故其陆处水居，潜见道别，游翔飞走，驽骏不同，皆由气之清浊，禀性深浅。《考异邮》云："含牙戴角，著距垂芒，皆为阴也。阴有杀气，故备有爪牙之毒，螯蚕之类也。飞翔羽翮，柔善之兽，皆为阳也。阳有仁气，无杀性也。"《家语》云："龁吞者，八窍而卵生；咀嚼者，九窍而胎生。昼生似父，夜生类母。至阴者牝，至阳者牡。"皆气使然也。凡是蠢动之物，并为虫类，今略分三种：一曰禽，二曰兽，三曰虫。有羽飞者为禽，有四足走者为兽，无羽足者为虫。至如蜉蝣之羽，螳螂之翼，飞蛩百足，蚊蚋六手，此虽有羽足，犹是虫例。其朝生暮死，腐秽蛊湿，此皆因变化，随类生者，亦并虫也。《考异邮》云"虫八日而化"，微故命促。又，鸟、鱼二名，于此二者，其号虽别，鸟则飞翔，即是禽也。鱼则潜游，虫之属也。《家语》云："鸟鱼生于阴而属于阳，故皆卵生。鱼游于水，鸟游于云，所以立冬则燕雀入海，化而为蛤。"本其类也。禽名通于兽，兽名不通于禽，故知禽有趋地之能，兽无飞空之用。然此三等，名例甚多，不可具释。今且先论五灵，次配卦及三十六禽。

《家语》云："羽虫三百六十，凤为之长；毛虫三百六十，麟为之长；甲虫三百六十，龟为之长；鳞虫三百六十，龙为之长；倮虫三百六十，人为之长。"又曰："毛虫之精曰麒麟，羽虫之精曰凤，介虫之精曰龟，鳞虫之精曰龙，倮虫之精曰圣人。"毛虫西方，羽虫南方，甲虫北方，鳞虫东方，倮虫中央。此则皆称虫也。五灵总为诸虫之首，今止言其四，以人处中央者，谓有性情之物，人最为主故也。灵者，神灵之义。五禽于虫兽之中最灵，故曰五灵。

《礼记·月令》云："春，其虫鳞（郑玄注云：'龙蛇之属'）；夏，其虫羽（飞鸟之属）；中央，其虫倮（虎豹浅毛之属）；秋，其虫毛（狐貉之属）；冬，其虫介（龟鳖之属）。"又云："国君行，前朱雀，后玄武，左苍龙，右白虎。"《尚书刑德放》言："东方，春，苍龙，其智仁；南方，夏，朱鸟，好礼；西方，秋，白虎，执义；北方，冬，玄龟，主信；会中央土之精。"《礼运》则不论五德，止辨四灵而已。《钩命决》云："失仁则龙麟不舞，失礼则鸾凤不翔，失智则黄龙不见，失义则白虎不出，失信则玄龟不见。"《礼记》曰："麟凤龟龙，谓之四灵。"《左传》云："麟凤五灵，王者之嘉瑞。"

《礼》云"麟凤龟龙"，不见有虎，于金行称虎，义则不足。前朱雀、后玄武是同。其余三虫，并有差异。《元命苞》云"离为凤"，又言："凤，火精。灵龟生水，玄武主北方。"此同《礼》说。唯龙麟虎三者不同。左青龙，右白虎，旧说不疑。《衍孔图》以麟为木精，龙则非木；《大戴礼》以麟为毛虫，麟复成金，麟若为金，虎则无用。公羊高以麟为木精，木生于火，夫子修《春秋》，至麟而止，岂知为汉之瑞，今所不执。

案：蔡邕《月令章句》言："天官五兽，左苍龙，大辰之貌；右白虎，大梁之文；前朱雀，鹑火之体；后玄武，龟蛇之质；中有大角轩辕，麒麟之信。"亦龙生于水，游于木，鸟生于木，游于火，麟生于火，游于土，虎生于土，游于金，龟生于金，游于水。修其母，致其子，五行之情也。故貌恭体仁，则凤凰来仪；言从和义，则神龟至；视明礼修，则麒麟臻；智听故事，则黄龙见；思睿信立，则白虎扰。此言当矣。《礼斗威仪》云："乘金而王，麒麟在郊。"《保乾图》又言："岁星为麟。"《考异邮》言："麟者，阴精。"此并不同。今解，以木者触也，有触冒之义；麟有肉角，无所抵触；龙角端无肉，有抵触义，易象震为龙，故木之义扶龙。天官有轩辕，黄龙麒麟之信，信主于土。修母子应，此意亦同，为汉出者，汉是火德，故子应也。是土之义扶麟。《易通卦验》言："立秋，虎始啸。"《衍孔图》云："虎，金精。"《大戴礼》言"虎七月而生"，应阳数。《考异邮》亦云："虎班文者，阴阳之杂。虎为毛虫，定是金兽。"《考异邮》云："参、伐，虎之德，义主斩刘。"所以学门谓之虎门，乃画虎于门者，以兑居秋方，兑是说言，主讲说故。又，金有杀伐之威，虎有毒害之猛。故金义扶虎。

问："寅位在东，何忽白虎居西？"答曰："凡五行相杂，无有独在一方之义。东方自是木行相次，白虎居西是杀戮之威。如震在东方，正至于龙，乾之六爻并是龙象，震取其运动，乾譬圣人，自取龙有飞潜之德，为象各异，故无定准也。如《考异邮》云阴阳相杂，不妨分在东方。此并灵通，隐显无定，宁可一执。"

《史苏龟经》云："木神苍龙，岁星之精；火神朱雀，荧惑之精；灰土之神，名曰腾蛇；土神勾阵，镇星之精；金神白虎，太白之精；水神玄武，辰星之精。苍龙主头，朱雀主唇颈，腾蛇主胸胁，勾陈主腰腹，白虎主股膝，玄武主脚胫。"案：此之六神，朱雀、玄武、苍龙、白虎，与经纬说同；唯勾陈之神，其语有异，而天官有勾陈之星，在紫微之内，故为土神，此即蔡邕所云"麒麟之信"也；腾蛇居火之末，在土之初，而为灰神，以蛇配龟，共为玄武，无有正方，故为灰神。其配头足等，以东为首，故龙配头也，以次南转，故玄武配足。

禽兽属八卦者，《易》云："乾为马，坤为牛，震为龙，巽为鸡，坎为豕，离为雉，艮为狗，兑为羊。"乾，健也，马取其健也；坤，顺也，牛取其顺；震，动也，龙取其动；巽，风也，鸡主其号令，以象风行；坎，阴也，豕取其阴；离，阳也，雉取其飞扬；艮，门也，狗取其守御；兑，悦也，言也，羊取其悦草。又，乾象六龙，取其潜跃之义；《说卦》云"马"，取其强健之德，以健之故称良马，以父故称老马，以其乾乾不息故称瘠马，以其有变化之用故称驳马。然坤卦又称"牝马之贞"，此止取顺义。马之为义，不独乾坤。震又为善鸣之马，以震有雷声，故震雷之象；以为骨足马，亦曰白头，为的颡之马，取其显耀之义。坎为美脊之马，以有居中之闰。故《说卦》龙马以配者多，以为行天莫若于龙，行地莫过于马，故多所象也。坤称子母牛者，重其蕃息。艮既为狗，亦为鼠，狗有守备之能，狗为能止，鼠为所止，并属于艮。离为鳖蟹螺蚌龟，皆取其有甲，象外阳之义也。此皆五行之所配合，故于此而释也。

白话解读

（一）一切有生命之物都由于阴阳五行

凡是有生命的、可以出于本性自然行动、有知觉的一切生物，没有不借助木、火、土、金、水五种气而形成天性，凭借阴阳而确立形体。所以它们居处陆上、水中，或者潜伏于水下相见，或者行动于道路分别，游泳、翱翔、飞行、奔跑，其快慢能力不同，都是由于五行气的清与浊，禀受天性的深与浅。

《春秋考异邮》讲到一切有生命者其阴阳属性的区别标准。凡是口中生牙,头上长角,突出有鸡距,垂下有芒刺,这样的生物都是阴。阴有肃杀的气,所以配备有狠毒的尖爪利牙,如鳌蟹、蛇蝎之类。飞翔的鸟类、柔和善良的兽类,都是阳。阳有仁爱的气,没有杀戮的特性。

《五行大义》所引《家语》,出自《孔子家语》,意思是,用咬吞方式吃东西的动物有八个孔窍而且卵生,用咀嚼方式吃东西的动物有九个孔窍而且胎生,白天出生的动物类似父亲,晚上出生的动物类似母亲。因此,阴的极致主管雌性,阳的极致主管雄性。

这些都是由阴阳五行之气所导致的。

(二)所有动物分为三种

凡是出于本性自然行动的动物,都为虫类,现在大略分成三种:第一种叫禽,第二种叫兽,第三种叫虫。有翅膀会飞的为禽,有四只脚会行走的为兽,没有翅膀和四只脚的为虫。

至如蜉蝣有翅膀,蟪蛉(一种蝉)有羽翼,飞蛮(虫似蜘蛛)有很多足,蚊子有六只手,这些虽然都有翅膀和脚,仍然是虫类。其他早晨出生,夜晚死亡,生存于腐烂、肮脏、蛊毒、潮湿之地,这些生物都是根据自然条件的变化,各随其类而产生的,也都是虫类。《五行大义》所引《考异邮》,为《春秋考异邮》,意思是说,虫经过八日而变化。多数昆虫经过卵、幼虫、蛹、成虫等发育阶段的时间都很短,大约为八日,其形体通常是中小型到极微小,因为形体微小所以寿命短促。

又如,鸟和鱼是两种名称,对于这两种动物而言,其名称虽然不同,鸟是飞翔于空中,就是禽类;鱼是潜伏游动于水中,就是虫类。但根据《孔子家语》所说,鸟与鱼实为同类。《孔子家语》说,鸟与鱼生育于阴,而属于阳,因此都是卵生。鱼游动于水中,鸟游动于云端,所以立冬时节燕子和麻雀就进入大海,变化成蛤蜊。所以,鸟与鱼二者本是同类。

禽的名称可以通达于兽,兽的名称不能通达于禽,所以知道禽有趋走地上的技能,兽没有飞行天空的本领。

然而,禽、兽、虫这三种分别,涉及的动物名称种类很多,不可以全部阐释。现在暂且先论述五灵,次论述配合卦象及三十六禽。

(三)何谓五灵

中国古代所有动物分成五类,即五虫:羽虫、毛虫、甲虫、鳞虫、倮虫。

五虫各有第一。《五行大义》引《孔子家语》的意思是,身体被有羽毛的动物有360种,而凤凰为第一;身体被毛的动物有360种,而麒麟为第一;身体被甲壳的动物有360种,而龟为第一;身体被鳞的动物有360种,而龙为第一;身体无羽毛鳞甲的动物有360种,而人为第一。五虫各有精华。《五行大义》所引"又曰",出自《大戴礼记》。意思是有毛动物的精华是麒麟,有羽毛动物的精华是凤凰,有甲壳动物的精华是龟,有鳞动物的精华是龙,无羽毛无鳞甲动物的精华是圣人。

五虫配合五方。有毛动物位于西方,有羽毛动物位于南方,有甲壳动物位于北方,有鳞动物位于东方,无羽毛鳞甲动物位于中央。

五灵是所有五虫的首领。五虫都称为虫,所有五虫的总首领就是五灵。现在《孔子家语》《大戴礼记》只讲了麒麟、凤凰、龟、龙四种。五虫配合方位中,之所以将人安排在中央位置,因为在有思想、意识、感情的动物中,人最为主宰。灵,意思是神异圣明。五禽在所有动物中最为灵慧,所以称为五灵。

(四)中国古代典籍关于五灵论述辨析

《五行大义》所引《礼记·月令》,散见于《礼记·月令》,意思是说,春时对应动物为鳞虫,如龙、蛇之类;夏时对应动物为羽虫,如飞鸟之类;中央对应动物为倮虫,如虎、豹之类浅毛动物;秋时对应动物为毛虫,如狐、貉之类;冬时对应动物为介虫,如龟、鳖之类。所引"又云",出自《礼记·曲礼上》,意思是说,国君出行,前面有朱雀,后面有玄武,左边为青龙,右边为白虎。《尚书刑德放》说,东方,四时为春,对应苍龙,它的智慧是仁爱;南方,四时为夏,对应朱鸟,喜好礼仪;西方,四时为秋,对应白虎,坚守正义;北方,四时为冬,对应玄龟,主管诚信;会合中央土气的精华。《礼记·礼运》则不论述五德,只辨别四灵而已。麒麟、凤凰、龟、龙称为四灵。《五行大义》所引《钩命决》,为《孝经钩命决》。意思是说,失去仁爱则龙和麒麟不来舞蹈,失去礼仪则鸾和凤不来飞翔，失去智慧则黄龙不出现，失去正义则白虎不出现，失去诚信则玄龟不出现。所引《左传》，为杜预《春秋左氏传序》，意思是说，麒麟、凤凰、龟、龙、白虎称为麟凤五灵，是神异灵通的鸟和兽，它们出现是君王们的吉祥征兆。

  从以上典籍看，中国古代对于五灵的认识并不统一，需要进行辨析。

  《礼记·礼运》说"麟凤龟龙"，其中没有提到"虎"，对于五行金对应虎的说法，其理由不够充足。前面为朱雀，后面为玄武，这是各种典籍所相同的。但其他三种动物，都有所差异。《春秋元命苞》说，离卦代表凤凰，凤凰为五行火的精华；灵龟生五行水，玄武主管北方。《春秋元命苞》关于凤凰和龟的说法与《礼记》是相同的。只有龙、麒麟、虎三种动物的说法不同。左边为青龙，右边为白虎，这种原先就有的说法一直没有人质疑过。《五行大义》所引《衍孔图》，为《春秋演孔图》，是以麒麟作为五行木气的精华，按照这种说法，龙就不属于五行木。《大戴礼记·曾子天圆》以麒麟为毛虫，毛虫五行为金，麒麟因此又成为五行金，麒麟如果属于五行金，白虎就没有用处了。《春秋公羊传》认为，麒麟为五行木气精华，木生火，孔夫子修治《春秋》，至哀公十四年（公元前481年）春，西狩获麟为止，不可能知道麒麟是汉朝的祥瑞，所以现在人们已经不再拘执于此了。

  此外，蔡邕《月令章句》说，天官、五兽对应人事五事，左边有苍龙，对应天官大辰星的形状；右边有白虎，对应天官大梁星的图案；前面有朱雀，对应天官鹑火星的形体；后面有玄武星，对应龟与蛇的形质；中央有大角、轩辕星，对应麒麟的信物。这样说来，龙产生于五行水，游行于五行木；鸟产生于五行木，游行于五行火；麒麟产生于五行火，游行于五行土；虎产生于五行土，游行于五行金；龟产生于五行金，游行于五行水。因此，修治五灵的父母，可以招致五灵的儿子，这是五行母子相生的情谊。所以，容貌谦恭躬行仁道，就会招致凤凰来舞而有容仪；言语顺从和谐正义，就会招致神龟来至；看视明白修治礼节，就会招致麒麟来到；聆听聪慧遵守先例，就会招致黄龙出现；思虑睿智诚信确立，就会招致白虎安顺。这种说法是正确的。

  龙、麒麟辨析：

  《五行大义》所引《礼斗威仪》说，君王乘借五行金气而称王，他的政治形象平和，就会有麒麟在郊野出现。麒麟，是五行木气的精华。《五行大义》所引《保乾图》说，岁星分散的气成为动物中的麒麟。岁星五行为木。《五行大义》所引《考异邮》说，麒麟是阴气的精华。这些说法并不相同。现在关于五灵的解释，因为五行木的意思是"触"，有"抵触冒犯"的意义；麒麟只有一只肉质的独角，没有什么可以抵触的；龙的角端没有肉，有抵触的意义，《周易》卦象中，震卦代表龙，震卦五行为木，所以五行木的意义顺从龙。天官中有轩辕星，为黄龙、麒麟应验的信物，信用由五行土主管。修治其母，其子相应，这个道理用在汉朝出现麒麟一事上也是相同的。麒麟之所以在汉朝出现，因为汉朝是五行火德，火生土，麒麟为土，麒麟出现就是子来应验。这是五行土的意义顺从麒麟。

虎辨析：

《易纬通卦验》说，立秋时节，虎开始啸叫。《五行大义》所引《衍孔图》说，虎是五行金气的精华。《大戴礼·易本命》说，虎怀胎时间为7个月，7为阳数，这是顺应阳数运行规律。但是现代科学认识到，雌虎每胎怀孕期仅为105天左右。《五行大义》所引《考异邮》说，虎身上有斑纹，这是阴阳混杂的结果。虎为毛虫，一定是五行属金的动物。又说，天官中的参、伐二星，对应虎的德行，理应主管砍伐斩杀。学校的门称为虎门，就是画只虎在门上，是因为兑卦位居秋时的方位西方，兑卦代表说话、言语，主管讲授、述说。又，五行金有杀戮讨伐的威严，虎有狠毒伤害的凶猛。所以五行金的意义顺从虎。

有人问："十二支中寅的方位在东方，寅为虎，为什么忽然改为白虎居位西方？"回答说："凡是五行都相互掺杂，没有单独位于一方的意思。东方自然是五行木所次舍的方位，白虎居位西方则是杀戮的威严，所取意义不同。如同震卦位在东方，正是龙所在的方位，而乾卦六爻都是龙的象征，这是因为震卦取龙运动的意义，乾卦将龙譬喻为圣人，自然取龙有飞升潜藏的德行，龙的行为所表现出来的形象各异，所以没有固定的标准。如《春秋考异邮》说虎阴阳相互掺杂，不妨碍它分配在东方。这都是神灵变通，隐没与显现没有固定之规，怎么可以固执一种说法？"

《五行大义》引《史苏龟经》，其意有二：一是六神说。即："木神为苍龙，是岁星的精华；火神为朱雀，是荧惑的精华；灰土神，名叫腾蛇；土神为勾陈，是镇星的精华；金神为白虎，是太白星的精华；水神为玄武，是辰星的精华。"（这六神，其中朱雀、玄武、苍龙、白虎，与经书、纬书说法相同；只有勾阵一神，说法有异，而天官中有勾阵星，在紫微垣内，所以称为土神，这就是蔡邕《月令章句》所说"麒麟之信"的意思；腾蛇位居五行火的末端，在五行土的初始，而成为灰神，用蛇配合龟，共同组成为玄武，没有固定的方位，所以称为灰神。）二是六神配合人身。即："苍龙主管头，朱雀主管唇颈，腾蛇主管胸胁，勾阵主管腰腹，白虎主管股膝，玄武主管脚胫。"六神与人身头足等配合的方法，以东方为首，所以龙配人身的头；按照次序向南转动，向下配合人身部位，就产生上述配合，所以玄武配合人身的足。

（五）禽兽所属八卦

《五行大义》所引《易》，为《周易·说卦》，用来说明禽兽所属八卦。乾之所以为马，因为"乾"的意思是健，马取它健行的特征；坤之所以为牛，因为"坤"的意思是顺，牛取它柔顺的特征；震之所以为龙，因为"震"的意思是动，龙取它运动的特征；巽之所以为鸡，因为巽代表风，鸡每日按时鸣叫，主管天地间的号令，用来象征风的流行天下；坎之所以为豕，因为坎卦居于北方阴位，豕（即猪）取它居于阴暗污秽的地方；离之所以为雉，因为离卦居于南方阳位，雉取它飞腾向上的特征；艮之所以为狗，因为艮卦代表门，狗取它守卫防御门户的特征；兑之所以为羊，因为兑卦代表喜悦、言语，羊取它喜欢吃草的特征。

另外，乾卦六爻象征六龙，是取龙潜藏腾跃的意义。《周易·说卦》说乾为"马"，是取马强壮健康的品德。《周易·说卦传·第十一章》说：乾，"为良马、为老马、为瘠马、为驳马"。这是因为乾指健壮的缘故称为良马，因为乾指父亲的缘故称为老马，因为乾指自强不息的缘故称为瘦弱的瘠马，因为乾有变化的作用称为有花纹的驳马。然而，坤卦又称为"牝马之贞"，这只是取坤卦柔顺的意义。马的卦象意义，不单独表现在乾、坤两卦之中，也表现在震卦、坎卦中。震卦之所以为善鸣的马，因为震卦代表气象中的雷声，震卦有雷的象征；震卦之所以为后左足白色的马、为白头的马、为白额的马，是取它显赫荣耀的意义。《周易·说卦传·第十一章》说：坎，"其于马也，为美脊"。坎卦之所以为美脊的马，因为坎卦有阳气居中的滋润。所以《周易·说卦》中龙、马配合的卦象较多，因为游行天空没有超过龙的，奔行地上没有超过马的，所以有多个卦象象征。《周易·说卦传·第十一章》说：坤，"为子母牛"。坤卦之所以称为子母牛，是重视它繁殖增多的特征。《周易·说卦传·第十一章》说：艮，"为狗、为鼠"。艮卦之所以为狗、为鼠，是因为狗有守卫防备的技能，狗能够阻止，鼠为被阻止，都属于艮卦。《周易·说卦传·第十一章》说：离，"为鳖、为蟹、为蠃、为蚌、为龟"。离卦之所以为鳖、蟹、螺、蚌、龟，都是取它们外部有甲壳，象征离卦（☲）外二爻为阳的意义。

以上这些都是禽兽与五行的配合，所以在此进行阐释。

二者　论卅六禽

禽虫之类，名数甚多，今解卅六者，盖取六甲之数，式经所用也。其十二属配十二支，支有三禽，故卅有六禽。所以支有三者，分一日为三时，旦及昼暮也。若以意求，正应十二属，并居昼位，不应或旦或暮。今依式经法，以气而取，孟则在暮，仲则在中，季则在旦，是十二属当十二辰也。余廿四既是配禽，以不当支位。所以孟在暮者，孟是一时之首，气初则未盛，向仲方盛，故属也取近盛气，所以在暮也；仲则在昼者，以其气盛，在中也；季则在旦者，以季为一时之末，其气已衰，当初近仲，尚有王势，故属旦也。于式当位，二俱不失。王简云：

"子，朝为燕，昼为鼠，暮为伏翼；丑，朝为牛，昼为蟹，暮为鳖；寅，朝为狸，昼为豹，暮为虎（《本生经》云：旦为生木，又云：昼为虎，暮为狸）；卯，朝为猬，昼为兔，暮为狢（一云：朝为狐；《本生经》云：暮为鹤）；辰，朝为龙，昼为蛟，暮为鱼；巳，朝为鳝，昼为蚯蚓，暮为鱼蛇（一云：暮为龟；《本生经》言：旦为赤土，昼为蛇，暮为蝉）；午，朝为鹿，昼为马，暮为獐（《本生经》言：旦为马，昼为鹿，暮为獐）；未，朝为羊，昼为鹰，暮为雁（《本生经》云：暮为老木）；申，朝为狖，昼为猿，暮为猴（一云：旦为玉；《本生经》言：暮为死石）；酉，朝为雉，昼为鸡，暮为乌（一云：朝为鸡，暮为死石；《禽变》云：暮为死土；《本生经》言：暮为鸢）；戌，朝为狗，昼为狼，暮为豺（一云：暮为死金；《禽变》云：暮为死火）；亥，朝为豕，昼为玃，暮为猪（一云：旦为生木，昼为豕，暮为蚁蝓；一云：旦为独，昼为狙；一云：暮为朽木）。"

虽《本生经》及《禽变》互有不同，昼暮之位，理从前解。

子为鼠、燕、伏翼者，色皆玄也，取水之色。鼠之为性，昼伏夜游，象阴气也；出于穴，常见首者，象阳气萌动于子，欲见之伏也。燕口下有赤者，象阴之怀阳；其尾分者，阴数二也；春分而至，随阳见也；秋分而蛰，随阴伏也。《礼记·月令》云"仲春之月，玄鸟至。至日，以太牢祀于高禖"，以祈子孙也；秋分，"玄鸟飯"也。是见二月者，子刑卯也。《易通卦验》云"玄鸟"，阴鸟也。伏翼者，鼠老为之，谓之仙鼠。《方言》云："自关已东，谓之伏翼。"三者皆是阴虫，故并居子也。

丑为牛、蟹、鳖者，丑为艮，立春之节，农事既兴，牛之力也；又上当牛宿。《说题辞》曰："牛为阴事，牵耦耜耕也，故在丑。蟹者，立春之时，卉木生根，如其足也。艮为山，巨灵赑负，首顶灵山，负蓬莱山，即巨蟹也。鳖者，土之精气而生，中软外坚，象土含阴阳也；其藏黄者，土之色也。牛亦有黄，蟹中亦黄，皆土精也。丑在北方，水位，故兼主水、土。"

寅为虎、豹、狸者，三兽形、类皆相似，寅为木位，木主丛林，寅又属艮，艮为山，虎之所处。《集灵经》云"寅为少阳，五色玄黄"；寅又有生火，火主文章，三兽俱斑，并有文也。上有箕宿，箕主风，虎啸风起；《易》云"风从虎"；《家语》云"三九廿七，七主星，星主虎，虎七月生"；申冲寅，故虎在寅。狸、豹以同类相从也。《本生经》云"主木"者，以寅有相木，正月方生也。

卯为兔、猵、貉者，兔，阳虫也；居月中者，阴怀阳也。《元命苞》云："兔居月中者，阴怀阳也，坎之气，坎在子位，子刑在卯，故也属卯。老兔为猵，貉亦兔类，故并居卯。"一云：貉者狐也，狐貉相类也。《本生经》言"鹤"者，此音同字误也。

辰为龙、鲛、鱼者，申为水之源，子为中流，辰为水之末，如百川东注，皆飯于海；龙能兴云致雨，为水禽之长，非海不能苞容，故其神而大。鲛、鱼亦是水虫之长者，故并在辰。

巳为蛇、蟮、蚯蚓者，《式经》云"巳有腾蛇之将"，因而配之。蛇，阳也，本在南；龟，阴也，本在北。以蛇配龟，为玄武，二虫共为一神，以阴偶，故从数，在北方。蟮及蚯蚓，皆形同也。《礼记》云："小满之节，蚯蚓出见。"《慎子》云："腾蛇游雾，与蚯蚓同。"黄帝有大螾如蚯，以应土德。巳有寄生之上，故并配之。《本生经》言"土"者，以火相合生土也。检众书，蟮或为鼍，鼍字复作蝉。《本生经》解蝉云："常水藏，畏罗网，悲吟不言，且欲歌。"言其悲吟，与蝉相类；论其水藏，与鼍相类；案其形状及土气，巳为蛇，蟮、蚯蚓相类，鼍与蝉并此，非也。又《射覆经》云"遇蝉者，水虫也"，当知是蛆也。

午为鹿、马、獐者，午为太阳，马有员蹄，象于阳也。午为天路，马有骏足，涉远之日，牝牡有时。故《家语》云："八九七十二，偶以承奇，奇主辰，辰为月，月主马，马十二月生。"丑冲未，未与午合，故在午。鹿蹄坼者，以象阴也；而居阳位者，象怀阴也。《礼记·月令》云："仲夏之月，鹿角解。"《易纬通卦验》云："鹿者，兽中阳也，夏至解角。"《家语》云："四九卅六，六主律，律主鹿，故鹿六月生。"未与午合，故亦在午。獐鹿同类，因而配之。

问曰："八卦配禽，离不言马，《禽变》乃以午为马者，何?"答曰："坤为牝马之贞，坤既在未，未与午合，故马居午。"问曰："乾亦称马，震亦称马，何不并取其合?"答曰："行地莫过于马，坤既是地，取其正用。乾天震木，非是地体，故不取合。"问曰："若如所解，乾之六爻，皆称为龙，行天不过于龙，龙德应乾，何忽居辰?"答云："未若为马，诚如来难，马既在午，正取其合。乾位居戌，戌冲在辰，所以龙配于辰。"问云："坤既取合，乾忽用冲，此义难解。"答曰："坤为阴也，取其柔顺从阳之义，故用合；乾为阳也，阳体刚强，故取其冲。"

未为羊、鹰、雁者，《式经》云："未为小吉，主婚姻礼聘，礼娉有羊雁之用。"郑玄《婚礼谒文》云："雁候阴阳，待时乃举。"《易》以坤为羊，坤在未也。《礼记·月令》云："季夏之月，鹰初学习。"此因候以配之。《本生经》云"老木"者，以未为木墓，木至六月衰老也。

申为猴、猿、狖者，秋为杀气，万物衰老，猴、猿之貌，并似老人。七月山果皆熟，猴、猿以其储粮之时为王。《式经》云："金气盛时，能老万物。"猴、猿貌也。《家语》云："五九四十五，五为音，音主猿，猿五月生。"午中有沐浴金，杀气未壮，至申，金王，杀气始强。又言："在火中未有音声，出火其音方成。"故并在申。《本生经》言"旦为玉"者，玉有温润铿锵之音，故取其旦；"暮为死石"者，石是玉类，亦有音声，言其气衰，故在暮日死；玉石皆金之本，故皆配金位。狖亦是同类，故以配焉。

酉为鸡、雉、乌者，酉为金，威武之用；鸡有五德，以武为先，见敌必斗，是其本性。《说题辞》云："鸡为积阳，南方之象，火，阳精，物炎上，故阳出则鸡鸣，以类感也。"《考异邮》云："鸡火畜，丑近寅，寅阳，有生火，喜故鸣。武事必有号令，故在西方。巽为鸡，亦为号令。辰巳并与酉合，故在酉。"雉是火鸟，为武之威。《方伎传》云："太白扬光则鸡鸣；荧惑流耀则雉惊。"《易通卦验》云："雉者是阳，雄鸣则雌应，阳唱阴和之义。"当时则雏，亦号令之义。乌者，阴之禽，而居日中。《元命苞》云："乌在日中，象阳怀阴也。以其在日中，得阳气，故仁而能反哺。在酉者，春时日临兑，酉是二八之门，日所入处，取其终也，故并配酉。"又云"暮为死石"者，取其金气衰也；《禽变》曰"暮为死土"者，土至金末，气衰败也；《本生经》云"暮为鸢"者，亦迅击有武用也，无五德，故在暮。

戌为狗、狼、豺者，戌为黄昏，乾为天门，戌既属乾，昏暗之时，以警备也。京氏《别对》曰："狗为主行，以防奸也。"《易》曰："艮为狗。"艮既是门阙，狗以守防也。《家语》云："七九六十三，三主斗，斗主狗，狗三月生。"辰冲戌，寅戌合，故在戌。《礼记·月令》云"九月之时，豺乃祭兽"，因候配之。狼形相似，《说文》云："豺，狼属也。"故并居戌。一云"暮死金"者，金至戌衰败故也；《禽变》云"暮为死火"者，戌为火墓也。

亥为猪、豕、獾者，《式经》云："亥为杂水，秽浊厕溷之象，猪之所居。猪色玄，象水色也。其蹄分者，阴象也。五更必起，不失其常，如水有潮，不违期也。"《家语》云："六九五十四，四主时，时主豕，豕四月生也。"冲巳，故在亥。豕，猪之小者；獾亦取其类，而好夜行，以阴性也，故并在亥。一云"旦为生木"者，木生于亥也；"暮为蜲蝓"者，獾应是犼，恐字误也；又云"旦为独"，独、豕同也；一云"暮为朽木"者，木始生敷，得水淹没，故腐朽也。

问曰："禽虫之例数多，何故不取麟凤为属，乃取蚯蚓蛇鼠小虫？"答曰："取十二属者，皆以其知时候气，或色或形，并应阴阳故也。麟凤已配五灵，非是虚而不用。"又问曰："麟凤已配五灵，更不取者；龙虎亦配，何为复用？"答曰："龙动云兴，虎啸风起，此是应阴阳之气，所以须取。麟凤虽灵，无所作动，故不重用。其十二属并是斗星之气，散而为人之命，系于北斗，是故用以为属。"《春秋运斗枢》曰："枢星散为龙马，旋星散为虎，机星散为狗，权星散为蛇，玉衡散为鸡兔鼠，阖阳散为羊牛，摇光散为猴猿。此等皆上应天星，下属年命也。"卅六禽，各作方位，为禽虫之长，领三百六十；十而倍之，至三千六百，并配五行，皆相贯领。既非占候之用,不复具释。

白话解读

(一)三十六数由来

自然界中,禽虫之类动物,名称、数量、种类繁多,数不胜数,现在只讲三十六数,其来历大概取自六甲的数目,是在式占之法所使用的。其方法是用十二种动物作为人的生年相属,配合十二地支,每一地支有三种动物,所以共有三十六禽。

(二)三十六禽配合十二地支的方法

之所以每一地支分配三种动物,因为一日可以分为三时,即旦、昼、暮。如果单纯用意义进行推求,正应该十二种动物都居于昼的位置,不应该或居旦位,或居暮位。现在依据式占之法,用十二支所代表的气的状况来取,孟气即寅、巳、申、亥四孟就在日暮,仲气即子、卯、午、酉四仲就在日中,季气即丑、辰、未、戌四季就在日旦,这就是十二种动物对应十二地支的配合方法。其余二十四种动物既然是陪衬的动物,所以不对应地支位置。

之所以"孟则在暮,仲则在中,季则在旦",因为十二支所代表的气有盛衰,仲支为盛,各支配合十二种动物时,以当日之气接近仲支盛气的时间为取用标准。按照这一原则,孟是一时的开始,为气在初始阶段,从孟日至仲日,气开始变得盛大,就孟日旦、昼、暮三个时间段而言,处于末尾的日暮最接近仲日,它的气强盛于日旦、日中两个时间段,所以所属动物取接近盛气的时间段,所以孟支所属动物在日暮;同理,仲是气盛的位置,仲日是气发展经过孟、仲、季日的中心,仲日之中在日中,日中是仲日气最盛的时间段,所以仲支所属动物在昼;季为一时的末尾,从仲日至季日,气开始变得衰弱,就季日旦、昼、暮三个时间段而言,处于初始的日旦最接近仲日,还有王的气势,所以季支所属动物在日旦。

对于式占之法而言,十二种动物对应十二地支,"以意求""以气取"

两种方法都不是错误的。

(三)三十六禽配合十二地支的内容

《五行大义》引王简说,阐释了三十六禽与十二地支配合的具体内容。

子,早晨为燕,白昼为鼠,日暮为伏翼;

丑,早晨为牛,白昼为蟹,日暮为鳖;

寅,早晨为狸,白昼为豹,日暮为虎(《本生经》说:日旦为生木,又说:白昼为虎,日暮为狸);

卯,早晨为猬,白昼为兔,日暮为貉(一说:早晨为狐;《本生经》说:日暮为鹤);

辰,早晨为龙,白昼为蛟龙,日暮为鱼;

巳,早晨为曲蟮,白昼为蚯蚓,日暮为蛇(一说:日暮为龟;《本生经》说:日旦为赤土,白昼为蛇,日暮为蝉);

午,早晨为鹿,白昼为马,日暮为獐(《本生经》说:早晨为马,白昼为鹿,日暮为獐);

未,早晨为羊,白昼为鹰,日暮为雁(《本生经》说:日暮为老木);

申,早晨为狖,白昼为猿,日暮为猴(一说:日旦为玉;《本生经》说:日暮为死石);

酉,早晨为雉,白昼为鸡,日暮为乌(一说:早晨为鸡,日暮为死石;《禽变》说:日暮为死土;《本生经》说:日暮为老鹰);

戌,早晨为狗,白昼为狼,日暮为豺;(一说:日暮为死金;《禽变》说:日暮为死火)

亥,早晨为豕,白昼为猕猴,日暮为猪(一说:日旦为生木,白昼为豕,日暮为蚂蚁、蛞蝓;一说:日旦为豚,白昼为犴;一说:日暮为朽木);

虽然《本生经》和《禽变》两种典籍关于三十六禽配合十二地支的内容有所不同,但对于白昼、日暮位置的配合,道理都遵从前面的解释。

(四)十二地支配合三十六禽的依据

1. 子为鼠、燕、伏翼

鼠、燕、伏翼三种动物的共同特点为身体颜色都是黑色,取五行水的颜色。鼠的生活习性是白昼伏藏，夜晚游动，象征阴气；钻出洞穴时，常常只看见它的头，象征阳气萌动于子位，将要出现的伏藏状态。燕的嘴的下面有一块赤红色，象征阴气怀有阳气；它的尾部分叉，象征阴数二；燕每年春分时节来到，随阳气增长而出现；每年秋分时节蛰藏，随着阴气增长而伏藏。燕在中国古代被称为玄鸟。《礼记·月令》说，每年仲春月，玄鸟飞来。传说娀简吞下玄鸟遗留的卵而怀孕生下契，后来玄鸟被当作媒神。当燕飞来的日子，古代帝王用牛、羊、豕（即猪）三牲全备的"太牢"祭祀媒神。这是用来祈祷子孙绵延的仪式。《礼记·月令》说，秋分时节，玄鸟归藏。燕之所以出现在阴历二月，是子刑卯，所以出现于卯月。《易纬通卦验》说，清明时节，雷开始鸣响，雨开始降落，清明风来至，元鸟（即玄鸟）来到。所说的玄鸟，是属于阴性的鸟。伏翼，即蝙蝠，古人认为是鼠年老之后变成的，称为仙鼠。《方言》说："函谷关以东地区，称为伏翼。"鼠、燕、伏翼这三种动物都是属于阴性的动物，所以都居于子位。

2. 丑为牛、蟹、鳖

丑为牛有两个原因：其一，丑地支属于艮卦，立春时节，农业活动已经开始，这是牛出力的时候；其二，牛又在天上对应牛宿。《春秋说题辞》说，牛为阴性事物，两头牛牵引手犁进行耕种，所以牛位置在丑支。丑为蟹有两个原因：其一，立春时节，桑树开始生长根系，它的形状如同蟹的足；其二，艮卦代表山，巨大的灵兽赑屃，头上顶着灵山，背上背负着蓬莱山，赑屃就是巨蟹。鳖，是禀受五行土气精华而产生的，身体里面柔软，外壳坚硬，象征五行土中包含阴阳。它甲壳内部藏有黄色物质，这是五行土的颜色。牛身体内部有牛黄，蟹甲壳内部有蟹黄，都是五行土气精华。丑支位于北方，为五行水的位置，丑支五行为土，所以丑支中兼有五行水、土两类属性。

3. 寅为虎、豹、狸

虎、豹、狸三种动物的形体类别很相似。寅支为五行木的方位，木主管丛林，寅支又属于艮卦，艮卦代表山，是虎所居处的地方。《集灵经》说"寅为五行木，木为少阳之气，它的五色为玄色与黄色掺杂"；寅支中又有处于长生状态的火，火主管文章，这说明寅支有色彩斑斓的特点。虎、豹、狸三种动物都有斑纹，都有文采。天上有箕宿，箕宿主管风，虎啸叫时风会兴起，《周易·乾卦·文言》说，风跟随虎；《孔子家语》说，三乘以九为二十七，尾数为七，七数对应天上的星宿七星，星宿属于南方朱雀七宿，朱雀主管文章，与老虎纹理斑斓相类似，因此老虎怀胎七个月出生。七个月对应于夏历七月，月建为申，申支冲寅支，所以虎的位置在寅支。狸、豹因为与虎为同一类别，同类相互跟从，它们的位置也在寅支。《本生经》说"旦为生木"，因为寅支中有处于相状态的木，对应夏历正月，树木刚刚萌生。

4. 卯为兔、猬、貉

兔为属于阳性的动物，天上月亮中有阳性物质如同兔，月属于阴性事物，兔居月中象征阴气中怀有阳气。《春秋元命苞》说，兔居住于月宫之中，这是阴气怀有阳气，如同坎卦两阴爻中怀有一个阳爻，属于坎卦的气，坎卦在子支位置，子刑在卯，所以兔属于卯支。兔子老年之后变成刺猬，貉也是兔子同类，所以刺猬、貉都居于卯支位置。一说：貉是一种狐，狐与貉相类似。《本生经》说"暮为鹤"，这是"貉"与"鹤"读音相同而造成的错误。

5. 辰为龙、鲛、鱼

在申子辰三合水中，申支为水的源泉，子支为水的中流，辰支为水的末端，辰支的功用如同百川向东注入，都归于大海；龙能够兴云致雨，为水禽类动物的第一，非大海不能包容，所以龙神通广大。鲛（即鲨鱼）、鱼也是水生动物中的第一，所以三者都属于辰支。

6. 巳为蛇、蟮、蚯蚓

《式经》说"巳支有腾蛇为月将"，因此巳支配合蛇。蛇属于阳性动物，本来位于南方；龟属于阴性动物，本来位于北方。用蛇配合龟，就成为玄武，两种动物共同成为一种神异，因为阴数为偶，所以遵从数的特性，玄武位于北方。曲蟮和蚯蚓都是形状与蛇相同，所以都属于巳支。《礼记·月令》说，小满节气，蚯蚓出现。《慎子·威德》说，腾蛇趁雾游行，飞龙乘云上天，如果云消雾散，腾蛇、飞龙就与蚯蚓相同。黄帝时期，有大螾如同蚯蚓，用以应验五行土德。巳支中有寄生的五行土，所以蛇、曲蟮、蚯蚓都配合巳支。《本生经》说"旦为赤土"，因为巳中有临官状态的火与寄生的土相符合。检索众多书籍，"蟺"字可能为"鼍"字，"鼍"字又被当作"蝉"字。《本生经》解释蝉说："蝉靠吮吸树干中汁液生存，古代认为蝉常常以露水为生，延长寿命，畏惧罗网，雄蝉腹面有鼓膜，可以震动发声，声音如同哀叹，蝉不会言语，所发出的声音如同唱歌。"从悲吟哀叹的角度看，蛇与蝉相类似；从赖水生存的角度看，蛇与鼍（即扬子鳄）相类似。另外，就形状及五行土气而论，巳支对应动物为蛇，曲蟺、蚯蚓与蛇相类似，鼍与蝉并入巳支，是错误的。又，《射覆经》说"遇到蝉，是一种水生动物"，据此应当知道，蝉其实是蛆。

7. 午为鹿、马、獐

午为五行火，火为太阳之气，马有圆形蹄子，象征阳性。午为通向上天的道路，马有用于奔跑的足，走远路的日子，雌马和雄马各有不同的时机。《孔子家语》说，八乘以九为七十二，尾数是二，二为偶数，偶数用来承载奇数，奇数主管天上的日、月、星，日、月、星为辰，日、月、星的运动形成一年十二个月，每月循环不息如同马，月主管马，所以马怀胎十二月而出生。十二个月对应夏历十二月，月建为丑，丑支冲未支，未支与午支相合，所以马在午位。鹿的蹄子分开为二，用来象征阴性；鹿居于阳的位置，象征怀有阴气。《礼记·月令》说：仲夏之月，鹿角开始脱落。《五行大义》所引《易纬通卦验》，与《纬书集成》所辑详略不同。《易纬通卦验》说，鹿是动物中的阳性，夏至时节角开始脱落。《孔子家语》说，四乘以九为三十六，尾数为六，六为音律，十二音律阴阳相对，与鹿蹄为偶相类似，音律主管鹿，所以鹿怀胎六个月而出生。六个月对应夏历六月，月建为未，未支与午支相合，所以鹿的位置也在午支。獐与鹿为同类，因此獐也配合午支。

有人问："八卦配合禽兽，离卦不说马，《禽变》就以午支配合马，这是为什么？"回答说："坤卦为利牝马之贞，坤卦既然在未支，未支与午支相合，所以马居于午位。"

有人问："乾卦亦称马，震卦也称马，何以不都是取其相合的支？"回答说："奔行地上没有超过马的，坤卦既然是地，取它相合的支正为马奔行所用。乾卦为天，震卦为木，不是地的形体，所以不取相合的支。"

有人问："如果按照这种解释，乾卦六个爻都称为龙，游行天上没有超过龙的，龙的德行对应乾卦，何以忽然龙居于辰位？"回答说："未支如果为马，是地又是马，这就让人为难了，马既然在午支，正取未与午相合，是马与地配合适当。乾卦位居戌位，戌支与辰支相冲，所以龙配合于辰支。"

有人问："坤卦既取它相合的支，乾卦忽然用相冲的支，这个道理难以理解。"回答说："坤卦为阴，取它柔顺顺从阳的意义，所以用它相合的支；乾卦为阳，阳的形体刚强，所以取它相冲的支。"

8. 未为羊、鹰、雁

《式经》说："未支为小吉，主管婚姻、礼聘。举行婚聘礼仪需要有羊、雁的作用。"《五行大义》所引郑玄婚礼谒文，雁用来候察一年之中阴阳之气的变化，是一种候鸟，等待时机而进行迁徙。《周易》因为坤卦居于未支方位，未为羊，所以坤卦也代表羊。《礼记·月令》说：季夏之月，鹰感应阴气而有杀心，开始学习搏击的事。羊、鹰、雁三种动物与未支配合，这是根据物候特征所确定的。《本生经》说"暮为老木"，因为未支是五行木的暮库，五行木至六月已经进入衰老状态。

9. 申为猴、猿、独

秋时为肃杀的气，万物至秋时已经衰老，猴、猿的相貌都像老人。夏历七月山上的果实都已经成熟，猴、猿在它们储备过冬食物的时候争斗称王。《式经》说："五行金气盛大的时候，能使万物衰老。"衰老，这是猴、猿的相貌特征。《孔子家语》说，五乘以九为四十五，尾数为五，五数对应音乐系统中的五音，五音全则五行全，猿与人类最接近，五行俱备，五音对应猿，所以猿怀胎五月而出生。五个月对应夏历午月，午支为五行金的沐浴，其中含有沐浴状态的金，但这时的金杀气尚未壮大，至申支，五行金处于临官状态，为王，杀气开始强劲。又说"五行金在火中时尚未有音声，出火，它的音声才成就"，所以猴、猿都在申支位置。《本生经》说"旦为玉"，因为玉有温润铿锵的声音，所以取它的日旦与玉对应；又说"暮为死石"，因为石是玉类，也有音声，但它的气衰弱，所以位置在日暮，称为死。玉石都是五行金的根本，所以都配合申金的位置。独，也是与猴、猿同类，所以与申支配合。

10. 酉为鸡、雉、乌

酉为五行金，具有威风雄壮的功用。鸡有五种品德：头戴冠为文，足搏距为武，敌在前而敢斗为勇，见食相呼为仁，守夜不失时为信，这五德以武为第一，见到敌人必然斗争，这是它的本性。《春秋说题辞》说，鸡为积聚的阳气，是南方的象征。五行火为阳气精华，火的特性为炎上，所以太阳出现鸡就鸣叫，这是同类相感。《春秋考异邮》说，鸡属于五行为火的动物，丑支位置接近寅支，寅为阳支，其中有处于长生状态的火，鸡感受到火就喜悦，所以发出鸣叫。武装行动必定有号令，五行金主管武装事务，所以武装事务位于西方；巽卦代表鸡，也代表号令，巽卦所配地支为辰、巳，辰与酉为六合，巳与酉为三合，辰、巳二支都与酉支相合，所以鸡位于酉支。雉是五行为火的鸟，为武装力量的威风象征。《方伎传》说："每天太白金星在天空出现发出光芒的时候，鸡就鸣叫；荧惑火星在天空出现流露光耀的时候，雉就受惊。"《易纬通卦验》说："雉是阳性动物，雄性鸣叫，雌性就响应，这是阳主管首唱、阴主管应和的意义。"适当的时候，雉鸡就会鸣叫，也是号令的意思。因此雉鸡与鸡一样位于酉支。乌，是阴性的动物，能居住太阳中。《春秋元命苞》说，乌鸦在太阳中，象征阳气怀有阴气。因为乌鸦在太阳中，得到阳气滋养，所以乌鸦具有仁慈的特性而能反哺其母。乌鸦的位置在酉支，因为春季时太阳正临兑方，兑方为酉，酉方是夏历二月和八月的门户，太阳在夏历二月和八月在西方落入山下，这是取太阳日落为一日终结的特征。所以乌鸦也同鸡、雉一起配合于酉支。又说"暮为死石"，这是取日暮时为酉金气衰弱的特征；《禽变》说"暮为死土"，因为五行土气至金日的末尾，土气已经衰败；《本生经》说"暮为鸢"，鸢是鹰科类猛禽，也有迅猛搏击、威武强健的才能，但没有鸡的五种品德，所以鸢在日暮。

11. 戌为狗、狼、豺

戌时为黄昏，乾卦为天门，戌支既然属于乾卦，黄昏昏暗的时候，用以警戒防备。京房《别对》说："狗为主人行动，用来防范奸恶的人。"《周易·说卦传·第十一章》说：艮为狗，意思是艮卦代表狗。艮卦既然是宫殿、官府、祠庙、陵墓的门阙，狗就用来守卫防范。《孔子家语》说，七乘以九为六十三，尾数为三，三对应天上的南斗六星，斗宿中有天官狗国、狗，南斗对应动物狗，所以狗怀胎三月而出生。三个月对应夏历三月，月建为辰，辰支与戌支相冲，寅支与戌支为三合，所以狗位在戌支。《礼记·月令》说：季秋之月，豺作为祭祀用的动物而被杀。这是因为豺为夏历九月的物候特征，九月月建为戌，所以豺配合戌支。狼的形体与豺相类似，《说文解字》说，豺与狼是一类动物，所以一起位于戌支。一说"暮为死金"，因为五行金至戌支为衰败的缘故；《禽变》说"暮为死火"，因为戌为五行火的墓库。

12. 亥为猪、豕、豭

《式经》说："亥为混杂的水，是污浊肮脏、厕所的象征，是猪所居住的地方。猪身体颜色为玄色，象征五行水的颜色。猪的蹄子分开，是阴性的象征。五更时分必定起来活动，不失去规律，如同水有潮信一般，不违背期限。"《孔子家语》说，六乘以九为五十四，尾数为四，四数对应年周期中的四时，猪群具有明显的等级次序，与四时具有明显的先后次序相类似，四时对应动物猪，所以猪怀胎四月而出生。四个月对应夏历四月，月建为巳，巳支与亥支相冲，所以猪位在亥支。豕是猪中的小猪；豭，古书上有的说是一种鸟，有的说是一种长尾猿，也是取与猪同一类别，而喜好夜里活动，因为属于阴性，所以也并在亥支。一说"且为生木"，因为五行木长生于亥；"暮为蜮蝓"，"猶"字应该是"狙"字，狙是一种似狸而比狸大的动物，恐怕是字误写所致；又说"且为狖"，狖与豕相同，都是小猪；一说"暮为朽木"，因为五行木长生在亥，木刚刚开始萌生舒展，就被亥中水淹没，所以木变得腐朽。

有人问："禽虫之类的动物数量众多，为什么不取麒麟、凤凰为十二属，而取蚯蚓、蛇、鼠这类小动物呢？"回答说："取十二属，都是因为它们可以知晓时令候察气象，或者颜色或者形体，都对应气候阴阳消长的变化。麒麟、凤凰已经配合五灵，并不是虚置不用。"

有人又问："麒麟、凤凰已经配合五灵，更不再取用；龙、虎也配合五灵，为什么再用呢？"回答说："龙运行就云彩兴起，虎啸叫就风吹动，这都是感应阴阳气的变化，所以必须取用。麒麟、凤凰虽然灵异，但没有什么感应阴阳气的动作，所以不再重复使用。这十二属都是天上星宿的气，分散而成为人的年命，系于北斗七星，所以用它们作为人出生年命的相属。"《春秋运斗枢》说，北斗七星中天枢星散为龙、马，天旋星散为虎，天机星散为狗，天权星散为蛇，玉衡星散为鸡、兔、鼠，开阳星散为羊、牛，摇光星散为猴猿，这些动物都上对应天上星宿，下相属人的年命。

三十六禽，各自对应十二地支方位，为所有禽虫的第一，统领360种动物；十而倍之，直至3600种动物，所有动物都可以配合五行，都可以用五行贯穿统领。但其他动物既然不是占测候察天象变化时所使用的，就不再具体阐释。